Udo Bermbach · Günter Trautmann (Hrsg.)
Georg Lukács

Udo Bermbach · Günter Trautmann (Hrsg.)

Georg Lukács

Kultur – Politik – Ontologie

Springer Fachmedien Wiesbaden GmbH

CIP-Kurztitelaufnahme der Deutschen Bibliothek

Georg Lukács: Kultur — Politik — Ontologie /
Udo Bermbach; Günter Trautmann (Hrsg.). —
Opladen: Westdeutscher Verlag, 1987

NE: Bermbach, Udo [Hrsg.]

ISBN 978-3-531-11928-1   ISBN 978-3-663-10145-1 (eBook)
DOI 10.1007/978-3-663-10145-1

Umschlaggestaltung: Horst Dieter Bürkle, Darmstadt

Inhaltsverzeichnis

Vorwort

Am 13. April 1985 jährte sich der einhundertste Geburtstag von Georg Lukács, dem wohl bedeutendsten und einflußreichsten ungarischen Philosophen dieses Jahrhunderts.

Das Institut für Politische Wissenschaft der Universität Hamburg unterhält seit einigen Jahren enge Kooperationsbeziehungen vornehmlich zum Institut für Staats − und Politikwissenschaft der Budapester Eötvös − Lórand − Universität, aber auch zu anderen wissenschaftlichen Instituten der ungarischen Hauptstadt. Im Rahmen dieser Zusammenarbeit ergab sich folgerichtig der Gedanke, anläßlich des Geburtstages von Georg Lukács in Hamburg ein deutsch − ungarisches Symposion zu organisieren, das sich hauptsächlich unter sozialwissenschaftlicher Perspektive mit Werk und Wirkungen dieses Philosophen beschäftigen sollte.

Viele haben geholfen, diese Absicht zu realisieren. Vor allem die Deutsche Forschungsgemeinschaft hat in unbürokratischer Weise durch Finanzierung das Zustandekommen des Symposions überhaupt erst möglich gemacht; ihr − und hauptsächlich Herrn Dr. Zimmermann − gilt zunächst unser Dank. Zu danken haben wir aber auch dem Präsidenten der Hamburger Universität, Dr. Peter Fischer − Appelt, der den Plan von Anfang an entschieden unterstützt hat.

Gleichwohl wäre die Tagung kaum zustandegekommen, wenn nicht Prof. Dr. József Lukács, Direktor des Philosophischen Instituts der Ungarischen Akademie der Wissenschaften, die ungarischen Beiträge organisiert und koordiniert hätte. Ihm und allen ungarischen Kollegen, die in Hamburg eine Woche lang mit den deutschen Referenten und Teilnehmern diskutiert haben, gilt unsere Sympathie. Die Offenheit, gelegentliche Schärfe, aber immer präsente diskursive Toleranz der wissenschaftlichen Auseinandersetzungen haben deutlich gemacht, daß das Werk von Georg Lukács noch immer provoziert, sich leichter Vereinnahmung entzieht. Georg Lukács als Denker von europäischem Rang − das war die integrative Perspektive dieses Hamburger Symposions, die sich jenseits aller Kontroversen verbindend ergab.

Hamburg, Mai 1986   Udo Bermbach / Günter Trautmann

Am 7. Januar 1987 verstarb, überraschend und völlig unerwartet, Prof. Dr. József Lukács. Ihm, dem warmherzigen Freund und gelehrten Kollegen, der stets um Verständnis und Verständigung sich bemühte, widmen wir diesen Band.

Hamburg, Mai 1987   U.B./G.T.

Grußwort zur Eröffnung des Symposions

Peter Fischer — Appelt

Meine sehr verehrten Damen und Herren!

Ich begrüße Sie mit großer Freude aus Anlaß dieses Symposions. Wie Sie wissen, verbindet die Hamburger Universität mit der Eötvös-Lórand-Universität eine fruchtbare und weitausgelegte, intensive Kooperation, die erst in der vorigen Woche Historiker beider Universitäten zu einem Symposion über Fragen des Liberalismus und des Konservativismus im 19. Jahrhundert hier in Hamburg vereinigt hat. Ich freue mich daher sehr, daß in dieser Woche erneut neun Kollegen aus Budapest von der Universität und der Akademie der Wissenschaften zu uns gekommen sind, dazu viele Lukács-Kenner aus der Bundesrepublik, um Werk und Wirkung des großen ungarischen Literaturtheoretikers und Philosophen aus Anlaß der hundertsten Wiederkehr seines Geburtstages zu diskutieren.

Ich selbst habe das 350jährige Jubiläum der Eötvös-Lórand-Universität vor zwei Monaten zum Anlaß genommen, um unserer Partnerschaftshochschule in Budapest gemeinsam mit Kollegen anderer europäischer Universitäten gewissermaßen noch einmal Pate zu stehen, und das, nebenbei gesagt, auch aus Anlaß der Enthüllung einer Gedenktafel für den eigentlichen Gründer der Eötvös-Lórand-Universität, Peter Pázmán, dessen Gedächtnis für eine gewisse Zeit hinter den Kulissen der Zeitgeschichte verschwunden war, das aber nunmehr wieder erneuert ist. Die Tatsache, daß dieser Mann damals im Jahre 1635 den Mut gehabt hat, in einer Zeit der Besetzung Ungarns durch die Türken, in einer Gefahrenlage von europäischer Dimension, eine Universität für sein Land zu gründen, erinnert uns daran, daß die Förderung der Wissenschaften und die Arbeit in der Wissenschaft noch nie ein bequemer Weg war, auch wenn zuweilen günstige Zeiten den gegenteiligen Anschein erzeugten.

Georg Lukács, mit dem wir es hier in diesen Tagen zu tun haben werden, ist selbst ein Signal für die Bedeutung dieser Feststellung. Sein Leben erscheint uns wie ein Spiegel dieses Jahrhunderts, doch nicht, wie es seine Theorie nahelegt, im Sinne einer bloßen Wiedergabe der Entwicklung, die sich unabhängig von seinem Einfluß vollzog, sondern als das Dokument eines bewußt vollzogenen Eingehens auf die Widersprüche seiner Zeit, die ihm zur Herausforderung seiner ganzen Lebensarbeit wurden.

Wenn es wahr ist, daß die Wurzeln des persönlichen Erkenntnisinteresses zehn Jahre vor der eigenen Geburt zu suchen sind, dann müßte der Übergang zum industriellen Zeitalter in der Spätphase des Habsburger Reiches das Denken von Georg Lukács lebenslang kritisch beflügelt haben. Seine großbürgerliche Herkunft aus dem Hause des Hofrats von Lukács, des damaligen Direktors der größten ungarischen Bank, gibt für diese Annahme die autobiographische Folie ab. Doch gewann sein Denken nicht hierdurch, sondern durch die seiner Zeit vorausliegende Frage Profil, ob und wie die Krise der bürgerlichen Kultur als bestimmbare Phase in der dynamischen Entwicklung des Weltzustandes unter dem Gesichtspunkt der gesellschaftlichen Aktivität des Menschen zutreffend und umfassend aufgeklärt werden könne. Es war der Weg vom subjektiven zum objektiven Idealismus und von diesem zum historischen Materialismus, der sich dem Philosophen nicht nur methodisch, sondern als Vollzug der realen, geschichtlichen Beantwortung dieser Frage erschloß.

Lukács ist durch Erziehung und Studium der deutschen Philosophie und Wissenschaftstradition tief verbunden; man könnte ihn durchaus einen deutschen Philosophen ungarischer Nationalität nennen. Er war von der deutschen und französischen Literatur stark geprägt, vor allem von der des 19. Jahrhunderts, von Raabe, Fontane und Keller, aber auch von Balzac. Seine Literaturtheorie versucht am Realismus des spätbürgerlichen Romans aufzuspüren, in welchem Verhältnis sich unsere Erkenntnis zur gesellschaftlichen Wirklichkeit befindet. Lebenslang hat ihn die Eigenart des Ästhetischen beschäftigt, das ihm mit Marx zum Spiegel für die konkrete historische Situation wurde, zur Abbildung von Stand, Tendenz und Verlauf der gesellschaftlichen Entwicklung.

Hegels Denken galt ihm als der folgenreichste Eröffnungszug des Jahrhunderts, der den Schritt des Zeitgeistes vorausbestimmte. Die zutiefst widerspruchsvolle Gestalt der idealistischen Dialektik schien ihm eine Vergewaltigung der Wirklichkeit hervorgebracht zu haben, deren letzte Ursache Lukács darin sah, daß der Weltgeist als ein gedankliches Prinzip der Philosophie in die Rolle eines Produzenten, ja des Schöpfers menschlichen Bewußtseins geraten war, abgehoben gewissermaßen von den realen gesellschaftlichen und ökonomischen Entwicklungen, in denen sich das Leben der einzelnen wiederfand. Von diesem Ausgangspunkt aus sah Lukács in der Hegelschen Ästhetik ”die erste — und letzte — umfassende wissenschaftliche, theoretische und geschichtliche Synthese der Kunstphilosophie, zu der die bürgerliche Philosophie gelangen konnte”.[1]

Wir alle sind daher aufgefordert, in Werk und Person von Georg Lukács nicht nach dem Geschmack unserer jeweiligen Position eine dogmatische Grundlage oder eine ideologische Variante des Denkens dieser Zeit zu sehen, sondern den Spuren nachzugehen, die sein Wirken hervorbrachte, auch denen, die sein Leben und Denken selbst erfuhr durch Anpassung und Widerstand in einer Zeit, in der das menschliche Leben buchstäblich in Atemnot geraten war. Nicht in der Literatur, sondern zuerst im Leben der Bürger Europas hinterließ das Jahrhundert seine Spur, eine Spur von Gewalt und Trauer, bar aller Verhüllung, die das vorausgehende Säkulum noch als den schönen Schein der Hegelschen Dialektik über das Selbstverständnis des bürgerlichen Zeitalters verbreiten konnte. Lukács erscheint wie ein Mann, der die Stigmata des inkorporierten Weltgeistes an sich trug, und darin, finde ich, ist er ein Exempel des historischen Widerstreits zwischen Macht und Geist, weniger Vorbild als Nachbild des Jahrhunderts, das ihn prägte. Verständigung ist, wie sein Werk und Wirken zeigt, ein riskantes Geschäft des Denkens und Handelns, und doch ein Risiko, dem wir uns zu stellen haben, weil wir nicht an den Widersprüchen und Konflikten unserer Zeit vorbeileben können.

In diesem Sinne, glaube ich, sitzen wir heute hier zusammen. In diesem Sinne vollzieht sich überhaupt unsere Kooperation. Sie ist der mühsame und gleichwohl lohnende Versuch, auf kleinen Wegen Übereinstimmung zu bewirken.

Ich wünsche Ihnen ein geistreiches und freundschaftliches Symposion.

Willkommen in Hamburg!

Anmerkung

1 Georg Lukács, Hegels Ästhetik. In: G.W.F. Hegel, Ästhetik. Mit einem einführenden Essay von Georg Lukács, Berlin 1955, S. 22.

I. Einleitung

Georg Lukács — Traditionalist oder Erneuerer des Marxismus?

Udo Bermbach / Günter Trautmann

Der Einfluß von Georg Lukács auf die zeitgenössische Philosophie und politische Theorie ist unbestritten und bis heute spürbar. Wie schwankend auch immer Person und Werk beurteilt worden sind, es besteht doch weitgehende Übereinstimmung darin, daß Lukács einer der wenigen überragenden marxistischen Denker unserer Zeit war, einer der wenigen auch, die selbst außerhalb marxistischer Diskussionszusammenhänge hohes Ansehen genossen und rezipiert wurden. Ein Buch wie 'Geschichte und Klassenbewußtsein' hat über Jahrzehnte hin die Theorie—Diskussionen in Europa nachhaltig beeinflußt und nichtzuletzt auch die Entwicklung des westlichen Marxismus tiefgreifend mitgeprägt.

Dabei ist das Lebenswerk von Lukács keineswegs einheitlich. Den frühen, eher dem deutschen Idealismus verbundenen Studien stehen jene späteren zur Seite, die man eher dogmatisch nennen könnte, gefolgt von der 'Ontologie', einem Werk, das bisher kaum wirklich aufgenommen und verarbeitet worden ist; und manches, wie etwa die 'Zerstörung der Vernunft', ist nicht erst seit Adornos Verdikt problematisch geworden. Die Widersprüchlichkeit von Leben und Werk freilich, das scheinbar häufige Schwanken von Lukács in theoretischen wie praktischen Positionen mag eine Beschäftigung mit ihm erst wirklich fruchtbar machen; denn vorschneller Berufung auf einzelne Schriften oder gar Passagen steht immer wieder offensichtlich Gegensätzliches entgegen, und so bleibt je neu zu klären, worauf in diesem Werk und in dieser Person Verlaß sein kann, auch: was immer noch aktuell und für die gegenwärtige Diskussion bedeutsam sein mag.

Die zahlreichen, internationalen Lukács–Symposien des Jahres 1985 sind eindrucksvolles Indiz dafür, daß Lukács im philosophischen und politischen Denken der Gegenwart präsent bleibt. Allerdings ist diese Präsenz nicht selbstverständlich; Lukács hat es seinen Anhängern wie Gegnern nie einfach gemacht. Intellektueller aus großbürgerlichem Hause, schloß er sich nach der Oktoberrevolution überraschend der kommunistischen Bewegung Ungarns an, ohne dabei die ihm so sehr vertrauten kulturellen Traditionen des alten Europas total zu verleugnen. Sein Wechsel vom bürgerlich–kritischen Kulturphilosophen zum marxistischen Theoretiker der Praxis, seine vielfach widersprüchlich erscheinende politische Tätigkeit als Linkskommunist, nichtzuletzt sein Verhältnis zum Stalinismus und die darauf bezogenen Selbstinterpretationen haben Sympathisanten wie Kritiker irritiert und stets aufs Neue die heftigsten Reaktionen hervorgerufen. Noch aus der Distanz ist ein zutreffendes und gerechtes Urteil schwer zu fällen; war Lukács wirklich — wie vielfach behauptet wird — ein Neuerer des

Marxismus, einer, der in seinem politischen Denken zu einem undogmatischen und offenen Verständnis des historischen Materialismus vorstoßen wollte, der auf der Grundlage der Marx'schen Theorie eine zeitgemäße Ontologie zu formulieren suchte, Ästhetik, Kultur- und Geschichtsphilosophie dabei integrierend und zugleich den Rahmen des gegenwärtigen marxistischen Denkens neu bestimmend – für all dies lassen sich Hinweise in seinem weitgespannten Werk finden, aber ebenso gut Hinweise, die die Traditionsverhaftung seines Denkens dokumentieren. Die vielfältigen Fragen nach der Kontinuität der geistesgeschichtlichen, geschichtsphilosophischen und soziologischen Grundlagen des Frühwerks, seines politischen Denkens der zwanziger Jahre bis hin zu den großen Spätwerken der 'Ästhetik' und 'Ontologie' bleiben auch nach allen neueren Symposien offen; die Unabschließbarkeit der interpretativen Beschäftigung mit seinen Werken mag den Rang andeuten, den diese beanspruchen können.

Über Jahre hat Lukács' persönliches, politisches Verhalten, besonders seine unklare Position zum Personenkult um Stalin, zu Mißverständnissen Anlaß gegeben, vor allem im Westen. Erst in neuerer Zeit wird der Blick freier für jene, schon angesprochene geschichtsphilosophische, kulturtheoretische und sozialwissenschaftliche Kontinuität seines Denkens, die auch im Wandel zum Marxismus erhalten geblieben ist. Deutlicher wird auch, wie stark die ungarischen und darüberhinaus gesamteuropäischen Kulturtraditionen Lukács geprägt haben – ganz unabhängig von den je eingenommenen politischen Positionen des Tages. Die Beiträge dieses Bandes dokumentieren diesen Sachverhalt.

Zurecht weist József Lukács darauf hin, daß die reale Menschwerdung des Menschen, weltgeschichtlich beobachtbar in kulturellen Objektivationen, ein zentrales Thema von Georg Lukács war. Die geschichtsphilosophische Reflexion auf die kulturellen, die sozialen und ökonomischen Entwicklungsbedingungen der menschlichen Gattung erweist sich dabei als ein durchgängiges Moment der intellektuellen Existenz des ungarischen Philosophen. Das Spannungsverhältnis von Individuum und Gesellschaft faszinierte Lukács schon in seiner vormarxistischen Periode als ein Problem der deutschen Philosophie und Ästhetik des 18. und 19. Jahrhunderts. Es blieb für ihn ein Ziel, das kulturelle Entwicklungspotential der Menschheit auszuloten und auszunutzen, und als Marxist sah er diese Chance in einer revolutionären Politik, die sich in sozialistischer Ökonomie und einem rätedemokratischen Institutionengefüge verwirklichen sollte.

Gewiß: im Rückblick werden die Probleme einer so weit gespannnten kulturtheoretischen Perspektive deutlich, auch und gerade in der theoretischen Anstrengung. Und deutlich wird auch, daß Lukács im Rückgriff auf einen authentisch verstandenen Marx die Selbstkonstituierung des Individuums in einer autonom geregelten Arbeitsgesellschaft avisierte. Immer wieder kommt er – gerade auch in seinen späten Schriften – zurück auf die Sphäre individueller Selbstverwirklichung und kultureller Zukunftschancen der menschlichen Gat-

tung. József Lukács verdeutlicht in diesem Zusammenhang, daß ein bloß gedankliches Überspringen der Gattungsmäßigkeit und Partikularität — Versuche
eines unmittelbaren Durchbruchs zum Fürsichseienden — lediglich utopische
Proteste bewirken können, jedoch keinen geschichtsphilosophisch begründbaren
Fortschritt. Für diesen reklamierte Georg Lukács auch die klassischen Werte
der bürgerlichen Kultur, die ihre Bedeutung für die Entwicklung der menschlichen Gattung keineswegs verloren haben, vielmehr im Sinne Hegels durch
eine neue Synthese von Kultur, Sozialismus und Demokratie aufgehoben werden
können.

Lukács war, wie bekannt, durch Erziehung und Studium der deutschen
Philosophie und Wissenschaftstradition tief verbunden — und dies bis an sein
Lebensende. Ob er freilich als 'deutscher Philosoph ungarischer Nationalität'
gelten kann — wie Peter Fischer — Appelt meint —, wird dann zweifelhaft,
wenn man Tamás Tóth folgt, der die weitreichende Bedeutung der ungarischen
und außerdeutschen Kultur im Entwicklungsprozeß des jungen Lukács detailbe-
wußt verfolgt. Gleichwohl ist der außerordentliche Einfluß Hegels und der
klassischen deutschen Philosophie nicht zu übersehen. Man mag einen Weg
vom subjektiven zum objektiven Idealismus und von hier zum historischen
Materialismus im Denken von Lukács nachzeichnen können, der die Entwick-
lungspositionen der deutschen Philosophie in der Dialektik des Widerspruchs
nachvollzieht und damit einem intellektuellen Leben gerecht wird, das vom
historischen Gegensatz zwischen Geist und Macht im 20. Jahrhundert geprägt
wurde.

Die Entfremdungssituation des Einzelnen in der modernen Gesellschaft
thematisierte Lukács schon in seinen kulturphilosophischen Auseinandersetzungen mit seinem Lehrer Simmel, wie Kristóf Nyiri zeigt. Während Simmel
das Marx'sche Reich der Freiheit schon nähergerückt sah und auf die moderne
Technikkultur einige Hoffnungen setzte, suchte der frühe Lukács noch eine
'heile' Kultur, die den Einzelnen zu echtem Gefühl und sinnvollem Handeln
befähigen sollte. Die von der deutschen Klassik angestimmte Klage über den
Verlust kultureller Identität und Sinngebung läßt den jungen Lukács ein absolu-
tes Normensystem fordern, das er wenige Jahre später schon in der marxistischen Geschichtsphilosophie verbürgt sah. Zuvor, in den Jahren 1911/1912 galt
Kultur als eine lebenserhöhende, reicher machende 'Kraft der Einheit' — weit
entfernt noch von allen Gedanken, dem Sozialismus solches abfordern zu wollen. Eher war Dostojewski derjenige, der einen Ausweg aus der kulturphilosophischen Krise der Moderne bot. Und in solchem Interpretationskontext erscheint — so Nyiri — die 'Theorie des Romans' als ein Versuch, die metaphysische Negation der bürgerlichen Gesellschaft mit der Forderung nach einer
geschlossenen Kultur als Mittel der Selbstüberwindung und Erneuerung einzulö-
sen. Später transponiert die überraschende Wende zum Marxismus diese älteren
Kulturideale in eine neue Sphäre radikaler, politischer Realität: in 'Geschichte

und Klassenbewußtsein' finden sich noch Spuren jenes Kampfes und Widerstandes gegen die beharrende Macht historischer Kulturgebilde und für die geschichtsphilosophisch—politische Forderung nach einer alternativen, proletarischen Kultur.

Wie schon gesagt: in seinem vormarxistischen Denken nehmen Kant, Hegel, Nietzsche, Rickert, Windelband, Weber, Simmel, Gundolf und Lask — um nur einige der einflußreichsten Personen zu nennen — für Lukács' geistige Entwicklung einen herausragenden Platz ein. Aber eine subtilere Betrachtung der sehr unterschiedlichen Ideenströmungen, die im Denken des jungen Lukács oft etwas unvermittelt zusammentreffen, unterzieht dieses traditionelle Bild einer Revision und zeigt — wie Tamás Tóth demonstriert — auf eindrucksvolle Weise den breiteren europäischen Gesichtskreis. Skandinavische, französische, russische und vor allem ungarische Einflüsse treten deutlicher hervor, und dieses europäische Erbe bildet auch für den späteren Marxisten Lukács einen Ausgangspunkt in der Entwicklung einer sozialistischen Kultur. Die klassischen Repräsentanten des ungarischen intellektuellen Lebens, vornehmlich Sándor Petöfi, János Arany und Endre Ady sind dabei stärker, als der nichtungarische Betrachter vielleicht anzunehmen geneigt ist, prägend auch für den Versuch einer Kultursynthese, die nationalen Kulturen im Sinne eines aufgeklärten Universalismus zu verstehen.

Solche hochzielenden Versuche einer europäischen Synthese konnten nicht ohne lebenspraktische und theoretische Widersprüche bleiben. An Lukács' persönlichem Verhältnis zu dem wohl bedeutendsten deutschen Soziologen, zu Max Weber, und an der problematischen Auseinandersetzung mit dem historischen Wertrelativismus Webers wird klar, daß einer Integration des bürgerlichen Erbes in die marxistische Philosophie auch deutliche Grenzen gesetzt sind. Die Weber'sche Unterscheidung von Gesinnungs— und Verantwortungsethik hat Lukács noch in 'Geschichte und Klassenbewußtsein' marxistisch transponiert und für seine damals linkskommunistische Revolutionstheorie übernommen. Auch die gegenseitige persönliche Wertschätzung war — über die Heidelberger Zeit von Lukács hinaus — sehr tief, groß und stabil — wie Dirk Käsler darlegt. Lukács erhoffte sich zunächst sogar von Weber die Anbahnung einer akademischen Karriere. Dennoch: Jahrzehnte später polemisierte er gegen den 'Rationalisten' Weber, der mit seinem historischen Wertrelativismus dem politischen Irrationalismus, ja sogar dem Nationalsozialismus den Weg mitbereitet habe — ein politisch inspiriertes Diktum, das noch bis in die sechziger Jahre dieses Jahrhunderts hinein eine produktive Weber—Rezeption innerhalb der politischen Linken blockieren half. Im Lichte neuerer und differenzierterer philosophiegeschichtlicher Forschungen erscheint diese — aus einer antifaschistischen Kampfstellung heraus erklärbare — Generalabrechnung mit Max Weber und der deutschen Lebensphilosophie mehr als problematisch, wie Herbert Schnädelbach in seiner kritischen Auseinandersetzung mit der 'Zerstörung der

Vernunft' behauptet. Es ist eben jene Generalabrechnung mit der deutschen lebensphilosophischen Tradition, die die Stellungnahme für oder gegen Lukács mit einer Heftigkeit sondergleichen immer provoziert hat, weil in dieser Arbeit die Parteiorientierung theoriensystematisch und geschichtsphilosophisch weit stärker durchschlägt, als in zahlreichen anderen Schriften, vor allem verglichen mit dem großen Spätwerk, der 'Ontologie'.

Das geschichtsphilosophische und methodologische Mißverständnis zwischen Lukács und Weber wird noch gravierender, wenn man den intensiven menschlichen und gedanklichen Austausch beider während der Jahre 1917 bis 1919 bedenkt. Éva Karádi kann zeigen, daß der revolutionär gewordene Lukács zum Adressaten für Webers Vortrag 'Politik als Beruf' wird — ein Appell Webers an Lukács, Wissenschaft und Politik zu trennen, vielleicht auch, in die Wissenschaft zurückzukehren. Daß Lukács, der zu jener Zeit zum Marxisten sich wandelt, gleichwohl von Weber in seinem ganzen Denken tief beeinflußt war, steht außer Frage. Den Dualismus von Tatsachen und Werten hatte er schon in seinen frühen Versuchen kulturphilosophischer Analyse wiederholt beschrieben und noch in den ersten marxistischen Schriften, nichtzuletzt in 'Geschichte und Klassenbewußtsein', hinterließ der Neukantianismus von Weber seine unübersehbaren Spuren. Freilich: Lukács entwickelte zunehmend stärker ein undistanziertes Verhältnis zu den eigenen politischen Positionen mit der Konsequenz, konkurrierende Wertsphären nicht mehr pluralistisch zu relativieren. Seinen Antirelativismus begründete er nunmehr theoretisch mithilfe Hegel'scher Kategorien, z.B. der der 'Totalität', der 'objektiven' Entwicklung u.a.m. Praktisch bedeutete dies eine uneingeschränkte Parteinahme für die kommunistische Bewegung. Die ethische Frage war für Lukács nicht länger mehr das Problem einer verantwortungsethisch zu rechtfertigenden Wertewahl, sondern eher das einer postulierten höheren Moral als Ausdruck 'objektiver' historischer Entwicklungen.

Tatsächlich suchten Weber und Lukács sehr unterschiedliche Auswege aus der allgemein empfundenen und philosophisch thematisierten Krise der Vernunft, die beide auch in ihren erkenntnistheoretischen und ethischen Auffassungen sehr unterschiedlich diagnostizierten — wie Michael Th. Greven in seinem theoriensystematischen Vergleich zeigt. Während die Fähigkeit, objektive Vernunft auch nur zu konzipieren, im Weber'schen Wertrelativismus verloren ging, suchte Lukács diese in der Geschichte und in einer politischen Praxis, die gegen bloß subjektive Vernünftigkeit eine parteiliche Entscheidung zugunsten der sozialen und politischen Emanzipation des Proletariats setzte. Während Weber den Rückgriff auf Geschichtsphilosophie und deren Normativität ablehnte — mit allen Folgen für die damit nicht mehr zu verfolgende Intention emanzipativer Politiktheorie —, versuchte Lukács dem Wertrelativismus nicht — resignativ zu begegnen, sondern ihm mit frühmarx'schem Pathos und Hegel'scher Gewißheit entgegenzutreten, wie Greven anmerkt. Den Versuch, die durch Wertrelativismus stagnierende Gattungsgeschichte in der bürgerlichen Gesellschaft zu überwinden, unternahm Lukács in 'Geschichte und Klassenbewußtsein' und in der 'Ontologie des gesellschaftlichen Seins' unter verschiedenen systematischen Vorzeichen. Die Schwierigkeiten einer 'Zurechnung' von Klassenbewußtsein und der geschichtsphilosophischen, wie auch praxeologischen Bestimmung der 'objektiven Möglichkeit' werden aber in beiden Werken wohl kaum überwunden. Dennoch bleibt es Lukács' großes Verdienst, sich mit den scheinbar gesetzten Kausalitäten der bürgerlichen Gesellschaft nicht abzufinden und – mit Marx – auf der konstitutiven Rationalität von menschlicher Praxis zu beharren, weil dann die Konstruktion menschlicher Wirklichkeit prinzipiell einsehbar ist und politisch zur Disposition steht. Es ist diese zukunftsorientierte Perspektive, die dem ethischen Dezionismus von Lukács einen qualitativ anderen Status als dem Weber'schen verleiht, für den Sozialismus wohl kaum als Realisierung von Aufklärung gegolten hat.

Lukács' Beharren auf der Existenz einer objektiven Vernunft und der entsprechenden Handlungsrationalität kommunistischer Parteien wirft in einer liberalen oder demokratisch–sozialistischen Perspektive, für die politische Handlungsvorbehalte, soziale Experimente und eine pluralistische Kompromißphantasie entscheidend sind, die Frage auf, ob Lukács überhaupt eine begründete Politiktheorie, eine überzeugende politische Handlungslehre jenseits strategischer Vorentscheidungen und ein demokratisch–emanzipatives Organisationsmodell entwickelt hat. Günter Trautmann legt theoriengeschichtliche, systematische und organisationspolitische Defizite bei der Konstitution der frühen Politik–Theorie von Lukács dar. Dabei fallen insbesondere die empiriefeindlichen Traditionen des Hegelianismus sowie bestimmter Traditionen des Marxismus–Leninismus ins Gewicht, ebenso eine subjektivistische Lebensphilosophie, die lediglich beliebige Zielbestimmungen für kollektives Handeln entwickeln kann. Abgesehen von solchen immanenten Reflexionsschranken bei der Entwicklung einer zugleich vernunft– und realitätsorientierten Politik–Theorie fehlten dem großbürgerlich sozialisierten Lukács auch jene Organisationserfahrungen der europäischen Arbeiterbewegung, die für andere Intellektuelle der Vorkriegszeit zum gesicherten Bestand ihrer politischen Praxis gehörten. Zwischen Reformismus und Radikalismus hätte für Lukács eine 'sozial–liberale' Option im Sinne des Heidelberger Kreises um Weber nahegelegen. Daß Lukács hingegen durch die ungarische Revolution – keineswegs schon durch die russische Oktoberrevolution – überraschend politisiert und radikalisiert wurde, hängt nicht nur mit einer lebensphilosophisch–subjektivistischen Ablehnung des Gradualismus, sondern auch mit einem totalisierenden Kulturbegriff zusammen, der handlungsmaximalistisch auf die Neuschaffung des Ganzen zuging. Daß sich dieser Gestus bei Lukács noch mit Elementen syndikalistischer Aktionsvorstellungen, wie sie Ervin Szabó vertrat, verband, führte schließlich zur Absenz von der Realpolitik und zum Primat des Kulturellen.

Stellt man nicht die Politik als Kunst des Möglichen, sondern die radikale Kritik als realutopischen Vorgriff auf eine bessere Zukunft in den Mittelpunkt der Überlegungen – wie Ferenc L. Lendvai dies tut –, so gewinnen die politischen Schriften von Lukács aus den zwanziger Jahren ein erhebliches Gewicht. Zwar hat sich Lukács im Rückblick von seinem wirkungsmächtigsten Werk, von 'Geschichte und Klassenbewußtsein' mit dem Hinweis distanziert, der Hegelianismus seiner damaligen Entwicklungsstufe habe ihn dazu verführt, im Proletariat das identische Subjekt–Objekt zu sehen, anstatt den durch Arbeit vermittelten Praxisbegriff auszuformulieren, und eben diese Identitätsannahme sei in Wahrheit nur eine rein metaphysische Konstruktion, die Marx schon in seinen Frühschriften als mit Praxis unvermittelte Spekulation abgelehnt habe; aber Lendvai kann immerhin darauf verweisen, daß Lukács mit den Kategorien Entfremdung und Arbeit auch schon in den zwanziger Jahren den puren Hegelianismus überwunden habe. Freilich, die Frage bleibt, ob es Lukács in seiner Bewußtseins–, Partei– und Organisationstheorie tatsächlich gelungen ist, die historische Bewegung vom Proletariat als Objekt der bürgerlichen Gesellschaft zum Subjekt eines sozialen Emanzipationsprozesses kategorial angemessen bestimmt zu haben. Denn wenn das Proletariat in vollständig entfremdeten Verhältnissen lebt, so bleibt die systematische Schwierigkeit zu bestimmen, woher das aufgeklärte Bewußtsein über die eigene Situation dann kommen soll – es sei denn über ein durch die Parteiavantgarde zugerechnetes Klassenbewußtsein. Lendvai aber hält daran fest, daß die großen Formwechsel der Geschichte nur in historischen Grenzsituationen möglich sind und nicht nach universalisierbaren Gesetzen ablaufen. Der optimistische Aktionismus von Lukács und sein geheimer 'Messianismus' sind nicht nur aus der Welt Dostojewskis oder aus der eschatologischen Erbschaft des deutschen Idealismus zu erklären; beides ist auch von protestantischen und nationalen Traditionen Ungarns genährt.

Die problematische Zurechnung von Klassenbewußtsein, die fehlende Subjekttheorie eines sich selbst emanzipierenden Proletariats und die damit verbundene Einengung der geschichtlich vorwärtstreibenden Kräfte auf die proletarische Partei lassen ein reduziertes, auf jeden Fall aber problematisches Politikverständnis von Lukács vermuten. Udo Bermbach formuliert entsprechend die These, daß Lukács über keine Theorie der Politik verfügte, weil Geschichtsphilosophie und spekulative Bewußtseinstheorie den empirisch informierten Zugang zu einer Theorie politischer Institutionen verstellen mußten. Die empiriefeindlichen Traditionen eines hegelianisierenden Marxismus immunisierten das politische Denken gegen realitätsnahe Überprüfungen und verhinderten die institutionelle Konkretion – ein Sachverhalt, der allerdings nicht nur im Werk von Lukács zu beobachten ist. Wo universell wirksame Verdinglichung festgestellt wird, ist kaum mehr Platz für eine differenzierte Institutionenkritik der bürgerlichen Gesellschaft, eher für die Hoffnung auf den plötzlichen Akt eines sich selbst befreienden Bewußtseins, dem politisches und nicht—politisches Handeln ununterscheidbar wird. Systematisch läßt sich dies am Beispiel der Parlamentarismus—Kritik illustrieren, die ihre Konsequenz in einer Rätetheorie als bloßer Negation des bürgerlichen Parlamentarismus findet. Persönlich neigt Lukács zur theoretischen und praktischen Anpassung an das, was er im Sinne der Revolution für erforderlich hält, wird damit aber auch dogmatisch ausbeutbar und setzt sich selbst dem Zwange häufiger Selbstkritik aus, die mit den politischen Positionswechseln je verbunden sind.

Auch die späte politische Theorie von Lukács hat allen weiterführenden Ansätzen zum Trotz die zentralen Probleme einer auf die modernen Gegebenheiten eingestellten politischen Praxis kaum lösen können, wie József Bayer deutlich macht. Lukács glaubte zwar, daß es in seiner intellektuellen und politischen Entwicklung keine 'anorganischen' Momente gegeben habe; aber im Rückblick erweist die Rekonstruktion seines politischen Denkens einen ähnlich wechselvollen Verlauf wie die Geschichte der kommunistischen Bewegung, die Lukács nie grundlegend kritisiert hat. Selbst die berühmten Blum—Thesen, in denen er erstmals eine 'demokratische Diktatur' forderte, können heute kaum mehr ernsthaft als Komintern—Kritik oder als Basis—Theorie für neue Formen sozialistischer Demokratie angesehen werden. Für Bayer ist es daher kein Zufall, daß sich Lukács seit den zwanziger Jahren auf Fragen der Ästhetik und Ideengeschichte zurückzog, was gleichbedeutend sein mag mit einem Verzicht auf die theoretische Weiterentwicklung marxistischer Praxis.

Fraglos stellen aber die retrospektive Ablehnung der Sozialfaschismus—These, die antifaschistische Kritik der europäischen Geistesgeschichte und das Anknüpfen an die Thesen des XX. Parteitages der KPdSU mit der Forderung auf eigene, nationale Wege zum Sozialismus sowie der friedlichen Koexistenz zwischen Ost und West, einen konstruktiven Beitrag von Lukács zu aktuellen Problemen der Nachkriegsentwicklung dar. Dennoch: im Spätwerk geht es primär um eine Renaissance des Marxismus auf geschichtsphilosophischer, weltanschaulicher, methodologischer und ästhetischer Ebene, und auch hier bleibt — wie in den frühen Arbeiten — der Primat des Kulturellen bestehen. Die Spätwerke nehmen folgerichtig zahlreiche Themen des jungen Lukács erneut, wenn auch in gewandelter Form, wieder auf, aber Lukács verzichtet darauf, seinem politischen Denken die strengere theoretische Form zu geben, auch wenn er seit 1956 immer wieder Arbeiterdemokratie und dezentrale Entscheidungsstrukturen in Staat, Wirtschaft und Gesellschaft für den Sozialismus gefordert hat.

An die Stelle einer ausgearbeiteten politischen Theorie trat die Publikation eminent politischer Bücher und Artikel. László Sziklai verdeutlicht — und dies ist gegen die scharfen Thesen von Schnädelbach gewendet —, daß die 'Zerstörung der Vernunft' nicht in erster Linie eine philosophiegeschichtliche Rekonstruktion, sondern vielmehr eine antifaschistische Kampfschrift darstellte, die

fast zur Hälfte bereits vor dem Ende des Zweiten Weltkrieges, während des
Moskauer Aufenthaltes von Lukács, fertiggestellt wurde. Worauf es Lukács
offensichtlich ankam, war der mit allem Nachdruck behauptete Hinweis auf den
geistigen Wendepunkt der deutschen Geschichte nach der gescheiterten Revolution von 1848/49, auf die antidemokratische Polemik Nietzsches und seiner
Nachfolger, auf die irrationalen Strömungen der deutschen Lebensphilosophie
und der durch sie affizierten, sich allmählich etablierenden Sozialwissenschaften
als jenes Argumentationspotentials, dessen sich der Nationalsozialismus dann
bedienen konnte. Aber trotz solcher politischen Intention bleibt es naturgemäß
fraglich, ob eine Rekonstruktion gradliniger Kontinuität von Nietzsche bis Hitler
so erlaubt sein kann und welches ihre Folgen sind. Sziklai betont, daß die
Kritik von Lukács an der 'unreinen Vernunft' des Nationalsozialismus schon
deshalb politisch notwendig gewesen sei, weil damit geistesgeschichtlich deutlich
wurde, weshalb Arbeiter, Bauern und Kleinbürger dem Irrationalismus anheim
fallen konnten. Und Sziklai formuliert die These, daß Lukács die Nietzsche —
Faszination vieler europäischer Intellektueller habe brechen wollen.

Während so die 'Zerstörung der Vernunft' wesentlich als geistesgeschicht-
licher Beitrag im Kampf gegen den europäischen Faschismus gewertet wird,
meint Herbert Schnädelbach mit großer Entschiedenheit, daß diese Arbeit als
Interpretation der Philosophiegeschichte wie als Ausarbeitung der philosophischen Vorgeschichte des Faschismus nicht mehr zu retten sei, allenfalls zeitgeschichtliches Dokument und Beispiel eines verhängnisvollen und folgenreichen
Irrtums. Vor allem das von Lukács praktizierte dogmatisch — deduktive Schema,
demzufolge allein soziale Genesis und Funktion politischer Theorien im Klassenkampf darüber entscheiden, ob sie als 'reaktionär' oder 'progressiv' zu
interpretieren sind, erscheint heute unakzeptabel. Lebensphilosophie als eine
Strömung des Irrationalismus, als Fall bürgerlich — reaktionärer Ideologie alleine
aufzufassen, verkennt offensichtlich die Tatsache, daß sich Anhänger und Vertreter der Lebensphilosophie dem Nationalsozialismus durchaus entgegenstellten,
wie umgekehrt auch der Faschismus von Rationalisten unterstützt werden konnte. Schnädelbach schlägt vor, zwischen irrationalistischer Metaphysik und
Metaphysik des Irrationalen zu unterscheiden, um zwischen einem methodischen
Irrationalisten, der im Handeln die Imperative der Rationalität nicht anerkennt,
und einem metaphysischen Irrationalisten, der logokratische Weltbilder ablehnt
und einen inneren Sinnzusammenhang der Welt bestreitet, die lebensphilosophischen Strömungen differenzieren zu können. Aber einmal abgesehen davon:
Lukács selbst war der Lebensphilosophie weit über seine Frühwerke hinaus
verbunden, und noch 'Geschichte und Klassenbewußtsein' kann als im Kern
lebensphilosophisches Werk mit marxistischer Oberfläche gelesen werden. Das
hängt zusammen mit Lukács' Glauben an eine objektive Vernunft im 'materiellen Lebensprozeß'; entfällt dieser hegelianisierende Vernunftbegriff ebenso wie
der ideologietheoretische Dogmatismus, so kann es — wie Schnädelbach meint

– keine wesentlichen Differenzen zwischen Marxismus und Lebensphilosophie mehr geben.

In den späten Werken von Lukács zur 'Ästhetik' und 'Ontologie' läßt sich eine Wiederentdeckung jener Subjekttheorien beobachten, die für Lukács vor seinem Übergang zum Marxismus schon einen hohen geschichtsphilosophischen und ethischen Rang einnahmen. In der Ästhetik taucht der Gedanke wieder auf, daß große Epik und Tragödie die Totalität des Lebens unmittelbar mache, daß in der durch Form bewältigten Welt des Scheins ein sinndurchwirktes Ganzes zum Vorschein komme. Dénes Zoltai sucht zu zeigen, daß der 'Zwischenbereich des Besonderen' im Gegensatz zu der aufs Allgemeine zielenden Philosophie im spezifischen Medium der Kunst anschaulich repräsentiert werden soll. Lukács suchte das Problem der Mimesis keineswegs durch eine mechanische Widerspiegelungstheorie zu lösen, für welche Kunst nur die ästhetische Formung objektiver Realität ist. Die abgeschlossene Form eines künstlerischen Werkes hat vielmehr schon in den dreißiger Jahren für ihn einen eigengesetzlichen Charakter. Über Form und Medium wird in der Sphäre des Ästhetischen eine Welt neu geschaffen und angeeignet, auch weil hier ein prinzipieller Pluralismus herrscht. Die kritischen Fäden des frühen Heidelberger kulturphilosophischen Syntheseversuchs werden in solchen Überlegungen des Spätwerkes wieder aufgenommen, Ästhetik und Ethik fallen in der bewußtseinsgestaltenden Macht der Kunst zusammen, der es im homogenen Medium um den 'ganzen Menschen' geht.

Im Beharren auf Partikularität der künstlerischen Gestaltung sieht Zoltai bei Lukács eine Rückbesinnung auf die Innerlichkeit und Sujektivität, vor allem auch in der Musik. Die damit signalisierte Abwendung von einem eher dogmatischen Kunstverständnis während der dreißiger Jahre stellt Jörg Zimmermann freilich in Abrede. Für ihn ist jener Lukács'sche Revisionismus, der staatlicherseits mehrfach verurteilt wurde, keineswegs eine Abweichung von der Orthodoxie, sondern nur deren intelligentere Variante. Brechts Diktum vom 'gigantischen Stumpfsinn' ist gewiß extrem polemisch – und in der Polemik auch ungerecht und unsachlich –, enthält aber den Hinweis auf jene dogmatischen Spuren, die sich selbst in den späten Werken bei Lukács noch finden lassen. Vom Früh– bis zum Spätwerk zeigt sich auch in den ästhetischen Schriften ein normensetzender Gestus, der die Sehnsucht nach dem totalisierenden Ganzen sowie die Sprödigkeit, ja ein gewisses Unverständnis gegenüber modernen Kunstströmungen nicht verleugnen kann. Von Anfang an läßt sich die Suche nach einem ganzheitlichen System beobachten, das dann im weltanschaulichen Integralismus des Marxismus–Leninismus gefunden wurde. Gegenüber diesem impliziten Anspruch auf Systemerkenntnis und objektive Vernunft traten die Prinzipien des Dialogs und diskursiver Verständigung weithin zurück, so daß die Realität – vornehmlich die der dreißiger Jahre – zur geschichtlichen Notwendigkeit erklärt werden konnte. Die These wird formuliert, daß Lukács in seinen Kunstkritiken der damaligen Zeit das Schema der Parteilichkeit und der Widerspiegelung nicht grundsätzlich infragegestellt habe, ja daß sich noch in Schriften nach dem Kriege — etwa 1952 über 'gesunde und kranke Kunst' — die dogmatische Durchdrängung erkennen lasse. Zimmermann betont die Linie der Kontinuität ästhetischer Auffassungen, sieht kein wirkliches Abrücken von den älteren ästhetischen Versuchen, sondern ein durchaus an Lenins, nunmehr allerdings offener interpretierten Widerspiegelungstheorie orientiertes Festhalten einer einmal eingenommenen Position. Vom Essay über die ästhetische Kampf-schrift zur großen systematischen Ästhetik: dieser Weg von Lukács erweist sich dann als Jugendtraum.

Gegenüber einer solchen Interpretationsperspektive, die das Bild eines unflexiblen, schematisch gedachten Marxisten beschwört, betont Miklós Almasi die Ansätze einer — wie er glaubt — grundlegenden Erneuerung des Marxis-mus, besonders in der 'Ontologie des gesellschaftlichen Seins'. Hier läßt sich eine fundamentale Neubestimmung des dialektischen Verhältnisses von Geschichte und Individuum ausmachen, wobei der ontologisch—gesellschaftliche Gedanke zunächst in der Form des Ästhetischen auftritt, da die künstlerische Entfaltung der Welt auch von der subjektiven Wahrnehmung des Rezipienten abhängt. Lukács' Diktum, es könne kein Objekt ohne das Subjekt existieren, erhält jetzt durch die Betonung subjektiver Dimensionen einen ästhetischen, philosophischen und auch politischen Modernisierungsakzent. In der das Sein selbst konstruierenden Rolle bewußtseinsmäßiger Komponenten sieht Almasi eine weittragende Entdeckung, die gesellschaftliche, politische und ideologische Konstitutionszusammenhänge neu bestimmt. Nunmehr ist es — zumindest der Tendenz nach — nicht mehr eine übergeordnete Struktur oder eine Totalität, die in sich vernünftig ist und Normen vorgibt, sondern der durch menschliche Praxis — insbesondere Arbeit — vermittelte gesellschaftliche Interaktions-zusammenhang, auf den das Individuum einwirken und in dem es bedingt auch frei entscheiden kann. Bewußtsein und menschliche Praxis sind nicht länger ein bloßes Epiphänomen gesellschaftlicher Strukturen, sondern Veränderungsfak-toren, die zukünftige Handlungsalternativen eröffnen. Kommunikatives Handeln — im Sinne von Jürgen Habermas — kann in einer solchen Perspektive das Modell der Zweckrationalität mit guten Chancen überbieten. Das Individuum ist nunmehr gegenüber einer objektivistischen Geschichte aufgewertet, und damit rückt zugleich das Problem der Freiheit in ein neues Licht: Öffentlichkeit und demokratische Institutionen können zum Medium basisorientierter Gesellschafts-reformen, neuer Wertpräferenzen und individueller Wahlakte werden. Eine so weitgehende Entdeckung des aktiven Subjektes mag als eine extreme Interpreta-tion der 'Ontologie' gelten, aber insoweit hier eine neue Subjekttheorie umris-sen wird, zeigt diese Interpretation zugleich auch, daß — entgegen mancher dezidiert vorgetragenen Meinung — das Spätwerk von Lukács im Kontext westeuropäischer, politischer Philosophie anschlußfähig bleiben kann.

Frank Benseler sieht vergleichbare Tendenzen im Spätwerk von Lukács; auch er meint nachweisen zu können, daß eine Synthese von objektiver und subjektiver Dialektik bei Lukács auf Fortschritt im Sinne der Humanisierung ziele. Die bereits in den Frühschriften von Lukács geleistete Kritik der Verdinglichung und Bürokratisierung der modernen Welt wird als Kritik an geschichtlich fixierten Herrschaftsverhältnissen in Ost wie West verstanden – eine äquidistante Kritik freilich, die die Bedeutung von Lukács in einer geteilten Welt sicherlich eingeschränkt hat. Für Benseler geht es bei Lukács weder um ein wertideales, konservatives Kunstverstehen noch um eine orthodoxe Widerspiegelungsdogmatik, sondern um die Spontaneität einer erst im Augenblick des Erlebnisses normsetzenden Kraft. Damit habe Lukács die Dimensionen spontanen Handelns und strukturentbundener Subjektivität für die Gesellschaftsontologie zurückgewonnen. Mit Marx beharrt Lukács in der Tat darauf, daß sich Institutionen und Normen im geschichtlichen Prozeß nicht von selbst oder durch spontane Prozesse, sondern durch bewußte Setzung ändern; menschliches Leben und Wertentscheidungen sind damit auch gesellschaftliche Kategorien. So mag es Lukács auch darum gehen, das entfremdete Individuum aus dem Bereich gesellschaftlicher Reproduktionsnotwendigkeit in das Reich der Freiheit zu führen, in dem die Naturschranken begrenzt, Herrschaft aufgehoben und menschliche Selbstverwirklichung zur realen Perspektive geworden ist; eine Vision der Persönlichkeit, wie sie alteuropäisch intendiert war.

Das freilich würde darauf hindeuten, daß die eingangs gestellte Frage sich als Scheinfrage erweist. Die Erneuerung des Marxismus könnte – entsprechend diesen beiden letzten Interpretationen der 'Ontologie' – nur erfolgen, in dem sie den Ausgangspunkt des Marx'schen Denkens wieder freilegt und seine ursprüngliche Intentionalität erneut bedenkt. Der Rückgriff auf die Tradition stünde allerdings dann unter dem Zwang einer zeitgenössischen Rezeption und Adaption.

II. Kulturkritik und nationale Identität –
Ein Europäer ungarischer Herkunft

Georg Lukács über Probleme der Kulturentwicklung

József Lukács

1971 versucht Georg Lukács, bereits schwerkrank, die Inhalte seines persönlichen Lebens zu überschauen. Der Maßstab seines 'Gelebten Denkens' ist sokratisch streng: "Lebensführung als Kampf von (echter!) Neugier und Eitelkeit — Eitelkeit als Hauptlaster: nagelt Menschen in Partikularität fest".[1] In diesem einzigen Satz erscheint als persönliches Bekenntnis eine Konstante in seinem sonst so schillernden Leben, ein Satz, der auch im 'objektiven' Sinne sein Werk bestimmt: "Menschwerdung des Menschen als Inhalt des Geschichtsprozesses, der sich — stark variiert — in jedem einzelnen menschlichen Lebenslauf verwirklicht. So ist jeder Einzelmensch — einerlei, mit welcher Bewußtheit — aktiver Faktor des Gesamtprozesses und gleichzeitig dessen Produkt. Annäherung an die Gattungsmäßigkeit im individuellen Leben".[2] Gewiß fühlte sich der Denker — und schon das dürfte die Werte seines kampfreichen Lebens aufzeigen — in seinem bewußten Leben durch das Doppelgestirn Individuum und Gattungsmäßigkeit gelenkt. Unermüdlich wandte er sich gegen die Einschränkung seiner selbst und anderer, trat er ein für die Entfaltung der Gattungsmäßigkeit in der Praxis.

Daneben gibt es aber auch noch einen anderen Aspekt: es geht um einen Philosophen, dessen Abstraktionen die Möglichkeit des auch von ihm selbst erkannten Bösen, die Gefahr: "Spontanes zu früh zu verallgemeinern"[3] mit einbegreifen.

Man könnte freilich fragen, ob der von Lukács gebrauchte Begriff der Gattungsmäßigkeit nicht etwa selbst eine idealistische Chimäre, eine schlechte Abstraktion ist, eine illegitime Erbschaft des Hegelschen Weltgeistes.

Lukács war sich der Schwierigkeiten durchaus bewußt, die seine frühe Philosophie infolge der abstrakt-ontologischen Auffassung des gesellschaftlichen Seins belasteten. Der hauptsächliche Inhalt seines Wegs zu Marx ist eben, daß er, der die Schranken jener Tradition der deutschen klassischen Philosophie, mit der er aufgewachsen war, zu überwinden und doch die Aufgabe eines Philosophen auf sich zu nehmen suchte, in die konkret-historische Bestimmtheit der abstrakten Begriffe eindrang, um auch mit ihrer Hilfe einer Neukonstituierung der konkreten Wirklichkeit näherzukommen.[4]

Das war der Grund, weshalb er so entschieden gegen die Gleichsetzung des sogenannten 'allgemein Menschlichen' mit der Gattungsmäßigkeit protestierte, denn dies hätte zur Folge gehabt, "daß die Menschheit darin zu den konkreten Formen der menschlichen Beziehungen, vor allem zu Klasse und Nation, in einen ausschließenden metaphysischen Gegensatz gesetzt wird",

wodurch aber eben jene konkreten Bindungen des Menschen zur Zweitrangig-
keit degradiert worden wären, "deren Einwirkungen auf das konkrete Was und
Wie einer jeden Persönlichkeit, jeder menschlichen Beziehung, jeden Schicksals
etc. unermeßlich sind".[5]

Die Durchsetzung der Gattungsmäßigkeit ist demzufolge ein "a priori
ununterscheidbares Moment dieser Verhältnisse, das sich gerade in ihren –
historisch – vorwärtstreibenden Widersprüchen als Ergebnis ihrer Kämpfe
durchsetzt."[6] Im Gegensatz zur Ontologisierung der Begriffe rückt Lukács, vom
Beginn der dreißiger Jahre an, eindeutig die konkrete Dialektik der objektiven
Seinskomplexe in den Vordergrund.

Die solcherart begriffene, sich in den historischen Formen des Besonderen
präsentierende Gattungsmäßigkeit ist für Lukács Ursprung, Träger und Um-
wandler der Kultur. Gehalt und Inhalt der Kultur ist alles, "was im Gedächtnis
der Menschheit weiterzuleben wert ist und was die Menschen in zeitlich und
räumlich weiten Entfernungen unter historisch völlig veränderten Umständen mit
dem Gefühlsakzent: Nostra causa res agitur erleben können."[7]

Was aber ist fähig, inmitten der stürmischen Veränderungen der Geschichte, das Gefühl dieses herrlichen und zugleich furchterregenden déja vu zu erwecken, aus einer Entfernung von sogar vielen Jahrtausenden das Erlebnis 'Es
geht um uns' auszulösen? Was steht im Hintergrund des berühmten Homer-
Paradoxons von Marx? Woher kommt es, daß die Odyssee, der Dom von
Chârtres, die Selbstbildnisse Rembrandts bis auf den heutigen Tag als Maß und
unerreichbares Vorbild angesehen werden, wie auch die Ideen von Platon,
Descartes oder Hegel die Zeiten überdauern? Wie ist es möglich, daß die
Gattungsmäßigkeit gleichzeitig und zugleich in verschiedensten historischen
Farben schillern und ihre Allgemeinheit aufbewahren kann? Ohne letzte Antworten zu geben, sei aber daran erinnert: Lukács gelangt in der späten, der
synthetisierenden Periode seines Lebens der Lösung am nächsten. Damals, nach
dem XX. Parteitag der KPdSU, war es ihm möglich, an die Darstellung von
gesellschaftlichen Verhältnissen und Handlungen, der allgemeinen Zusammenhänge und ihrer besonderen Formen tiefer als zuvor dialektisch und materialistisch heranzugehen.

Manche werden – geleitet durch die unterschiedlichsten Intentionen –
gewiß unzufrieden sein mit den Ergebnissen von Lukács' sogenannter syntheti-
scher Periode; sie mögen in gewissen Punkten sogar recht haben. Doch sollte
man auch Lukács gegenüber gerecht sein. Für einen Genius wie ihn wäre es
sicherlich bequemer gewesen, die Fragen mit idealistischen Konstruktionen zu
beantworten, die eben dadurch imponierend konsequent sein können, daß ihr
Ansatz die Lösung von vornherein mitumfaßt und dann nur noch der Darstellung bedarf; oder umgekehrt, sie mögen empirisch gehaltvoll anmuten um den
Preis, daß sie von vornherein Abstand nehmen von theoretischer Interpretation
der bloßen Positivität.

Von Lukács aber waren Ergebnisse dieser Art nicht zu erwarten. Wer sich einmal dem Dienst des historischen Seins und der damit verbundenen Bewegung verpflichtet hat, der muß auch die Erschütterungen des Seins mit in Kauf nehmen und damit die Schwierigkeit, daß er einen Teil der in der Wirklichkeit nicht transzendierbaren Widersprüche theoretisch nicht überwinden kann, sondern sie höchstens aufzuzeigen in der Lage ist. Dennoch: auch wer zugibt, daß gewisse Lösungen von Lukács fragwürdig sind, muß fragen, ob die Geschichte der Philosophie nicht genug Beispiele dafür kennt, daß Probleme, Widersprüche, ja sogar Antinomien eine mindestens ebenso kathartische, den Geist anregende und die Leidenschaften entfachende Funktion gehabt haben wie sogenannte 'Lösungen', die Anspruch auf Endgültigkeit erheben. Um es an einem Beispiel zu demonstrieren: Was mag tauglicher sein, jene oberflächlichen Determinismuskonzeptionen, die den äußerst wichtigen und brennend aktuellen Fragenkomplex des alternativen Handelns gar nicht erst aufwerfen, oder Lukács' 'Ontologie', die gleichsam ein beeindruckendes Inhaltsverzeichnis der Fragen unserer Gegenwart formuliert, vielleicht keine in allen Details befriedigende Antwort auf die Dialektik von Bestimmtheit und Alternativität, aber doch eine 'richtige Fragestellung' mit inspirierenden Anregungen zur Lösung?

Zurück zum Problem des Verhältnisses von Gattungsmäßigkeit und Kultur. Lukács' Antwort auf die Frage nach dem Inhalt der Gattungsmäßigkeit lautet, in Übereinstimmung mit Marx, die praktisch-grundlegende Selbstbestimmung sei die Konstituierung des Menschen durch sich selbst, mit der Arbeit im Mittelpunkt, durch die die Gattungsmäßigkeit des Menschen, im Gegensatz zur stummen Gattungsmäßigkeit anderer Lebewesen, bereits als nichtstumme zu bezeichnen sei.[8] Durch Arbeit scheidet der Mensch unmittelbar aus der Tierwelt aus. Damit aber ist, wie man weiß, die Menschwerdung noch nicht abgeschlossen; die Verhältnisse menschlicher 'Vorgeschichte' erinnern in zahlreichen Punkten an die Tierwelt, wohl auch darin, daß die Ergebnisse menschlicher Tätigkeit sich zur dinglichen, gegenständlichen Macht über dem Menschen festigen und sich seiner Kontrolle entziehen. Der Weg, der von der durch 'Notwendigkeit' geprägten 'Vorgeschichte' zur 'eigentlichen Geschichte' verläuft, läßt sich nur dann ohne Utopien beschreiben, wenn der Reproduktionsprozeß zur Basis einer höheren Gattungsmäßigkeit wird, dadurch Entfremdung überwunden ist, die Freiheit als menschliche Selbstentfaltung erscheinen kann, also 'Selbstzweck' ist, und die Persönlichkeit echte Gattungsmäßigkeit aus sich selbst heraus zu entfalten vermag.[9] Das sei, so Lukács, das eigentliche Ende der Menschwerdung, somit der Beginn des gattungsmäßigen Seins, des neuen welthistorischen Abschnitts menschlicher Kultur. Mit anderen Worten: Die Vorgeschichte und die echte Geschichte erscheinen als zwei große Abschnitte der Entwicklungsgeschichte der Gattungsmäßigkeit, die jedoch ohne ihre wechselseitigen Beziehungen nicht verstehbar sind.

Am Schnittpunkt von weltgeschichtlicher Vergangenheit und Zukunft widersetzt sich Lukács sehr entschieden jeglicher romantisch-pessimistischer Idealisierung der Vergangenheit, ebenso aber auch der utopisch-optimistischen Euphorie der Zukunft: Den Übergang zur echten Geschichte betrachtet er als eine langwierige, im Zuge eines schwierigen und ungleichen Prozesses verwirklichbare, reale Möglichkeit. Diese zu erringende, höhere Stufe der Gattungsmäßigkeit wird durch Arbeit und Reproduktion, durch Ideologie, durch bedeutende Philosophie oder Kunst bereits während der Vorgeschichte vorbereitet, nichtzuletzt durch die von Menschen zu formulierenden, großen Fragen der gattungsmäßigen Entwicklung. Während ein Großteil der die 'an sich seienden', die unmittelbar gegebene Gattungsmäßigkeit betreffenden, auf das Alltagsleben und Alltagsdenken aufbauenden, praktisch wirksamen Antworten größtenteils sehr bald vergessen sind, bleiben kulturelle Errungenschaften, die die echte, 'für sich seiende' Gattungsmäßigkeit vorwegnehmen, die Träger und Unterstützer ihre Befreiung sind, die im Zuge großer historischer Veränderungen über das eben Realisierbare hinausweisen, auch dann viele Jahrhunderte lang gültig, wenn sie zuvor historisch unmittelbar gescheitert waren.

Wir, Kinder späterer Jahrhunderte, meint Lukács, reagieren eben darum empfindlich auf diese, selbst als Produkte ihrer eigenen Zeit vorwärtsweisenden, die Zukunft vorwegnehmenden kulturellen Objektivationen, weil das Reich der Freiheit, worauf unsere eigenen, heutigen Anstrengungen gerichtet sind, ebenso ein Produkt der menschlichen Selbsttätigkeit ist, wie die Notwendigkeiten, die seine Basis bildet, die aber in der Vergangenheit den Menschen in entfremdeter Form beherrschte. Freilich: Die Vorgeschichte ist nicht schicksalhaft durch Entfremdung determiniert; die bedeutsamsten Produkte der Kultur können in die Gattungsmäßigkeit eine Bresche schlagen, und das bedeutet zugleich, daß an gewissen Punkten ein Durchbruch auch bei der, in ihrer Gesamtheit zunächst undurchdringlichen Entfremdung möglich ist. Wir wissen es alle: Es kommt nicht nur darauf an, in der Vergangenheit die Zukunft zu sehen, sondern auch darauf zu begreifen, daß ein Zukunftsbild, welches Vergangenheit und Gegenwart nicht berücksichtigt, notgedrungen steril bleiben muß. Die bloße Konfrontation der großen Ziele der gattungsmäßigen Entfaltung – der Gerechtigkeit, der Gleichheit, der Freiheit, der sozialen Harmonie – mit dem Alltag, ein bloß gedankliches Überspringen der jeweiligen Gattungsmäßigkeit und Partikularität an sich, der Versuch eines unmittelbaren Durchbruchs zum Fürsichseienden kann lediglich utopistische Proteste bewirken; Lukács hat das am Beispiel der Sektenreligiösität demonstriert.

Die Aufgabe lautet also, jene realen Impulse zu verstehen, die mitverantwortlich dafür sind, daß der Mensch in seiner jeweiligen Gegenwart die auf die welthistorische Zukunft hinweisenden, gattungsmäßigen Züge entwickeln konnte. Nicht von ungefähr schließt Lukács den systematischen Teil seiner 'Ontologie' mit eben diesen Worten von Marx: "Die Reform des Bewußtseins besteht nur darin, daß man die Welt ihr Bewußtsein inne werden läßt, daß man sie aus dem Traume über sich selbst aufweckt, daß man ihre eigenen Aktionen ihr erklärt."[10]

Solche Aktionen bewegen sich in der Sphäre der ansichseienden Gattungs- mäßigkeit, aber das schließt ihre gleichzeitige Zukunftsorientiertheit nicht aus. Treffend weist Lukács darauf hin, daß z.B. der Kampf der Arbeiterklasse um die Kürzung des Arbeitstags, eben weil er auf die Verlängerung der Freizeit, dieser grundlegenden Bedingung des echten Reichs der Freiheit orientiert war, auch Teil des Kampfes um die Realisierung der Gattungsmäßigkeit 'an sich' sein kann.

Das Wissen dieses Zusammenhanges stellt sich jedoch nicht spontan ein, es muß tatsächlich von außen in das Bewußtsein der tätigen Menschen hineinge- tragen werden. "So sind — welthistorisch angesehen — Wissenschaft und Kunst selbstgeschaffene Organe der Menschheit, um die Wirklichkeit für diese zu erobern, sie ihr zu unterwerfen, um das Ansichseiende in einen dauernden, immer verfügbaren Besitz des Menschengeschlechts, in ein Füruns im umfas- sendsten Sinn zu verwandeln. Die Erfüllung dieser Aufgabe ist natürlich unmit- telbar den einzelnen Individuen aufgegeben. Diese können aber daran nur dann fruchtbringend mitarbeiten, wenn es ihnen in ihrer Produktion gelingt, sich jenem Niveau des Menschheitlichen (durch alle seine bereits behandelten Ver- mittlungen) wenigstens anzunähern, von wo aus die echten Probleme von Wis- senschaft und Kunst erst wahrnehmbar und erfaßbar werden können; wenn sie imstande sind, sich innerlich über ihre ihnen unmittelbar gegebene eigene Parti- kularität zu erheben."[11]

Bewußt am methodologischen Prinzip von Marx festhaltend, blickt Lukács also eben vom höheren Niveau auf das niedrigere zurück, um die zum Reich der Freiheit hinweisenden Tendenzen in der Welt der Notwendigkeit zu entdek- ken; er sucht die Spuren und den Ursprung einer Gattungsmäßigkeit vom höheren Typus in den klassischen Traditionen, und er will nicht — wie ihm so oft nachgesagt wurde — die besonderen Werte des Sozialismus auf das Niveau früherer Kulturen senken. Das Zurückgreifen auf die Vergangenheit hat immer die Praxis der Gegenwart, das heißt die Zukunft im Auge. Es kann also die wirkliche Sachlage sehr leicht verzerren, wenn die Operation, mit der man die Gegenwart auf ihre Quellen in der Vergangenheit zurückführt, einseitig gedeutet wird, heißt es in seiner 'Ontologie'.[12]

Diese Überzeugung ist bekanntlich nicht einfach zustande gekommen. Die jungen Jahre von Lukács sind vom Gedanken eines radikalen Bruchs mit dem Bestehenden, mit dem Sein, von der Überlegung des 'Jüngsten Gerichts über die Dinge', des Untergangs der 'Welt der vollendeten Sündhaftigkeit' be- herrscht. Zur Erinnerung: Der große ungarische Dichter Ady, der eine kathar- tische Wirkung auf Lukács hatte, verdankte diese Wirkung ebenfalls vornehm- lich dieser unerschütterlichen Unversöhnbarkeit mit dem 'ungarischen Brachland'. Spuren seines 'protestierenden Glaubens und sendungshaften Vetos' sind bei Lukács zeifellos noch zu entdecken in einer objektiv nicht mehr revolutionären Situation, in seinem sympathisch pathetischen, jedoch verspäteten Messianismus der 20er Jahre.

Wohl kaum aber ist dieser von ihm selbst kritisierte Messianismus in den vierziger und fünfziger Jahren in sein diametrales Gegenteil umgeschlagen. Vielmehr steht fest, daß Lukács in den Auseinandersetzungen von 1948/49 und auch später die Kontinuität der großen Leistungen der Weltkultur, auch des bürgerlichen, kritischen Realismus und der sozialistischen Kunst betont hat. Das hing wohl auch damit zusammen, daß er die der Avantgarde inhärenten revolutionären Möglichkeiten nicht richtig begriff, was aber nicht bedeutet, daß Lukács einer bürgerlichen Apologie Zugeständnisse gemacht hat. Im Gegenteil: Das Denken eines Aristoteles und Hegel, Balzac und Tolstoi stellt kritische Bemühungen unter Beweis, die am Ende jene Möglichkeiten herbeiführen, um eine Ordnung der Gesellschaft zu verwirklichen, die der menschlichen Natur würdig ist. "Das Neue erhält dadurch einen gedoppelten Sinn: Nicht nur infolge der früher nicht existierenden Wirklichkeit des Sozialismus erhält das menschliche Leben einen neuen Gehalt, einen neuen Sinn, sondern gleichzeitig rückt die mit Hilfe der marxistischen Methode, Forschung und ihrer Ergebnisse erfolgte Entfetischisierung die als bekannt betrachtete Gegenwart und Vergangenheit, das ganze menschliche Dasein in ein neues Licht. So werden alle Anstrengungen, es in seiner Wahrheit zu erfassen, in einem ganz neuen Sinn verständlich."[13]

Die Dialektik von Vergangenheit, Gegenwart und Zukunft wird Lukács an seinem Lebensabend bewußt mit einer Analyse der zentralen, modellhaften Bedeutung der 'Arbeitstätigkeit' verbinden: Die in die Zukunft hinweisende 'Arbeitsteleologie' setzt sich ausschließlich durch das Ingangsetzen solcher Kausalreihen in Bewegung, die in der Vergangenheit dieses Zielbewußtsein herausgearbeitet haben. Eben die Kontinuität der Arbeit und der Reproduktion schaffen die Grundlage der dialektisch begriffenen Kontinuität der Kultur.

Nebenbei: In diesem Sinne erklärte Lenin, die proletarische Kultur müsse die gesetzmäßige Weiterentwicklung jenes erworbenen Wissens sein, das die Menschheit unter dem Joch der kapitalistischen Gesellschaft angehäuft habe; zum Kommunisten könne man nur werden, indem man den Geist durch die Kenntnis aller Schätze bereichert, die die Menschheit zustandegebracht habe.

Um es zu wiederholen: Diese Kontinuität kommt auch Lukács zufolge nur mit Unterbrechungen, durch die dialektische, kritische Umarbeitung der früheren Kultur zur Geltung. Dementsprechend unterscheidet er sehr klar zwischen den verschiedenen, unterschiedliche Qualitäten aufweisenden Etappen der erlebten Gattungsmäßigkeit. "Die Menschen erleben unmittelbar gesellschaftliche Bindungen wie Familie, Clan, Kaste, Stamm, Nation etc., aber nicht oder höchst selten unmittelbar die Menschheit als Einheit der Gattung (und auch dann zumeist mit falschem Bewußtsein)", [14] schreibt er in der 'Ästhetik'. Solches Erleben sei nur in der echten Geschichte der Menschheit möglich. Dennoch verwirklicht es sich irgendwie auch schon in der Vorgeschichte. Zunächst in religiöser Form: Lukács beruft sich hier auf das Christentum, das den ethischen Einsatz gegen die dem Bösen zugewandte Welt zwar auf rein geistiger Ebene, dennoch 'demokratisierend' verallgemeinert und zur Pflicht eines jeden Menschen gemacht hat. [15] Mit dem Zustandekommen von Kapitalismus und Weltmarkt "und auf seiner Basis einer reellen Weltgeschichte" sehen sich die Menschen "bei Strafe des Untergangs gezwungen" − wie aktuell diese Worte heute sind! −, "sich ununterbrochen mit der konkret gewordenen Totalität der Menschen auseinanderzusetzen". [16]

Da aber diese Totalität im Kapitalismus in der Form von Entfremdung und massenhafter Fetischisierung hervortritt, stehen Wissenschaft und Kunst, die Kultur generell an einem Scheideweg. Jene, die diese Fetischisierung als unabänderliche Gegebenheiten betrachten, entsagen der realen Geltendmachung der Gattungsmäßigkeit, der Verwirklichung der Integrität des Menschen. Diejenigen aber, die sich − um Goethes Worte zu gebrauchen − vom 'Schalen'-Sein zum 'Kern'-Sein durcharbeiten wollen, müssen auch den Kampf gegen die Fetischisierung der bürgerlichen Kultur auf sich nehmen. Die Wissenschaft tut dies, indem sie die Beziehungen zwischen Dingen zu zwischenmenschlichen Beziehungen zurückverwandelt, die Kunst aber − sofern sie nicht bei der Unmittelbarkeit fetischisierter Formen steckenbleiben will −, indem sie, spontan und bewußt, sich im Kampf um die Integrität des Menschen gegen dessen Verzerrung, gegen die Welt des Scheins und der Manipulation einsetzt. "Die Dichtung ist zugleich Entdeckung des Lebenskerns und Kritik des Lebens." [17]

Das ist der Punkt, an dem man den Unterschied zwischen dem neuen Humanismus und seinen Vorläufern am klarsten erkennt. Häufig macht Lukács darauf aufmerksam − was schon aus den Prophezeiungen Dostojewskijs hervorgeht −, daß das Erlebnis des tiefsten moralischen Gehalts ihres Wesens in den Menschen zwar aufblitzt, in ihnen Begeisterung, sogar zur Tat werdende Begeisterung weckt, daß aber diese nicht zum Ausgang der weiteren Lebensführung gemacht wird: Denn nach der 'plötzlichen Heldentat' versinken Menschen wieder in den Lügen ihres früheren Lebens. [18] Dieser Rückfall in die 'Prosa' des Alltags kennzeichnet in der Welt der Politik auch die große Französische Revolution, welcher der Thermidor und die Entleerung der großen Bestrebungen des Bürgertums gefolgt waren. Die glänzende Karriere eines Julien Sorel oder Lucien de Rubempré mündete in den Tod oder in die geistige Umnachtung, wobei im Leben selbst die geistreiche Diagnose Balzacs in Kraft bleibt, daß die Menschen nämlich entweder Kassierer oder Veruntreuer, rechtschaffende Trottel oder geschickte Bösewichte sind.

Es ist die eigentliche große Frage der Geschichte, ob man sich damit abfinden kann und darf. Lukács beruft sich auf den Grundgedanken der marxistischen Geschichtsauffassung: Man muß die materiellen Grundlagen des Lebens verändern, damit der moralische Aufschwung des Menschen nicht zur Tragikomödie werde, damit sich die Menschen endlich an das menschenwürdige Leben 'gewöhnen', damit die Spitzenleistungen der jahrtausendelangen Vergangenheit der Kultur tatsächlich zur Triebkraft des Alltagslebens werden. "Der Schwerpunkt der Frage liegt dort," schreibt er 1946, "daß die Dynamik des sozialistisch, planmäßig regulierten gesellschaftlichen und Wirtschaftslebens die Menschen zu echten gesellschaftlichen Wesen zu erziehen hat."[19] Und: "Prinzipien des Marxismus: demokratische Neuordnung der Produktion (innere Beziehung von qualitativer Produktion und Demokratisierung). Kapitalismus in bestimmten Markttendenzen wirksam, wo unmöglich gesamte Produktion zentral zu manipulieren. Es wäre aber Illusion: solche Marktmomente könnten sozialistische Produktion auf den richtigen, demokratischen Weg führen",[20] wie auch eine "kybernetisch geleitete" Manipulation keine Erlösung bringen kann. Die "Entfaltung der Ökonomie" hat zwar weltgeschichtliche Bedeutung für die Zurückdrängung der Naturschranken, alldies aber kann "für das Menschengeschlecht nur einen, freilich unentbehrlichen, unüberspringbaren, realen Möglichkeitsspielraum ... herbeiführen."[21]

Lukács beruft sich nicht nur darauf, daß gegen den Kapitalismus, gegen eine auf "spontane Wirtschaftsentwicklung gestützte ökonomistische Politik" das Herausarbeiten eines politischen Bewußtseins nötig wird, das sich an einem höheren Prinzip orientiert; er meint, auch die institutionellen Reformen, die auf sozialistischer Basis möglich und nötig geworden sind. Besonders wichtig ist ihm in diesem Zusammenhang die Entwicklung der sozialistischen politischen Demokratie, einer Demokratie des Alltags: Der Sozialismus soll fähig sein, jene institutionellen Garantien zu entwickeln, die verbürgen, daß die tätigen Menschen in der Wirklichkeit des Alltags die von der Ökonomie gebotenen Möglichkeiten wahrnehmen können; wozu es allerdings einer schwierigen, langen und ungleichen Entwicklung bedarf. Nicht nur die Aufhebung gewisser veralteter Institutionen ist anzustreben, sondern auch die allmähliche Überwindung der Folgen der Entfremdungen. "Die Erfahrungen der Revolutionen zeigen, daß bei den ideologisch höher bestimmten Gesamtintentionen auch das institutionelle Reformwerk folgerichtiger zu Ende geführt zu werden pflegt."[22]

Diese organische Verflechtung von Ökonomie, Politik und Ideologie, die das ganze Leben der Menschen durchdringende Kultur, ist — behauptet Lukács — von grundlegender Bedeutung für die Herausbildung eines vielseitigen, in seinem Leben und Wirken gleich harmonischen Menschen. Diese Kultur aber kann, obgleich ihre Rückkoppelung an die politischen und ökonomischen Impulse notgedrungen von außen kommt, nur dann wirksam sein, wenn sie nie ihren Kontakt zur spontanen Einstellung des Alltagslebens verliert und dieses ständig weiterentwickelt.[23]

"... Übergang auf wirkliche, sozialistische Demokratie (Demokratie des Alltagslebens)"[24] — das also ist nach Lukács die Schlüsselfrage der Reform. Dem muß jedoch einiges hinzugefügt werden. Erstens, daß Lukács die Reform nie vom revolutionären Prozeß loslöst (sie sogar als dessen Weiterentwicklung begreift) und ebensowenig vom Moment der Planbarkeit trennt. Zweitens, daß sozialistische Demokratie für Lukács nie eine taktische Devise ist: Auch in seiner philosophischen Auffassung bleibt die Erkenntnis zentral, daß sich der gesellschaftliche Fortschritt nicht automatisch verwirklicht, weil das nach Realisierung der Möglichkeiten strebende Handeln selbst von alternativer Beschaffenheit ist. Mit anderen Worten: Wirkungsgrad und Ergebnis des Fortschritts hängen vom Bewußtwerden der außerökonomischen Tätigkeit des handelnden Menschen ab und zugleich von der Richtung seiner politischen Entscheidungen und Aktivitäten. Drittens, auch die Demokratie ist für Lukács Struktur, ähnlich seiner Vorstellung von Kultur. So weist er darauf hin, daß für Lenin der Sozialismus nicht bloß eine radikal andere, radikal neue Entwicklungsstufe der ökonomischen Struktur der Gesellschaft gewesen sei, sondern zugleich die höchstentwickelte Demokratie.[25]

Die umfassende Durchsetzung der Demokratie ist somit eine weltgeschichtliche Aufgabe; die bürgerliche Gesellschaft hat diesbezüglich zwar wichtiges geleistet, doch ist die stufenweise Überwindung ihres Formalismus untrennbar mit dem Sozialismus verbunden, in einer weiteren Perspektive mit der Entfaltung der gesellschaftlichen Autonomie. Damit erhält die Theorie keine geringe Aufgabe: Methodologisch muß sie den Primat des Inhalts gegenüber der Form sichern, und das bedeutet für die Praxis den jeweiligen Vorrang des politischsozialen Gehalts gegenüber der rechtlichen Form.[26]

Dieser Zusammenhang ist auch im Hinblick auf das Verhältnis zwischen demokratischer und sozialistischer Kultur aufschlußreich: Dem Wesen nach kann einzig die Kultur des Sozialismus konsequent demokratisch sein, was freilich nicht heißt, die bürgerlichen Verhältnisse hätten keinerlei bedeutende, dem Geiste nach demokratische Kultur hervorgebracht und ebensowenig heißt dies, daß jene Demokratie in voller Rüstung aus dem Haupt der Götter herausspringen werde: In der Demokratisierung erblickt Lukács eine Aufgabe, die ohne eine auch den Alltag der Menschen prägende, mit Risiken und Verlusten einhergehende Praxis nicht realisierbar ist. Daher kommt es auch, daß Lukács, in einer Auseinandersetzung mit István Bibó (im Januar 1946), aus den vorhandenen Widersprüchen der Demokratie in Ungarn nicht auf deren Krise folgert, sondern die Aufmerksamkeit auf die konkreten Aufgaben ihrer Entwicklung lenkt.

Bekanntlich führte die Aufgabe der Entwicklung einer neuen, demokratischen und sozialistischen Kultur in Ungarn angesichts der verspäteten, mit halbfeudalen Rudimenten belasteten bürgerlichen Entwicklung des Landes zur Forderung, diese historischen Defizite abzubauen, gewisse bürgerlich–demokratische Aufgaben zu lösen und zugleich den Übergang zum Sozialismus zu gewährleisten. Von Anbeginn an mußten also die zwei Aufgaben miteinander verbunden werden: Äußere Umstände haben diese Notwendigkeit weiter verstärkt. Wie zuvor der Kampf gegen den Faschismus, so brachte danach die Konfrontation des Kalten Krieges für Lukács die Aufgabe, jene gattungsmäßigen Kulturwerte zu verteidigen, auf deren Grundlage ein Bündnis zwischen Sozialismus und bürgerlich-humanistischem Fortschritt gegen die Reaktion möglich war. Diese Aufgabe prägt bereits die Arbeit über den 'Jungen Hegel' wie die 'Zerstörung der Vernunft'; sie steht aber auch im Mittelpunkt seiner Auseinandersetzungen nach 1945, so etwa in jenem Vortrag von 1946 in Genf, in dem er die Bestrebungen jener sehr scharf zurückweist, die "die effektive Ungleichheit und Unterworfenheit der Menschen als Naturgegebenheit", als "Naturgesetz" oder "metaphysische Gegebenheit zum Grundgedanken ihrer Weltanschauung machen."[27] Zugleich formuliert er aber die Forderung, der formalistisch-liberalen Demokratie einen neuen Inhalt zu geben, vor allem durch die Verbindung von radikal-revolutionärer Demokratie mit den Zielen des Sozialismus. Dasselbe Bemühen erkennt man auch in der Analyse, in der Lukács den Gegensatz zwischen fortschrittsfeindlichem, aristokratischem Pessimismus und realistisch-demokratischem Optimismus aufzeigt, mit der er die Stimme erhebt gegen den irrationalistischen Mythos der bestehenden Verhältnisse, für die Verteidigung der Vernunft, für das Bündnis von Humanismus und Demokratie: "... die Kategorien Freiheit, Gleichheit, Fortschritt und Vernunft müssen einen neuen Glanz, eine erneuerte Bedeutsamkeit erhalten", erklärt er, "was zur Voraussetzung hat, daß der soziale Inhalt der Demokratie, den heutigen, veränderten Umständen entsprechend, wieder den inhaltlichen Reichtum und die Schlagkraft von 1793 oder 1917 aufweise... Das Bündnis zwischen Sozialismus und Demokratie muß erneuert werden, ebenso die Einsicht, daß ihr Kampf ... gegen den gemeinsamen Feind ... sie beide enger verbindet, als die Unterschiedlichkeit ihrer Auffassungen sie trennt."[28]

Damals konnte dieses Bündnis nicht zustandekommen. Und Lukács wurde wegen der auch von ihm vertretenen Konzeption einer plebejischen Demokratie nicht selten angefeindet — ob zu Recht oder Unrecht mag hier dahingestellt bleiben. Es wäre aber verfehlt nicht zu berücksichtigen, daß diese Auffassung von Lukács dennoch zur Festigung eines Zusammenschlusses von Marxisten, Volkstümlern und radikalen Demokraten in Ungarn beigetragen hat, ohne daß dadurch zugleich die Spitze seines militanten Marxismus, seines Kampfes gegen Existentialismus, Positivismus, Irrationalität und gegen die Illusionen in bezug auf einen 'dritten Weg' abgestumpft wäre. Es ist kennzeichnend, daß derselbe Lukács, der in einem Brief an Renate Riemeck betonte, im konkreten Verhältnis von Marxismus und Religion zueinander herrsche auf geistigem wie gesellschaftlichem Gebiet ein Gegensatz[29], schon während des Zweiten Weltkrieges den gemeinsamen Einsatz von Marxisten und Gläubigen, von atheistischen Kommunisten und gläubigen Katholiken gegen Hitler für möglich und notwendig hielt. Den Unterschied zwischen Marxisten und Katholiken sah er lediglich in den je unterschiedlichen Stufen der Vorstellung von Gleichberechtigung von Menschen und Völkern, was aber nicht ausschloß, daß beide Seiten für die Gleichberechtigung und gegen die zum modernen Kannibalismus führende prinzipielle Ungleichheit kämpfen konnten.[30]

Wenn man heute Umschau hält in der Welt der Ideen, so muß man der Voraussicht von Lukács gewiß Anerkennung zollen: Unter durchaus veränderten Verhältnissen ist die Spitze aggressiver, rechter Ideologien — vor allem des neo—konservativen Flügels — nicht nur gegen den Marxismus gerichtet, sondern auch gegen jene bürgerlichen Ideen, die einiges von ihrem klassischen, progressiven Erbe bewahrt haben. Auch heute sind rationale Gesellschaftslenkung, die Idee sozialer Gleichheit, des Fortschritts und vor allem der Revolution unter Beschuß; im Vordringen sind Ideologien von Autorität, Wille und Kraft, der hierarchisierten und die Ungleichheit legitimierenden Gesellschaft, der ewigen Wiederholung der Geschichte. Die von Lukács so leidenschaftlich propagierte Strategie scheint heute mit dem Damoklesschwert einer nuklearen Katastrophe aktueller zu sein als je zuvor.

Die Verteidigung der gattungsmäßigen Werte der Menschheit ist also eng verflochten mit der Marxschen Aufgabe, die Welt zu verändern; dies aber setzt eine bisher unverwirklichte Koppelung von Theorie und Praxis, von Kultur und Politik voraus. All das berührt zutiefst das Verhältnis des Einzelmenschen, der Person des öffentlich tätigen Menschen zu den Schicksalsfragen unserer Zeit. Wenn sich der Mensch nicht irgendeiner 'gesellschaftlichen Sache' hingibt — heißt es im letzten Werk von Lukács —, so bleibt er an die Partikularität gebunden und ist dann jeder Entfremdungstendenz wehrlos ausgeliefert. Damit kommt eine 'doppelte Dialektik' zur Geltung: Es ist von ausschlaggebender Bedeutung, wie stark, wie selbstlos sich der Mensch einer 'Sache' hingibt, und zugleich, trotz aller Widersprüchlichkeit, untrennbar davon, was diese 'Sache' in der gesellschaftlichen Entwicklung repräsentiert. Vor allem die Qualität der 'Sache' ist hier von entscheidender Bedeutung; eine gesellschaftlich tatsächlich fortschrittliche 'Sache', wenn sie im Subjekt echte Hingabe bewirkt, vermag die Ursache dafür zu sein, daß das Individuum in organische Beziehung zu den großen Fragen der Entwicklung der menschlichen Gattung treten kann.

Wäre das Apologie? Oder bloß ein persönliches Bekenntnis von Georg Lukács? Es ist eher eine an uns alle gerichtete Aufforderung. Wir können uns durchaus bewußt sein, daß "die 'Sache', der Weg zum Sozialismus, inhaltlich wie formal viele Entstellungen erfahren hat, ohne dabei doch ihr innerstes Wesen, den Aufbau einer neuen fortschrittlichen Gesellschaft je völlig verloren zu haben." Diese "Hingabe des Menschen an eine 'Sache'" schützt natürlich "weder die Einzelmenschen noch ihre Gruppen vor theoretischen Irrtümern, vor moralischen Abwegen etc." Manche stellen auch "diesen notwendigen Reformen zuweilen eine subjektiv überzeugte, wenn auch objektiv falsche sozialistische Gesinnung entgegen", zum anderen können einzelne Reformer, in ihrer subjektiv ebenfalls ehrlichen Überzeugung, den bürgerlichen Tendenzen gegenüber kritiklos werden und so zum "Import rein bürgerlicher Entfremdungen" beitragen. Die Qualität der Subjektivität erhält also besondere Bedeutung. So heißt es bei Lukács: "Solange jedoch wenigstens Elemente der Grundeinstellung zur 'Sache' doch lebendig bleiben, entstehen Gedankengebilde und Verhaltensweisen, die bei allen Abirrungen vom richtigen Bild des Marxschen Sozialismus sowohl dem bürgerlichen Irrationalismus wie der bürgerlichen Manipulation gesellschaftlich–menschlich überlegen bleiben".[31] Das dürfte vielleicht eine Antwort sein für jene, die Zweifel daran hegen, daß Lukács den Sozialismus sowohl objektiv, als auch für die sich mit ihm identifizierenden Menschen, in seinen heutigen und vergangenen Verzerrungen, Ungleichheiten und Schwierigkeiten als dem Kapitalismus überlegen hielt.

Aber auch jenen, die diesen schwierigen Kampf für aussichtslos halten, zeitweilige Erfolge nur als Illusionen begreifen, trägt Lukács Rechnung. "Verdinglichung und Entfremdung haben heute eine vielleicht größere aktuelle Macht als je zuvor", schreibt er. "Sie waren jedoch ideologisch noch nie so ausgehöhlt, so leer, so wenig begeisternd. Die Perspektive eines langwierigen, an Widersprüchen und Rückfällen reichen Befreiungsprozesses ist also gesellschaftlich gegeben. Ihn überhaupt nicht zu sehen ist ebenso eine Blindheit, wie die Hoffnung, ihn mit einigen Happenings sogleich zu verwirklichen, eine Illusion ist."[32]

Während seines langen, schwierigen Weges hat Lukács mehr als einmal geirrt, doch er wußte auch: Es ist unmöglich, sich den persönlichen Konsequenzen solcher Irrtümer zu entziehen. Die Harmonie des Individuums kann "immer nur relativ sein", schreibt er, "ja selbst die Niederlage der partikularen Persönlichkeit in solchen Kämpfen" ist ein notwendiges Moment solcher Lebenswege. Dennoch wollen wir auch die Fortsetzung des Gedankens als Memento anführen: "daß in einem solchen sinnvollen, sinvoll abgeschlossenen Leben stets Kräfte wirksam waren, die die betreffenden Menschen − mehr oder weniger bewußt, mehr oder weniger entschieden − über die unmittelbare Partikularität ihres gegebenen Daseins hinausgeführt haben."[33]

Blickt man auf sein Schaffen zurück, so darf man behaupten: Das Leben und der theoretische Nachlaß von Georg Lukács sind Inbegriff über die Zeit und das Sein der Persönlichkeit hinausweisender, zur Auseinandersetzung und zu weiterer Arbeit anregender Werte. Ohne Schönfärberei und ohne Voreingenommenheit darf man über ihn behaupten, was er selbst als Wertkriterium geistiger Kultur formuliert: Er ist würdig und fähig, im Gedächtnis der Menschheit weiterzuleben.

Anmerkungen

1   Gelebtes Denken. Suhrkamp, 1980, S. 277.
2   Ebenda, S. 276.
3   Ebenda, S. 240.
4   Vgl. K. Marx: Grundrisse der Kritik der politischen Ökonomie. Moskau 1939, S. 21-22.
5   Die Eigenart des Ästhetischen I. Berlin-Weimar 1981, S. 554.
6   Ebenda, S. 561-562.
7   Ebenda, S. 276.
8   Das Beispiel Goethe. Deutsch unveröffentlicht. Ungarisch in : Curriculum vitae. Magvetó, Budapest, S. 409.
9   Ebenda
10 Brief von K. Marx an Ruge. MEGA, Erste Abt. I., erster Halbband, S. 575.
11 Die Eigenart des Ästhetischen II., a.a.O., S. 810.
12 Vgl. Zur Ontologie des gesellschaftlichen Seins
13 Die Eigenart des Ästhetischen I., S. 12.
14 Die Eigenart des Ästhetischen I., S. 552.
15 Das Beispiel Goethe, a.a.O., S. 405.
16 Die Eigenart des Ästhetischen I., S. 253.
17 Ebenda, S. 740.
18 Deutsch nicht erschienen. Ungarisch: Lenin és a kultúra kérdései. Budapest 1946, S. 4-5.
19 Ebenda, S. 12.
20 Gelebtes Leben, a.a.O., S. 274.
21 Zur Ontologie des gesellschaftlichen Seins II. Deutsch nicht erschienen. Ms-S. 1305.
22 Ebenda, S. 1314.
23 Ebenda, S.
24 Gelebtes Leben, a.a.O., S. 276.
25 Vgl. Anm. 19, S. 18-19.
26 Deutsch nicht erschienen. Ungarisch: A marxista filozófia feladatai az új demokráciában. Budapest 1947, S. 9.
27 Deutsch nicht erschienen. Ungarisch in: A polgári filozófia válsága. Budapest 1947, S. 102.
28 Ebenda, S. 127.
29 Brief an Renate Riemeck. Deutsch unveröffentlicht.
30 Das wirkliche Deutschland. Deutsch unveröffentlicht. Ungarisch in: Sorsfordulók, Budapest 1985, S. 50.
31 Zur Ontologie des gesellschaftlichen Seins II. Ms-S. 1340-1344.
32 Ebenda, Ms-S. 1295.
33 Die Eigenart des Ästhetischen II, a.a.O., S. 764.

Zur Kulturkritik des frühen Lukács

Kristóf Nyiri

Das Unbehagen, das der junge Lukács seiner geschichtlich-gesellschaftlichen Umwelt im breitesten Sinne, der Kulturperiode der spätbürgerlichen Entwicklung entgegenbrachte, führte ihn seinerzeit zu einer Reihe von kritischen Auseinandersetzungen, welche allerdings begrifflich keineswegs einheitlicher Natur waren. "Die innere Widersprüchlichkeit meiner Gedankenwelt", schrieb Lukács zurückblickend 1969, "drückte sich in solcher Weise in meiner Arbeitsmethode aus, daß sich in mir zwei ganz verschiedene schriftstellerische Einstellungen der Wirklichkeit gegenüber herausgebildet haben. Einerseits versuchte ich das Wesen der literarischen Erscheinungen durch eine wissenschaftliche Erforschung und Bestimmung der Hauptlinien der gesellschaftlichen Entwicklung zu begreifen. Andererseits machte ich den gleichzeitigen Versuch, den hier auftauchenden philosophischen Problemen auf denkerischer und literarischer Ebene näherzukommen. ... Die erste [Einstellung] kam in [dem Buch] 'Entwicklungsgeschichte des modernen Dramas' ... zum Ausdruck, die zweite in meinem Band 'Die Seele und die Formen'."[1] Auf dieselbe Spaltung wies etwa György Márkus hin, als er davon schrieb, daß beim frühen Lukács zwei "verschiedene, zumindest teilweise sogar gegensätzliche Versuche, eine Lösung für die Krise der Kultur ... zu finden" nebeneinander auftreten, nämlich der *geschichtliche* und der *metaphysisch-existentielle* Versuch.[2]

Nun steht freilich auch das Dramenbuch keineswegs eindeutig im Zeichen von Wissenschaftlichkeit und Geschichte. Man hat vielmehr den Eindruck, daß in diesem — von der Lukács-Philologie m.E. bei weitem nicht gebührend beachteten — Werk die geschichtlich-soziologische Darstellung geschichts*philosophisch* gefärbt, die bezügliche Geschichtsphilosophie aber von gewissen *zeitlos-metaphysischen* Vorstellungen durchsetzt ist. Ja man kann geradezu behaupten, daß jene inneren Unstimmigkeiten, die das Lukács'sche *oeuvre* noch in den zwanziger Jahren dieses Jahrhunderts kennzeichneten, bereits im Dramenbuch deutlich erkennbar in Erscheinung treten. So etwa, wenn Lukács in der ersten, 1907 abgeschlossenen Fassung des Buches einerseits von der *wachsenden Intensität* des Kampfes zwischen Individuum und natürlich-gesellschaftlicher Umwelt schreibt, sich auf Simmel berufend, der doch hervorgehoben habe, daß in der *modernen* Kultur die Mittel, die Technik, zum Selbstzweck werden; andererseits aber, im selben Absatz, *überhaupt* von jener Eigenschaft *aller* Dinge spricht, daß diese, einmal hervorgebracht, alsbald zum selbständigen Leben erwachen und feindlich ihrem Schöpfer gegenüberstehen.[3] Die Versuchung, das Vergegenständlichte schlechthin mit dem Entfremdeten zu identifizieren, ist also bereits im Dramenbuch gegenwärtig. Es ist dann auch bezeichnend, welche Verwendung Lukács von Simmel hier macht. Denn Simmels im Jahre 1900 veröffentlichtes, klassisches — nämlich auch heute noch oft angeführtes, aber selten gelesenes — Werk 'Philosophie des Geldes', an welches sich Lukács in gar manchen Details tatsächlich anlehnt, ist, seiner Haupttendenz nach, nichts weniger als eine *Kritik* der modernen Kultur. Wohl meint Simmel, daß dem "objektiven Geist" der Gegenwart, "durch die moderne Differenziertheit seines Zustandekommens", eine gewisse "Form der Seelenhaftigkeit" fehlt, und gerade dies, schreibt er, " mag der letzte Grund der Feindseligkeit sein, mit der sehr individualistische und vertiefte Naturen jetzt so häufig dem 'Fortschritt der Kultur' gegenüberstehen".[4] Wohl spricht er auch von einem "Objektivierungsprozeß der Kulturinhalte, der ... zwischen dem Subjekt und seinen Geschöpfen eine immer wachsende Fremdheit stiftet"[5], von der "Maschine", die "so viel geistvoller geworden ist als der Arbeiter"[6], davon, daß "die Verhältnisse der Menschen untereinander früher entschiedenere waren", daß es "weniger problematische und 'halbe' Verhältnisse gab"[7], daß man "mit steigender Kultur ... immer mehr von den Objekten und von immer mehr Objekten abhängig" wird.[8] Und doch ist die 'Philosophie des Geldes' geradezu ein Lobgesang auf die mit der modernen Kultur gegebene, ungeheure Entwicklung, auf die ungeheure "Entwicklung unserer Kräfte oder unseres Seins über das Maß hinaus, das als das bloß natürliche gilt"[9], und auf die Entwicklung der *individuellen Freiheit*, die erst durch die alles umfassende Arbeitsteilung und Geldwirtschaft möglich wurde. Simmel empfindet durchaus keine Nostalgie nach den alten Bindungen und Verpflichtungen. "Mit dem modernen Kulturmenschen verglichen", schreibt er, "ist der Angehörige irgend einer alten oder primitiven Wirtschaft nur von einem Minimum von Menschen abhängig; nicht nur ist der Kreis unserer Bedürfnisse ein sehr erheblich weiterer, sondern selbst die elementaren Notwendigkeiten, die uns mit jenen gemeinsam sind (Nahrung, Kleidung, Obdach), können wir nur mit Hilfe eines viel größeren Apparates und durch viel mehr Hände hindurch befriedigen ... Während [aber] der Mensch der früheren Stufe die geringere Anzahl seiner Abhängigkeiten mit der Enge persönlicher Beziehung, oft persönlicher Unersetzbarkeit derselben bezahlen mußte, werden wir für die Vielzahl unserer Abhängigkeiten durch die Gleichgültigkeit gegen die dahinter stehenden Personen und durch die Freiheit des Wechsels mit ihnen entschädigt."[10] Simmel spricht von der "eigentümliche[n] Parallelbewegung der letzten drei Jahrhunderte: daß einerseits die Naturgesetzlichkeit, die sachliche Ordnung der Dinge, die objektive Notwendigkeit des Geschehens immer klarer und exakter hervortritt, und auf der anderen Seite die Betonung der unabhängigen Individualität, der persönlichen Freiheit, des Fürsichseins gegenüber allen äußeren und Naturgewalten eine immer schärfere und kräftigere wird."[11] Und der springende Punkt ist, daß für Simmel diese Betonung einer neuen Individualität keineswegs dem Verkünden einer

neuen *Illusion* gleichkommt. "Welche Schwierigkeiten auch die Metaphysik",
schreibt er, "in dem Verhältnis zwischen der objektiven Bestimmtheit der Dinge
und der subjektiven Freiheit des Individuums finde: als Kulturinhalte gehen ihre
Ausbildungen einander parallel..."[12] Simmel weist auf das "Element der Freiheit" hin, das in der Lage des modernen Arbeiters enthalten sei, "indem seine
Unterordnung nicht mehr subjektiv-personaler, sondern technischer Natur ist",
und auf das damit zusammenhängende, "gewachsene Selbstgefühl"[13], aber auch
darauf, daß mit der "Möglichkeit des Individuums, sich an Assoziationen zu
beteiligen, deren objektiven Zweck es fördern oder genießen will, ohne daß für
die Persönlichkeit im übrigen die Verbindung irgend eine Bindung mit sich
brächte", eine "der wirkungsvollsten kulturellen Formungen gegeben" ist.[14] Das
Individuum, hebt Simmel hervor, ist zwar "einerseits ein bloßes Element und
Glied der sozialen Einheit..., andrerseits aber doch selbst ein Ganzes, dessen
Elemente eine relativ geschlossene Einheit bilden".[15] Und diese Einheit muß
durch die moderne Kultur keineswegs unbedingt gefährdet sein. Die voll ausgebildete Arbeitsteilung, und damit der voll ausgebildete *Geldverkehr* führen zwar
einerseits zum "Übergewicht des objektiven Geistes über den subjektiven", aber
auch zur Möglichkeit einer "unabhängige[n] Eigenentwicklung" des letzteren,
d.h. des *Individuellen*: "Indem es zwischen den Menschen und die Dinge tritt",
schreibt Simmel, "ermöglicht das Geld ... jenem eine sozusagen abstrakte
Existenz, ein Freisein von unmittelbaren Rücksichten auf die Dinge und von
unmittelbarer Beziehung zu ihnen..., wenn der moderne Mensch unter günstigen
Umständen eine Reserve des Subjektiven, eine Heimlichkeit und Abgeschlossen-
heit des persönlichsten Seins − hier nicht im sozialen, sondern in einem
tieferen, metaphysischen Sinn − erringt..., so wird das dadurch bedingt, daß
das Geld uns in immer steigendem Maße die unmittelbaren Berührungen mit
den Dingen erspart, während es uns doch zugleich ihre Beherrschung und die
Auswahl des uns Zusagenden unendlich erleichtert. ... Indem das Geld ebenso
Symbol wie Ursache der Vergleichgültigung und Veräußerlichung alles dessen
ist, was sich überhaupt vergleichgültigen und veräußerlichen läßt, wird es doch
auch zum Torhüter des Innerlichsten, das sich nun in eigensten Grenzen
ausbauen kann."[16]

Lukács geht da doch ganz andere Wege. Konnte noch Simmel "die eigentliche Versittlichung durch den Kulturprozeß" darin erblicken, "daß immer mehr
Lebensinhalte in transindividueller Gestalt objektiviert werden", und die Behauptung aufstellen, daß "je mehr die Werte in ... objektive Form übergehen,
um so mehr Platz ist in ihnen, wie in Gottes Hause, für jede Seele"[17], so
bedeutet für Lukács die Kultur eine *geschlossen-einheitliche Gefühlswelt*, bzw.
ein Zeitalter, das Träger eben einer solchen Gefühlswelt, und das heißt auch:
Träger einer durch *unbiegsame Normen geregelten Lebensform* sein kann. Eine
heile Kultur − so lautet es in der 1909er Überarbeitung des Dramenbuches −
kennt keine "innere Unsicherheit", ihre Weltanschauung muß nicht "begründet"

werden, sie hat einen "aus ungebrochenen Gefühlen entstandenen, mit der Kraft eines unbezweifelbaren Dogmas wirkenden Charakter".[18] Kultur und das *moderne Leben* sind demnach schlechthin unvereinbar, ist doch letzteres, wie sich Lukács ausdrückt, von "alles auseinanderreißenden, in Stimmungsatome zersetzenden, anarchistischen Tendenzen" gekennzeichnet, von Tendenzen, die freilich "in der Großstadt am reinsten in Erscheinung treten"[19], und mit der Rationalisierung und Intellektualisierung des Seelenlebens einhergehen. Nun hat der "Intellektualismus..., als Form der seelischen Prozesse", schreibt Lukács, "unbedingt die stärkste Tendenz, jede Gemeinschaft zu zersetzen, die Menschen voneinander zu isolieren und ihre Unvergleichbarkeit zu betonen".[20] Daß diese Unvergleichbarkeit eine *echte* wäre, daran zweifelt Lukács allerdings, und sein Gedankengang nimmt damit eine entscheidende Wende. Denn indem er betont, "wie sehr dieses neue Leben, welches den theoretisch extremsten Individualismus hervorbrachte, sich uniformiert hat", indem er fragt, *was* denn überhaupt "das neue Leben und die daraus erwachsene neue Art des Sehens als individuell zuläßt und was nicht", bzw. "wo die stärksten Akzente des neuen Individualismus liegen und inwiefern ihre wichtigsten Tendenzen zu verwirklichen sind", und indem er "dem ersten großen Zeitalter der großen Persönlichkeiten, der Renaissance" die "Versachlichung" des heutigen Lebens gegenüberstellt, läßt Lukács, letzten Endes, den Individualismus des modernen Zeitalters als eine bloße *Illusion* erscheinen.[21] "Die von Mensch zu Mensch sich erstreckenden Bande", schreibt Lukács, "werden ... immer lockerer, während die objektiven stets zahlreicher, fester und verwickelter werden. Die alten Bindungen waren überaus stark und die ganze Persönlichkeit der Menschen erfassend (Verhältnis von Feudalherrn und Vasallen, von Meister und Gesellen). Die neuen hingegen beziehen sich nur auf die der ... konkreten Bindung zugewandten Seite der Persönlichkeit. ... [F]rüher war das Leben selbst individualistisch", versucht Lukács seine Grundeinstellung auf eine begriffliche Form zu bringen, "jetzt sind es die Menschen; oder mehr noch ihre Überzeugungen, ihr Lebensprogramm. Ehemals war die Ideologie die der Gebundenheit, indem die Menschen ihr Eingestelltsein in Beziehungen natürlich und als der Weltordnung entsprechend empfanden. Und andererseits bot ihnen jede Einzelheit des konkreten Lebens Gelegenheit, ihre Individualität in ihre Taten, in die Dinge einströmen zu lassen. Daher konnte ein derartiger Individualismus spontan und ungebrochen sein; heute ist er ... bewußt und problematisch."[22]

Sowohl der Begriff einer echten Kultur als auch jener eines wahren Individualismus weisen also im Dramenbuch auf vergangene Zeiten einheitlicher Dogmen zurück. "Nur eine mit absoluter Macht herrschende ... Ideologie", schreibt Lukács, "kann eine solche Kraft haben, daß sie von den Menschen nicht als Ideologie empfunden wird; daß sie also nicht ein Abstraktes, nicht ein Intellektuelles mehr ist, sondern ganz ins Gefühl übergehen ... kann..."[23] Ob eine solche Ideologie, ob solche Zeiten einmal noch wiederkehren könnten, bleibt ungewiß, wodurch dem Ziel des echten Sichselbstfindens hier notgedrungen ein metaphysischer Hauch anhaften muß. Derselbe tritt deutlich zutage in Lukács' 1910 veröffentlichtem Aufsatz "Ästhetische Kultur"[24], um dann im Dialog "Von der Armut am Geiste", 1911 verfaßt[25], die geschichtliche Betrachtungsweise gänzlich zu verdrängen.

Der genannte Aufsatz geht von einer *Definition der Kultur* und einer *Diagnose der Gegenwart* aus. "Die Kultur ist", schreibt hier Lukács, "eine Einheit des Lebens; die lebenserhöhende, das Leben reicher machende Kraft der Einheit." Die Gegenwart besitzt aber, außerhalb der Kunst, keine Kultur mehr, wobei die Einheitlichkeit dieser künstlerischen Kultur eben in dem Mangel an Einheit, Festigkeit und Wert besteht. Die ästhetische oder ästhetisierende Lebensform, Lebensauffassung, ist eine Kultur der bloßen, miteinander in keiner notwendigen Beziehung stehenden Stimmungen. Diese Kultur schafft keine Verbindung zwischen den einzelnen Menschen, sie ist also, streng genommen, überhaupt keine Kultur. Von wo kann da, stellt Lukács die Frage, eine Rettung kommen, wo findet sich eine kulturschaffende Kraft? Im Proletariat, im Sozialismus wäre die einzige Hoffnung, "die Hoffnung, daß Barbaren kommen, und mit groben Händen alles überfeinerte zerreißen... Was wir bis jetzt gesehen haben", fährt er dann aber fort, "verspricht nichts Gutes. Es scheint, daß der Sozialismus nicht jene religiöse Macht zur Erfüllung der ganzen Seele besitzt, welche das primitive Christentum besaß." Die "Formung der Seele" wird schließlich doch eine individuelle Aufgabe sein. Jener Dichter aber, der diese Aufgabe, diese Möglichkeit der Seele klar erblickt und dargestellt hat, war 'Dostojewskij'. Mit seinem "geheiligten Namen" – das sind Lukács' Worte – wird der Aufsatz abgeschlossen. Und eben über die von Dostojewskij entdeckten Seelenwirklichkeiten wird dann im Dialog 'Von der Armut am Geiste' gesprochen: über jene Güte der Seele, die jenseits von jeder Ethik, jeder Form liegt; und über die unmittelbare Erkenntnis, die aus dieser Güte fließt.

Nun kreuzen sich hinter Lukács' Leidenschaft für Dostojewskij – dies wurde im eingangs Gesagten bereits impliziert – eigentlich zwei verschiedene Ansichten: Die eine, nach welcher Seelenwirklichkeit und gesellschaftliche Einrichtung absolut unvereinbar sind, die Seele sich selbst, und andere Seelen, innerhalb der 'Gebilden' der Kultur nie erreichen kann – Dostojewskij soll hier der Dichter der von allen institutionellen Bindungen entfesselten Seele sein, und eben in diesem Sinne wird er im Dialog 'Von der Armut am Geiste' angeführt; und die andere Ansicht, nach welcher es ein Zeitalter gab, und vielleicht wieder geben kann – ja geben *soll* – in welchem die individuelle Seele und die gesellschaftlichen Institutionen in einem harmonischen Zusammenhang miteinander stehen – wo in Dostojewskij dann der dichterische Vorläufer des kommenden, glücklichen Zeitalters erblickt wird. Und eben in 'Dostojewskijs Geschichtsphilosophie', in Dostojewskijs russischem Mystizismus

und Messianismus erhoffte Lukács die Antwort auf die Fragen der Zeit zu
finden, als er 1914 eine großangelegte Studie über den russischen Dichter zu
verfassen versuchte.

Jene Wirkung freilich, die Dostojewskij auf den jungen Lukács ausübte,
weist charakteristisch osteuropäische Züge auf. Besaß doch Dostojewskij als
Geschichtsphilosoph nur für gebürtige Russen, für Ostdeutsche, Österreicher
und Ungarn eine Bedeutung. Um auf einige nicht-russische Hauptträger der
geschichtsphilosophischen Dostojewskij-Rezeption hinzuweisen: Nietzsche ist in
Lützen — bei Leipzig — geboren, Thomas Mann in Lübeck, Spengler in Blan-
kenburg — ebenfalls in der Nähe von Leipzig —, Moeller van den Bruck war
Preuße; Hermann Bahr stammt aus Linz, Stefan Zweig aus Wien, und Lukács
eben aus Budapest. Hatten etwa die Franzosen der Vor- und unmittelbaren
Nachkriegszeit Sinn für Dostojewskijs *Metaphysik*, so wurde er bei den
Engländern schlechthin als ein besonders realistischer Schilderer des russischen
Lebens, und natürlich als tiefer *Psychologe* anerkannt. Erst mit den amerika-
nischen Ausgaben von Spenglers 'Der Untergang des Abendlandes', 1928, und
Stefan Zweigs 'Dostojewskij', 1930, wurde dem englischen Leser eröffnet, daß
"to Dostoevsky's Christianity the next thousand years belong"[26], oder daß "in
Dostoevsky's cosmogony" "the advent of the new man" vorgebildet sei.[27] Und
in Thomas Manns zwischen 1914 und 1917 geschriebenen 'Betrachtungen eines
Unpolitischen' wird Dostojewskijs Ansicht, daß Deutschland eben *nicht* zu
Westeuropa gehört, ganz und gar akzeptiert. Der junge Lukács hat bloß eine
am östlichen Rande Europas allgemein wirkende Tendenz ausgedrückt bzw.
diese auf die Spitze getrieben, als er Dostojewskij als Geschichtsphilosophen, ja
als Propheten deutete.

War im Aufsatz 'Ästhetische Kultur' eine Synthese zwischen der geschichtlichen und der metaphysischen Dimension gleichsam angedeutet worden, so kam
es in den Vorarbeiten zum geplanten Dostojewskij-Buch zum Versuch einer
Verwirklichung dieser Andeutung. Doch der Versuch scheiterte kläglich. Weder
eine Vermittlung zwischen geschichtlichem Stoff und geschichtsphilosophischer
Konstruktion, noch freilich die Verknüpfung von Geschichte und Seelenmetaphysik wurden zustandegebracht, und nicht von ungefähr wird man in dem
schließlich resultierenden Essay 'Die Theorie des Romans' dann eben auf das
Fehlen dieser Metaphysik aufmerksam. Ich möchte in diesem Zusammenhang
auf ein bestimmtes, terminologisches Moment kurz hinweisen, und zwar auf die
Gegenwart der *Kultur-Zivilisation* Gegenüberstellung im Essay, und deren
Abwesenheit in den ursprünglichen Notizen. Die Idee der verfallenden westeuropäischen Zivilisation im Gegensatz zur zukunftsreichen russischen Kultur
spielt bekanntlich nicht nur bei Dostojewskij eine ständige Rolle, sondern bildet
einen wesentlichen Bestandteil jenes Gedankengutes, das den Slawophilen von
der französischen und der deutschen Philosophie des 18. und des frühen 19.
Jahrhunderts vermacht wurde. Von Nietzsche und von Dostojewskij übernahmen

dann die erwähnte Gegenüberstellung Thomas Mann, Spengler — und Lukács.[28] Im Aufsatz 'Ästhetische Kultur' nur angedeutet, kommt dieselbe offen zum Vorschein im Essay 'Die Theorie des Romans', wo auf eine "kulturfremde, bloß zivilisationshafte Wesensart" hingewiesen wird.[29] Nun trägt aber der Gegensatz von Kultur und Zivilisation immer eine gewisse geschichtliche, oder immerhin geschichts*philosophische* Konnotation: Die Zivilisation ist ein bestimmtes Zeitalter, welches auf das Zeitalter der Kultur folgt, und das von einer neuen Kulturperiode wieder abgelöst werden kann. Seele und Kultur, Kultur und gesellschaftliche Einrichtungen sind, dieser Anschauung zufolge, einander nicht wesensfremd; Kritik an dem Zivilisationshaften muß keine Kritik an den Kulturgebilden überhaupt sein. Eben die geschichtliche Dimension wird jedoch in Lukács' Dostojewskij-Notizen, zugunsten der metaphysischen, in den Hintergrund gedrängt. 'Die Theorie des Romans' ist nun ein Versuch, aus der metaphysischen Negation der bürgerlichen Gesellschaft einen geschichtsphilosophischen Ausweg zu finden; dieser Versuch gelingt jedoch erst einige Jahre später, mit Lukács' marxistischer Wende, bei welcher Gelegenheit — so in dem 1919 geschriebenen Aufsatz 'Alte Kultur und neue Kultur'[30] — die Begriffe 'Kultur' und 'Zivilisation', freilich etwas umgedeutet, wieder auftauchen.

Inzwischen bleibt die Geschichtsphilosophie nach wie vor mit einer Seelenmetaphysik vermengt, ja von ihr überlagert. 1918 veröffentlicht Lukács das Bändchen 'Béla Balázs und die ihn nicht wollen'[31], in welchem er die Dichtung seines Freundes — philosophisch — mit der Epik Dostojewskijs gleichsetzt. Manche Gedankengänge dieses Bändchens können geradezu als retrospektive Zusammenfassungen jener früh geplanten Dostojewskij-Studie aufgefaßt werden. "Das Setzen der Seelenwirklichkeit als einziger Wirklichkeit", redet hier Lukács Dostojewskij das Wort, "bedeutet eine radikale Wende in der soziologischen Darstellung des Menschen: Auf dem Niveau der Seelenwirklichkeit lösen sich von der Seele alle jene Fesseln ab, durch welche sie sonst zu ihrer gesellschaftlichen Stellung, Klasse, Abstammung usw. gebunden wurde, und neue, konkrete, von Seele zu Seele reichende Verbindungen treten an ihre Stelle."[32] Diese Wende, betont Lukács allerdings, "hängt tief und unzertrennbar mit der geschichtsphilosophischen Stelle und Bedeutung der jetzt erlebten Zeit zusammen. ... Es ist [nämlich] für jede gebundene und geschlossene Periode charakteristisch, daß in ihr die Menschengruppen, Klassen zu organischen Einheiten artikuliert werden durch die Gewißheit ihrer Überzeugungen, durch jene eindeutig endgültige Überzeugungen, durch jene eindeutig endgültige Überzeugung, die sie in bezug auf richtig und falsch besitzen, und dadurch, daß sich alle Gebote und Verbote, welche den Rhythmus ihres Lebens ordnen, in einem einzigen Mittelpunkt treffen. Mit dem Vergehen und Entarten vom Idealismus des bürgerlichen, des achtzehnten Jahrhunderts, vom Idealismus der individuellen Freiheit, hat diese Gemeinsamkeit der Ideologien aufgehört..."[33]

Die sich in den Dostojewskij-Notizen widerspiegelnde Grundhaltung einer metaphysischen Kulturkritik wurde Lukács nur sehr allmählich los. Auch der Kampf gegen die 'Verdinglichung' in den Studien 'Geschichte und Klassenbewußtsein' ist ja in mancher Hinsicht immer noch der alte Kampf gegen die Macht der Kulturgebilde, der gesellschaftlichen Einrichtungen überhaupt. Erst die dreißiger Jahre bringen den Durchbruch, erst im Werk 'Der junge Hegel' wird es Lukács gelingen, sowohl den Hang zur metaphysischen, als auch die Tendenz zur romantisch-geschichtsphilosophischen Kulturkritik zu überwinden.

Anmerkungen

1   Aus dem Vorwort zur Sammlung *Magyar irodalom — magyar kultúra* [Ungarische Literatur — Ungarische Kultur], Budapest: Gondolat Kiadó, 1970, S. 10f.

2   "Die Seele und das Leben. Der junge Lukács und das Problem der 'Kultur'", in Agnes Heller u.a., *Die Seele und das Leben: Studien zum frühen Lukács*, Frankfurt/M.: Suhrkamp, 1977, S. 104, 118, 124.

3   Lukács György, *A drámaírás főbb irányai a múlt század utolsó negyedében*, hrsg. von Ferenc L. Lendvai, Budapest: Akadémiai Kiadó, 1980, S. 32f.

4   Georg Simmel, *Philosophie des Geldes*. Zweite, vermehrte Aufl., Leipzig: Duncker & Humblot, 1907, S. 528.

5   Ebenda, S. 519.

6   Ebenda, S. 505.

7   Ebenda, S. 373.

8   Ebenda, S. 318.

9   Vgl. ebenda, S. 504.

10 Ebenda, S. 314f.

11 Ebenda, S. 320.

12 Ebenda, S. 321.

13 Ebenda, S. 362.

14 Ebenda, S. 373.

15 Ebenda, S. 381.

16 Ebenda, S. 531f.

17 Ebenda, S. 306.

18 Georg Lukács, *Entwicklungsgeschichte des modernen Dramas*, Darmstadt: Luchterhand, 1981, S. 46.

19 Ebenda, S. 60.

20 Ebenda, S. 63.

21 Ebenda, S. 93f.

22 Vgl. ebenda, S. 95f.

23 Vgl. ebenda, S. 109.

24 "Esztétikai kultúra." *Renaissance* I/2 (Mai 1910). Neu abgedruckt in Lukács György, *Ifjúkori mővek* (1902-1918), Budapest: Magvető, 1977.

25 Der deutsche Text erschien 1912 in der Zeitschrift *Neue Blätter*, eine ungarische Übersetzung 1911 in *A Szellem*.

26 O. Spengler, *The Decline of the West*, New York: 1928. Zitiert nach Helen Muchnic, *Dostoevsky's English Reputation*, Northampton: 1939, S 128.

27 Stefan Zweig, *Three Masters (Balzac, Dickens, Dostoeffsky)*, New York: 1930. Zitiert
    nach Muchnic, a.a.O., S. 126.

28 Jene Zivilisationskritik allerdings, die Ferdinand *Tönnies* in seiner erstmals 1887 erschiene-
    nen, und auch auf den jungen Lukács nicht ohne Wirkung gebliebenen Abhandlung
    Gemeinschaft und Gesellschaft geliefert hat, scheint *nicht* auf einen Einfluß Dostojewskijs
    zurückzugehen (obzwar *Die Brüder Karamasow* bereits 1884, *Der Jüngling* 1886 deutsch
    veröffentlicht wurden). Es ist auch nicht klar, ob hier etwa die Vollgraff-Lasaulxsche
    Linie (vgl. H.J. Schoeps, *Vorläufer Spenglers: Studien zum Geschichtspessimismus im 19.*
    Jahrhundert, 2. Aufl. Leiden: 1955) unmittelbar rezipiert wurde, bzw. aus welchen
    Quellen Tönnies die *Terminologie* "Kultur"/"Zivilisation" schöpfte (Vgl. Europäische
    Schlüsselwörter: Kultur und Zivilisation, hrsg. von I. Knobloch u.a., München 1967,
    S. 314. Zur Frühgeschichte dieser Terminologie s. insb. Norbert Elias, *Über den Prozess*
    der Zivilisation, Basel: 1939, Bd. I, S. 1–64). Eindeutig ist hingegen die Wirkung
    Nietzsches: vgl. die Tönniessche "Selbstdarstellung" in R. Schmidt, Hrsg., *Die Philoso-*
    phie der Gegenwart in Selbstdarstellungen, 2. Aufl., Leipzig: 1924, Bd. III, S. 208f. "Das
    Urteil", schreibt hier Tönnies anschließend, "stand mir ... schon vor 40 Jahren so fest,
    daß der Kulturkörper, der sich aus den Trümmern des römischen Reiches erhoben und
    über Nordeuropa ausgebreitet hat, um dann auch in die neue Welt sich zu verlängern, seit
    etwa 400 Jahren, mitten in seiner glänzenden fortschreitenden Entwicklung allmählich
    seinem Niedergang und Zusammenbruch entgegengeht. ... Das endliche Schicksal, dem
    unsere Kultur entgegen geht, ... ist ein *tragisches* Schicksal, dem einsichtiges und
    entschiedenes Wollen ... lange entgegenwirken kann, ohne es aber zu besiegen, ein
    Schicksal, das noch Jahrhunderte lang durch alle Flammen einer leuchtenden Zivilisation
    erhoben und verklärt werden mag, das aber ... unausweichlich herangeht ..." (Ebenda, S.
    235 u. 237f.). Bemerkenswert ist in diesem Zusammenhang, daß auch Tönnies aus dem
    Randgebiet Deutschlands jenseits der Elbe stammt – aus Oldenwort in Schleswig –, aus
    einer geschichtlich-gesellschaftlichen Umgebung also, in welcher das Vorherrschen des
    Adels und der großen Gutswirtschaft (vgl. F. Rachfahl, "Schleswig-Holstein in der
    deutschen Agrargeschichte", *Jahrbücher für Nationalökonomie und Statistik*, 1909) jedes
    richtige Verständnis für die *bürgerliche Gesellschaft* erschweren, die Empfänglichkeit für
    eine *Kultur- und Gemeinschaftsmystik* aber verstärken mußte.

29 S. 157 der Ausgabe von 1920.

30 "Régi kultúra és új kultúra". Deutsche Übers. in Georg Lukács, *Taktik und Ethik: Poli-*
    tische Aufsätze I, Darmstadt: Luchterhand, 1975.

31 *Balázs Béla és akiknek nem kell*. Gyoma: Kner.

32 Vgl. Lukács, *Ifjúkori mövek*, S. 684f.

33 Ebenda, S. 686.

Georg Lukács – Ein Ungar auf der Suche nach Gattungsmäßigkeit

Tamás Tóth

Das Verhältnis des jungen Georg Lukács[*] zu Ungarn in der Periode vor dem Ersten Weltkrieg dürfte die Formulierung des alten Philosophen – "Meine Heimat, die Habsburgmonarchie erschien mir als eine zur Zerstörung bestimmte menschliche Sinnlosigkeit"[2] – am prägnantesten veranschaulichen. Was die Sphäre der Kultur und innerhalb dieser wiederum das Literaturleben, das in Ungarn stets von besonderer Bedeutung war, anbelangt, wies Lukács freilich nicht nur den "gebildeten ungarischen Konservativismus"[2] zurück; er widersetzte sich im wesentlichen allen damals vorherrschenden literarischen Strömungen aufs entschiedenste. Recht aufschlußreich ist in diesem Zusammenhang auch seine folgende Bemerkung: "Meine Beziehung zur Literatur bis hin zur Philosophie war damals letzten Endes nichts anderes als Selbstverteidigung gegen die menschenverzehrenden Auswirkungen jener Lebensformen, in die ich durch Geburt hineingeraten war, und die, solange sie allein meine Lebensumstände bestimmten, nach der eventuellen Überwindung einer jeden Entfremdungsform mich sofort mit den Problemen neuer entfremdeter Lebensformen konfrontierten"[3]. Aus diesem Zitat geht eindeutig hervor, daß die ablehnende Haltung von Lukács sich keineswegs auf die *Kultur* des damaligen Ungarns beschränkte. Es handelt sich vielmehr darum, daß sich im jungen Lukács sehr früh 'heftige oppositionelle Gefühle gegen die Gesamtheit des offiziellen Ungarns' herausbildeten, und daß dieses Unbehagen, das bald seine gesamte damalige Gedankenwelt beherrschen sollte, schließlich "in eine leidenschaftliche Zurückweisung des bestehenden ungarischen Systems"[4] mündete.

Als die letzte Ursache dieser Ablehnung, als ein lange Zeit hindurch konstantes Moment seiner denkerischen Entwicklung erweist sich im Rückblick sein "Haß gegen Überbleibsel des ungarischen Feudalismus, gegen jenen Kapitalismus, der auf dieser Basis sich entfaltet". Es ist sicher nicht von ungefähr, daß Lukács seinen Haß gegen den Ersten Weltkrieg später inhaltlich als eine "Fortsetzung der Jugendeinstellung zum feudalen Ungarn", das "Wegfallen aller Überreste des Feudalismus" hingegen als "selbstverständliche Voraussetzung" der von der Ungarischen Räterepublik einzuleitenden Reformen empfand.[5]

Wenn man diese Äußerungen berücksichtigt, wird es vielleicht nicht überraschen, daß der junge Lukács das Ungarntum im wesentlichen mit der damaligen offiziellen Welt gleichsetzte und es dementsprechend "beschränkt konservativ" nannte, bzw. daß die intellektuellen Bemühungen, die er damals unternahm, um sich "aus der geistigen Knechtschaft des offiziellen Ungarns" zu befreien, "den Akzent einer Verherrlichung der internationalen Moderne" erhielten.[6] Ja, besonders angesichts seiner sehr früh international relevant gewordenen geisti-

gen Laufbahn erhebt sich letzten Endes sogar die Frage, ob denn der junge
Georg Lukács überhaupt mit Fug und Recht als ein *ungarischer Denker* zu
bezeichnen sei, ob sein ungarischer Geburtsort (Budapest), seine ungarische
Muttersprache, sowie die sich ganz natürlich ergebende Vielfalt seiner ungarischen Beziehungen nicht bloß als biographische Zufälle einzustufen sind; ob
nicht etwa diejenigen recht haben, die die — zumindest *geistige* — Heimat von
Lukács erklärtermaßen außerhalb Ungarns suchen und sie meist in Deutschland
zu finden meinen? "Es muß daran erinnert werden", schrieb etwa H.E. Holthusen 1958, "daß die geistige Heimat dieses ungarischen Professors im
Umkreis der klassischen deutschen Literatur und Philosophie zu suchen ist.
Hegel und Schelling, Novalis, Goethe und Schiller sind die Regenten seiner
Erziehung gewesen; nirgends als in dem Klima jener hochherzigen Geisterrepu-
blik ... hätten die Grundgedanken seiner Ästhetik und Geschichtsphilosophie
gedeihen können." "Man muß nur ... an die Stelle der 'Idee' das 'objektive
Sein' (qua gesellschaftliche Wirklichkeit) und für das kommende Brautfest der
Götter und Menschen die Diktatur des Proletariats einsetzen, dann hat man das
Evangelium dieses sonderbaren Heiligen, der im Lauf der Zeit zum Literatur-
papst der kommunistischen Welt aufsteigen sollte, in den Grundzügen verstanden."[7] Wäre also Lukács tatsächlich — wie mitunter formuliert wird — "ein
deutscher Philosoph ungarischer Nationalität" gewesen?

Die Sache ist aber keineswegs einfach. Den außerordentlich komplizierten
geistigen Entwicklungsweg vom jungen Lukács kann ich hier freilich nicht
einmal skizzenhaft nachzeichnen. Nur wenige, meines Erachtens jedoch wesentliche Zusammenhänge seien aufgezeigt, und zwar vornehmlich aufgrund der
zahlreichen, autobiographischen Analysen des reifen bzw. alten Lukács.[8] Natürlich bin ich mir darüber im klaren, daß Selbstinterpretationen philosophie-
geschichtlich relevanter Persönlichkeiten auch selber interpretationswürdig, ja,
interpretationsbedürftig sind. Ich weiß, daß Lukács auch 'gegen den Text'
gelesen werden kann. Diese Arbeit kann sich jedoch um so mehr mit einer —
wenn auch nur partiellen — Rekonstruktion der Lukács'schen Position begnügen, als ein beachtlicher Teil dieser autobiographischen Analysen auf ungarisch
verfaßt wurde und meines Wissens auch heute nur in ungarischer Sprache
zugänglich ist.

Werfen wir zunächst einen Blick auf die damalige moderne, ausländische
Literatur, mit der Lukács im Alter von 14–15 Jahren bekannt wurde, und aus
der er dann jenen 'Kräftekomplex' zusammenzustellen versuchte, mit dessen
Hilfe er sein spezifisches geistiges und gesellschaftliches Milieu hätte "geistig
zerbrechen"[9] können. In seiner autobiographischen Skizze, "Gelebtes Denken",
bezeichnet er Baudelaire, Verlaine, Swinburne, Zola, Ibsen und Tolstoj als
"wegweisende Gestalten".[10] In einem anderen Rückblick erwähnt der alte
Lukács zwar neben französischen und englischen Autoren auch die deutsche
Entwicklung von Hebbel und Keller bis Hauptmann, hebt jedoch vor allem *die*

Bedeutung der skandinavischen Literatur (besonders diejenige Ibsens) hervor und bemerkt, später habe die russische Literatur besonderen Nachdruck erhalten.[11]

Haben die Werke *Ibsens* einen regelrechten "Schock" in Lukács ausgelöst und seine Entwicklung dann "mindestens für ein Jahrzehnt wesentlich bestimmt", so ist das wohl grundlegend darauf zurückzuführen, daß dem jungen Denker, der bis dahin "in unklarer Opposition" zu seiner bourgeoisen Umgebung stand, erst die "strenge Moralität" Ibsens "Richtung und Halt" gab.[12] Hinzukommt der nicht unwesentliche Gesichtspunkt, daß es, der Einschätzung des alten Lukács zufolge, der "Ibsensche Aufbau des Dramas" war, der ihm den Weg zum Verständnis der griechischen Tragödie eröffnete. Und schließlich betont Lukács selbst, daß sich der Einfluß der skandinavischen Literatur keineswegs auf Ibsen beschränkt hat: Über ihre besten Repräsentanten wurde ganz offensichtlich *die skandinavische Literatur als solche* zu einer 'entscheidenden Macht' in seinem Leben. Könnte man da nicht fast schon sagen, zumindest der junge Lukács sei 'ein skandinavischer Moralphilosoph ungarischer Nationalität' gewesen? ... Früher oder später werden freilich Tolstoj und vor allem Dostojewskij mit dem skandinavischen Einfluß der Jugendjahre in Konkurrenz treten; ganz offenbar wird diese Literatur im späteren nicht mehr dieselbe 'geradezu zentrale Rolle' wie früher haben. Ebenso klar ist es jedenfalls, daß die "Bewunderung für Radikalität skandinavischer und russischer Literatur"[13] ein entscheidendes Moment in der Entwicklung des jungen Lukács war, und daß es verfehlt wäre, sie zu unterschätzen. Um so mehr, als diese skandinavische Orientierung der Jugendjahre Lukács nicht nur die Beurteilung von Kunstproblemen beeinflußt hatte, sondern bald auch seine philosophische Entwicklung. Ibsen sei für ihn bestimmend gewesen, schreibt er, weil er durch ihn auf *Kierkegaard* aufmerksam wurde. Als Gymnasiast und zur Zeit der ersten literarischen Versuche habe er angefangen sich mit Kierkegaard zu beschäftigen, was ihn mit vielen Altersgenossen in Gegensatz setzte, da diese vor allem unter dem Einfluß Nietzsches standen und von dort meist auf Schopenhauer zurückgriffen. Ihn habe jedoch das Kierkegaard–Studium gegen solche Einflüsse gefeit, Schopenhauer und Nietzsche hätten keinerlei Einfluß auf seine Entwicklung gehabt, während die eingehende Beschäftigung mit Kierkegaard ihn dazu bewog, mit Hegels Gedankenwelt bekannt zu werden ...[14]

Auf die frühen Versuche folgt eine literarische Pause von mehreren Jahren: es war die Zeit des Studiums. In dieselbe Zeit fällt seine Beschäftigung mit dem Theater in Budapest; diese abgeschlossen, beginnt er mit der "Vorbereitung auf die theoretische und historische Erforschung des Wesens literarischer Formen", bereitet sich systematisch auf die "wissenschaftliche und philosophische Arbeit" vor.[15]

In dieser Periode erhalten wiederum Einflüsse aus dem Ausland Bedeutung, die im Gegensatz zum ungarischen Leben stehen. Solche Einflüsse erreichen Lukács nun tatsächlich vor allem von seiten der *deutschen Kultur* und der deutschen Philosophie. Faßt man die Gesamtheit von Lukács' Lebenswerk ins Auge, kann man wohl abkürzend sagen, daß die Wirkung der *deutschen Philosophie* das ganze Leben des Philosophen hindurch vorhanden war, und daß sein denkerischer Entwicklungsweg, so gesehen, von Kant zu Hegel, später von Hegel zu Marx führte. Sein Weg zu Marx bliebe freilich unverständlich, würde man nicht auch diejenige Wirkung mit berücksichtigen, die die *deutsche Literatur* von Meister Eckhart bis Goethe und ganz besonders von Goethe bis Thomas Mann auf ihn ausübte. Weit davon entfernt, den Einfluß des deutschen Geistes auf Lukács' Entwicklung schmälern zu wollen, glaube ich sogar mit Recht behaupten zu dürfen, *daß unter den Denkern unseres Jahrhunderts gerade Lukács es war, der den bedeutendsten Versuch unternahm, die Errungenschaften der philosophischen und literarischen Klassik Deutschlands an den Marxismus und an die moderne Weltkultur überhaupt, zu vermitteln.* Thomas Mann schrieb vor Jahrzehnten sehr geistreich: "Ich sagte, gut werde es erst stehen um Deutschland, und dieses werde sich selbst gefunden haben, wenn Karl Marx den Friedrich Hölderlin gelesen haben werde --, eine Begegnung, die übrigens im Begriffe ist, sich zu vollziehen."[16] Mir scheint es (und auch der französische Forscher H. Arvon[17] weist darauf hin), daß Karl Marx in diesem Sinne eigentlich in der Person von *Georg Lukács* seinen Hölderlin 'gelesen' hat.

Eingedenk dessen möchte ich jedoch betonen, daß die im Medium deutscher Kultur entfaltete, bedeutende Aktivität von Lukács *nur eine* — freilich eine sehr wichtige — Dimension seines außerordentlich komplexen Lebenswerks ist. Georg Lukács war ein *autonomer Denker mit europäischem Horizont,* dessen Bildung und Wirklichkeitskenntnis weit über die Grenzen von Ungarn, Skandinavien, aber auch über die Grenzen Deutschlands hinauswiesen, und dessen geistige Entwicklung man keineswegs als einen passiven Rezeptionsprozeß mehr oder weniger zufälliger intellektueller Einflüsse begreifen darf. Es stimmt zwar, daß Lukács einen außerordentlich weiten Kreis verschiedenster geistiger Einflüsse aufnahm. Insofern ist als seine eigentliche geistige Heimat, im weitesten Sinne des Wortes, m.E. nicht die Kultur dieses oder jenes Landes, sondern *die europäische Kultur als solche* zu betrachten. (In diesem Sinne könnte man ihn eher schon als einen 'europäischen Intellektuellen ungarischer Nationalität' bezeichnen.) Die erwähnte Rezeption erwies sich allerdings als ein *äußerst selektiver* Prozeß, so daß es wahrscheinlich richtiger wäre, von einer Art Auslese nach besonders strengen, kritischen Gesichtspunkten, von bewußter Aneignung und kreativer Anwendung verschiedener intellektueller Einflüsse bzw. verschiedener, und zwar jeweils *innerhalb bestimmter nationaler Rahmen* ausgebauter Kulturtraditionen zu sprechen. Die Gesichtspunkte dieser kritischen Aneignung und schöpferischen Anwendung haben sich während der langen Laufbahn des Denkers natürlich beträchtlich gewandelt, weisen aber in ihrer Gesamtheit eine beachtenswerte Kontinuität auf und sind letzten Endes in der

besonderen gesellschaftlichen und kulturellen Ausrichtung des Lukács–Oeuvres
verankert. Aufgrund der erwähnten selbstbiographischen Darlegungen meine ich
nun, daß diese eigenartige Logik des Lukács'schen Lebenswerkes unverständlich
bliebe, würde man bei der Deutung gewisse Entwicklungstendenzen der *ungarischen Gesellschaft* und der *ungarischen Kultur* sowie den Umstand nicht mit
berücksichtigen, daß Lukács schließlich eben doch ein *Ungar* war.

Ich weiß natürlich, daß Lukács die subjektivistische Interpretation des
Lebenswerkbegriffs für äußerst problematisch hielt, ja daß er sie entschieden
ablehnte. Das aber hinderte ihn nicht daran anzuerkennen, daß in einem
bestimmten Verständnis 'die Einheit des Lebenswerks objektiv zweifellos ein
Existentes' sei. So möchte ich mich hier an einen von Lukács ungarisch verfaßten Diskussionsbeitrag anlehnen, und versuchen, die oben erwähnte, besondere
Logik des Lukács-Oeuvres unter Zuhilfenahme des *Lukács'schen Lebenswerk-
begriffes* zu verdeutlichen.[18] Was meine ich damit?

"Es steht außer Frage", schreibt Lukács − und meint dabei ganz offensichtlich, wenngleich unausgesprochen auch seine eigenen Werke −, "daß die
Werke von Goethe und Tolstoj, Hegel und Marx darüber hinausgehen, was
jedes einzelne Werk für die Entwicklung des Denkens bzw. der Literatur
bedeutet, sich bei jedem dieser Verfasser auch noch zu einer eigenartigen Einheit zusammenfügen. Sie zeigen, wie sich eine wichtige Entwicklungsetappe der
Geschichte in einem bedeutenden Geist widergespiegelt hat. Ohne solchen
Zusammenhang gibt es kein Lebenswerk ...". Wenn Lukács hier von Widerspiegelung spricht, will er damit keineswegs die große Bedeutung der Persönlichkeit bei herausragenden historischen Gestalten schmälern, im Gegenteil:
"Ein Lebenswerk kann unseres Erachtens nur dann zustande kommen", schreibt
er, "wenn es eine *wirklich große Persönlichkeit* ist, die sich in der extensiven
und intensiven Größe dieser Widerspiegelung ausdrückt." Das moderne bürgerliche Vorurteil, das die Grundlage des Lebenswerks nur im subjektiven Element, nur in der sogenannten großen Persönlichkeit erblicken will, sei jedoch
grundfalsch. Die wirklich große Persönlichkeit stelle stets eine Art Synthese
derjenigen Tendenzen dar, welche die Gesellschaft, die Menschheit in der gegebenen Zeit bewegen. "Nimmt man die dichterische Begabung an sich, und wird
das heute modische Maß angelegt", liest man weiter bei Lukács, "so hatte
Shakespeare wohl mehrere Zeitgenossen, die an ihn heranreichten. Was
Shakespeare jedoch auszeichnet, was bei ihm ein echtes Lebenswerk hervor-
bringt, das ist *diejenige Normalität seiner großen Persönlichkeit*, welche die
Entwicklung der Welt individuell solcherart erlebbar macht, daß die einzelnen
Etappen seiner persönlichen Entwicklung, wenngleich über recht komplizierte
Vermittlungen, auch je eine Etappe der Weltentwicklung widerspiegeln." Was
folgt daraus? − fragt Lukács. "Daraus folgt, daß es für die wirklich bedeutende Persönlichkeit − auch subjektiv, ja sogar *eben subjektiv* − nicht so sehr
wichtig ist, wie die Erlebnisse *in ihr* zusammenhängen, sondern wie die Pro-

bleme selbst in jedem einzelnen Fall richtig zu lösen sind. Je bedeutender die Persönlichkeit, ja eher das Werk ihres Lebens ein *Lebenswerk* ist, desto mehr kommt dieses bloß als nachträgliche Zusammenfassung und nicht als gewolltes, beabsichtigtes Ergebnis zustande. Es entsteht aus einer nachträglichen Synthese von Stellungnahmen und Darstellungen, in denen sich die historische Persönlichkeit sehr häufig gegen sich selbst wendet und radikal verwirft, was sie früher gedacht oder geschaffen hatte. So verwarf der alte Tolstoj die großen Werke seiner reifen Mannesjahre ..." usw.

Und schließlich möchte ich die Folgerungen dieses Gedankenganges von Lukács zitieren: "Eben angesichts dieses objektiven Zusammenhangs, der zwischen der Entwicklung der großen Persönlichkeit und dem Weg der Gesellschaft besteht, hat die Nachwelt das Recht und die Möglichkeit, in einer Reihe unterschiedlicher, oft einander kraß widersprechender Stellungnahmen oder Darstellungen ein Lebenswerk zu erblicken"; dieser Zusammenhang aber komme "eben dadurch zustande, daß der bedeutende Mensch sich seiner großen historischen Aufgabe stets vollends übergibt, daß er ohne Vorbehalt verwirft, was sich jener widersetzt."[19]

Meines Erachtens ist es unbezweifelbar, daß derjenige 'objektive Zusammenhang', den Lukács zwischen dem Weg der Gesellschaft und der persönlichen Entwicklung der großen Persönlichkeit im vorhin zitierten Gedankenlauf setzt, letzten Endes *auch in seinem Leben* nachweisbar ist; zweifellos ist *auch sein Lebenswerk* in einem bestimmten Verständnis eine besondere Synthese jener Tendenzen, welche die Gesellschaft, die Menschheit zu seiner Zeit bewegten. Man könnte sogar sagen, *der Transzendens der Partikularität des Subjekts* sei – wie sein 'Gelebtes Denken' beweist – von einem bestimmten Punkt an in Lukács' persönlichem Leben zu einem bewußten Lebensprogramm geworden. Diese Schrift verfolgt, wie er schreibt, den Zweck, "*meine* Entwicklung unmittelbar darzustellen". Und doch geht es dem greisen Denker hier nicht um Individualität als Ausgangspunkt oder Endziel. Es geht ihm vielmehr darum, zu zeigen, "wie persönliche Eigenschaften, Neigungen, Tendenzen bei – den Umständen gemäß – maximaler Entfaltung, *gesellschaftlich typisch*, in meiner heutigen Denkweise *gattungsmäßig* geworden, in Gattungsmäßigkeit zu münden versucht haben". So gesehen darf man Lukács wohl mit Recht einen Denker nennen, der auszog, um die *Gattungsmäßigkeit* zu erobern.

Man muß freilich bemerken, daß jene 'Gesellschaft', jene 'Menschheit', deren 'Tendenzen' das Lukács'sche Oeuvre zu widerspiegeln und zu synthetisieren trachtet, in Wahrheit bloß die europäische Gesellschaft bzw. der in *Europa* lebende Teil der Menschheit sind. Man muß bemerken, daß das Lukács'sche Denken im wesentlichen immer schon eurozentrisch war und es auch blieb. Dafür aber ist dieses Oeuvre bemüht, die wichtigsten Entwicklungstendenzen nicht nur Westeuropas, sondern auch *Osteuropas* einzufangen; ja, wir werden sogar sehen, daß es in einem bestimmten Sinn eben in der (mittel)osteuro-

päischen Wirklichkeit und innerhalb dieser freilich in der ungarischen Wirklichkeit verankert ist. Eben darum möchte ich aber betonen, daß Lukács auch auf
der Suche nach Gattungsmäßigkeit stets bemüht war, gleich *mehrere nationale
Wege* der Kulturentwicklung zu gehen, sie zumindest in ihren wichtigsten
künstlerischen und philosophischen Errungenschaften zu rekonstruieren. Dies
aber wiederum so, daß er zugleich stets als engagierter Wortführer des 'klassischen Erbes' auftrat. "Es ist kein Zufall", schreibt er nach Ende des Zweiten
Weltkrieges, im Augenblick seiner endgültigen Rückkehr nach Ungarn, "daß die
großen Marxisten auch in ihrer Ästhetik Anhänger des klassischen Erbes
waren... Dieses klassische Erbe bedeutet für die Ästhetik jene große Kunst, die
den Menschen als Ganzes, den vollständigen Menschen innerhalb der Totalität
der gesellschaftlichen Welt darstellt."[20] Da nun für Lukács gerade dieser
Gesichtspunkt als entscheidendes Kriterium für die Beurteilung kultureller
Leistungen gilt, ist es nicht weiter verwunderlich, *daß er den Inbegriff des
klassischen Erbes gerade in Künstlern erblickte, die die Höhepunkte grundver-
schiedener nationaler Entwicklungen repräsentieren.* "Die Griechen, Dante,
Shakespeare, Goethe, Balzac, Tolstoj sind gleichzeitig und zugleich adäquate
Abbilder einzelner großer Etappen der Menschheitsentwicklung und Wegweiser
im ideologischen Kampf um die menschliche Vollständigkeit"[21] − stellt Lukács
fest.

Und nun möchte ich einen Blick auf einige, von Lukács mehr oder weniger gründlich studierte, nationale Wege der Kulturentwicklung werfen, und
dabei versuchen, nach Möglichkeit auch die *jeweiligen Stellenwerte* anzudeuten,
die diese in seiner denkerischen Entwicklung erhielten.

Recht interessant dürfte in dieser Hinsicht ein Aufsatz aus der vormarxistischen Periode von Lukács sein,[22] der 1911 in einer Budapester deutschsprachigen Zeitung veröffentlicht wurde. "Wenn wir den Begriff Kultur ganz streng
fassen", heißt es dort, "dann gibt es in Europa überhaupt nur eine *französische
Kultur*". "Ja es wäre gar nicht allzu paradox, zu sagen", führt Lukács weiter
aus, "es hat auch nie eine andere gegeben. Gebändigtes Barbarentum ist in
diesem Sinne keine Kultur... Kultur ist Stetigkeit, Tradition, Entfernung vom
'Ursprung'; ihr Wesen ist das eigene Leben der Formen, des bereits Geformten, ein Niveau, ein Minimum, in dessen Besitz man quasi hineingeboren wird,
das zu erreichen aber ganz gewiß kein 'Problem' ist und keine 'Genialität'
erfordert, sondern eben diese Kultur voraussetzt. In diesem Sinne haben nur die
Franzosen eine Kultur." So gesehen, liest man weiter bei Lukács, sei einzig
Frankreich das Land der Tradition geworden. "Seit die französische Kultur das
allgemein Mittelalterliche verlassen und ein ganz eigenes Profil bekommen hat,
ist nie ein Stillstand in ihr eingetreten, und jeder neue Anfang war eine Fortsetzung des schon begonnenen Weges. Dieser breite und klare Strom gibt etwas
vornehm Gedämpftes dem wilden Pathos eines Corneille; er macht die Sprache
des Mystikers Pascal kristallklar und leuchtend: Selbst der Abgrund erglänzt in

ihr wie ein Spiegel; so ist das französische Chaos der Rabelais oder Diderot, der 'Comédie humaine' oder 'Education sentimentale' klar gegliedert und voller Ordnung." Etwas weiter unten heißt es dann, Lukács verstehe die Franzosen vollkommen, wenn sie selbst von dem größten Ausländer nichts wissen wollten. Denn, "was konnte Shakespeare für Frankreich sein?" – All dies festzustellen reiche aber, so Lukács, nicht aus. Ja, das Problem der französischen Kultur müßten die Ungarn – wie seine bemerkenswerte Formulierung lautet – nicht um der Wertung sondern um der Selbsterhaltung willen klar sehen. "Wir müssen einsehen lernen, was Lessing immer empfunden hat, zu dessen ganz klarem Verstehen er aber wegen der notgedrungenen Ungerechtigkeit seines großen Kampfes nie kommen konnte: Daß die französische Kultur etwas schlechthin Einziges, in sich Fertiges, Abgeschlossenes ist; ein beneidenswertes *paradis terrestre* – aber kein Vorbild, kein Kanon."[23] Was meint Lukács damit?

Zunächst handelt es sich darum, daß der junge Denker hier eine weitere, nationale Kulturentwicklung in seine Überlegungen mit einbezieht und erklärt, das 'kanonische Volk' würden trotz der herausragenden Bedeutung Frankreichs doch immer die *Griechen* bleiben.[24] Und zwar eben darum, "weil sie nie fertig geworden sind, weil sie nie ihr Chaos endgültig überwinden konnten und so zu immer neuen Ansätzen gezwungen waren: Aus ihrer ewigen und unseligen Unvollkommenheit ragen ihre Werke in Ewigkeit und seliger Vollendung empor, als Wegweiser für alle, die in der Barbarei leben, am Chaos leiden und eine eigene Vollendung wollen und erhoffen." Meines Erachtens ist es durchaus der Erwähnung wert, daß Lukács die epochale Bedeutung einer wichtigen Leistung der *griechischen Entwicklung* bereits etwas früher suggestiv formuliert hat, und zwar in dem Vorwort zu seinem Buch 'Die Seele und die Formen'. "Die Form des Essays hat bis jetzt noch immer nicht den Weg des Selbständigwerdens zurückgelegt", – schreibt er dort – "den ihre Schwester, die Dichtung, schon längst durchlaufen hat: Den der Entwicklung aus einer primitiven, undifferenzierten Einheit mit Wissenschaft, Moral und Kunst. Doch war der Anfang dieses Weges gewaltig, so groß, daß die spätere Entwicklung ihn nie ganz erreichte, sich ihm höchstens ein paar Mal annähern konnte. Selbstverständlich meine ich Platon, den größten Essayisten, der je gelebt und geschrieben hat, der dem unmittelbar vor ihm sich abspielenden Leben alles abrang und so keines vermittelnden Mediums bedurfte; der seine Fragen, die tiefsten, die je gefragt wurden, an das lebendige Leben anknüpfen konnte. Der größte Meister dieser Form war auch der glücklichste aller Schaffenden: Der Mensch lebte in seiner unmittelbaren Nähe, dessen Wesen und Schicksal *das paradigmatische Wesen und Schicksal* für seine Form war... Platon traf Sokrates und durfte seinen Mythos gestalten, sein Schicksal als Vehikel für seine Fragen an das Leben über das Schicksal benutzen. Das Leben des Sokrates ist aber das typische für die Form des Essays, so typisch, wie kaum ein anderes Leben für irgend eine Dichtungsart ist; mit der einzigen Ausnahme der Tragik des Ödipus. Sokrates lebte immer in den letzten Fragen, jede andere lebendige Wirklichkeit war so wenig lebenshaft für ihn, wie seine Fragen für den gewöhnlichen Menschen".[25] – Nun aber zurück zu den Problemen der französischen Entwicklung.

Zum zweiten macht nämlich Lukács auch darauf sehr nachdrücklich aufmerksam, daß die Tugenden der Franzosen diejenigen einer alten Kultur sind, mit denen die Vertreter von Völkern, die in der historischen Entwicklung relativ zurückgeblieben sind, "nichts anfangen können", und daß diese in den bzw. für die letzteren nie "organisch" werden könnten.[26] Welche Völker sind da gemeint? Allen voran freilich die *Ungarn*. Auf den Durchschnittsmenschen mache das Niveau der französischen Kultur auch in Ungarn einen faszinierenden Eindruck. Ja, Lukács spricht in diesem Zusammenhang (man befindet sich in den ersten Jahren des 20. Jahrhunderts!) nachgerade von einer *romanischen Gefahr*, die die ungarische Kultur bedrohe, indem sie den Ungarn ein falsches Ziel aufzwinge und ihre Begriffe und Wertungen verfälsche. Die Wirkungsgeschichte französischer Literatur in Ungarn zeige nämlich, daß dort bis Anfang des 20. Jahrhunderts nicht die echten Größen französischer Kultur, sondern eher ihre Repräsentanten zweiten und dritten Ranges einen Einfluß ausübten. "Die Evidenz und die Macht der französischen Kultur ist freilich" – räumt Lukács ein – "durch ihr unverlierbares Niveau gekennzeichnet, dadurch, daß selbst gewöhnliche Handwerker, gestaltungsschwache Talente, ins Geschäftsmäßige verschlagene Literaten noch immer einen erträglichen Stil haben, noch immer gut erwogen und selten ganz reizlos aufbauen, gliedern und erzählen können." (Währenddessen in Deutschland ein mißlungenes Werk des größten Genies ungenießbar sei.) Den Mann einer jungen Kultur lenke jedoch die auf diese Formvollkommenheit gerichtete – übrigens sowieso vergebliche – Bemühung davon ab, die entscheidenden Zusammenhänge in den Griff zu bekommen... In einem bestimmten Sinne meint hier indessen Lukács *nicht nur das ungarische sondern auch das deutsche Volk*. "Es ist schief und ungerecht, wenn auch verständlich aus der Notwehr der Selbstbehauptung", – erklärt er – "daß die Deutschen den Franzosen immer ihre Oberflächlichkeit zum Vorwurf machen." In Wahrheit seien nämlich bei den Franzosen "Tiefe und Oberfläche ... einander nahegerückt", die Tiefe sei hier "immanent geworden". Eigentlich berge die französische Oberflächlichkeit "versunkene Tiefen", sie sei eine "Tugend des Alters", eine "Geste des Erben", die Geste "des in der Tradition Geborgenen, Sicheren und Schmerzlosen, der nie auf Abenteuer und Eroberung ausziehen mußte, dessen Eigentum nie gefährdet war". Demgegenüber seien die Deutschen, das große Volk Goethes und Hegels, stets "der Gefahr einer äußeren und inneren Barbarei ... ausgesetzt", ihr Kampf sei "immer ein Verleugnen der Vergangenheit, ein Zerschlagen der ganzen Welt, damit sie wenigstens zu Trümmern, zum Chaos werde – denn aus dem Nichts, aus dem absoluten Chaos kann die Vollendung, die neue Welt erblühen."[27]

Und an diesem Punkt erscheint schließlich auch der dritte Gesichtspunkt, in dessen Namen der junge Lukács Zweifel äußert, ob die französische Kultur der Funktion eines Vorbildes, eines Kanons gerecht werden könne.[28] Der Vorwurf, oberflächlich zu sein, ist zwar, wie wir gesehen haben, falsch und unberechtigt. Dennoch ist die Kulturentwicklung Frankreichs einer interessanten Formulierung von Lukács zufolge "eine mehr soziologische als metaphysische Angelegenheit." Sollte es jedoch in *Deutschland* am Anfang des 20. Jahrhunderts "etwas entstehen", müßte es offensichtlich "ganz neu anfangen", sei es Literatur oder Politik, Philosophie oder Malerei. So gesehen, erklärt Lukács, ist die "Tiefe ... für Deutschland ein Lebensbedürfnis; was nicht ganz tief und ganz ursprünglich ist, kann überhaupt keine Existenz und keine Wert erlangen. Die Tiefe ist ein Kampf um die Selbsterhaltung, das Zuendegehen eines verzweifelten Weges." Die "gestaltete Tiefe" jedoch sei immer "ein Wunder"... Aus dem Gesagten erklärt sich nun auch die eigenwillige These, die der junge Lukács an diesem Punkt seiner Ausführungen in Bezug auf die Kulturentwicklung des modernen Zeitalters aufstellt. "Ich glaube", schreibt er, "man wird mich jetzt richtig verstehen (und besonders verstehen, daß ich hier überall auf den wesentlichen Kontrast hin stilisieren muß), wenn ich sage: *die Deutschen sind, was die Griechen waren, das revolutionäre Volk par excellence, die Franzosen aber das echt konservative."* (Man wende hier nicht die drei Revolutionen ein, fügt er hinzu, "wie schnell hat die Revolution in Frankreich eine Tradition bekommen ... wie schnell ist sie akademisch geworden").[29]

Diese bewußt stilisierten und zugespitzten Formulierungen ändern freilich nichts daran, daß Lukács der *französischen Entwicklung* im Verlauf seiner ganzen denkerischen Laufbahn eine *herausragende Bedeutung* beimaß. Hier muß ich mich leider auf das bloße Aufzählen der wichtigsten Gesichtspunkte beschränken. Vor allem ist Frankreich für Lukács ein klassisches Beispiel für die Entwicklung der fortschrittlichen philosophischen Kultur. Es ist ferner bekannt, welch große Bedeutung er der französischen Revolution als einer klassischen Form der bürgerlichen Umgestaltung, sowie den in Frankreich aufgekommenen, unmittelbaren Formen der plebejischen Demokratie beimaß. Schließlich möchte ich auf die zentrale Funktion hinweisen, die in seinem literaturkritischen und ästhetischen Schaffen die großen französischen Realisten (und die französische Literatur überhaupt) erhalten.

So stilisiert, so zugespitzt jedoch diese Ausführungen aus dem Jahr 1911 auch sind, sie bleiben meines Erachtens äußerst aufschlußreich. Allein schon deswegen, weil sie eindeutig zeigen: Die Bedeutung der französischen bzw. der deutschen Kultur beurteilte der junge Lukács vor allem *vom Gesichtspunkt der ungarischen Kultur aus.* Das ist auch der Grund, weshalb er den Einfluß der – übrigens als beneidenswertes Paradies auf Erden beschriebenen – französischen Kultur in einem ganz bestimmten Sinne als 'romanische Gefahr' darstellen konnte; und eben deshalb konnte ihm auch die stets durch Barbarei von innen und außen gefährdete Kultur des gewissermaßen noch im Gestern lebenden Deutschlands als eine, im Vergleich zu der französischen tiefere, ja, revolutionärere erscheinen. Und nun stellt der junge Lukács die Frage: Wenn die Deutschen, wie Goethe es ausdrückt, von Gestern sind, was müßten dann wir, Ungarn, von uns sagen?[30] Und seine Antwort lautet: "So verschieden auch Temperamente und Inhalte der deutschen und der ungarischen Entwicklungen sind, diesen Wesenszug haben sie gemein: beide fangen, wo sie wirklich groß sind, immer am Ursprung, am wahrhaften Anfang an, für beide bedeuten Vollendung und Existenz dasselbe..." So könne die Wucht, mit der der Ungar Arany seine Epik, und der Ungar Ady seine Lyrik aus dem Nichts entstehen läßt, "keine Analogie in Frankreich haben", wohl aber müsse "ihre Art und ihr Rhythmus jeden an Kleist und an Keller, an Hölderlin und an Hebbel erinnern." Bei uns in Ungarn seien aber diese Großen, wie er einschränkend hinzufügt, ganz isoliert geblieben. "Man wollte zwar ihre Ziele erreichen, wollte aber dabei ihren schweren und gefahrvollen Weg vermeiden; man übersah das Einzige, das Niewiederholbare in ihrer Leistung, und übersah damit zugleich das Vorbildliche, das Kanonische ihrer Tat." − Ich möchte hier noch einen letzten Satz des sechsundzwanzigjährigen Lukács anführen und fragen, ob denn dieser Satz sich nicht wie ein Programm für sein Lebenswerk anhört: "Arany und Ady − um nur die großen Namen der letzten Vergangenheit und der unmittelbaren Gegenwart zu nennen − sind diesen Weg der Vertiefung und des Selbständigwerdens gegangen: mögen sie in der Zukunft nicht nur begeisterte Verehrer und begabte Nachahmer haben, sondern auch wirkliche Fortsetzer, die das Vorbildliche ihres Lebensweges neu erleben und ihre Tat überall, wo eine Tat zu tun ist, wiederholen!"[31]

Aufgrund des bisher Gesagten ist es vielleicht nicht übertrieben anzunehmen, daß die besonders bedeutende Rolle, die die *deutsche Kultur* in der denkerischen Entwicklung von Lukács innehatte, auch mit dem folgenden Umstand zusammenhängt. Offenbar kam im jungen Theoretiker sehr früh die Erkenntnis auf, daß das schließlich unter preußischer Vorherrschaft vereinigte Deutschland in mehr als einer Hinsicht − diesbezüglich aber Ungarn teilweise recht ähnlich − nicht den 'westeuropäischen' sondern den 'mitteleuropäischen' Weg der bürgerlichen Umwälzung ging (letzteren wird Lukács später, nach Lenins Wortgebrauch, den 'preußischen Weg' der Entwicklung nennen); daß Deutsche und Ungarn daher häufig Probleme von teilweise ähnlichem Typus konfrontiert waren,[32] daß die deutsche Kultur jedoch, alles in allem, bei der gedanklichen Aufarbeitung dieser Probleme weit vor der ungarischen lag.

Auch diese letzte Feststellung ändert jedoch nichts daran, daß − zumindest in einem französisch-deutschen bzw. russisch-deutschen Vergleich − nicht nur der junge, sondern auch der reife Lukács eine recht *kritische Position zur deutschen Kultur* bezieht.[33] Die Eigenart der philosophischen Entwicklung in Deutschland faßt er 1948 − auch die bitteren Erfahrungen des Faschismus mit berücksichtigend − in einem Vortrag in ungarischer Sprache wie folgt zusammen: Der deutschen Philosophie sei es zwar gelungen − wenn auch auf idealistischer Grundlage − die höchste Form der dialektischen Methode zustande zu bringen, "in Bezug auf die Wirklichkeit" sei sie jedoch notgedrungen "überall rückständiger, nebeliger und weniger dezidiert", als die mutigen, die Wirklichkeit aussprechenden Philosophien in Frankreich und Rußland. Oder anders formuliert: In ihren prinzipiellen Feststellungen repräsentiere sie zwar ein außerordentlich hohes Niveau, in der Anwendung der Prinzipien in der Praxis sei sie jedoch "unentschlossen, abstrakt und unklar". Im Einklang damit habe die deutsche Philosophie zwar einen großen Einfluß auf die Spitzenleistungen der Ideologie ausgeübt, sei aber nicht imstande gewesen, auch "die eine Erneuerung anstrebenden Richtungen der Volksentwicklung" wirklich zu beeinflußen. Eben darum ist es jedoch laut Lukács "kein Zufall, daß sich in Deutschland die gedankliche Vorbereitung der demokratischen Revolution im nachhinein als diejenige einer niedergeschlagenen Revolution erweisen sollte." "Es ist kein Zufall", fährt er fort, "daß die in Deutschland zustandegekommene, höchstentwickelte neue Philosophie, die materialistische Dialektik, gerade in ihrem Entstehungsland den geringsten Einfluß auf die Entwicklung der Kultur ausüben sollte." Und schließlich sei es "kein Zufall, daß in Deutschland nach dem Scheitern der 48er Revolution sämtliche negativen Aspekte dieser philosophischen Entwicklung potenziert in Erscheinung treten sollten." Lukács kritische Position kommt übrigens auch in der programmatischen Schrift klar zum Ausdruck, die er 1966 'Über die Bewältigung der deutschen Vergangenheit' in der Bundesrepublik veröffentlichte. Zwar habe deutsche Philosophie, deutsche Literatur, deutsches Schicksal stets im Mittelpunkt seiner Schriftstellerei gestanden. Er fühle indessen, wie er es in Bezug auf sein Werk 'Zerstörung der Vernunft' dort erklärt, kein Bedürfnis, "sich vor seinen Lesern wegen der Härte des Urteils, das er *als Ungar* zu fällen wagt, zu entschuldigen."

Wenn manche Lukács-Kritiker jedoch etwa der 'Zerstörung der Vernunft' pauschal eine vereinfachende Darstellung der deutschen Entwicklung vorwerfen, werden sie m.E. der eigentlichen Bedeutung dieses Werkes offensichtlich nicht gerecht. In diesem Zusammenhang möchte ich mich auf einen interessanten Vortrag berufen, den der rumänische Lukács-Forscher, N. Tertulian, 1985 in Paris gehalten hat.[34] Einerseits weist hier Tertulian, trotz kritischer Vorbehalte, meiner Meinung nach recht überzeugend Aktualität und Produktivität auch dieses Werkes von Lukács nach. Andererseits zeigt er aber auch, daß die 'Zerstörung' gleichzeitig als Teil der "großen Tetralogie" des reifen Lukács begriffen werden kann. So gesehen erscheint 'Der junge Hegel' als "*positives Gegenstück*" zur 'Zerstörung der Vernunft', ja, es wird auch klar, daß manche Grundkategorien dieses letzteren Werkes − so etwa der Rationalismusbegriff − in der 'Ontologie' wesentlich weiterentwickelt wurden.

Der tiefe und mannigfaltige Einfluß, den die *russische Kultur* und später die gesellschaftliche, politische und ideologische Entwicklung in der Sowjetunion und innerhalb dieser wiederum vor allem das theoretische Schaffen Lenins auf Lukács' Denken ausübten, kann hier nicht einmal skizzenhaft betrachtet werden. Ich möchte jedoch wenigstens auf den bezeichnenden Umstand hinweisen, daß dieser Einfluß – genauso wie derjenige anderer fremder Kulturen – von Lukács stets auf eine höchst kreative Weise aufgearbeitet wurde. So sehr, daß man m.E. sogar behaupten kann, mit seinen einschlägigen Werken habe er seinen Namen offenbar auch in die *Geschichte der Russistik* eingetragen. Als Beweis könnte hierfür etwa ein Aufsatz von Frau T. Motylewa angeführt werden.[35] Das erste Werk aus der Feder eines westlichen Wissenschaftlers, das je den Versuch unternommen habe, den Platz der russischen Literatur innerhalb der Gesamtentwicklung der Weltliteratur zu bestimmen, sei in den Jahren des imperialistischen Weltkrieges, am Vorabend der russischen Revolution erschienen. Dieses Werk – stellt Motylewa fest – wurde von Georg Lukács geschrieben, der Titel lautet: 'Die Theorie des Romans'. Allerdings sei der Autor damals noch kein Marxist gewesen. "Dennoch", betont die Verfasserin, "war Lukács der erste, der die Meister des russischen Romans mit tiefer Überzeugung und auf umfassende Weise in den Kontext der Weltliteratur eingegliedert hat, und diese neben die herausragendsten Repräsentanten der Weltliteratur stellte." Ihr Aufsatz geht des weiteren darauf ein, daß die der russischen Literatur des 19. Jahrhunderts gewidmeten Arbeiten von Lukács den recht wichtigen Aspekt aufweisen, daß sie entschieden und kategorisch die Vertreter der russischen revolutionären Demokratie in Schutz nehmen. Der von Lukács bereits 1939 geschriebene Aufsatz 'Die internationale Bedeutung der russischen revolutionärdemokratischen Literaturkritik' – liest man weiter bei Motylewa – "stellt den ersten diesem Thema gewidmeten Aufsatz in der Fachliteratur auf der ganzen Welt dar." In diesem habe sich Lukács mit tiefer Überzeugung gegen die in der westlichen Russistik fest verwurzelten Traditionen gewandt. Schließlich stellt der zitierte Artikel fest, daß das Buch von Lukács 'Der russische Realismus in der Weltliteratur' nach dem Krieg praktisch ein Handbuch für die erste Generation von Russizisten in der DDR, in Ungarn und teilweise auch in anderen sozialistischen Ländern geworden sei, und fügt hinzu: "Diese Sammlung von Schriften, die kaum unmittelbar polemisierte, wandte sich durch das Wesen ihrer Analysen gegen die in der bürgerlichen Literaturgeschichte verwurzelten Ansichten."

Und nun wollen wir, wenngleich nur ganz kurz, den Einfluß der *ungarischen Kultur* auf die Entwicklung von Georg Lukács betrachten. Es versteht sich von selbst, daß Lukács die Literatur seiner Muttersprache und die ungarische Kultur sehr gründlich kannte. Um sich davon zu überzeugen, sollte man das rund 700 Seiten starke Buch[36] einsehen, mit dem der alte Denker eine Auswahl seiner Schriften über ungarische Themen veröffentlichte (1970). Unter den klassischen Repräsentanten der ungarischen Kultur maß Lukács vor allem den Dichtern Sándor *Petöfi* (1823–1849), János *Arany* (1817–1882) und Endre *Ady* (1877–1919), sowie dem Musiker Béla *Bartók* (1881–1945) eine herausragende Bedeutung bei. Hier möchte ich nur sein Verhältnis zu *Ady* kurz betrachten.

Als ganz junger Mann empfand Lukács, wie bereits erwähnt, eine starke Antipathie gegen das ungarische Leben, die ungarische Geschichte, die ungarische Literatur samt und sonders; Petöfi stellte jedenfalls schon damals eine bedeutende Ausnahme dar. Dieser theoretischen Einseitigkeit gegenüber traten, wie er im Alter schreiben wird, bald wichtige, in entgegengesetzter Richtung wirkende Kräfte auf.[37] So der 1906 herausgegebene berühmte Band 'Neue Gedichte' von Ady. Die Begegnung mit Adys Dichtung wirkte mit elementarer Gewalt auf den damals 21jährigen Lukács. Wie stark diese Wirkung war, zeigt sich klar in einem Aufsatz[38] des alten Denkers (1969): "Seitdem ich die 'Neuen Gedichte' gelesen habe — das heißt, seit mehr als sechzig Jahren —, habe ich den Kontakt zu Ady für keinen einzigen Tag verloren."[39] Was nun die eigentliche, die *objektive* Grundlage dieser Wirkung anbelangt, beruft sich Lukács zum einen auf die Bedeutung Adys als Dichter: "Die große Krise, in die Europa durch den Ersten Weltkrieg geführt wurde, kam ... in mehr oder weniger bewußten Formen in praktisch sämtlichen Literaturen der Welt zum Ausdruck. Meine Privatmeinung ist, daß diese Krise am frühesten und am adäquatesten von Ady artikuliert wurde — in dieser Hinsicht steht Ady höher als alle seine Zeitgenossen in Europa, in denen diese Unzufriedenheit und dieses revolutionäre Bedürfnis zu Wort kam —, daß also Ady als Mensch und als Dichter der größte Lyriker dieser Zeit ist." "Ich habe keine Angst davor", fügt Lukács hinzu, "daß man mich wegen dieser meiner Meinung für einen Chauvinisten halten könnte."[40] Zum anderen stellt jedoch die Begegnung mit Adys Gedichten offenbar auch dann noch eines der entscheidensten Erlebnisse in Lukács' Leben dar, wenn wir jetzt vom unmittelbaren literarischen Wert dieser Gedichte absehen. Es handelt sich hier, kurz gesagt, um das für die Geschichte der deutschen Philosophie so bezeichnende Problem der "Versöhnung mit der Wirklichkeit".[41] Adys Wirkung auf Lukács gipfelte nämlich ganz offensichtlich gerade darin, "daß er sich nie, für keinen Augenblick, mit der ungarischen Wirklichkeit und über diese, mit dem damals Seienden versöhnt hat"[42]. Unter dem Einfluß von Ady kam dann auf diese Weise in Lukács' Denken eine eigenartige Mischung zustande, und zwar "eine Mischung, die es in der damaligen Literatur sonst nicht gab, daß nämlich einer als Hegelianer und Repräsentant der Geisteswissenschaft zugleich einen linken, in einem bestimmten Sinn sogar revolutionären Standpunkt vertritt."[43] *Subjektiv*, vom Gesichtspunkt seiner individuellen Entwicklung her, wurde die Wirkung Adys durch folgende Umstände nur noch weiter verstärkt. Erstens, handelt es sich hier darum, daß sich Lukács bereits im Schüleralter nach einer Weltanschauung dieser Art gesehnt hatte, jedoch noch nicht fähig war, seine Gefühle begrifflich zu verallgemeinern. Zum anderen hatte Lukács als junger Mann lange nicht recht begriffen, daß bei Marx — den er mehrfach gelesen hatte — die Ablehnung dieser 'Versöhnung mit der Wirklichkeit' bereits klar artikuliert ist, weshalb er freilich zunächst auch nicht in der Lage war, Marx für den Zweck seiner Kritik der Kantschen und Hegelschen Philosophie in Anspruch zu nehmen. So gesehen aber konnte Lukács im Rückblick durchaus mit Recht den folgenden, in dem uns hier interessierenden Zusammenhang wichtigen Satz niederschreiben: "Was ich aber hier (nämlich bei Marx — T.T.) nicht begriff, das hat mich in der dichterischen Haltung von Ady aufs tiefste beeindruckt. Seitdem ich Ady kennengelernt habe, hat mich diese Unversöhnbarkeit immer begleitet, sie war stets in allen meinen Gedanken präsent...".[44]

Die Begegnung mit den Gedichten von Ady war also von entscheidender Bedeutung für die Herausarbeitung von Lukács' Weltanschauung. Dies im Auge, findet man es vielleicht nicht übertrieben, wenn der greise Lukács in seinem 'Gelebten Denken' die grundsätzliche Feststellung macht, seine menschliche und denkerische Entwicklung hätte ihn sicherlich in eine Sackgasse geführt, wenn er nicht an der literarischen Bewegung in Ungarn teilgenommen und Adys Revolution nicht bejaht hätte. Es gibt aber da noch einen weiteren wesentlichen Gesichtspunkt, den ich kurz streifen möchte: Die Tatsache nämlich, daß sich die Ady-Wirkung offenbar auch im komplizierten Prozeß der kritischen Aneignung bzw. schöpferischen Anwendung der Lukács aus dem Ausland erreichenden kulturellen Einflüße als ein wichtiger Faktor, eine Art Selektionsprinzip erwiesen hat. Im 'Gelebten Denken' ist es sehr klar niedergelegt, daß der junge Theoretiker in mehr als einer Hinsicht gerade den Gedichten von Ady die Kriterien dessen entnahm "was wirklich als 'neu' aufgefasst werden soll". Hier nur einige Beispiele. Der junge Lukács, unter dem Einfluß des die Entwicklungsalternativen der ungarischen Gesellschaft mit antinomischer Schärfe formulierenden Ady stehend, gehörte zu den allerersten in Ungarn, die den Ethiker des 'Entweder—Oder', Kierkegaard, entdeckten und hochschätzten. (Dies ist sicherlich kein Zufall, und hieran ändert auch die oben bereits erwähnte Tatsache nichts, daß Lukács unmittelbar durch Ibsen auf Kierkegaard aufmerksam gemacht worden ist.) In der einschlägigen ungarischen Fachliteratur wurde dieser Zusammenhang m.E. mit vollem Recht von Frau E. Fekete[45] hervorgehoben. Bedeutsam war der Ady-Einfluß aber auch darin, daß Lukács die großen russischen Schriftsteller, vor allem Dostojewskij und Tolstoj als entscheidendes revolutionäres Moment in sein Weltbild einbauen konnte.[46] Innerhalb dieser, zu bedeutendem Teil durch Adys Einfluß zu charakterisierenden Entwicklungsetappe wurde des weiteren auch der französische Syndikalismus zu einer wichtigen theoretisch-politischen Triebkraft in Lukács' Leben[47]. Die Tatsache, wird er 1969 diesbezüglich schreiben, "daß ich durch Ervin Szabó (einen Ungarn — T.T.) mit Sorel bekannt wurde, verhalf mir dazu, daß sich in mir der kombinierte Hegel-Ady-Dostojewskij-Einfluß zu etwas einer

Weltanschauung Ähnlichem zusammenfügen konnte, was ich damals als revolutionär empfand ... *und das mir später auch im Kreis meiner deutschen Freunde eine besondere Außenseiter-Position verschaffte.*"[48]

Schließlich möchte ich noch den wesentlichen Umstand zumindest erwähnen, daß das Ady-Erlebnis die Lukács'sche Entwicklung auch hinsichtlich dessen beeinflußte, wie der Philosoph andere Repräsentanten der ungarischen Kultur einschätzte. Es trug sogar wahrscheinlich dazu bei, daß Lukács die große, auch für die Weltkultur relevante Bedeutung der Musik Béla Bartóks frühzeitig erkannte. So etwa wurde er sehr bald der Tatsache gewahr, daß — wie er es später auch eindeutig formulieren sollte —, "Bartók und Ady sehr viele gemeinsame Züge aufweisen".[49] 1919, zur Zeit der Ungarischen Räterepublik, sind es jedenfalls Lukács und die Mitglieder des um ihn gescharten Kreises, die klar erkennen: "Der am Anfang des 20. Jahrhunderts einsetzende, große Aufschwung in Ungarn hat zwei absolut hervorragende Gestalten; im Bereich der Literatur ist es Endre Ady, im Bereich der Musik Béla Bartók"[50]; und Lukács, als Volkskommissar für Unterrichtswesen war bemüht, die Konsequenzen dieser Einsicht in der kulturpolitischen Praxis durchzusetzen. Die miteinander verwobenen Wirkungen von Bartók und Ady hielten auch in Lukács' Entwicklung nach 1945 an: "Neben Ady war ich immer mehr von Bartóks plebejischem Demokratismus beeindruckt", schreibt er, "allem voran von der Cantata Profana".[51]

Lukács selbst ist im Rückblick der Meinung, daß seine Schriften ab 1935 "bereits in die besten Traditionen der ungarischen Literatur einmünden."[52] Nie aber stellte er die Dinge so dar, als wäre in seinem Schaffen insgesamt je die ungarische literarische und kulturelle Thematik vorherrschend gewesen. Im Gegenteil. Im Brennpunkt seines ideologischen Schaffens standen, wie er selber betont, die ganze Zeit hindurch allgemein-philosophische Probleme, die naturgemäß über die ungarische Entwicklung hinausweisen mußten. Genauer formuliert, handelt es sich hier darum — und das ist meines Erachtens eine besonders wichtige Bemerkung von Lukács —, daß "eine Philosophie (die Ästhetik selbstverständlich mit einbegriffen), nicht einmal von einem Sohn der jeweils größten, weltgeschichtlich relevanten Nation ausschließlich aufgrund der eigenen, nationalen Erfahrung aufgebaut werden kann".[53] Freilich war sich Lukács der Tatsache bewußt, Sohn einer kleinen Nation zu sein. In diesem Sinne stellte für ihn seine weitverzweigte Beschäftigung mit Geschichte und Problemen der ungarischen Kultur in der Tat nur ein Moment — wenngleich ein keineswegs unbedeutendes — der Beschaffung internationaler Erfahrungen dar. Ich möchte jedoch betonen: Wenn ich hier von Lukács als einem — allerdings stets in internationalen Zusammenhängen denkenden — *ungarischen* Theoretiker spreche, berücksichtige ich keineswegs nur die mehr oder weniger bedeutsame Position ungarischer *Kulturthematik* innerhalb seines Lebenswerks. Mir geht es darum zu zeigen, daß dieses Lebenswerk offensichtlich in Ungarns *gesellschaft-*

licher Wirklichkeit verankert und ohne die Berücksichtigung gewisser Zusammenhänge der ungarischen Geschichte kaum verständlich ist.

Trotz seiner Reisen und Auslandsaufenthalte war Lukács in den ersten zwei Jahrzehnten unseres Jahrhunderts vielseitig im kulturellen Leben Ungarns präsent und spielte darin eine beachtenswerte und engagierte Rolle. Seiner Einschätzung der historischen Bedeutung des Ersten Weltkrieges zufolge stand er jedenfalls bald nicht nur in den intellektuellen Kreisen Ungarns, sondern auch in denjenigen Deutschlands zunehmend isoliert da. Ein politischer Ausweg aus der gesellschaftlichen Krise, die sich im Krieg manifestiert hatte, schien sich ihm in der Form der russischen Revolution und deren Nachwirkungen in Ungarn anzudeuten. Jedenfalls hielt es Lukács auch später noch für wichtig zu betonen: "Wenn sich dieser Scheideweg mir daheim in Ungarn eröffnete, so war das weltanschaulich gesehen noch keine bewußte Heimkehr, keine notwendig kausalbedingte Folge meiner bis dahin erlebten Entwicklung. Objektiv, geistig gesehen, war es ein Zufall".[54] Selbst wenn Lukács seinen Aufenthalt in Ungarn vor und während der Revolutionen unmittelbar für einen Zufall hält, betont er immerhin nachdrücklich, daß dieser Aufenthalt vollends neue, für sein ganzes Leben wichtige Kontakte mit sich brachte, deren Bedeutung ihm freilich erst in den inneren Kämpfen von mehreren Jahrzehnten voll bewußt werden sollte, und die schließlich dazu beigetragen haben, in ihm ein vollends neues Verhalten zu entwickeln. Ich meine, hier muß man sich ein doppeltes Werturteil des alten Denkers ins Gedächtnis zurückrufen. Es geht zum einen darum, daß Lukács die *Kulturpolitik der Ungarischen Räterepublik* (an deren Ausarbeitung er als Volkskommissar bekanntlich bestimmenden Anteil hatte) auch nach fünfzig Jahren noch sehr positiv beurteilt. Zum anderen und in Zusammenhang damit erblickt jedoch Lukács in der Rolle, die ihm persönlich damals zufiel, eindeutig einen "Wendepunkt seiner praktischen Lebensführung".[55]

Freilich wurde Lukács bald darauf zur Emigration gezwungen, und konnte, wie er schreibt, erst nach "mehr als 25jähriger erzwungener Abwesenheit" zurückkehren. Die Verarbeitung der theoretischen und praktischen Erfahrungen, welche die 'ungarische Revolution' mit sich brachte, wurde jedoch von ihm auch in der Emigration fortgesetzt. Hinzu kommt, daß Lukács während seiner Wiener Emigrationszeit auch in den Strom der internationalen Arbeiterbewegung geriet.

Innerhalb dieser wurde er zunächst, wie bekannt, zum bedeutendsten Wortführer des utopisch geprägten, messianistischen Sektierertums. Diese Tendenz — die sich übrigens, wie Lukács es selber betont, durch ihre ablehnende Stellung gegenüber Bürokratie und Dogmatismus sowie ihre leidenschaftlich experimentierende Beschaffenheit stark vom bürokratischen und dogmatischen Sektierertum der späteren, Stalinschen Zeit abhebt —, hatte jedoch in Lukács' Denken nie die Alleinherrschaft inne.[56] Er selbst schätzte diesen Fragenkomplex zurückblickend folgendermaßen ein. Er gab zu, diese messianistisch-sektiere-

rische Überzeugung zumindest in bezug auf internationale Fragen noch lange
Zeit hindurch nicht aufgegeben zu haben, zum anderen erklärte er jedoch, daß
in seinem Denken schließlich die "realistische Problemauffassung der ungarischen Arbeiterbewegung Überhand nahm".[57] Unmittelbar führte er diese Wende
auf den politischen Einfluß der sogenannten Landler-Fraktion zurück, die den
konkreten Problemen der konkret gegebenen Lage in Ungarn größere Aufmerksamkeit schenkte. Dieser Wende maß Lukács wohlgemerkt keineswegs etwa nur
eine politische, sondern auch und vor allem eine *theoretische* Bedeutung bei.
Seiner eigenen Formulierung zufolge brachte ihm die Berücksichtigung der
realen Probleme der ungarischen Bewegung zum einen die endgültige Überwindung des messianistischen Sektierertums, zum anderen und vor allem aber die
Festigung seines Marxismus, und zwar, wie er schreibt, "in der Methode wie
in den Inhalten meiner Philosophie"[58]. Nicht minder wichtig ist in diesem
Zusammenhang seine eigene Einschätzung der berühmten 'Blum-Thesen'
(1929), in denen sich die erwähnte Wende im Denken von Lukács zum erstenmal manifestierte[59]. Der alte Lukács erklärt zwar, er hege, angesichts der
taktischen Zugeständnisse an die damals vorherrschenden politischen Vorurteile,
manch einen Zweifel hinsichtlich des Werts der 'Blum-Thesen' als eines theoretischen Dokuments der Arbeiterbewegung, betont jedoch zum anderen: "Dennoch ist es erstens eine historische Tatsache, daß die allgemeine Perspektive der
Blum-Thesen durch die Entwicklung in Ungarn bestätigt wurde, und zweitens,
daß ich immerhin der erste war, diese Entwicklung vorauszusehen". Eine vielleicht noch größere Bedeutung mißt Lukács diesen Thesen für seine eigene
Entwicklung bei: "... Hier [ist] bei mir" — führt er aus — "zum erstenmal
eine allgemeine, und sogar weiter verallgemeinbare Theorie aus der richtigen
Beobachtung der unmittelbaren Wirklichkeit hervorgegangen, *hier wurde ich
zum erstenmal zu einem Ideologen, der seine Perspektiven von der Wirklichkeit
selbst — und zwar von der ungarischen Wirklichkeit — herleitet.*"[60] Es ist
bekannt, daß diese Schrift bei den Vertretern des damaligen Sektierertums eine
so scharfe ideologische und politische Kritik auslöste, daß Lukács eine Zeitlang
nicht in der ungarischen Bewegung wirken konnte und wollte. Dazu hier nur
noch ein kurzer Hinweis. Vollends den Kern der Sache treffend charakterisierte
meines Erachtens Lukács die Blum-Thesen in seinem 'Gelebten Denken' —
nämlich "als [eine] *in Ungarn entstandene Richtung mit allgemein theoretischen
Ansprüchen*". Der VII. Kongreß der Komintern 1935 brachte dann Lukács die
Möglichkeit, in die ungarische Partei zurückzukehren; sobald kurz nach diesem
Kongreß die Zeitschrift der ungarischen Volksfront "Uj Hang" erschien, wurde
Lukács ihr eifriger Mitarbeiter, bemüht, die alten demokratischen Tendenzen
(Ady) in marxistischer Form wiederzubeleben.[61]

Die nunmehr endgültige Rückkehr von Lukács nach Ungarn (1945) war
somit eine "weltanschaulich durchaus bewußte Heimkehr", eine "Heimkehr mit
Hoffnungen", wie es in der Schrift 'Gelebtes Denken' heißt. Infolge der tief-

greifenden Wandlung seines Denkens hatte also diese Rückkehr nichts mehr mit dem Zufall gemein, demzufolge er sich 1918, im Augenblick der Revolution, gerade in Ungarn befand. Im Gegenteil. Diesmal habe es sich um die Konsequenz einer "*vollends bewußt getroffenen Wahl zugunsten der Heimkehr nach Ungarn*" gehandelt, und zwar "ungeachtet des konkreten Angebotes aus dem deutschsprachigen Raum".[62] Eine Zeitlang, führt er weiter aus, sei es ihm dank glücklicher Zufälle noch möglich gewesen, die Volksfrontlinie weiterzuführen: Erst nach Beginn des Rajk-Prozesses habe Rákosi "zu der sogenannten Kritik durch László Rudas"[63] das Signal gegeben. – Für eine eingehende Betrachtung von Lukács' Lebenslauf nach 1945 fehlt hier freilich der Raum[64].

Lediglich auf zwei, in bezug auf den bisherigen Gedankengang wesentliche Umstände sei hingewiesen. Zum einen darauf, daß für Lukács, nach eigener Darstellung, erst "die ungarische Variante der großen Prozesse, zumal der Rajk-Prozeß" den Fragenkomplex der "Stalinschen Konzeptionen und Methoden" "endgültig geklärt" hat.[65] Zum anderen halte ich aber auch die folgende Bemerkung von Lukács für bezeichnend: Ohne auf Details eingehen zu können, müsse er doch "autobiographisch berichten", schreibt er 1969, daß er "nicht zufällig die Notwendigkeit einer radikalen Reform des gegenwärtigen Sozialismus in einem sozialistischen Lande verkündet habe und verkünde". "Ich hätte wiederholt die Möglichkeit gehabt", fügt er hinzu, "den Standort zu wechseln, habe aber einen solchen Ortswechsel stets zurückgewiesen"[66]. Schließlich möchte ich den wichtigen Umstand zumindest erwähnen, daß ab 1967 der alte Philosoph – bei Akzeptierung des politischen Kurses der Ungarischen Sozialistischen Arbeiterpartei (USAP) – seine Tätigkeit als Mitglied dieser Organisation fortsetzen konnte, wobei auch seine frühere Parteimitgliedschaft anerkannt wurde.[67]

Ich halte Georg Lukács für einen der Großen des Marxismus, für einen Denker mit europäischem Horizont und zugleich von europäischer Bedeutung, dessen riesiges Lebenswerk jedoch nicht aus dem Kontext ungarischer Geschichte und ungarischer Kultur herausgerissen werden darf. Georg Lukács ist ein Klassiker der ungarischen Kultur, dessen Lebenswerk jedoch über die Grenzen von Ungarn hinausweist und dem fortschrittlichen Erbe der gesamten europäischen Kultur angehört. Eine genaue Gewichtung der verschiedenen, das Lukács'sche Denken beeinflußenden nationalen Kulturtraditionen steht freilich noch aus; zumal eine solche Gewichtung ohnehin nicht pauschal erfolgen, sondern vorerst vermutlich nur für einzelne Schaffensperioden des Denkers gesondert vorgenommen werden könnte bzw. sollte. Ich hoffe, daß die Auseinandersetzung mit dem Werk von Lukács auch in dieser Hinsicht weitergehen wird.

Anmerkungen

* Die Hervorhebungen im Text sind alle vom Verfasser. Zitate von Lukács, soweit sie im Original nicht in deutscher Sprache vorliegen, sind vom Verfasser aus dem Ungarischen übersetzt worden.

1 Lukács, G.: *Gelebtes Denken.* Diese wichtige autobiographische Skizze des späten Lukács zitiere ich hier nach dem Manuskript, in der Lesart von Frau Agnes Heller-Vértes.

2 Lukács, Gy.: Vorwort zu *Magyar irodalom, magyar kultúra* (Ungarische Literatur, ungarische Kultur), Gondolat Kiadó, Budapest, 1970, S. 12. Im Folgenden zitiere ich diesen wichtigen, von Lukács 1969 auf ungarisch verfassten Text unter *"Magyar irodalom..."*.

3 *Magyar irodalom...*, S. 14.

4 Ebd., S. 6.

5 *Gelebtes Denken,* S. 9, 16, 22.

6 *Magyar irodalom...*, S. 6-7.

7 Holthusen, H.E.: *Georg Lukács und die moderne Literatur,* Neue Zürcher Zeitung vom 1. Nov. 1958. Wieder abgedruckt in: *Lukács-recepció Nyugat-Európában, 1956-1963* (Lukács-Rezeption in Westeuropa, 1956-1963), MTA Filozófiai Intézet, Lukács-Archivum, Budapest, 1983.

8 Lukács, Gy.: *Curriculum vitae,* Magvető Kiadó, Budapest, 1982. Der Band bietet, in ungarischer Sprache, eine repräsentative Auswahl aus den zwischen 1910 und 1971 entstandenen autobiographischen Texten von Lukács und ist somit für die Erforschung seiner Laufbahn grundlegend. Redaktion, Nachwort und Anmerkungen sind von János Ambrus (Lukács-Archiv, Budapest).

9 *Magyar irodalom...*, S. 6.

10 *Gelebtes Denken,* S. 7.

11 *Magyar irodalom...*, S. 6.

12 Lukács, G.: *Die skandinavische Literatur in meiner Entwicklung.* Das Manuskript wird im Budapester Lukács-Archiv aufbewahrt von LAK 427. Auf ungarisch erschienen in: *Curriculum vitae,* S. 271-276.

13 *Gelebtes Denken,* S. 9.

14 Vergleiche: *Die skandinavische Literatur ...*

15 *Magyar irodalom...*, S. 7-8.

16 Mann, Th.: *Kultur und Sozialismus,* in: ders. Die Forderung des Tages (Reden und Aufsätze aus den Jahren 1925-1929). Berlin, 1930, Fischer Verlag, S. 196.

17 Arvon, H.: *Lukács,* Seghers, Paris, 1968. Collection "Philosophes de tous les temps", S. 7.

18 Lukács, Gy.: *Leszámolás a múlttal* (Abrechnung mit der Vergangenheit.) Dieser Artikel von Lukács aus dem Jahre 1946 wurde in *Curriculum vitae* wieder abgedruckt, ebenda S. 136-142. Die Zitate entnehme ich dieser Ausgabe.

19 Ebenda, S. 137-139.

20 Lukács, Gy.: Elöszó a *"Balzac, Stendhal, Zola"* c. kötethez, Budapest, 1945, Hungária. (Vorwort zur ungarischsprachigen Ausgabe seines Werkes "Balzac, Stendhal, Zola".) Wieder abgedruckt in *Curriculum vitae,* S. 120-135, siehe besonders S. 125.

21 Ebenda, S. 126.

22 Lukács, Gy.: *A gall veszély.* In: Ifjúkori művek, (1902-1918), Magvető, Budapest, 1977. Ich zitiere nach dem deutschen Text: "Die romanische Gefahr", zuerst erschienen in: Pester Lloyd, vom 24. Dezember 1911.

23 Ebenda.

24 Ebenda.
25 Lukács, G.: *Die Seele und die Formen*, Sammlung Luchterhand, 1971, S. 24-25.
26 *Die romanische Gefahr*, ebenda.
27 Ebenda.
28 Ebenda.
29 Ebenda.
30 Ebenda.
31 Ebenda.
32 Auf das Problem der Ähnlichkeiten zwischen der deutschen und der ungarischen Entwicklung weist auch É. Fekete hin. Siehe: Fekete, É.: *Lukács György esszékorszakának magyar vonatkozásai* (Die ungarischen Bezüge der Essay-Periode von Lukács), im Sammelband: Lukács György és a magyar kultúra (G. Lukács und die ungarische Kultur), Kossuth, Budapest, 1982; S. 50-51.
33 Die in diesem Absatz angeführten Zitate habe ich den folgenden Texten entnommen: Lukács, Gy.: *A magyar kommunista párt és a magyar kultúra* (Die kommunistische Partei Ungarns und die ungarische Kultur), in: Lukács, Gy.: *Új magyar kultúráért* (Für eine neue ungarische Kultur), Szikra, Budapest, 1948; G. Lukács: *Über die Bewältigung der deutschen Vergangenheit*, Vorwort zu seinem Buch: Von Nietzsche bis Hitler oder Der Irrationalismus in der deutschen Politik, Fischer Bücherei, 1966, S. 7-26. Zu diesem Aspekt siehe auch: G. Lukács: *Wie ist Deutschland zum Zentrum der reaktionären Ideologie geworden?* Akadémiai Kiadó / Lukács-Archiv, Budapest 1982. Dieses 1942 entstandene Manuskript wurde von László Sziklai herausgegeben.
34 Tertulian, N.: *La destruction de la raison, trente ans après* (Die Zerstörung der Vernunft 30 Jahre danach), Vortrag gehalten am internationalen Kolloquim "*Réification et Utopie*", colloque organisé par le Goethe-Institut en collaboration avec l'Ecole des Hautes Etudes en Sciences Sociales et le Collège International de Philosophie, avec le soutien du Ministère des Relations Extérieures, anläßlich des 100. Geburtstages von Georg Lukács und Ernst Bloch, vom 26. – 29. März 1985 in Paris. Siehe auch: Tertulian: *Die Ontologie Georg Lukács'*, Merkur 1985/4.
35 Der zitierte Aufsatz von T. Motylewa wurde in der Zeitschrift Woprossi Literatury 1983/11 veröffentlicht: Motylewa, T.: Literatura, otkrytaja Miru (Zametki o meždunarodnoj sudbe russkoj klassiki). Voprocy Literatury, 1983/11, S. 15-17.
36 Es handelt sich hier um den wichtigen Sammelband "*Magyar irodalom, magyar kultúra*", dessen Vorwort ich oben bereits mehrfach zitiert habe.
37 *Magyar irodalom...*, S. 8.
38 Lukács, Gy.: *Ady jelentösége és hatása* (Bedeutung und Wirkung von Ady), in: Magyar irodalom..., S. 605-611.
39 Ebenda, S. 609.
40 Ebenda, S. 611.
41 *Beszélgetés Lukács Györggyel* (Ein Gespräch mit Georg Lukács), in: Emlékezések (Erinnerungen). Redaktion: E. Vezér, Irodalmi Múzeum, Budapest, 1967, S. 21; *Magyar Irodalom*, S. 8.
42 *Magyar irodalom...*, S. 8.
43 *Beszélgetés Lukács Györggyel*, ebenda, S. 21.
44 *Magyar irodalom...*, S. 8-9.
45 Fekete, É.: ebenda, S. 49-52.
46 *Magyar idrodalom...*, S. 9.
47 Ebenda, S. 9.
48 Ebenda, S. 9.
49 *Ady jelentösége és hatása*, ebenda, S. 607.

50 Lukács, Gy.: *Bartók és a magyar forradalom* (Bartók und die ungarische Revolution), in: Magyar irodalom..., S. 645-653, besonders 647.

51 *Magyar irodalom...*, S. 20.

52 Ebenda, S. 19.

53 Ebenda, S. 20.

54 Ebenda, S. 14.

55 Ebenda, S. 14-15.

56 Ich stütze mich hier auf das 1969 verfaßte Vorwort von Lukács zu *Utam Marxhoz, Válogatott filozófiai tanulmányok* (Mein Weg zu Marx, Ausgewählte philosophische Studien), Magvetö, Budapest, 1971, S. 19-20.

57 Ebenda, S. 20-21.

58 Ebenda, S. 21.

59 *Magyar irodalom...*, S. 17-18.

60 Ebenda, S. 18.

61 Ebenda, S. 18.

62 Ebenda, S. 19.

63 Ebenda, S. 19.

64 Zu einer gründlicheren Erforschung dieser wichtigen Schaffensperiode von Lukács hat vor kurzem das Budapester Lukács-Archiv dadurch wesentlich beigetragen, daß es die Dokumente der Lukács-Diskussion aus den Jahren 1949-1951 in Buchform veröffentlichte. Siehe: *A Lukács-vita (1949-1951)* (Die Lukács-Diskussion), Múzsák Közmüvelödési Kiadó, Budapest, 1985, Redaktion, Anmerkungen und Nachwort von János Ambrus.

65 Lukács, G.: *Sozialismus als Phase radikaler kritischer Reformen.* (Das deutschsprachige Original wird im Lukács-Archiv, Budapest, aufbewahrt, LAK 410), S. 3. Siehe auch in: Marxismus und Stalinismus. Ausgewählte Schriften IV. Politische Aufsätze. Hamburg, 1970, Rowohlt, S. 235-240. Ungarisch erschienen: Uj Symposion, August 1971, wieder abgedruckt in *Curriculum vitae*, S. 374-379.

66 Ebenda, S. 3.

67 *Leitgedanken zum 100. Geburtstag von György Lukács.* Stellungnahme der Bildungspolitischen Arbeitsgemeinschaft beim ZK der USAP. (Autorisierte Übersetzung aus dem Ungarischen) S. 19.

III. Georg Lukács und Max Weber –
      Objektive Vernunft gegen Zweckrationalität

Max Weber und Georg Lukács
Episoden zum Verhältnis von 'bürgerlicher' und 'marxistischer' Soziologie

Dirk Käsler

Mein Beitrag will nicht mehr leisten als sein Titel verspricht: Episoden zum Verhältnis zweier Menschen vorzustellen, — wobei das Verhältnis dieser beiden Menschen unser Interesse auch als *eine* Variante des Verhältnisses zweier Spielarten von Soziologie in Anspruch nehmen kann.

Verhältnisse, Beziehungen also, zwischen zwei Menschen können vielfältig dargestellt werden, nicht zuletzt aufgrund der Tatsache, daß sich zwischenmenschliche Beziehungen auf vielfältigen Ebenen abspielen. Handelt es sich um das Verhältnis von zwei Gelehrten — und das ist hier der Fall —, so bereichern sich die Beziehungen über die reale Begegnung dieser Menschen um das geschriebene Werk der beiden. Und schon ist der Weg für dickleibige und gelehrte Untersuchungen weit offen.

Mußte man noch vor einem Jahr sagen, daß die Beziehung zwischen Max Weber und Georg Lukács kein Gegenstand eingehender Untersuchungen war — was erstaunlich war, angesichts der ungeheuer angeschwollenen Sekundärliteratur über beide Autoren — so hat Kurt Beiersdörfer mit seiner — demnächst auch im Druck erscheinenden — Heidelberger Dissertation vom vergangenen Jahr, das Thema auf über 500 Seiten so akademisch und akribisch durchdekliniert, daß einen der Mut verlassen kann, sich als Nicht-Lukács-Spezialist noch zu äußern.[1] Gerade weil ich in meinen Beitrag mit der Analyse von Beiersdörfer nicht konkurrieren kann, nenne ich also einleitend die drei wesentlichsten Thesen — und Ergebnisse — seiner umfangreichen Arbeit: 1) Die "ästhetische Frühphase", die prämarxistische Phase von Lukács läßt sich nur auf dem Hintergrund seiner Auseinandersetzung mit Max Weber verstehen, 2) "Zentrale Positionen" von Weber — Beiersdörfer nennt hier allein die Unterscheidung zwischen Gesinnungs— und Verantwortungsethik — wurden von Weber in der und durch die gemeinsame Diskussion mit Lukács ausgearbeitet, 3) in 'Geschichte und Klassenbewußtsein' wurde nicht nur das 'Hegelsche Erbe in Marx' reaktiviert, sondern zugleich die positiven Ergebnisse der durch Weber geleisteten soziologischen Marxkritik integriert.[2] Diese theoriegeschichtliche Einschätzung Beiersdörfers auf ihre Haltbarkeit zu beurteilen, maße ich mir nicht an, dazu kenne ich das Lukács'sche Gesamtwerk nicht gut genug. Mich interessiert hier das Verhältnis der beiden Männer zueinander. Nach Beiersdörfer war es "nicht die Beziehung zwischen einem 'Meister' und einem 'formbaren Adepten', vielmehr das zwischen zwei Wissenschaftlern in einem unterschiedlichen, theoretischen Reifestadium, die aufeinander gegenseitig großen Eindruck machten".[3] Die Überschrift lautet also *Gegenseitigkeit*, was ja wohl auch implizieren soll, *Gleichberechtigung*. Man machte großen Eindruck aufeinander und beeinflußte sich gegenseitig in der wissenschaftlichen Arbeit. Das klingt harmonisch, ausgewogen und erfreulich. Und wenn man sich — wie Beiersdörfer das tut — auf den Zeitraum 1907 bis 1919 beschränkt, dann mag man — wenn auch mit einem gehörigen Maß an innerer Vorgabe für Lukács — zu solcher Einschätzung gelangen. Und das vor allem dann, wenn man die Beiersdörfer'sche Unterscheidung zwischen einem "sachlichen Urteil" und einem "moralischen Urteil"[4] übernehmen will. Ich will das nicht, und so kann ich mich einer derartig ausgewogenen und harmonischen Einschätzung des Verhältnisses zwischen Weber und Lukács nicht anschließen. Ich beabsichtige hingegen, die bemerkenswerte Spannung zwischen der biographisch–persönlichen Beziehung der beiden Männer bis zu Webers Tod, und der literarischen Denunziation Webers durch Lukács in dem für die marxistische Weber-Rezeption lange Zeit enorm einflußreichen Werk über "Die Zerstörung der Vernunft" herauszuarbeiten.

I.

Zuerst also zur *biographisch–persönlichen Beziehung* der beiden Männer: Als der 27jährige Dr. Georg von Lukács im Mai 1912 nach Heidelberg kommt, war der ungarische Privatgelehrte und Sohn eines vermögenden Budapester Bankiers wissenschaftlich ein kaum beschriebenes Blatt. Sein Essaybändchen 'Die Seele und die Formen' war im Jahr zuvor von einem eher unbedeutenden Verlag, Egon Fleischel in Berlin, publiziert worden, seine Dissertation und die meisten seiner veröffentlichten Zeitschriftenaufsätze zu literarischen Themen waren in ungarischer Sprache erschienen. Den auf anspruchsvollen Lebensstil bedachten jungen Edelmann und Intellektuellen führten in die Universitätsstadt am Neckar vor allem die lebhaften Erzählungen seines Freundes Ernst Bloch, mit dem er gerade den Winter 1911/12 zusammen in Florenz verbracht hatte. Bloch hatte ihm von Heidelberg als einem herausragenden Zentrum des geistigen Lebens in Deutschland erzählt, von den führenden Vertretern des südwestdeutschen Neukantianismus, Wilhelm Windelband und Emil Lask, von den beiden Soziologen Alfred und Max Weber, vom Dichter Stefan George und dessen Kreis ergebener Jünger, von Karl Jaspers, Gustav Radbruch, Eberhard Gothein und Emil Lederer.

Dazu kam, daß das unbekannte Terrain schon erkundet war: Bereits ein Jahr zuvor hatte Emmy Lederer, Frau von Emil Lederer und Schwester von Lukács' Jugendliebe Irma Seidler, sich nach der Heidelberger Aufnahme seines in der Zeitschrift 'Logos' erschienen Aufsatzes 'Metaphysik der Tragödie' erkundigt[5], und sie hatte nach Budapest gemeldet:

"Wir hatten den Aufsatz von Gyuri schon früher im Logos gelesen ... Max Weber aber, über den wir das Urteil Windelbands erfahren wollten (er ist nämlich der einzige Mensch, mit dem Windelband seit seiner Krankheit verkehrt), war zufällig nicht daheim, er kam erst einige Tage vor unserer Abreise zurück. Ein guter Freund von uns fragte ihn am letzten Sonntagnachmittag vor unserer Abreise, was er vom Aufsatz von Gyuri Lukács halte. Die Antwort ist leider mager. Er selbst habe keine Zeit gehabt, ihn gründlich zu lesen, habe bloß von den Kollegen in der Redaktion gehört, die Sache sei nicht schlecht. (Wörtlich: 'Sagen Sie Frau Emmy, daß die Sache nicht schlecht sein soll, gar nicht schlecht.')".[6]

Die Erzählungen des Freundes und die Auskunft von Frau Emmy führten Lukács nach Heidelberg, ausgerüstet zudem mit Empfehlungsschreiben seines ehemaligen Berliner Lehrers, Georg Simmel, an Lask und Windelband.[7] Und so dauerte es auch nicht sonderlich lange, bis ihm die Studierzimmer und Salons der Heidelberger Professorenhäuser offenstanden. So meldet beispielsweise Franz Baumgarten schon am 8. Juli 1912 an den "Lieben Freund":

"das Terrain ist nun für Sie vorbereitet. Sehr viel wird es Ihnen helfen, daß Simmel Sie brieflich gelobt u. noch mehr, daß Lask begeistert über Sie (an Rickert oder Cohn) geschrieben u. Ihren Anhang zur alleinseligmachenden Doktrin der Erkenntnis-Theorie gelobt hat. Sie sind also kein 'Wilder' mehr."

Und der ungarische Landsmann gibt ihm auch gleich die Rezepte zur Behandlung deutscher Professoren:

"Knapp sagt immer: Die Leute sind zu dumm, als daß sie unsereiner verstehen könnten. Man muß sie dazu erziehen. So werden Sie es machen müssen. Sie werden dem Herrn leicht imponieren.... Summa summarum: Sie müßten einige Zeit hier leben, um Wurzeln zu fassen. Dann dürfte eine Habilitation leicht − so von der Ferne aber unmöglich sein. Einige Zeit − das heißt, ein Semester. Doch halte ich es für sehr leicht möglich, daß es Ihnen persönlich gelingt, hier einen solchen Eindruck zu machen, wie bei Simmel u. Lask − u. dann dürfte schon gut Gewißheit über die Habilitation zu gewinnen sein."[8]

Ganz so einfach ließ sich die Sache dann wohl doch nicht an. Der erste Brief von Max Weber an den 'Sehr verehrten Herrn Doktor' vom 22. Juli 1912 nahm kein Blatt vor den Mund des zu jener Zeit im vorzeitigen Ruhestand befindlichen, 48jährigen ehemaligen Ordinarius für Nationalökonomie und Finanzwissenschaft:

"Ich saß gestern (absichtlich) neben Windelband und brachte Gothein gegenüber das Gespräch auf Sie. W. machte dann einige Bemerkungen über Ihre Essay's, sachlich ohne Belang, nicht grade unfreundlich, aber, wie ich erwartete: die Form ist ihm natürlich höchst uncongenial, er war darüber direkt unwirsch. Ich sagte vorsichtig einiges Wenige, möglichst wenig zunächst, über Sie insbesondere: daß Sie Ihrem Wesen nach Systematiker seien, diese essayistische Periode hinter Ihnen liege etc. ... Ich kann jetzt nur *erneut* die Ansicht aussprechen: die Vorlegung von etwas in sich *Abgeschlossenem*, nicht nur ein Kapitel, sondern eine wirklich 'complette' Schrift, gibt *weitaus* das Optimum an Chancen einer positiven Lösung."[9]

Der durchgängige Tenor der Beziehung zwischen den beiden Männern ist damit angedeutet: Der junge Ungar suchte über Weber vor allem Kontakt zu Windelband – wie zur Universität Heidelberg als ganzer – für eine Habilitation im Fach Philosophie. Weber übernahm die Rolle des väterlichen Vertrauten, der dem Ausländer persönlich und sachlich diesen Weg ebnen wollte. Ungeachtet seiner Beeindrucktheit von Lukács' Entwurf zu einer systematischen 'Ästhetik'[10], mit der sich Weber aus eigenen wissenschaftlichen Absichten intensiv auseinandersetzte, drängte der Ältere den Jüngeren ständig zu mehr Systematik und zur stärkeren Beachtung der Erfordernisse akademischer Qualifikationsarbeiten an deutschen Universitäten.

Trotz der erheblichen weltanschaulichen Differenzen zwischen dem Deutschen und dem Ungarn über den Beginn des Ersten Weltkiegs und der dadurch bedingten, zeitweiligen räumlichen Trennung, entwickelte sich in den Jahren 1912 bis 1917 eine enge Vertrauensbeziehung zwischen den beiden Männern, deren sachliche Grundlage das engagierte intellektuelle Interesse Webers an den Themen und Antworten von Lukács war und getragen wurde durch die, von persönlicher Sympathie begleitete Bereitschaft von Marianne und Max Weber, dem jungen Ausländer in persönlicher und fachlicher Hinsicht durch die Aufnahme in ihrem sozialen Umfeld zu helfen, – im klaren Wissen, daß diese Unterstützung Konflikte mit antisemitischen und reaktionären Kollegen verstärken würde.

Es verdient festgehalten zu werden, mit welcher Eindringlichkeit – aber auch Toleranz – Weber sich darum bemühte, Lukács zur Vollendung einer systematisch-geschlossenen Arbeit für die Habilitation zu bewegen. Sein Brief – "in herzlicher Freundschaft" – vom 14. August 1916 belegt dies:

"Ich muß offen sein, noch Eins hinzusetzen. Sehr guter Freund von Ihnen – nun also: Lask – war der Ansicht: er ist geborener Essayist, er wird nicht bei systematischer (zünftiger) Arbeit bleiben; er sollte sich deshalb nicht habilitieren. Denn der Essayist ist gewiß auch nicht um Haaresbreite weniger als der zünftige Systematiker, – eventuell grade im Gegenteil! Aber er gehört nicht an eine Universität und gereicht dort weder dem Betrieb, noch vor allem sich selbst zum Heil. Auf Grund dessen, was Sie uns damals von den prachtvollen Bausteinen Ihrer Ästhetik vorlasen, habe ich dieser Ansicht scharf widersprochen. Weil Ihr plötzliches Abschwanken zu Dostojewskij – jener Ansicht (Lask's) Recht zu geben schien, haßte ich diese Arbeit und hasse sie noch. Denn im Grundsatz bin ich der gleichen Ansicht. Ist es Ihnen wirklich eine unerträgliche Qual und Hemmung, eine systematische Arbeit fertig zu stellen und Anderes inzwischen zu lassen – ja dann würde ich schweren Herzens Ihnen raten: lassen Sie die Habilitation. Nicht weil Sie sie 'nicht verdienen'. Sondern weil sie Ihnen nicht frommt und den Studenten auch nicht, letztlich und im höchsten Sinn nicht. Dann ist Ihr Beruf ein anderer. Aber Sie werden tun, was Sie für richtig halten."[11]

Wir alle wissen, was Lukács für richtig hielt: Der sich beschleunigende Verlauf der politischen Ereignisse, der Zusammenbruch der Österreichisch-Ungarischen Monarchie, der Sieg der Revolution in Ungarn, sein Eintritt in die Ungarische Kommunistische Partei im November 1918 und sein rapider Aufstieg in der Parteihierarchie – schon im März 1919 wird er stellvertretender, ab Sommer allein verantwortlicher Volkskommissar für das Unterrichtswesen in der Ungarischen Räterepublik, und anschließend politischer Kommissar der 5. Roten Division – ließen Lukács den Gedanken an eine akademische Karriere an einer deutschen Universität vergessen, – von der er in der Skizze seiner intellektuellen Entwicklung rückblickend sagt: "Wenn's also zum besten ging, wäre ich ein 'interessant'-excentrischer Privatdozent in Heidelberg geworden."[12]

Aus dem 'Privatgelehrten Dr. Georg Lukács' war ein 'Partisan' geworden.

Aus den sehr wenigen veröffentlichten Bruchstücken von Briefen nach 1917 läßt sich entnehmen, daß Lukács und Weber bis zu Webers Tod im Juni 1920 in Briefwechsel standen[13]; so sei abschließend zu diesem ersten Teil ein Auszug aus einem Brief Webers an den aus Ungarn geflohenen ehemaligen Volkskommissar, der in Wien seine Auslieferung nach Ungarn befürchten mußte, zitiert:

"War dies (Lukács kommunistische Betätigung. DK) *Ihnen* 'aufgegeben' – oder was sonst? Aber darüber beanspruchen Sie begreiflicherweise allein das Recht zu entscheiden. Nur wenn ich bedenke, was das gegenwärtige (seit 1918) politische Treiben uns ohne Unterschied der Richtung an zweifelsfreien Werten *gekostet* hat, z.B. Schumpeter, jetzt: Sie, und noch kosten soll, ohne daß nach meiner Überzeugung auch nur das Mindeste herauskommt – denn wir alle stehen unter Fremdherrschaft ! – dann werde ich etwas erbittert gegen dieses sinnlose Schicksal."[14]

II.

Im Jahre 1954 veröffentlicht der 69jährige Lukács gleichzeitig in ungarischer und deutscher Sprache sein berühmtes Buch, 'Die Zerstörung der Vernunft'[15]. Es war zwar nicht das erste Mal, daß er sich mit der Thematik dieses Buches – der ideologischen Vorbereitung der nationalsozialistischen Gewaltherrschaft – beschäftigt hatte[16], aber dieses Buch konnte und kann bis heute für sich beanspruchen, die Lukács'sche Einschätzung am populärsten und wirkungsvollsten verbreitet zu haben.

Aufgabe des gesamten Werkes ist das Herausarbeiten der Entwicklung des "Irrationalismus", die "Analyse seiner wichtigsten und typischsten Etappen und Repräsentationen"[17]. Und diese Analyse hat eine sehr konkrete Zielsetzung:

"So ergibt sich für uns als Stoff: Der Weg Deutschlands zu Hitler auf dem Gebiet der Philosophie. Das heißt, es soll gezeigt werden, wie dieser reale Gang sich in der Philosophie widerspiegelt, wie philosophische Formulierungen als gedanklicher Widerschein der realen Entwicklung Deutschlands zu Hitler diesen Gang beschleunigen halfen.... Unsere Aufgabe ist es, alle gedanklichen Vorarbeiten zur 'nationalsozialistischen Weltanschauung' zu entlarven, mögen sie — scheinbar — noch so weit vom Hitlerismus abliegen, mögen sie — subjektiv — noch so wenig derartige Intentionen haben. Eine der Grundthesen dieses Buches ist: es gibt keine 'unschuldige' Weltanschauung."[18]

Doch nicht nur die *philosophische* Entwicklung "von Schelling zu Hitler", das "Münden der deutschen irrationalistischen Philosophie in den Hitlerismus"[19], ist das Thema für Lukács, er unternimmt zudem den Versuch, dieselbe Entwicklung auf dem Gebiet der *deutschen Soziologie* nachzuzeichnen. Ich überspringe hier seine Thesen über das Entstehen der Soziologie als selbständiger Disziplin, mit denen ich mich an anderer Stelle detailliert auseinandergesetzt habe[20], und wende mich ausschließlich jener Interpretation von Lukács zu, die er Max Weber zuteil werden läßt, — seinem väterlichen Freund also, dem er einst "von Herzen in Dankbarkeit und Freundschaft ergeben" war.

Für den "bedeutendsten deutschen Soziologen und Historiker der Wilhelminischen Periode"[21] hat Lukács auch einen besonders bedeutenden Platz in *seiner* Geschichte vorgesehen. Zwar sei Weber anfänglich von der Wechselwirkung zwischen materiellen Motiven und Ideologie ausgegangen, habe aber dann später den ideologischen, vor allem den religiösen Erscheinungen, eine immer stärker aus ihnen selbst entspringende, "immanente" Entwicklung zugeschrieben. Dadurch habe Weber der "geisteswissenschaftlichen, idealistischen Interpretation der Geschichte" die Bahn geebnet:

"Es fehlt dabei, obwohl Max Weber seinen bewußten Absichten nach ein Gegner des Irrationalismus ist, auch die irrationalistische Nuance nicht. Gerade diese Soziologie soll die Notwendigkeit aufzeigen, daß auf dem Boden des kapitalistischen Rationalismus ein Irrationalismus entstehen muß, ja daß dieser der Gesamtbewegung eigentlich zugrunde liegt."[22]

Diese neue, 'verfeinerte' Form der Kritik des historischen Materialismus, die die deutsche Soziologie jener Epoche vorlegt, und die die "reformistischen Tendenzen in der Sozialdemokratie" ideologisch zu unterstützen hat, ist nun bei Max Weber 'am einflußreichsten' geworden. "Das zentrale Problem der deutschen Soziologie im Vorkriegsimperialismus ist es, eine Theorie für Entstehung und Wesen des Kapitalismus zu finden und durch eine eigene theoretische Auffassung den historischen Materialismus auf diesem Gebiete zu 'überwinden'."[23] Die Methode, die dabei verfolgt wird, ist es, das "Wesen des Kapitalismus" zu "entökonomisieren" und zu "vergeistigen", d.h. "ein scheinbares Erfassen des Wesens des Kapitalismus, ohne auf dessen wirkliche ökonomische Probleme (vor allem die Mehrwertfrage, auf die Ausbeutung) eingehen zu müssen."[24] Nach Lukács ist es Max Weber, der eine "breite Basis einer Kulturkritik" legt, die zwar zu den "Fundamentalfragen des Kapitalismus niemals durchdringt", aber "der Unzufriedenheit mit der kapitalistischen Kultur einen freieren Entfaltungsraum gibt"; trotzdem werde die kapitalistische Rationalisierung als "Schicksal" aufgefaßt und damit der Kapitalismus, bei aller Kritik, als notwendig und unumgänglich interpretiert: "Diese Gedankengänge kulminieren stets im Nachweis der ökonomischen und sozialen Unmöglichkeit des Sozialismus."[25]

Dazu käme noch eine "in Deutschland besondere Nuance": "Die Soziologie des Vorkriegsimperialismus ... versucht, den Nachweis der Höherwertigkeit der deutschen Staatsform, der deutschen gesellschaftlichen Struktur den westlichen Demokratien gegenüber zu führen."[26] Lukács schreibt auch dabei Max Weber "eine besondere Stellung" bei dieser Apologie des wilhelminischen Imperialismus zu:

> "Er betrachtet, bei aller Kritik, die Demokratie als die geeignetste Form für die imperialistische Expansion einer modernen Gesellschaft. ... Die Deutschen können, meint er, — wie England oder Frankreich — nur in einer Demokratie zum 'Herrenvolk' werden. Darum, um der Verwirklichung der imperialistischen Ziele Deutschlands willen, müsse eine Demokratisierung im Inneren erfolgen und so weit erfolgen, als sie zur Verwirklichung dieser Ziele unerläßlich ist. ... Die Webersche Demokratie schlägt also in einen bonapartistischen Cäsarismus um."[27]

Im Anschluß an eine Diskussion der 'idealtypischen Methode' Webers und dessen Forderung nach 'Werturteilsfreiheit' vervollständigt und krönt Lukács sein Argument: die "subjektivistische Auflösung" der Weberschen Soziologie sei nichts als "die abstrakt formulierte Psychologie des kalkulierenden individuellen Agenten des Kapitalismus."[28] "Die Max Webersche 'Wertfreiheit' der Soziologie, ihre scheinbare Reinigung von allen Elementen des Irrationalen, läuft also nur noch mehr auf Irrationalismus des gesellschaftlich–geschichtlichen Geschehens hinaus. ... Der Irrationalismus ist die Form der sich so ergebenden Flucht vor einer dialektischen Antwort auf die dialektische Frage. Diese scheinbare Wissenschaftlichkeit, diese strenge 'Wertfreiheit' der Soziologie ist so in Wahrheit die bisher erreichte höchste Stufe des Irrationalismus."[29]

Max Weber, die höchste Stufe des Irrationalismus? Selbst Lukács muß einräumen, daß gerade Weber ein "energischer Gegner" des "Irrationalismus" gewesen war, — aber eben nur "des frühen und damals herrschenden, gewöhnlichen deutschen Irrationalismus". "Seine kritische Ablehnung richtete sich also nur gegen die veralteten und vulgären Formen des Irrationalismus."[30] Seine "geistvolle und richtige Polemik" gegen diesen "vulgären Irrationalismus" jedoch hebt den "irrationalen Kern der Methode und Weltanschauung Max Webers nicht auf."[31] Ganz im Gegenteil, seine Konzeption ist nichts als die Formulierung einer "neuen, raffinierteren" Form des Irrationalismus: "So hat

Max Weber den Irrationalismus aus der Methodologie, aus der Analyse von Einzeltatsachen nur darum vertrieben, um ihn als weltanschauliche Grundlage seines Weltbildes mit einer in Deutschland bisher nicht dagewesenen Entschiedenheit einzuführen."[32] Hier wurde also für Lukács "der wirkliche Übergang des imperialistischen Neukantianismus in die irrationalistische Existenzphilosophie zum erstenmal wirklich vollzogen" und es zeigte sich gerade an Max Weber, "wie sehr seine strenge Wissenschaftlichkeit nur ein Weg zur endgültigen Etablierung des Irrationalismus in der Weltanschauung gewesen ist, wie wehrlos also die beste deutsche Intelligenz dem irrationalistischen Ansturm gegenüber war.[33] Und da er hier keinen historischen "Beweis" führen kann, postuliert Lukács der Einfachheit halber: "Er (Max Weber. DK) wäre eben dem Faschismus gegenüber − mutatis mutandis − in eine ähnliche Situation geraten wie später Stefan George oder Spengler."[34]

Das Argument von Lukács ist eindeutig: Im Bestreben, die Entwicklung des 'Irrationalismus' in der deutschen Soziologie bis zum Nationalsozialismus nachzuzeichnen, sieht er in Ferdinand Tönnies den Begründer einer Kulturkritik am Kapitalismus und in Max Weber den Begründer des weltanschaulichen Irrationalismus in der deutschen Soziologie. Diese Linie wird weitergezogen über Alfred Weber, der ebenfalls "Vorarbeit für die faschistische Ideologie" geleistet habe[35], über Karl Mannheim, der durch seinen "Relativismus" und die Weiterführung der radikalen "Entökonomisierung" der Soziologie,[36] diese ebenfalls "wehrlos" dem Nationalsozialismus gegenüber gemacht habe. Und so ist es dann für Lukács ein leichtes, die Linie zum − bitteren − Ende zu ziehen, wenn er unter der Überschrift "Präfaschistische und faschistische Soziologie" sich abschließend mit Othmar Spann, Hans Freyer und Carl Schmitt befaßt, Vertretern jener Soziologien also, die − "gleichviel ob von Anfang an bewußt oder nicht − zu Verbündeten jener Tendenzen wurden, die den Sieg des Faschismus vorbereiten halfen."[37] Das Fazit ist eindeutig: "So mündet die deutsche Soziologie in die Propaganda des Hitlerschen bestialischen Imperialismus."[38]

III.

Nicht nur aus Zeit− und Raumgründen erspare ich es mir, mich nochmals *sachlich* mit dieser Diffamierung Max Webers als bürgerlichem Kulturkritiker, als Befürworter der Demokratisierung Deutschlands, um einem imperialistischem Cäsarismus zum Sieg zu verhelfen, als Wegbereiter des Nationalsozialismus, auseinanderzusetzen. Ich habe dies an anderen Stellen im Detail unternommen.[39]

Worauf ich jedoch abschließend hinweisen möchte, sind folgende drei Punkte:

1) Die Einordnung Webers in die Lukács'sche Ahnengalerie "Von Schelling zu Hitler" war für eine kritisch-unbefangene Rezeption des Werks Max Webers von bis heute anhaltender Wirkung. Gerade weil Lukács sich auf die persönliche und intime Kenntnis von Weber − wie von Simmel − berufen konnte, kam seinem Urteil für viele Marxisten − in West und Ost − weichenstellende Bedeutung zu. − Das vielfältig schillernde Etikett, der Prototyp des "bürgerlichen" Soziologen zu sein, trug Max Weber auch schon vor 1954, und so war das Webersche Werk auch schon vor dem Erscheinen der "Zerstörung der Vernunft" für viele, die sich für "links" und damit antibürgerlich hielten, nicht eigentlich lesbar. Aber nun, nachdem Weber als ideologischer Steigbügelhalter des Hitler-Faschismus entlarvt worden war − noch dazu von einem marxistischen Philosophen, der ihn noch persönlich gekannt hatte − war das Endurteil gesprochen. Natürlich kann man zur vermeintlichen Bestätigung der Lukács'schen Interpretation darauf verweisen, daß ja auch andere, nämlich 'bürgerliche' Interpreten, also vor allem Jakob Peter Mayer[40], Wolfgang J. Mommsen[41] und Raymond Aron[42], ganz ähnliche Fragen an das Webersche politische Denken gerichtet haben und zu ganz ähnlichen Antworten gekommen sind. − Dazu denke ich zum einen, daß deren Einschätzungen weitaus differenzierter und behutsamer entwickelt worden sind als die Lukács'sche Darstellung, zum anderen, daß diese Interpretationen sich weder auf das gesamte wissenschaftliche Werk bezogen haben, noch daß sie sich auf die persönliche, geradezu "Intim"-Kenntnis von Weber beziehen konnten, wie Lukács das tun konnte. Auch dadurch sind diese Weber-Interpretationen, sowohl in Bezug auf ihr Argument als auch in Bezug auf ihren Einfluß, nicht vergleichbar mit der von Georg Lukács.

Vergleichbar ist diese Lukács'sche Rezeptions-Wirkung allenfalls mit der Weber-Interpretation von Leo Strauss[43], die − geradezu spiegelbildlich − für "die" Rechte den unbefangen-kritischen Blick auf das Gesamtwerk Max Webers lange Zeit verstellte, wie das die Lukács-Interpretation für "die" Linke getan hat.

2) Ist es überhaupt statthaft, die − wahrlich nicht nur von Beiersdörfer − praktizierte, strikte Trennung von 'sachlichem Urteil' und 'moralischem Urteil' aufzugeben, und − wie ich das hier getan habe − beides durch die Kontrastierung miteinander zu verbinden? Oder, noch direkter gefragt: Was hat die Tatsache, daß Max Weber dem jungen ungarischen Privatgelehrten zu Lebzeiten geholfen hat, mit der anderen Tatsache zu tun, daß der fast 70jährige Lukács zur hier wiedergegebenen Einschätzung der ideologischen Funktion von Weber kam?

Ich denke, ein solches In-Beziehung-Setzen ist statthaft, auch in wissenschaftlicher Hinsicht. Und in dem uns hier beschäftigenden Fall sogar ganz besonders. Denn Lukács selbst hat doch nicht getrennt zwischen Person und

Werk, sondern hat ganz absichtsvoll eventuelle Trennungslinien verwischt. Wenn er Max Weber zum Begründer eines weltanschaulichen Irrationalismus, einem Wegbereiter der faschistischen Ideologie, einem Präfaschisten abstempelt, so bezieht er sich eben nicht auf einzelne Passagen aus bestimmten Texten und analysiert deren Kontext, sondern er spricht — und wie ich meine: wider besseres persönliches Wissen — durchgängig auch von der Person Max Webers.

Und darum komme ich zu dem Ergebnis, daß es ein fahles Licht auf Georg Lukács als Menschen *und* als wissenschaftlichen Autor wirft, wenn man seine Äußerungen zu und über Weber aus seinen verschiedensten Lebensabschnitten, Revue passieren läßt: Die Dankbarkeit und Verehrung dem deutschen Gönner und vielfältigen Förderer in der Heidelberger Zeit gegenüber, die sachlich unhaltbare und folgenreiche Diffamierung Webers als eines Präfaschisten, und dann Lukács' Äußerungen von 1971.

Auf die Frage: "...do you think that Weber, had he lived, might have become reconciled to National-Socialism? No, never. You must understand that Weber was an absolutely honest person."[44], und auf die Frage: "Bei der Beurteilung von Simmel und Weber nehmen Sie später, hauptsächlich in der Zeit der 'Zerstörung der Vernunft', eindeutig einen negativen Standpunkt ein", die erstaunliche Antwort: "Bloß daß meine Einstellung zu Weber, moralisch gesehen, immer positiv war, während ich bei Simmel eine gewisse Frivolität kritisierte, und deshalb haben wir uns einander entfremdet. Doch bei Weber ist diese Entfremdung nicht eingetreten."[45].

Wenn Beiersdörfer daraus eine "ungebrochene gegenseitige Hochachtung"[46] macht, so verdunkelt er damit die erheblichen Verzerrungen dieser 'Gegenseitigkeit' unzulässigerweise. Nicht nur für verhinderte, 'interessant-excentrische' Privatdozenten, sondern auch für 'Partisanen' sollten die Regeln intellektueller und moralischer Redlichkeit ihre Verbindlichkeit besitzen. Und diese Forderung gilt *gerade* dann, wenn man die *Fragestellung* von Lukács, nämlich die einer geistesgeschichtlichen Analyse der ideologischen Vorbereitung des nationalsozialistischen und faschistischen Denkens, als von zentraler Wichtigkeit beurteilt.

Ob solche Redlichkeit und Sachlichkeit, für die er Zeit seines Lebens so entschieden gekämpft hatte, wohl zu jenen 'Werten' zählen, an die Max Weber in seinem oben angeführten Brief an Lukács dachte, als er von den "Kosten" des politischen Treibens schrieb?

3) Der Untertitel meiner Ausführungen lautete, "Episoden zum Verhältnis von 'bürgerlicher' und 'marxistischer' Soziologie", und ich stellte einleitend die Frage, ob das hier skizzierte Verhältnis von Max Weber und Georg Lukács nicht auch als *eine* Variante des Verhältnisses zweier Spielarten von Soziologie unser *heutiges* Interesse in Anspruch nehmen kann. Als *eine* Variante — und

sicherlich nicht nur beschränkt auf diesen einen konkreten Fall – wird man es wohl einstufen können. Aber, die Tatsache, daß wir – Sozialwissenschaftler aus Ost und West – uns hier darüber unterhalten, zeigt deutlich, daß es nicht *die* Variante unseres wissenschaftlichen Diskurses geworden ist.

Anmerkungen

1   Kurt Beiersdörfer, Max Weber und Georg Lukács. Inauguraldissertation zur Erlangung des Grades eines Dr. phil. an der Fakultät für Sozial– und Verhaltenswissenschaften der Universität Heidelberg. April 1984. (Demnächst im Druck: ders.:, Max Weber und Georg Lukács. Über die Beziehung von Verstehender Soziologie und Westlichem Marxismus. Frankfurt/New York: Campus.) Vgl. weiterhin Zoltan Tar/Judith Marcus, The Weber-Lukács-Encounter. In: Roland M. Glassman/Vatro Murvar, eds., Max Weber's Political Sociology. A Pessimistic Vision of a Rationalized World. Westport/London: Greenwood Press 1984. (= Contributions in Sociology, No. 45), S. 109–135.

2   Beiersdörfer, a.a.O., S. 5f.

3   Beiersdörfer, a.a.O., S. 200.

4   Beiersdörfer, a.a.O., S. 200.

5   Georg Lukács, Metaphysik der Tragödie. In: Logos, II (1911), S. 79–91.

6   Georg Lukács, Briefwechsel 1902-1917. Hrsg. v. Eva Karádi/Eva Fekete. Budapest: Corvina Kiado/Stuttgart: Metzler/Poeschel 1982. S. 14f.

7   Briefwechsel, a.a.O., S. 288.

8   Briefwechsel, a.a.O., S. 289f.

9   Briefwechsel, a.a.O., S. 290.

10 Es handelt sich um die posthum veröffentlichte "Heidelberger Philosophie der Kunst" (1912-1924), Bd. 16 der Lukács-Werkausgabe.

11 Briefwechsel, a.a.O., S. 372.

12 Georg Lukács, Gelebtes Denken. Eine Autobiographie im Dialog. Red.: Istvan Eörsi. Frankfurt: Suhrkamp 1981, S. 254.

13 Vgl. Wolfgang J. Mommsen, Max Weber und die deutsche Politik 1890-1920. Tübingen: Mohr-Siebeck, 2. Aufl. 1974, S. 332 (Brief Webers an Lukács vom März 1920), S. 352 (Brief Webers an den Vater Lukács vom 9.1.1920), S. 354.

14 Mommsen, a.a.O., S. 354, Fußn. 182.

15 Georg Lukács, Die Zerstörung der Vernunft. Budapest: Akademiai Kiado 1954. / Berlin(Ost): Aufbau-Verlag 1954. – dass., Neuwied/Berlin: Luchterhand 1962 (=Georg Lukács Werke, Bd. 9) – dass., Darmstadt/Neuwied: Luchterhand 4. Aufl. 1983, 3 Bde. – Im Folgenden durchgängig zitiert nach der Ausgabe von 1962.

16 Vgl. Georg Lukács, Wie ist Deutschland zum Zentrum der reaktionären Ideologie geworden? Hrsg. v. Laszlo Sziklai. Budapest: Akademiai Kiado 1982. – Das Vorwort des Hrsg. berichtet ausführlich über die zahlreichen, größtenteils publizierten, Bearbeitungen dieses Themas.

17 Zerstörung, a.a.O., S. 9.

18 Zerstörung, a.a.O., S. 10.

19 Zerstörung, a.a.O., S. 15.

20 Dirk Käsler, Die frühe deutsche Soziologie 1909 bis 1934 und ihre Entstehungs-Milieus. Eine wissenschaftssoziologische Untersuchung. Opladen: Westdeutscher Verlag 1984. (=Studien zur Sozialwissenschaft, Bd. 58), insbes. S. 173–187.

21 Georg Lukács, Wie ist Deutschland... (Anm. 16), S. 65.

22 Zerstörung, a.a.O., S. 524.
23 Zerstörung, a.a.O., S. 525.
24 Zerstörung, a.a.O., S. 526.
25 Zerstörung, a.a.O., S. 527.
26 Zerstörung, a.a.O., ebd.
27 Zerstörung, a.a.O., S. 528f.
28 Zerstörung, a.a.O., S. 531.
29 Zerstörung, a.a.O., S. 533.
30 Zerstörung, a.a.O., S. 534.
31 Zerstörung, a.a.O., ebd.
32 Zerstörung, a.a.O., S. 537.
33 Zerstörung, a.a.O., ebd.
34 Zerstörung, a.a.O., S. 534.
35 Zerstörung, a.a.O., S. 543.
36 Zerstörung, a.a.O., S. 551.
37 Zerstörung, a.a.O., S. 557.
38 Zerstörung, a.a.O., S. 576.
39 Dirk Käsler, Hrsg., Max Weber. Sein Werk und seine Wirkung. München: Nymphenburger 1972.
Ders., Revolution und Veralltäglichung. Eine Theorie postrevolutionärer Prozesse. München: Nymphenburger 1977.
Ders., Einführung in das Studium Max Webers. München: C.H. Beck 1979.
Ders., Max Weber. In: Handbuch der Politischen Ideen. Hrsg. v. Iring Fetscher. Bd. IV. München: Piper (Im Erscheinen).
40 Jakob Peter Mayer, Max Weber and German Politics. London: Faber & Faber 1944, 2. Aufl. 1946, 3. Aufl. 1956.
41 Wolfgang J. Mommsen, Max Weber und die deutsche Politik 1890–1920. Tübingen: Mohr-Siebeck 1959, 2. Aufl. 1974.
42 Raymond Aron, Max Weber und die Machtpolitik. In: Max Weber und die Soziologie heute. Verhandlungen des 15. deutschen Soziologentages. Tübingen: Mohr-Siebeck 1965, S. 103-120.
43 Leo Strauss, Natural Right and History. Chicago: University of Chicago Press 1953. Dt. Übers., Naturrecht und Geschichte. Stuttgart: Koehler 1956. 44 Interview mit Georg Lukács: On his Life and Work. In: New Left Review, 1971. Zitiert nach Beiersdörfer, a.a.O., S. 201.
45 Georg Lukács, Gelebtes Denken, a.a.O., S. 59.
46 Beiersdörfer, a.a.O., S. 201.

Max Weber und Georg Lukács
Verantwortungsethik statt Gesinnungsethik

Éva Karádi

Werk und Person von Max Weber und Georg Lukács bieten mehrere Vergleichsmöglichkeiten. In der Fachliteratur stand bis heute vor allem Lukács' Verhältnis zu Weber in 'Zerstörung der Vernunft' und 'Geschichte und Klassenbewußtsein' im Vordergrund. Auf Grund dieser Werke wurden ihre Kapitalismus–Auffassungen miteinander in Zusammenhang gebracht, das Problem von Rationalität und Irrationalität bzw. die Anwendung des Begriffes "objektive Möglichkeit" usw. analysiert.

Ich möchte diesmal nicht eine durch veröffentlichte Werke vermittelte Wirkung und Auseinandersetzung darstellen, sondern von der historischen Wirklichkeit des persönlichen Verhältnisses, der mehrjährigen Kontakte, des ständigen Gedankenaustausches ausgehend die virtuelle Auseinandersetzung in den für beide Denker entscheidenden Jahren 1917–1919 erhellen.

Der 7. November war nicht nur der Tag des Ausbruchs der bolschewistischen Revolution, es war auch der Tag, an dem Georg von Lukács seine in einen Koffer zusammengepackten Manuskripte und Briefe in einer Heidelberger Bank deponierte und nach Budapest fuhr, und das war auch der Tag, an dem Max Weber in München im Vortragsraum der Schwabinger Buchhandlung Steinicke, wo sich die studentische Avantgarde traf, seine berühmte Rede über 'Wissenschaft als Beruf' vortrug. Als Max Weber seine andere berühmte Rede in derselben Vortragsreihe 'Geistige Arbeit als Beruf' im selben Vortragsraum am 28. Januar 1919 über 'Politik als Beruf' hielt, war Lukács schon militantes Mitglied der ungarischen kommunistischen Partei.

In meinem Vortrag möchte ich die These begründen, daß Lukács trotz seiner Abwesenheit, trotz der physischen Entfernung als Adressat — wenn auch nicht als einziger Adressat — dieser Weberschen Reden betrachtet werden darf.

Bei der Begründung dieser These möchte ich von der ganz besonderen persönlichen Nähe, dem gegenseitigen Verständnis und der geistigen Partnerschaft beider Denker in den voraufgegangenen fünf Jahren ausgehen. In diesen fünf Jahren — ab Mai 1912 — haben sie sich wöchentlich regelmäßig getroffen, Lukács war ein bedeutendes Mitglied des Max-Weber-Kreises, er gehörte zu den Lieblingsgästen an den sonntäglichen Jours Fixes im Hause Weber, und wurde von Weber als Gesprächspartner besonders hochgeschätzt.

Diese geistige Nähe und Partnerschaft beruhte auf gewissen menschlichen Qualitäten der beiden, die sie am anderen schätzten: Weber Lukács' intellektuelle Rechtschaffenheit und Lukács Webers moralische Haltung. Weber hat mit seiner "vulkanischen Persönlichkeit, mit dem ... Bedürfnis, niemals bei bequemen Kompromissen haltzumachen, sondern die Dinge bis zum äußersten denkmöglichen Extrem voranzutreiben"[1] Lukács sehr beeindruckt. Er zeigte seinerseits ähnliche Empfindlichkeit für tragische Paradoxe, Konflikte und Bereitschaft zum Zuendedenken der Probleme.

Getroffen haben sie sich außerdem in einer dualistischen, antihegelianischen Einstellung. Das wird auch in Honigheims Erinnerungen unterstrichen: diese Gemeinsamkeit "ist in dem dualistischen Element zu suchen, das schließlich den beiden so antihegelischen Weltanschauungen zugrundeliegt, und es dem puritanischen menschlichen Helden immer noch eher ermöglichte, mit jenen apokalyptischen Metaphysikern zusammenzugehen, als mit Panlogisten aller Art und mit Menschen, welche die Welt für vernünftig erklärten und welche in allem, was sich auf ihr abspielte, einen Sinn erblickten".[2]

Der Dualismus von Tatsachen und Werten gehörte zu Lukács tragischem Lebensgefühl, das er aber in seiner Kunstphilosophie und Ästhetik im neukantianischen, systematischen Rahmen darzulegen versuchte. Lukács' Widerstand der Hegelschen Philosophie gegenüber beruhte auf der These der Autonomie, Unabhängigkeit und Unableitbarkeit der verschiedenen geistigen Sphären, der Setzungssphären voneinander. Er war nicht bereit, die Kunst z.B. als Sonderfall der Logik zu behandeln.

So stehen die einzelnen Kunstwerke — und nicht der Begriff der Schönheit oder die ästhetischen Urteile — im Zentrum seiner ästhetischen Fragestellung, die Max Weber — dessen eigener methodischer Individualismus sich gleichfalls gegen den hegelianischen Essentialismus und Begriffsrealismus richtet — so sehr beeindruckt hat, daß er sie in seiner Rede 'Wissenschaft als Beruf' wortwörtlich zitierte. "Zwei Wege stehen offen: Hegel oder *unsere* Art Dinge zu behandeln" — das war Webers Meinung.[3]

Den Unterschied ihrer Tätigkeitsbereiche hat Weber offensichtlich darin gesehen, daß Lukács als Kulturphilosoph sich für den *Sinn* des Geistigen, er aber als Kulturwissenschaftler sich für das *Sein* des Geistigen interessiere.[4] Diese Auffassung des eigenen Themas kann auch mit anderen Weberschen Stellen belegt werden, wie z.B.: "wenn das normativ Gültige Objekt empirischer Untersuchung wird, ... wird als 'seiend', nicht als 'gültig' behandelt."[5]

Weber und Lukács konnten sich in gewissem Grade auch in einer antipositivistischen Einstellung treffen, da Weber gegenüber einer puren Wissenschaftlichkeit die Wichtigkeit der die Forschung leitenden Gesichtspunkte, der relevanten Fragestellungen betonte, damit aus dem unendlichen heterogenen Kontinuum der Tatsachen[6] die wissenswerten untersucht werden sollten. Das Licht der großen Kulturprobleme sollte die wissenschaftliche Forschung beleuchten.

Webers Hauptanliegen war aber doch die Trennung der subjektiven Werteinstellungen von der objektiven wissenschaftlichen Erkenntnis. Er war für die

radikale Unterscheidung zwischen objektiver Wissenschaft, allgemein verbindlicher Erkenntnis der Tatsachen einerseits und subjektiver Wertung, der für
andere nicht verbindlichen persönlichen Stellungnahme politischer, sozialer,
moralischer oder religiöser Art andererseits. Er war für den radikalen Abbau
jeglicher Illusionen. Das Wertfreiheitspostulat innerhalb der Wirklichkeitswis-
senschaften impliziert keineswegs einen Wertrelativismus oder Nihilismus,
dessen Weber mehrmals angeklagt wurde. Man kann eine Überzeugung haben
und ein Wissenschaftler sein, nur darf man die beiden nicht vermischen. Jemand kann Gläubiger und auch Religionshistoriker, ein wissenschaftlicher
Spezialist sein — wenn er aber die Entstehung des Christentums mit Gottes
Eingriff erklären wollte, so ließe sich wissenschaftlich nicht mit ihm diskutieren. Daß die Wissenschaft als Wissenschaft gottlos und eine gottfremde Macht
ist, darüber werde heute niemand in Zweifel sein — betonte Weber in seiner
Rede "Wissenschaft als Beruf". Die Wissenschaft sei kein Weg zu Gott, kein
Weg zum sozialen Glück der menschlichen Gesellschaft, diese seien vergangene
Illusionen. Wissenschaft lehre nicht nur nichts über den Sinn der Welt, sie
erschüttere auch den Glauben, daß es so etwas gebe.[7] Die historischen Geisteswissenschaften lehren bestimmte politische und soziale, künstlerische und literarische Hervorbringungen historisch verstehen, sie geben aber keine Antwort auf
die Frage: ob sie überhaupt wert sind zu bestehen.

Weber belegt diese Argumentation mit dem Beispiel der Lukács'schen
immanenten und transzendenten, kunstwissenschaftlichen und kunstmetaphy-
sischen Konzeptionen, mit dem Ausgehen seiner Ästhetik — der modernen
Kunstwissenschaft — von der Faktizität der Kunstwerke und mit dem Hinweis
auf die mögliche metaphysische Interpretation der Kunst als eines Reiches
diabolischer — bei Lukács luziferischer — Herrlichkeit.[8]

Nicht weniger sind andererseits die Spuren Max Weberscher Gedanken in
Lukács' damaligen Reden und Schriften auffindbar. Lukács zeigte eine gewisse
Bereitschaft, das Webersche Wertfreiheitspostulat zu akzeptieren. Eine explizite
Stellungnahme in diesem Sinne ist in Lukács' Aufsatz 'Zu Wesen und Methode der Kultursoziologie' (1915) anhand einer Arbeit von Hans Staudinger zu
finden. Lukács schreibt über Staudingers Hoffnung — die als Hoffnung auch er
zu teilen bereit sei —, daß die ökonomische Organisation und Synthese der
Arbeiterschaft zur kulturellen Synthese führe, wo die Gemeinschaft wieder
persönlich werde und die Gebundenheit über die Freiheit gelange, all dies sei
nach Lukács nur Hoffnung und keine Erkenntnis. Staudinger vermische Hoffnung mit Wissen.[9]

Im selben Aufsatz versucht Lukács im Sinne der Weberschen Wissenschaftslehre — noch direkter aber in der des Neukantianismus, der in einem
gewissen Grade für beide methodologisch maßgebend war — die methodologischen Voraussetzungen einer neuen Wissenschaft, der Kultursoziologie, zu

klären, und in Übereinstimmung mit Weber die leitende, konstitutive Rolle der Fragestellungen für eine Kulturwissenschaft zu beweisen.[10]

Eine ebenfalls in Webers 'Archiv' publizierte Besprechung von Croces Buch[11] versucht, Geschichtswissenschaft und Geschichtsphilosophie auch im Weberschen-neukantianischen Sinne auseinanderzuhalten und tritt gegen eine hegelianische, panlogistische Hypostasierung der geschichtswissenschaftlichen Methoden in eine Geschichtsphilosophie auf.

Es gibt eine ziemlich spät entdeckte Arbeit in Lukács' Frühwerk, die am ehesten als Versuch zur Durchsetzung der Weberschen wissenschaftsmethodologischen Prinzipien betrachtet werden kann. wo am deutlichsten ist, wie sehr Lukács sich bemühte, das Webersche Wertfreiheitspostulat, die Abstinenz von Werturteilen zu befolgen und die wissenschaftliche Philosophie als Methodenkritik, als Analyse und Klärung der begrifflichen Struktur und der Voraussetzungen, als Trennung und Auseinanderhaltung verschiedener theoretischer Ebenen zu praktizieren. Diese Arbeit ist ein Diskussionsbeitrag zur Nationalitätenfrage[12], entstanden nach der Oktoberrevolution in Ungarn 1918, als nach der Niederlage der Monarchie die Frage der Nationalitäten zur entscheidenden politischen Schicksalsfrage für die Zukunft eines demokratischen Ungarns geworden war.

Lukács' Beitrag zur Diskussion dieses brennenden Tagesproblems mußte in progressiven Intellektuellen-Kreisen ebenso enttäuschend gewirkt haben wie Max Webers Rede vor den linksliberalen Studenten, die ernsthaft bemüht waren, sich in der Wirrnis der Zeit zurechtzufinden[13] — , darüber: *was* sie von der Wissenschaft nicht erwarten dürfen. Was über Webers Vorlesungen im revolutionären München aufgezeichnet wurde — "pure Definitionen und Erläuterungen", "den abstrakten und spröden Begrifflichkeiten der Vorlesung vermochten nur wenige Studenten zu folgen"[14] — , kann von Lukács' Diskussionsbeitrag ebenso gesagt werden. Weber wäre mit diesem Lukács'schen Diskussionsbeitrag bestimmt sehr zufrieden gewesen. Absicht und Einstellung dieses Beitrags stehen völlig auf der Weberschen Linie und der Inhalt stammt sicherlich aus gemeinsamen Gesprächen über ähnliche Fragen, aber auch aus der Kenntnis und Verarbeitung der Weberschen Schriften. Er sollte in dieser Hinsicht einmal gründlich analysiert werden.

Hier möchte ich nur einige charakteristische Stellen aus diesem Beitrag darstellen. "Die hier folgenden Bemerkungen wollen keinesfalls einen Beitrag zur meritorischen Lösung der politischen oder konkret soziologischen Probleme der Nationalitätenfrage leisten."[15] Lukács möchte sich nur auf die philosophische — d.h. hier methodologische — Analyse der in der Diskussion benützten Begriffe beschränken. Er will das Setzungsniveau mancher Begriffe bestimmen, die nicht zum selben Niveau gehörigen Begriffe von einander trennen — mit der Vermutung, daß durch begrifflich richtige und scharfe Formulierung der Fragen viele unlösbar scheinende Probleme einer Klärung nähergebracht werden können. Er analysiert die dynamischen soziologischen Kategorien der Klassen und der Nationalitäten, die nur im Verhältnis zu den statischen Begriffen wie Staat und Wirtschaft interpretierbar seien. Jeder Gruppenwille — so wurden Klassen und Nationalitäten definiert — ist nur aus der inhaltlichen und strukturellen Veränderung verständlich, die er in den Institutionensystemen, dem die Einheit des Staates konstituierende Institutionensystem und dem herrschenden Wirtschaftssystem — zustandezubringen beansprucht. Lukács weist darauf hin, daß die Positivität einer Rechtsordnung, ihre aktuelle Gültigkeit von den Kämpfen ihr heterogener Kräfte, der der Klassen und Nationalitäten abhängt, und infolge dieser verlorengehen könne. Und hier finden wir wieder eine Bemerkung im Weberschen Sinne: "Es wäre falsch — und würde zu einer dogmatischen Fortschrittsmetaphysik führen — sollten wir in dieser Veränderung das Spiel höherer (oder niederer) Kräfte erblicken."[16]

Lukács betont, er habe sich in seinen Ausführungen von jeder geschichtsphilosophischen Utopie ferngehalten, er wolle nur die Struktur und das Setzungsniveau der Begriffe darstellen, die die Grundlagen der damals möglichen Stellungnahmen und Ideologien bildeten.[17] Doch finden wir am Ende seiner methodologischen Erörterungen eine Behauptung, die in eine bestimmte Richtung der inhaltlichen Lösung der Nationalitätenfrage weist, daß nämlich das Nationalitätenproblem letztlich als Klassenproblem im Zusammenhang mit dem Kulturproblem behandelt werden sollte. "Die Lösungsversuche der Nationalitätenfrage, die die bestehende Klassenherrschaft unangetastet lassen, sind entweder dilettantistischer oder ideologischer Art, sie wollen den wirklichen, soziologischen Zusammenhang der Frage und ihr einziges Lösungsniveau nicht erblicken."[18]

Darin liegt ein wesentliches Moment meiner Argumentation, warum Lukács trotz seiner Bereitschaft den Weberschen Kriterien zu entsprechen, doch als ein Adressat der Weberschen Rede "Wissenschaft als Beruf" zu betrachten sei. Es gibt noch andere Lukács-Reden und -Schriften aus der fraglichen Zeit, in denen Lukács an Webers Wertfreiheits-Postulat anknüpft — so im 'Diskussionsbeitrag über konservativen und progressiven Idealismus' im März 1918 und sogar in seinem Aufsatz vom November 1918 über 'Bolschewismus als moralisches Problem' —; gemeinsam ist aber all diesen Schriften ein *undistanziertes Verhältnis* zu den eigenen Voraussetzungen und Wertungen. Die eigenen Lösungen werden nie als eine der möglichen, sondern jeweils als die ausschließlich richtigen vorgetragen (so z.B. die Trennung der zeitbedingten Sphäre des 'absoluten Geistes' im Nationalitätenbeitrag, das Ausgehen von der unbedingten Gültigkeit der ethischen Ideale in der Diskussion über konservativen und progressiven Idealismus usw.).

Im letzerwähnten Beitrag kann man das Verfahren beobachten, das bei Lukács auch später, in den Studien 'Geschichte und Klassenbewußtsein' charakteristisch wird, wie er die Weberschen Gedanken für seine eigenen theoretischen Bestrebungen benutzt. Hier beruft er sich z.B. (allerdings mittelbar) auf Webers im 'Logos' eben erschienenen Wertfreiheits–Aufsatz, die These, daß politische Tendenzen nicht mit wissenschaftlichen Lehren begründbar, nicht von ihnen ableitbar seien. Das tut Lukács aber, um die progressive Politik im vorrevolutionären Ungarn von ihrem weltanschaulichen Fundament, der naturwissenschaftlichen, positivistischen Weltanschauung, zu trennen und mit dem eigenen ethischen Idealismus zu verknüpfen.

Lukács stand zwar auch in einer pluralistischen kulturphilosophischen Tradition und betonte selbst, daß eine pluralistische Auffassung der Kultursphären, der Wertsphären keineswegs einen Relativismus bedeute[19], weil die einzelnen Sphären gleichen Anspruch auf Gültigkeit haben, − doch konnte er sich mit solch einem pluralistischen Standpunkt nicht begnügen.

Er beschrieb zwar selbst die tragischen Konflikte der verschiedenen Wertsphären in seinen frühen Essays − die bei Weber eben darum Verständnis und Widerklang fanden, wie z.B. der Dialog 'Von der Armut am Geiste'[20] − konnte aber bei der Konstatierung dieser tragischen Konflikte nicht stehenbleiben. Sein Antirelativismus drängte ihn zu einer Hierarchisierung der verschiedenen Sphären − das hat Lukács in der untersuchten Periode mit Hilfe der Hegelschen Kategorien des 'objektiven' bzw. 'absoluten Geistes' verwirklicht, mit der Einordnung der Kultursphären in zeitliche und überzeitliche − wobei letztere in dieser Hierarchie natürlich höher stehen − und damit, daß er die in seiner Hierarchisierung am höchsten stehende Sphäre der Ethik heraushob und über alle anderen Sphären setzte.

Lukács' Wahrheitssuche war in seiner ganzen frühen Periode von einem Gewißheitsstreben motiviert, und das hat ihn trotz aller Gemeinsamkeiten − in Antipsychologismus, Objektivitätsbestreben usw. − in seiner ganzen denkerischen Haltung zum Gegenpol von Max Weber und zum Adressaten seiner Rede 'Wissenschaft als Beruf' gemacht. Er war zur wissenschaftlichen Askese, zur Abstinenz von Werturteilen nicht fähig, weil er ja eben eine eindeutige und endgültige Antwort auf die letzten Fragen finden wollte.

Weil wissenschaftliche Erkenntnis nie zu letzter Gewißheit führen kann, wendet sich Lukács − wie viele andere junge europäische Intellektuelle in jener Zeit − enttäuscht von der Wissenschaft ab und versucht, seine für absolut gehaltenen Ideale − von der Gewißheit des Glaubens bestätigt − in der gesellschaftlichen Wirklichkeit zu realisieren.

In diesem Sinne, als typischer − und von Weber wohl bekannter − Vertreter eines von Weber für gefährlich gehaltenen intellektuellen Verhaltens, kann Lukács nach meiner These auch als Adressat par excellence der anderen Weberschen Rede über geistige Arbeit als Beruf, der über 'Politik als Beruf' betrachtet werden. Zudem war Lukács auch noch ein Repräsentant dieser Richtung von äußerst hohem geistigen Niveau. In den vergangenen Jahren hatten sie mehrmals Möglichkeiten gehabt, diese Fragen in gemeinsamen Diskussionen zu klären.

Die Spuren dieser gemeinsamen Diskussionen tauchen in ihrer Argumentation in den Reden und Schriften von 1917−1919 immer wieder auf und sind nach meiner Überzeugung nur aufeinander bezogen richtig verständlich. So Webers Hinweis auf Stellen und Beispiele aus der Lukácsschen Dostojewskischen Ethik − seinem geplanten großen Werk aus der Heidelberger Periode nach oder neben seiner Ästhetik − und auch umgekehrt finden wir bei Weber die Angabe der Quelle einer wichtigen Kategorie der Lukács'schen Ethik, nämlich der 'sacrificio dell'anima' aus Machiavellis Florentiner Geschichten usw.[21].

In Max Webers Rede über 'Politik als Beruf' wird von Webers eigener verantwortungsethischen Position aus − meiner Interpretation nach − gegen die gesinnungsethische Attitüde von Lukács und anderen jungen deutschen revolutionären Intellektuellen argumentiert. Weber versucht die Gefahren dieser Attitüde aufzuzeigen und zu bekämpfen.

Er charakterisiert die gesinnungsethische Haltung vor allem mit der Befolgung von absolut gesetzten Idealen, mit der Hingabe an eine Sache, eine Idee. Die Absolutheit, Unbedingtheit, der Ausschließlichkeitscharakter dieser Ethik stammt auch bei Lukács der Gegenüberstellung mit der Erfolgsethik. Das Sollen darf sich vom Können und vom Sein nicht beschränken lassen. Ein klares Beispiel dafür ist Lukács' 'Diskussionsbeitrag über konservativen und progressiven Idealismus'.[22] Das ethische Gebot ist von seinem Wesen her unbedingt gültig.

Das ist die erste Lukács'sche öffentliche Äußerung, die das Verhältnis von Ethik und Politik thematisiert. Lukács vertrat hier den Standpunkt, wenn die Ethik, d.h. der ethische Idealismus, ihre Werte verwirklichen wolle, impliziere sie eine progressive Politik. Genauer formuliert: die progressive Politik muß ihre Ziele vom ethischen Idealismus erhalten und kann als Politik nicht als eine autonome, sondern nur als heteronome Sphäre betrachtet werden, nur als Mittel, um die Hindernisse aus dem Weg der Verwirklichung des ethischen Ideals zu räumen. Lukács setzt also in diesem Diskussionsbeitrag die harmonische Vereinbarkeit gesinnungsethischer Ideale mit progressiver Politik voraus.

Webers Argumentation richtet sich damals gerade gegen solche Illusionen. Er beweist die Unvereinbarkeit der innerweltlichen mit der überweltlichen Ethik (am Beispiel der Bergpredigt, − dem Übel nicht widerstehen), den unvermeidlichen Konflikt zwischen Ethik und Politik. Weber äußert sich mit gewisser Anerkennung über die gesinnungsethische Haltung, aber nur, wenn sie als Lebensprinzip gewählt und ein ganzes Leben lang konsequent befolgt wird. "Man muß ein Heiliger sein in *allem*, zumindest dem Wollen nach, muß leben wie Jesus, die Apostel, der heilige Franz und seinesgleichen, dann ist diese Ethik sinnvoll und Ausdruck einer Würde."[23] "Entweder dem Übel *nirgends* mit Gewalt widerstehen, dann aber: so leben wie der heilige Franz und die heilige Klara, oder ein indischer Mönch, oder ein russischer Narodnik. Alles andere ist Schwindel oder Selbstbetrug. Es gibt für diese *absolute* Forderung nur den *absoluten* Weg: den des Heiligen."[24]

Das Reich der Gesinnungsethiker sei nach Weber nicht von dieser Welt. Falls sie aber ihre ethischen Ideale in dieser Welt verwirklichen wollen, geraten sie in unlösbare Schwierigkeiten. Sie können nach Weber die Frage der *Mittel* nicht vermeiden und müssen daran unbedingt scheitern. Der Realisierungsanspruch dieser Ideale führt nämlich in die Sphäre der Politik, – die auf Gewalt und Zwang aufgebaut ist. Der Gesinnungsethiker geht davon aus, daß Gutes zu Gutem, Böses zu Bösem führen sollte. Wer aber im politischen Bereich handeln will, muß damit rechnen, daß in dieser Sphäre auch Gutes zum Bösen führen kann und umgekehrt.

In diesem Zusammenhang finden wir bei Weber die selben Überlegungen, fast mit denselben Ausdrücken, die zur gleichen Zeit auch bei Lukács reflektiert werden – vor allem im schon erwähnten Aufsatz über "Bolschewismus als ethisches Problem". Ob ein gutes Ziel mit schlechten Mitteln erreichbar sei, sich bis zur Wahrheit durchzulügen.[25] Weber spricht im selben Zusammenhang auch mit außerwissenschaftlichen Kategorien von 'diabolischen Mächten' – mit denen der Politiker, indem er mit dem Mittel der Gewalt arbeitet, sich einläßt – und sogar vom Teufel selbst, ebenso wie bei Lukács formuliert wird: ob man den Satan mit Beelzebub austreiben könne. "Zur Wiederaufrichtung Deutschlands würde ich mich gewiß mit jeder Macht der Erde, und auch mit dem leibhaftigen Teufel verbinden, wenn ich noch Politik triebe."[26]

Das Problem der 'Heiligung der Mittel durch den Zweck' wird bei Max Weber ganz im Sinne der Lukács'schen Dostojewskischen Ethik, seiner Theorie über den russischen Terrorismus ausgeführt. Hier wird das 'Heil der Seele' gefährdet und um höher geschätzter Werte willen geopfert.[27] Das ist die Lukács'sche Theorie des Aufsichnehmens der Sünde, als höheres Niveau moralischen Verhaltens, die in seinem Aufsatz 'Taktik und Ethik' entwickelt wurde und zur moralischen Begründung seines Verhaltens während der ungarischen Kommune diente. Man hat den Eindruck, als ob er direkt die Möglichkeit gesucht hätte, die äußersten praktischen Konsequenzen seiner Theorie zu ziehen – ganz wie Weber den Syndikalisten beschreibt: "Seine Handlungen ... haben letztlich den Zweck, ihm selbst vor seinem eigenen Forum Gewißheit zu geben, daß seine Gesinnung echt ist, d.h. die Kraft hat, sich in Handlungen 'zu bewähren'."[28]

Weber beschreibt die Erscheinung, für die Lukács auch ein eklatantes Beispiel ist, obwohl sich Webers Argumentation nicht weniger gegen aus Pazifisten zu jungen deutschen Revolutionären gewordene Intellektuelle richtete, daß der "soeben – 'Liebe gegen Gewalt' gepredigt hat, im nächsten Augenblick zur Gewalt aufruft – zur letzten Gewalt, die dann den Zustand der Vernichtung *aller* Gewaltsamkeiten bringen würde."[29] Und in seiner Rede über den Sozialismus vom Juli 1918 in Wien erwähnt Weber ausdrücklich die marxistische These von der sich aufhebenden letzten Gewalt.[30] Lukács hält fast gleichzeitig diese These, und die Frage, ob man daran glauben könne, im Bolschewismus–Aufsatz für entscheidend im Verhältnis zum Bolschewismus.

Der wichtigste und charakteristischste Unterschied zwischen der gesinnungsethischen und der von Weber verantwortungsethisch genannten Haltung ist das Verhältnis zu den *Folgen*.

Der Gesinnungsethiker verzichtet nach Weber bewußt auf die Reflexion der Folgen. Er fühlt sich nur dafür verantwortlich, daß die "Flamme seiner Gesinnung, z.B. die des Protestes gegen die Ungerechtigkeit der sozialen Ordnung nicht erlischt"[31], religiös geredet: "Der Christ tut recht und stellt den Erfolg Gott anheim."[32] Die Reflexion auf die Bedingungen und Folgen bzw. die unerwünschten Nebenerscheinungen seiner Handlung würde die Reinheit des gesinnungsethischen Postulates verderben. Damit würde man zum Realpolitiker herabsinken. Die Handlung, die Entscheidung darf sich von wissenschaftlicher Tatsachenerkenntnis nicht beschränken lassen.

Und damit sind wir bei dem mehrmals erwähnten ethischen bzw. politischen Dezisionismus von Lukács angelangt, beim Verhältnis von Entscheidung und Wissen. Hier finden wir das klarste Beispiel dafür, wie Lukács die Weberschen Argumente – wie z.B. die Trennung von Wissen und Wertwahl – im eigenen Sinne benutzt, gerade umgekehrt. Webers Intention war nämlich, die Wissenschaft von Werturteilen, von Illusionen und Ideologien zu befreien – Lukács dagegen wollte die Wertwahl, die Entscheidung von den wissenschaftlichen Restriktionen befreien.

Falls Weber recht hat und wir von der Wissenschaft über die Frage, was wir tun sollen, ohnehin nichts erwarten können; falls also die normativen Urteile von den deskriptiven unableitbar sind, dann brauchen wir diese deskriptiven gar nicht. Die eklatanteste Formulierung für diese Attitüde fand Lukács in einem Fichte–Zitat: falls die Tatsachen unseren Idealen nicht entsprechen: "Umso schlimmer für die Tatsachen!"

Dieser dezisionistische Standpunkt ist in den beiden vorrevolutionären, aber schon nach dem Eintritt in die KPU verfaßten, also mit 'Politik und Beruf' gleichzeitig entstandenen Lukács'schen Schriften 'Taktik und Ethik' bzw. 'Was ist orthodoxer Marxismus?' vertreten.[33]

Man könnte einwenden, daß Lukács hier gerade die Max Webersche verantwortungsethische Position vertritt, er spricht ja genau von der Verantwortung, die diese Entscheidung begleiten soll. Wir haben es hier aber mit einer anderen Art von Verantwortung zu tun als bei Weber. Es ist die universelle Verantwortlichkeit im Dostojewskischen Sinne, verantwortlich zu sein für alles, was in der Welt geschieht, mit dem was wir tun und nicht tun bzw. nicht verhindern. Neben der bei beiden Denkern betonten Tragik dieser Entscheidung, tritt bei Lukács an die Stelle der persönlichen Verantwortung und des subjektiven Hintergrundes der Entscheidung, der Wertwahl aus mehreren Möglichkeiten, eine andere Kategorie, ein inhaltliches Kriterium für die objektive Richtigkeit der Entscheidung, nämlich das des Opfers. Wir haben richtig entschieden, wenn wir das Niedrigere für das Höhere aufgeopfert haben. Und hier verliert die individuelle Tat ihr moralisches Gewicht, sie wird in die geschichtsphilosophische Sphäre hinübergeschoben. An die Stelle des Sollens tritt das Gebot der historischen Notwendigkeit, des welthistorischen Augenblicks.

Der Begriff des Opfers wird auch in Webers Reden benutzt, nicht aber in normativem, sondern — wie es bei ihm üblich war — in deskriptivem Zusammenhang, nämlich in der Beschreibung der Folgen, der Kosten einer in der politischen Sphäre durchgesetzten gesinnungsethischen Haltung. Er spricht nicht nur vom Opfer des Heils der Seele, sondern auch von der Virtuosenleistung des Opfers des Intellekts, was er vom eigenen Wertstandpunkt her viel bedauernswerter fand.

Es wäre zu einfach, wollte ich diesen Aufsatz mit der Formel 'Opfer der Seele', 'Opfer des Intellekts' schließen, um Webers Meinung über die Lukács'sche Wandlung zu erklären. Ich möchte vielmehr die Behauptung wagen, daß Webers noch so begründete Warnungen vor den moralischen und intellektuellen, individuellen und kollektiven, gesellschaftlichen Folgen der ins Politische gewandten gesinnungsethischen Tat, seine Auseinandersetzungen mit revolutionären Glaubenskämpfern in der untersuchten Periode wirkungslos bleiben mußten. Heute aber, wo wir uns gerade mit diesen Folgen auseinanderzusetzen haben, finden wir die Weberschen Gesichtspunkte besonders lehrreich und anregend. Meiner Meinung nach haben wir im Falle von Weber und Lukács mit zwei grundlegenden, idealen Typen intellektuellen Verhaltens im 20. Jahrhundert zu tun, persönlich und theoretisch gleichwertig das höchste Niveau dieser zwei Möglichkeiten — der liberalen und antiliberalen Einstellung — repräsentierend, deren Vergleich, deren historische und theoretische Analyse, auch zur Lösung unserer gegenwärtigen Probleme beitragen kann.

Anmerkungen

1 Wolfgang J. Mommsen, Max Weber und die deutsche Politik 1890-1920, Mohr, Tübingen, 1974, S. 448.

2 Paul Honigsheim, "Der Max-Weber-Kreis in Heidelberg", in: Kölner Vierteljahreshefte für Soziologie 5 (1961), S. 286.

3 Max Webers Brief an F. Eulenburg am 11.5.1909. Zitiert nach: Wolfgang Schluchter, Die Entwicklung des okzidentalen Rationalismus, Mohr, Tübingen, 1979, S. 34.

4 Max Webers Brief an Georg Lukács am 14.8.1916. In: Éva Karádi und Eva Fekete (Hrsg.), Georg Lukács, Briefwechsel 1902-1917, Metzler, Stuttgart 1982, S. 371.

5 Max Weber, "Der Sinn der 'Wertfreiheit' der soziologischen und ökonomischen Wissenschaften", in: Gesammelte Aufsätze zur Wissenschaftslehre Max Webers, Mohr, Tübingen, 1968, S. 531.

6 Rickerts Ausdruck, vgl. Dieter Henrich, Die Einheit der Wissenschaftslehre Max Webers, Mohr, Tübingen, 1952, S. 9ff.

7 Karl Löwitsch, "Die Entzauberung der Welt durch Wissenschaft", in: Merkur, 18 (1964), S. 508.

8 Max Weber, "Wissenschaft als Beruf", in: Gesammelte Aufsätze zur Wissenschaftslehre, Mohr, Tübingen, 1968, S. 600.

9 Georg Lukács, "Zu Wesen und Methode der Kultursoziologie", in: Archiv für Sozialwissenschaft und Sozialpolitik, 39 (1915), S. 220.

10 In diesem Zusammenhang beruft sich Lukács hier auf seine eigene ungarische Schrift über die Methoden der Literaturgeschichte, die ebenfalls auf die Möglichkeiten einer Kultursoziologie und die konstitutive Rolle der Problemstellungen für einen Wissenschaftsbereich reflektierte. Vgl. Georg Lukács, "Zur Theorie der Literaturgeschichte", in: Text und Kritik, Heft 39/40, Oktober 1973, S. 24–51.

11 Georg Lukács, "Croce, Benedetto: Zur Theorie und Geschichte der Historiographie", in: Archiv für Sozialwissenschaft und Sozialpolitik, 39 (1915). S. 878–885.

12 Lukács György, "Hozzászólás a nemzetiségi kérdés vitájához", in: Karádi Éva, Vezér Erzsébet (Szerk), A vasárnapi kör, Budapest, 1980. S. 271–297.

13 Vgl. Anm.[7]

14 M. Rainer Lepsius, "Max Weber in München", in: Zeitschrift für Soziologie, 6 (1977), S. 109.

15 Vgl. Anm.[12], S. 271

16 Ebenda, S. 278.

17 Ebenda, S. 296.

18 Ebenda, S. 297.

19 Georg Lukács, "Georg Simmel. Ein Nachruf", in: Pester Lloyd, 2.10.1918.

20 Vgl. Marianne Weber, Max Weber. Ein Lebensbild, Tübingen 1926. S. 474.

21 Vgl. Georg Lukács, Dostojewski. Notizen und Entwürfe, J.C. Nyiri (Hrsg.), Budapest, 1985, bzw. Max Weber, "Politik als Beruf", in: Gesammelte Politische Schriften, Mohr, Tübingen, 1980. S. 557–558.

22 In deutscher Sprache erschienen in: Éva Karádi – Erzsébet Vezér (Hrsg.), Georg Lukács, Karl Mannheim und der Sonntagskreis, Sendler, Frankfurt, 1985. S. 246–253.

23 Max Weber, "Politik als Beruf", in: Gesammelte Politische Schriften, Mohr, Tübingen, 1980. S. 538.

24 Max Webers Brief an Prof. Goldstein am 13.11.1918. – Zitiert in: Marianne Weber, Max Weber. Ein Lebensbild, Tübingen, 1926. S. 614 f.

25 Georg Lukács, Taktik und Ethik. Politische Aufsätze I. Darmstadt und Neuwied, 1974. S. 33.

26 "Nur nicht: mit der Macht der Dummheit" – fügt Max Weber hinzu. Bemerkungen zum Fall Arco 19.1.1919. In: Anm.[1] zitiertes Werk S. 536.

27 Vgl. Anm.[21]

28 In Anm.[5] zitiertes Werk S. 514.

29 In Anm.[223] zitiertes Werk S. 541.

30 Eduard Baumgarten (Hrsg.), Max Weber. Werk und Person, Mohr, Tübingen, 1964. S. 255.

31 In Anm.[23] zitiertes Werk S. 540.

32 Ebenda, S. 551 f.

33 In Anm.[25] zitiertem Band.

Krise der objektiven Vernunft
Entfremdung und ethischer Dezisionismus bei Georg Lukács und Max Weber

Michael Th. Greven

> "Die Zukunft kommt von allein,
> der Fortschritt nicht."
> G. Lukács[1]

Dieser Beitrag zielt auf einen Vergleich theoretischer Probleme, weniger auf Biographie und Rezeptionsverhältnis von Weber und Lukács.[2] Die Bedeutung, die diesem Vergleich in der Vergangenheit schon öfter zugemessen wurde, liegt darin, daß mit Lukács, vor allem seinem Werk 'Geschichte und Klassenbewußtsein', zweifellos einer der bedeutendsten Gründer des sogenannten 'Westlichen Marxismus' thematisiert wird, daß damit die Analyse und der Vergleich von Weber und Lukács stets auch im Kontext eines paradigmatischen Vergleichs von Marxismus und dem Weber'schen Versuch einer soziologischen Handlungs — und Gesellschaftstheorie steht (Bader u.a., 1976), sowie in der möglichen Pointe, wie paradigmatische Alternative und offenkundiges Schüler-Lehrer-Verhältnis auch im Inhaltlichen in ein Wechselspiel treten. Die bisherigen Arbeiten haben mit unterschiedlichen Akzenten, überzeugend vor allem im Methodischen[3], hier wiederum vor allem hinsichtlich von Webers Begriffen der 'Rationalität', der 'objektiven Möglichkeit' und des 'Idealtypus' Nähe und Distanz der beiden Protagonisten aufgezeigt. Die Nähe von Lukács kann nach diesen Arbeiten in seiner offenkundigen Beeinflussung durch die mit den genannten Begriffen in einem Ausschnitt bestimmte Methodologie Webers gesehen werden; sie umschließt darüber hinaus aber übereinstimmende oder ähnliche Einschätzungen hinsichtlich der materialen Gesellschaftsgeschichte der Moderne und des Kapitalismus, auf die hier größeres Gewicht gelegt wird. Die Distanz hingegen in Lukács' eigentümlichem Versuch, Weber'sche Begriffe und Inhalte in ein mit dessen Prämissen unvereinbares Projekt eines philosophisch revidierten 'Marxismus' und einer entsprechenden Geschichtsphilosophie zu integrieren. Die Revision, die Lukács in 'Geschichte und Klassenbewußtsein', teils vorbildhaft zu anderen 'westlichen' Marxisten (Anderson, 1978, S. 94), teils in weitreichender Übereinstimmung mit ihnen, entwickelt, bezieht sich ihrem Anspruch nach weniger auf Marx selbst, als vielmehr auf den kautskyanischen Marxismus der Zweiten Internationale, auf die Erkenntnistheorie bzw. philosophische Grundlegung der Dialektik, wie sie in Engels später Naturphilosophie und in Lenins 'Materialismus und Empiriokritizismus' zum kommunisti-

schen Dogma der Zeit erstarrt waren, sowie schließlich auf die virulente Verbindung von Kantianismus und Marxismus.[4]

In inhaltlicher Hinsicht stimmen die Interpretationen weitgehend dahin
überein, daß vor allem Lukács' zentrale Kategorie von "Verdinglichung" eine
Synthese von Marxens Analyse des 'Warenfetisch' und der Weber'schen
Analyse formaler Rationalität darstellt. Nach Habermas (1981, S. 473f) hat
Lukács die Verdinglichungskategorie vor allem dazu benutzt, "um Webers
Analyse gesellschaftlicher Rationalisierung aus ihrem handlungstheoretischen
Rahmen zu lösen und auf anonyme Verwertungsprozesse im Wirtschaftssystem
zu beziehen." Während das weitgehend mit der Einschätzung Fetschers (1973)
übereinstimmt, hebt Weyembergh (1973, S. 474ff) stärker den Einfluß einer
hegelianisierenden, objektiv–idealistischen Perspektive hervor. Demgegenüber
macht Weiß (1981, S. 78ff, besonders S. 103ff) den interessanten Versuch,
gerade auch die handlungstheoretischen Perspektiven eines 'richtig gelesenen
Marxismus' im Sinne einer Ähnlichkeit mit Webers Begriff von 'sozialer
Handlung' herauszuarbeiten, um auf dieser vielleicht pointierten Gemeinsamkeit
von Marx und Weber die ontologisierende und normativistische Interpretation
der Kategorie 'objektiver Möglichkeit' (bei Weber häufig auch als 'Chance'
bezeichnet) zu betonen. An den ersten Teil soll hier hinsichtlich Lukács
angeknüpft werden. Während die einen Interpreten also grob gesagt angesichts
einer paradigmatischen Differenz von Marx und Weber, Lukács als einen mehr
dieser oder mehr jener Sichtweise zuneigenden Vermittlungsversuch betrachten,
neigt Weiß der Perspektive zu, auf dem Hintergrund einer unterstellten großen
Affinität der Prämissen von Marx und Weber, Lukács einer Verfehlung von
beiden Positionen zu bezichtigen. In seiner Eindeutigkeit fällt das Urteil der
offenkundig wenig bekannten Arbeit von Maretzky (1970) aus dem Rahmen:
Aus reichlich orthodoxer Perspektive auf das Marx'sche ('Spät-')Werk, das
dabei wie ein geschlossenes widerspruchsfreies System erscheint, wird Lukács
der weberianisierenden Abweichung (ebd. S. 48ff) bezichtigt. Aus der Reihe
fällt Krahl (1971), der zwar ebenfalls "'Geschichte und Klassenbewußtsein' eine
spekulative Analyse der Gegenwartsgeschichte" (S. 199) nennt, der aber, anders
als die bisher erwähnten Autoren, von der 'Aktualität' von Lukács' 'Geschichte
und Klassenbewußtsein' "auch für die Rezeption der politischen Protestbewe-
gungen in Westeuropa" ausgeht, die in der "Aufdeckung der durch die zweite
Internationale verschütteten emanzipativen Subjektivitätsdimension des Marxismus" (S. 200) läge. Das Problem der 'verschütteten emanzipativen Subjektivität' (nicht nur) des Marxismus dürfte auch angesichts aktueller politisch relevanter Organisationserscheinungen seine Bedeutung nicht verloren haben. Gegenüber einer rein geschichtlichen oder auch theoriegeschichtlichen Perspektive des
wissenschaftlichen Vergleichs, haben die nachfolgenden Bemerkungen Lukács'
und Webers Werk als philosophische bzw. soziologische Zeitdiagnose zum
Gegenstand. Dabei ist nicht vorab entschieden, ob und wieweit sie uns heute

noch betrifft. Es soll also um die Probleme selbst gehen, auf die Philosophie und Soziologie von Lukács und Weber zu reagieren suchten, auf die Ähnlichkeit ihrer Intentionen, die sich gegenüber den sonst in den Vordergrund gestellten politischen und wissenschaftstheoretischen Differenzen einer solchen Betrachtung aufdrängt. Diese grundsätzliche Differenz soll dabei nicht zum Verschwinden gebracht werden: Aber gerade auf ihrem Hintergrund wird Parallelität oder Ähnlichkeit der Zeitdiagnose aufschlußreich, die nur jene zu übersehen suchen, denen es um dogmatische Reinheit der Ansätze und Lehren, nicht mehr um den Wahrheitskern der Zeitdiagnose selbst geht; die Bemühung um dogmatische Sauberkeit 'verdinglicht' damit selbst das historische Denken und macht es, unabsichtlich vielleicht, immun gegen jede praktische Inanspruchnahme. Die Überlegungen zu Ähnlichkeit und Differenz der beiden theoretischen Gesamtentwürfe zielen auf ihren unterstellten 'weltanschaulichen' Charakter. Wie aller großen Theorie wird dabei diesen beiden Ansätzen ein in den einzelnen materialen Analysen und theoretischen Konstruktionen sich äußernder und sie vermittelnd verbindender Kern von Zeitdiagnose und Geschichtsreflexion unterstellt. Dabei ist im Hintergrund das Lukács-Wort zu erinnern, nach dem es "keine unschuldige Weltanschauung" gibt. (Lukács, 1962, S. 10)[5] In dieser ersten Annäherung werden beide hier eher als noch grobe Tendenz genommen, während eine detaillierte Überlegung nicht davon auszugehen hätte, daß die jeweilige weltanschauliche Synthese von Lukács und Weber in sich ohne Widerspruch ein geschlossenes System darstellt. Bei dem Vergleich ist die Ungleichzeitigkeit der sich überlappenden Biographien besonders in Rechnung zu stellen. Zeitdiagnose, selbst im großen Maßstab, ist durch die Perspektive des historischen Augenblicks gebrochen, der für Weber anders als für Lukács zu bestimmen ist. Der Vergleich soll sich auf drei Komponenten einer solchen weltanschaulichen Zeitdiagnostik beziehen, dabei jeweils deren Vermittlung in die betreffende Theorie untersuchen und schließlich die jeweilige 'Lösung' plausibel zu machen versuchen. Im Unterschied zu der bisher zitierten Literatur soll wenigstens ansatzweise Lukács' "Ontologie des gesellschaftlichen Seins" einbezogen werden. Es handelt sich um die drei Probleme: Krise der objektiven Vernunft, Entfremdung und schließlich ethischer Dezionismus.

*   *   *

Die Krise der objektiven Vernunft, auf die Weber und Lukács in Diagnose wie Therapie jeweils unterschiedlich reagieren, kann mit Horkheimer so formuliert werden: "Ursprünglich war die politische Verfassung als ein Ausdruck konkreter Prinzipien gedacht, die in der objektiven Vernunft gründen; die Ideen der Gerechtigkeit, der Gleichheit, des Glücks, der Demokratie, des Eigentums, sie alle sollten der Vernunft entsprechen, aus der Vernunft fließen... Die gegenwärtige Krise der Vernunft besteht im Grunde in der Tatsache, daß das Denken auf einer bestimmten Stufe entweder die Fähigkeit verlor, eine solche Objektivität überhaupt zu konzipieren, oder begann, sie als einen Wahn zu bestreiten." (1967, S. 30, 18) Was bliebe, wäre danach allenfalls subjektive Vernünftigkeit und historischer Relativismus. Obwohl gerade der Begriff 'Rationalität' im Zentrum der bisherigen Literatur über Weber und Lukács steht, ist die gemeinsame Ausgangsposition einer Krise der objektiven Vernunft der beiden Zeitdeutungen, die wiederum in enger Verbindung mit der Analyse der historisch gewordenen Gesellschafts — und Wirtschaftsordnung steht, nicht oder nur unzureichend reflektiert worden. Die marxistische, die kritische Rezeption Webers, auch durch Lukács, konzentriert sich dabei zumeist auf die Auseinandersetzung mit dem Begriff 'formaler Rationalität' und bezieht zu diesem eine ideologiekritische Position. Ideologiekritik soll heißen, daß die Weber'sche Leistung in der analytischen und historischen Darstellung des Rationalisierungsprozesses, der mit der Durchsetzung der kapitalistischen Wirtschafts — und Gesellschaftsordnung einhergeht, einerseits anerkannt und zum Teil in die eigenen Gedankengänge übernommen wird, daß aber andererseits Weber unterstellt wird, daß mit der Gleichsetzung von kapitalistischer Rationalität und Rationalität bzw. Vernunft überhaupt sich die analytische und historische Darstellung zu einer Apologie des historisch gewordenen Kapitalismus verkehrt habe. Deutlicher als bei Lukács findet sich das hier Gemeinte in dem Satz von Marcuse: "Was auch immer der Kapitalismus den Menschen antun mag, er ist nach Max Weber vorerst und vor aller Wertung als notwendige Vernunft zu verstehen." (1965, S. 107) Die Gleichsetzung von 'formaler Rationalität' und 'objektiver Vernunft' ist aber das letzte, was man Weber vorwerfen kann, wenn man seine Schriften im Zusammenhang zur Kenntnis nimmt. Sonst könnte nicht übersehen werden, daß 'Rationalität', daß der dominante Handlungstypus (auch) im Kapitalismus, von Weber erstens keineswegs als die Realisierung *der* Vernunft, sondern nur eines spezifischen Typus von Vernunft gesehen wird, daß er zweitens in seiner Analyse die ihn unübersehbar faszinierende Leistungsfähigkeit dieses Typus von Vernunft immer zugleich mit einer Analyse der Grenzen dieser Vernunftpraxis kombiniert und daß er drittens schließlich — und in diesem Punkt konvenieren Weber und Lukács in der Zeitdiagnose — als Folge der Durchsetzung des spezifischen formellen Vernunfttypus als gesamtgesellschaftlich wirksamer individueller Handlungsbestimmung einen von ihm zutiefst als krisenhaft empfundenen Zustand 'objektiver Vernunft' konstatiert, für den er in seinen politischen Überlegungen nach Lösungen und Auswegen sucht.

Weber hat seinen Begriff von Rationalität bekanntlich als einen Idealtypus 'sozialen Handelns' in den Erläuterungen zum ersten Paragraphen seiner systematischen Grundlegung der Soziologie eingeführt, dabei aber sofort die Warnung ausgesprochen: "Die Konstruktion eines streng zweckrationalen Handelns also dient in diesen Fällen der Soziologie, seiner evidenten Verständlichkeit und seiner – an der Rationalität haftenden – Eindeutigkeit wegen, als Typus ('Idealtypus'), um das Reale, durch Irrationalitäten aller Art (Affekte, Irrtümer) beeinflußte Handeln als 'Abweichung' von dem bei rein rationalem Verhalten zu gegenwärtigenden Verlaufe zu verstehen. Insofern und nur aus diesem methodischen Zweckmäßigkeitsgrunde ist die Methode der 'verstehenden' Soziologie 'rationalistisch'. Dies Verfahren darf aber natürlich nicht als ein rationalistisches Vorurteil der Soziologie, sondern nur als ein methodisches Mittel verstanden und also nicht etwa zu dem Glauben an die tatsächliche Vorherrschaft des Rationalen über das Leben umgedeutet werden." (1972, S.3) Dieser als Idealtypus unterstellte Zweck-Mittel-Charakter der Rationalität wird nun am Beispiel des 'Wirtschaftens' von Weber als 'formale' und 'materiale' Rationalität weiter ausdifferenziert. Es ist die 'formale Rationalität des Wirtschaftens', von der Weber sagt, daß sie als Handlungstypus mit der Durchsetzung der kapitalistischen Wirtschaftsweise für die moderne Gesellschaft insgesamt bestimmend wird – insofern also Marxens These von der 'Durchkapitalisierung' ebenso wie Habermas' These von der 'Kolonisierung' ähnlich – und daß es der verstehenden Soziologie auf nachvollziehbare Weise im Kontext des Wirtschaftens wie auch des zweckrationalen Handelns insgesamt möglich sei, die eingesetzten Mittel für den jeweils gesetzten Zweck als rational zu bewerten. Formaler Rationalität entspricht somit weitgehend eine Betrachtung von Handlungen unter dem Gesichtspunkt ihrer Effizienz. Diese Effizienzbeurteilung muß den Zweck, das Ziel der Handlung bereits voraussetzen, und nach historischer Betrachtung ist für Weber (ebenso wie für Marx oder auch Lukács) der historisch vorausgesetzte Zweck privatkapitalistischen Wirtschaftens das Erzielen von individuellem 'Erwerb' oder 'Gewinn'. Demgegenüber sei der Begriff 'materialer Rationalität' darauf gerichtet, 'soziales Handeln' gerade unter Einbeziehung seiner Ziele oder, wie Max Weber sagt, "Forderungen" (1972, S. 45) zu verstehen. "Der möglichen, in diesem Sinn rationalen, Wertmaßstäbe sind prinzipiell schrankenlos viele, und die unter sich wiederum nicht eindeutigen sozialistischen und kommunistischen, in irgendeinem Grade stets: ethischen und egalitären, Wertmaßstäbe sind selbstverständlich nur eine Gruppe unter dieser Mannigfaltigkeit." (Ebd. S. 45) Auf die wissenschaftstheoretischen Gründe, die Weber dazu bringen, solche "material zweckrationalen" Bestimmungsgründe und Ziele des Handelns wissenschaftlich nicht zu beurteilen, braucht hier nicht eingegangen zu werden. Entgegen der Behauptung Marcuses ist es aber wichtig, festzuhalten, daß Weber das Dominantwerden formaler Rationalität mit der Durchsetzung der kapitalistischen Wirtschaftsordnung auf der Ebene individueller Handlungsmotivation in Parallele sieht zu einem sich, auch auf "Klassenlage" (1968, S. 528), etablierenden grundsätzlichen Pluralismus materialer Rationalitätsauffassungen. Der sich historisch steigernden Effizienz des kapitalistischen Einzelbetriebes und des sich aus diesem Kontext in der Gesellschaft ausbreitenden individuellen Handlungstypus entspricht gesamtgesellschaftlich mit der Entstehung der modernen Weltanschauungen gerade der Verlust eines gemeinsamen und damit eindeutigen materialen Rationalitätsmaßstabes. In der Sprache Horkheimers: subjektive Vernünftigkeit im gesellschaftlichen Verkehr der Individuen aus der Perspektive des Einzelinteresses ersetzt objektive Vernunft; oder in der Sprache Webers zitiert: "Materiale und formale Rationalität fallen eben unvermeidlich weitgehend auseinander. Diese grundlegende und letztlich unentrinnbare Irrationalität der Wirtschaft ist eine der Quellen aller 'sozialen' Problematik..." (Weber 1972, S. 60) An anderer Stelle zieht Weber die daraus für ihn unvermeidliche Konsequenz hinsichtlich des Fortschrittsbegriffs: "Eine fortschreitende subjektive Rationalisierung des Handelns ist also nicht notwendig auch objektiv ein 'Fortschritt' in der Richtung auf das rationale 'richtige' Handeln." (1968, S. 526) Für die Konstatierung von 'Fortschritt' stehen überhaupt keine allgemeinen Kriterien mehr zur Verfügung. Dieses Auseinanderfallen von subjektiver und objektiver Vernunft als Kennzeichen der Entwicklung der modernen Industriegesellschaft bei Weber wiederholt sich in der Analyse, Darstellung und Bewertung des anderen zentralen inhaltlichen Komplexes der modernen Gesellschaftsentwicklung, den Weber thematisiert: der Bürokratie. Ohne daß das hier noch im einzelnen ausgeführt zu werden brauchte, entspricht auch hier der höchsten Effizienz und formalen Rationalität bei der Durchführung einmal bestimmter Aufgaben und der Erreichung einmal gesetzter Ziele durch die Bürokratie keine irgendwie geschichtlich konkretisierte Kraft, die mit 'objektiver Vernunft', also allgemeiner Geltung die Ziele und Aufgaben für diese Bürokratie setzen könnte. Gerade auch die Demokratietheorie bei Weber, analog zur bekannten Schumpeter'schen Bestimmung der Demokratie vor allem als eine "Methode der Führerauswahl" gesehen, verzichtet auf jeden Versuch, die demokratischen Verfahren neben dem Aspekt der Auswahl politischer Führer auf Zeit irgendwie in Richtung auf eine inhaltliche Bestimmung von Zielen und deren durch das demokratische Verfahren erzeugte Geltung hin zu entwickeln. Das demokratische Verfahren selbst, als bloße Methode der Bestimmung der politischen Führer interpretiert, also ganz antirousseauistisch, erzeugt keinerlei materiale Rationalität und ist im eigentlichen Sinne nicht als "Willensbildung" und inhaltliches Plebiszit begriffen.

So läuft die aus der Theorie des gegenwärtigen Zeitalters resultierende Zeitdiagnose auf die Konstatierung einer doppelten materialen Rationalitätskrise hinaus. Bemerkenswert erscheint mir in diesem Zusammenhang, daß in der Sekundärliteratur dabei dem Umstand wenig Beachtung geschenkt wurde, daß Weber in Differenz zum klassischen Liberalismus praktisch über keine ausgearbeitete Theorie des 'Marktes' verfügt. Im klassischen Liberalismus wird die angedeutete Schere zwischen subjektiver und objektiver Vernunft ja traditioneller Weise über die Annahme zu schließen versucht, daß die konstitutiven internen Funktionsmechanismen des Marktes, vor allem Konkurrenz, die je subjektive Handlungsrationalität der Marktteilnehmer zu einem für die Gesamtgesellschaft optimalen und den Ansprüchen objektiver Vernunft weitgehend genügenden Ergebnis transformieren. Vertragstheoretische Konstruktionen treten begründungstheoretisch hinzu. Weber teilt eine solche Perspektive nicht, sondern sieht den Markt ausschließlich aus der Perspektive der 'Handlungschancen' des individuellen Wirtschaftssubjektes und der indirekten Wirkungen, die sich aus den konkurrenzvermittelten Handlungsimperativen für die weitere Effektivierung des wirtschaftlichen Handelns ergeben. (1972, S. 43)

Festzuhalten bleibt bisher, daß sich Webers Analyse der Moderne keineswegs als eine bloße Apologie der kapitalistischen Gesellschaftsordnung lesen läßt, daß sie vielmehr alle Elemente einer objektiven Krisenanalyse enthält. Wie die Analyse des 'politischen' Webers denn auch zeigt, ist Weber durchgehend eher ein radikaler Kritiker zeitgenössischer Politik und Gesellschaft, denn ihr Ideologe und Apologet. (Mommsen, 1974a, 1974b) Seine geschichtliche Perspektive ist nach vorne skeptisch, wenn nicht pessimistisch. Seine 'Pragmatik', die ihn in verschiedenen Phasen seiner Biographie in expliziter Rollentrennung wertend zu für notwendig erachteten politischen oder gesellschaftlichen Veränderungen Stellung nehmen läßt, von diesem Skeptizismus getragen. Jedenfalls resultiert sie, darauf ist zurückzukommen, aus der Krise objektiver Vernunft und aus einem manchmal geradezu pathetischen Unbehagen an einer Zeit, in der das dominante Schema zweck-mittel-rationalen Verhaltens im Begriffe ist, nicht nur im Mikrobereich des kapitalistischen Betriebes, sondern auch auf der Ebene der gesellschaftlichen und politischen Vergesellschaftung insgesamt dominant zu werden. Webers emphatisches Bekenntnis zum deutschen Nationalstaat, seine zeitweilige imperialistische Ausrichtung sowie sein mit großer persönlicher Radikalität und Konsequenz 1914 unternommener Versuch, "sich in den Dienst des Vaterlandes" zu stellen, können angemessen nur auf dem Hintergrund dieser von ihm konstatierten Krise objektiver Vernunft interpretiert werden.

Daß auch Lukács' Zeitdiagnose am Horizont einer Krisenstimmung der objektiven Vernunft steht, mag als Gemeinsamkeit weniger überraschen als die Feststellung, daß auch die konkrete marxistische, jedenfalls marxistisch intendierte Bestimmung der historischen Qualität dieser Krise große Ähnlichkeiten zu Weber aufweist, wenn sie nicht gar von diesem massiv beeinflußt wurde. Das auch in diesem Vergleich Nichtüberraschende braucht nicht mit der Ausführlichkeit vorgeführt zu werden wie bei Weber. Ganz im Kontext der 'historisch-materialistischen Entwicklungsgeschichte' des Kapitalismus und der bürgerlichen Gesellschaft, die Marx vorgezeichnet hat, erscheint Lukács das für die gesellschaftliche Reproduktion insgesamt dominant werdende kapitalistische Einzelinteresse der Profitrealisierung als die Verwirklichung subjektiver Vernunft im Sinne des zweck-rationalen Handlungsmodells bei gleichzeitiger größtmöglicher Irrationalität der gesellschaftlichen Gesamtreproduktion. Der Rechenhaftigkeit (nicht nur des Gewinns) aus der Perspektive des Einzelkapitals,

der Rationalität seiner Buchführungs– und Planungsmethoden, entspricht auf
gesellschaftlicher Ebene die 'Anarchie' (die Lukács wie Marx stets ganz anders
als die Anarchisten als die verwirklichte Unordnung auffassen!) der gesellschaftlichen Reproduktion, deren Charakter als 'Klassenkampf' im innern und
'imperialistischer Krieg' nach außen zu seiner furchtbarsten Wirkung gelangt.

Ähnlich und deswegen hier ebenso keiner weiteren Beachtung wert ist die
Zustimmung Lukács' zu jenem Teil des vorangestellten Horkheimer–Zitats,
nach dem eine wie auch immer begründete 'Vorgegebenheit' objektiver Vernunft nach der erfolgreichen Durchsetzung von Kapitalismus und Aufklärung
keine Chance auf anerkannte Geltung mehr wird erfolgreich beanspruchen
können. Hier allerdings beginnt die Differenz. Während auf dieser Ebene abstrakt hergestellter Gemeinsamkeit für Weber der 'Relativismus letzter Werte'
und damit das Fehlen objektiver Vernunftgründe für die Beurteilung von Geschichte, geschichtlicher Praxis und die Gestaltung von Gesellschaften historisch
unumkehrbar ist, versucht Lukács die Krise objektiver Vernunft in vollem
Umfang als historischen Prozeß, das heißt in diesem Zusammenhang vor allem
auch als nach vorne offen und revidierbar zu begreifen. Dabei ist natürlich
nicht an einen Rückfall hinter den historischen Gewinn der Aufklärung gedacht:
Objektive Vernunft wird niemals wieder irgendwie transzendental oder metaphysisch vorgegeben Geltung beanspruchen können. Hinter die Religionskritik führt
kein Schritt zurück. Der Relativismus freilich, der aus einer hier innehaltenden
Analyse bei zeitgenössischen Denkern wie Weber, Simmel, aber auch dem
Lukács bekannten Mannheim resultiert, tritt Lukács nicht mit resignativer Skepsis bei, sondern mit frühmarxschem Pathos und Hegel'scher Gewißheit[6] entgegen. Die resignative Skepsis erscheint ihm in seinen Literaturstudien, vor
allem in seiner pejorativen Einschätzung der zeitgenössischen 'modernen' bürgerlichen Literatur, geradezu als apologetischer Ausdruck einer stagnierenden
Gattungsgeschichte in der bürgerlichen Gesellschaft, die ihr mögliches Bewußtsein von sich selbst gerade dadurch verfehlt, daß sie sich unhistorisch als
Bewußtsein überhaupt setzt. Systematisch muß freilich eine solche Kritik des
bürgerlichen Bewußtseins 'von außen' und zugleich nicht metaphysisch begründet werden, um zu diesem Urteil gelangen zu können. Soweit ich das sehen
kann, hat Lukács in seinem Lebenswerk diesen Versuch zweimal in unterschiedlicher Weise unternommen. Einmal, in schließlich später selbst eingestandener
Verfehlung des Anspruchs historisch-dialektisch, also antimetaphysisch und
anti–transzendentalistisch zu argumentieren, in 'Geschichte und Klassenbewußtsein'; zum zweiten Mal dann aber in der 'Ontologie des gesellschaftlichen
Seins', die aufgrund ihres verzögerten Erscheinens bisher nur unvollkommen in
der Lukács-Literatur rezipiert wurde und deren Beurteilung auch hier nur
höchst prekär und versuchsweise unter diesem einen Aspekt vorgenommen
werden kann.

In 'Geschichte und Klassenbewußtsein' ist die Krise der objektiven Ver-
nunft durch Lukács folgendermaßen charakterisiert: einerseits befindet sich die
herrschende bourgeoise Klasse in einer "tragischen" (1968, S. 240) Situation:
"Klassenbewußtsein und Klasseninteresse stehen auch bei der Bourgeoisie im
Verhältnis des Gegensatzes, des Widerspruchs zueinander." (ebd. S. 235) Der
Widerspruch besteht darin, daß das auf die Aufrechterhaltung seiner Herrschaft
und seiner sozioökonomischen Eigentumsposition gerichtete Klasseninteresse der
Bourgeoisie eine vollständige Analyse und adäquate Erkenntnis zugleich das
Bewußtsein der historischen Überwindbarkeit der in der bürgerlichen Ideologie
als "natürlich" gesetzten Verhältnisse[7] ergeben müßte. Objektive Vernunft, bei
Lukács zu diesem Zeitpunkt weitgehend gleichgesetzt mit "Planwirtschaft" (ebd.
S. 242), jedenfalls einer bewußten Gestaltung der gesellschaftlichen Beziehungen der Menschen miteinander und hinsichtlich ihrer materiellen Reproduktion, widerspräche also dem Klassen— und Herrschaftsinteresse dieser dominie-
renden Klasse, weshalb sie, trotz einiger Ansatzpunkte in den "fortgeschritten-
sten Elementen" (ebd. S. 242), letztlich zugunsten einer ideologischen Analyse
und Bestimmung der gesellschaftlichen Wirklichkeit unterbleiben müsse. Bleibt
das Klassenbewußtsein des Proletariats, für das es "ein Lebensbedürfnis", eine
Existenzfrage sei, die vollste Klarheit über seine Klassenlage zu erlangen."
(ebd. S. 193). Die sei aber nur vom Standpunkt eines allgemeinen Interesses
möglich. Andererseits ergibt sich für Lukács die Krise der objektiven Vernunft
aus dem in der historischen Zeitdiagnose unübersehbaren Faktum, daß das
Klassenbewußtsein des Proletariats nicht unmittelbar evident ist und als empirisches Bewußtsein der Proletarier selbst in Erscheinung tritt. Die von Lukács
konstatierte "Krise des proletarischen Klassenbewußtsein" und die Krise
objektiver Vernunft sind damit von Lukács zur Deckung gebracht. Nicht nur
die historische Spaltung der Arbeiterbewegung, sondern auch das empirische
Bewußtsein der noch viel differenzierteren Arbeitermeinungen in den verschiedenen von Lukács in Augenschein genommenen Gesellschaften lassen es also
nicht zu, die von Marx postulierte, mögliche Identität von proletarischem
Bewußtsein, historisch-materialistischer Theorie und Revolutionstheorie als
Faktum zu unterstellen. (Sieferle, 1979, S. 168) Das 'Klassenbewußtsein' als
gattungsmäßiger Repräsentant objektiver Vernunft, wie es im Sinne der
Marx'schen Geschichtstheorie von Lukács begründet werden soll, ist also weder
"das individuelle Bewußtsein des Proletariers" (Lukács, 1968, S. 226), noch
das "empirische Bewußtsein der Klasse" (ebd. S. 248), noch kann es sich bei
ihm um "wissenschaftliche Erkenntnis" (ebd. S. 226) handeln; und doch sei es
"keine bloße Fiktion" (ebd., S. 251). Die Art und Weise, wie aufgrund dieser
Ausgangslage Lukács die bolschewistische Partei durch eine idealistische,
transzendental-philosophische Bestimmung zum faktischen Repräsentanten des
"zugerechneten" Klassenbewußtseins des Proletariats macht (Dutschke, 1974, S.
190 ff; Greven, 1977, S. 145 ff, 211), wie dabei die Weberschen Begriffe der

'objektiven Möglichkeit' und des 'Idealtypus' in diese Konstruktion eingehen (Krahl, 1971; Fetscher 1973; Weyembergh 1973, bes. S. 480 ff). stellt den Hauptpunkt der kritischen Auseinandersetzung mit Lukács dar und darf daher hier als bekannt unterstellt werden. Entscheidend für diesen Zusammenhang ist aber, daß aufgrund dieses idealistischen Charakters der Konstruktion die Gleichsetzung von 'zugerechnetem Klassenbewußtsein' und objektiver Vernunft eben an jenen kritischen Prozessen scheitern mußte, deren aufklärende kritische Wirkung bereits eingangs in dem Horkheimer Zitat angesprochen wurde. Dem hat Lukács in einer späteren Selbsteinschätzung von 'Geschichte und Klassenbewußtsein' auch Rechnung getragen, indem ihm nunmehr das damals unterstellte "Umschlagen" des 'zugerechneten Bewußtseins' in revolutionäre Praxis... objektiv betrachtet... als das reine Wunder... erscheint (1968, S. 21, Vorwort zur Neuausgabe). Das "zugerechnete Bewußtsein des Proletariats in 'Geschichte und Klassenbewußtsein' konnte also weder die Lösung der von Lukács in den 20er Jahren permanent unterstellten 'Krise des proletarischen Bewußtseins' noch die Lösung der Krise der objektiven Vernunft − von Lukács in eins gesetzt − bieten.

"Wenn die Arbeiterschaft die allgemeine Klasse ist, wenn ihre Interessen die der menschlichen Gattung repräsentieren, wenn sie mithin Subjekt der Revolution werden muß... dann hätte Lukács recht." (Benseler, 1984, S. 169) Bei der Betrachtung des Spätwerks von Lukács, vor allem der 'Ontologie des gesellschaftlichen Seins', ist die Kontinuität der Orientierung von Lukács auf Überwindung der kapitalistischen Ausbeutungs− und Entfremdungsgesellschaft, auf eine Revolution, deren maßgebliches Subjekt nicht ohne die Arbeiterklasse gedacht werden könnte, und auf die Verbindung von Freiheit und Sozialismus unübersehbar. In der Systemauseinandersetzung Kapitalismus–Sozialismus wird Lukács bis zuletzt nicht zum Dissidenten; noch der schlechteste (reale) Sozialismus erscheint ihm als die geeignetere Grundlage zur Entwicklung jener menschenwürdigen Gesellschaft, die die Krise der objektiven Vernunft überwunden haben würde. (Lukács, 1981. S. 10) Angesichts dieser Kontinuität fällt umsomehr auf, wie sich die Akzente seit 'Geschichte und Klassenbewußtsein' vom Proletariat 'an und für sich' hin zur 'historisch–dialektischen Ontologie' der Arbeit als der möglichen Grundlage einer gesellschaftlichen Realisierung objektiver Vernunft verschoben haben. In dem grundlegenden, vorausveröffentlichten Kapitel über 'Arbeit' des Lukács'schen Spätwerks, auf das ich mich hier beziehe, knüpft die Bestimmung der Arbeit vor allem an Aristoteles und die Frühschriften von Marx an. Die Kategorie wird dabei also von der historisch dominanten Realisierungsform ausgebeuteter und fremdbestimmter Arbeit im Kapitalismus, damit aber auch zugleich von ihrem unter diesen Verhältnissen wesentlichen Träger losgelöst; sie erscheint, wie beim frühen Marx, als "Gattungstätigkeit", als "Lebenstätigkeit der Gattung"... (Marx, 1968, S. 515 ff) Anders als beim Marx der 'Grundrisse' und des 'Kapitals', der sich auf die

Arbeit als Werte schaffende Tätigkeit konzentriert, um den ausbeuterischen Charakter des 'freien Lohnarbeiterverhältnisses', die im angeblichen 'Äquivalententausch' liegende Ideologisierung dieser Verhältnisse durch die bürgerliche politische Ökonomie zu ent-decken, konzentriert sich Lukács auf den gattungsbestimmenden besonderen Charakter dieser "Lebenstätigkeit", die den "ontologischen Keim der Freiheit" (Lukács, 1973, S. 53) in sich enthalte. Dieser besondere Charakter der menschlichen Lebenstätigkeit, der sie von allem tierischen Verhalten unterscheide, liege in dem "teleologischen" Charakter der Arbeit begründet. Dieser komme "im Setzen des Ziels und seiner Mittel durch das Bewußtsein" zum Ausdruck: "Erst in der Arbeit, im Setzen des Zieles und seiner Mittel geht das Bewußtsein mit einem selbstgelenkten Akt, der teleologischen Setzung, dazu über, sich nicht bloß der Umgebung anzupassen – wozu auch solche Tätigkeiten der Tiere gehören, die die Natur objektiv, unbeabsichtigt, verändern –, sondern in der Natur selbst von dieser aus unmögliche, ja undenkbare Veränderungen zu vollziehen. Indem also die Verwirklichung zu einem umformenden, neuformenden Prinzip der Natur wird, kann das Bewußtsein, das dazu Impuls und Richtung gegeben hat, ontologisch kein Epiphänomen[8] mehr sein. Mit dieser Feststellung unterscheidet sich der dialektische Materialismus vom mechanischen." (ebd., S. 34). Diese Bestimmung der Lebenstätigkeit als "final" hat auch Konsequenzen für den "Widerspiegelungscharakter" der Erkenntnis, die nun nicht auf eine bloße "Abbildung" der deterministischen Naturgesetzlichkeiten reduziert bleibe, sondern die unter dem Gesichtspunkt der praktischen Lebenstätigkeit sich in eine Reflexion "gesetzte(r) Kausalität verwandelt." (ebd., S. 45). Um eine "gesetzte Kausalität" handele es sich, weil der teleologische Charakter der Arbeit als Lebenstätigkeit in jeder Phase der Verwirklichung, bei der Bestimmung der Zwecke, bei der Auswahl der Mittel sowie bei der Einschätzung der "Kausalkette", durch die der teleologisch gedachte Prozeß zu einem Ergebnis kommen soll, entscheidend durch seinen "Alternativcharakter" gekennzeichnet sei. "Diese ontologische Struktur des Arbeitsprozesses als einer Kette von Alternativen darf nicht dadurch verdunkelt werden, daß im Laufe der Entwicklung, sicherlich schon auf relativ niedrigen Entwicklungsstufen, die einzelnen Alternativen des Arbeitsprozesses durch Einübung und Gewohnheit zu bedingten Reflexen werden und deshalb bewußtseinsmäßig 'unbewußt' vollzogen werden können." (ebd., S. 46). Merkmal verdinglichenden Denkens ist danach vor allem , den 'gesetzten' Charakter objektiver gesellschaftlicher Verhältnisse zu unterschlagen, etwa in einem Begriff von historischen oder gesellschaftlichen "Gesetzen", der diesen praktischen Charakter objektiver Gesellschaft vergessen macht (Fleischer, 1970, 33ff). Das existentielle Grundproblem, das diesen historischen Selbsterzeugungsprozeß des Menschen und seines gesellschaftlichen Seins zur Grundlage hat, ist Bedürfnisbefriedigung.[9] Insofern in den verschiedenen Phasen des Arbeitsprozesses Alternativen möglich sind, haftet diesem Prozeß der Bedürfnisbefriedigung individuell wie gesellschaftlich stets "ein Moment der Entscheidung, der Wahl" (ebd., S. 52) an, in dem gerade jener schon angesprochene "ontologische Keim der Freiheit" liege. Freiheit ist auf dieser Ebene also einerseits ontologisch bestimmt dadurch, daß die Bedürfnisse, die Ziele in diesem reproduktiven Selbsterzeugungsprozeß des Menschen nicht festliegen, Alternativen zulassen, und daß alle bisherige Geschichte der Arbeit und menschlichen Selbsterzeugung das Ergebnis solcher Wahlakte sei. Andererseits wird von hierher erklärbar, inwiefern Lukács in seiner Argumentation in großer Kontinuität zu seinen Frühschriften (Lukács, Vorwort, S. 33) in diesem Zusammenhang immer wieder auf das Problem der 'Ethik' stößt, zu deren Ausführung es nicht mehr gekommen ist. Über die Probleme und den Ansatz einer solchen 'Ethik' kann F. Benseler aus einer intimen Kenntnis von Person und Werk schreiben: "In 'Geschichte und Klassenbewußtsein' hat Lukács sich bemüht, die Notwendigkeit mit der Ethik weltgeschichtlich zwingend (zu) verknüpfen... In seiner letzten Zeit ging er davon aus, daß die Ethik einer neuen, der nichtbürgerlichen Epoche zu schreiben sei. Hinweise darauf, was sie beinhalte, finden sich überall, vor allem auch in der nachgelassenen Schrift über 'Demokratisierung heute und morgen' (neben den ständigen Hinweisen in der 'Ontologie des gesellschaftlichen Seins', M.G.). Es heißt dort, daß Ethik sich nicht aufs Individuum beschränken könne, daß der andere nicht länger als Grenze des einzelnen gefaßt werden müsse. Vielmehr, meint Lukács, sei die Fouriersche Annahme 'einer Welt, in der es nur noch Unterschiede gäbe, so daß sich unterscheiden nicht mehr ein sich ausschließen bedeutete', und in der Kontraste und Konflikte zum Vergnügen des anderen bestehen, in seinem Sinne der neuen sozialistischen Ethik". (1985, S. 708)[10]

Diese wenigen, hier möglichen Andeutungen über die 'Ontologie des gesellschaftlichen Seins' konvenieren auf überraschende Weise in zwei zentralen Aspekten mit dem Weber'schen Ansatz. Da sind zum einen die unübersehbaren Affinitäten des Grundbegriffs 'Arbeit' von Lukács und der Grundkategorie des 'Handelns' von Weber und da ist zum anderen die Orientierung auf ethische Setzung als möglichen Ausweg aus der Krise der objektiven Vernunft. Die Zentralkategorie von Webers soziologischer Handlungstheorie ist bekanntlich einerseits durch seine subjektiv gesetzte Sinnhaftigkeit und andererseits als soziales Handeln in seiner Beziehung 'auf das Verhalten anderer' kategorial bestimmt. Es ist nun unübersehbar, daß Lukács in seinem Vorgehen den Versuch, den "Seinskomplex" des gesellschaftlichen Seins zunächst "analytisch-abstrahierend (zu) zerlegen" (1973, S. 5), seine Zentralkategorie so wählt, daß sie parallel zur Bestimmung sozialen Handelns von Weber ebenfalls die beiden Komponenten 'subjektive Teleologie' (einmal als Sinn −, einmal als Zielbestimmung) und 'soziale Bezogenheit auf den anderen' enthält. Es darf dabei nicht übersehen werden, daß Lukács mit der Ablösung vom historischen Begriff der Arbeit, wie er in den späteren Schriften von Marx dominiert, diese Kategorie auf die allgemeinste Lebenstätigkeit des Menschen bezieht, auf die gesamte Praxis, in der er sich mit Natur und anderen Menschen auseinandersetzt. Beide Kategorien beziehen sich insofern auf die fundamentale "Lebenstätigkeit" des Menschen. Gegenüber seinem "orthodoxen" Historischen Materialismus ist die so bestimmte Grundkategorie menschlicher Lebenstätigkeit erstens viel allgemeiner gefaßt und von der materiellen Reproduktion des Lebens zwar nicht abgekoppelt, mit ihr aber auch nicht in künstlicher Deckung gehalten, und zweitens ist mit der teleologischen Bestimmung des Charakters dieser Lebenstätigkeit, wie von Lukács ausdrücklich festgestellt, die subjektive Seite der gesellschaftlichen Existenz nicht länger, wie im orthodoxen Basis-Überbau--Marxismus-Leninismus, ein bloßes Epiphänomen. Erst durch die Einbeziehung der subjektiven Seite kann das in 'Geschichte und Klassenbewußtsein' noch unauflösbare Dilemma, zwischen Notwendigkeit und Freiheit zu vermitteln, überhaupt einer Lösung zugeführt werden, weil die 'objektiven' gesellschaftlichen Verhältnisse, weil die 'Gesetzmäßigkeiten' nun kategorial in den Bereich der Praxis fallen. Freilich entsteht mit der Abkehr vom orthodoxen Marxismus-Leninismus und der Hinwendung zu einer Marx'schen 'Philosophie der Praxis', mit dem Problem der Freiheit auch das Problem des Relativismus. An dieser argumentativen Schnittstelle trennen sich die Wege von Weber und Lukács, führen von einer ähnlichen Bestimmung der Grundkategorie aller gesellschaftlichen Reproduktion in ganz unterschiedliche Richtung. Die Analyse ergibt, daß diese Differenz dem undialektischen Subjektivismus des Weber'schen Handlungsmodells[11] einerseits, der historischen Subjekt-Objekt-Dialektik durch die die gesellschaftliche Objektivität erst konstituierende teleologische Setzung im Prozeß der Arbeit andererseits, geschuldet ist. Bei Weber bleibt bekanntlich der 'subjektive Sinn' des Handelns für die 'Konstruktion der gesellschaftlichen Wirklichkeit' folgenlos; der konsequente Subjektivismus, aus dem letztendlich der Relativismus folgen muß, äußert sich im Verzicht auf jede Ontologie. Die Einwände, die sich von Webers Position gegen eine ontologische Betrachtungsweise ergeben, treffen aber den Versuch einer historisch-dialektischen Ontologie, in der die objektive Seinsweise der gesellschaftlichen Wirklichkeit historisch konstitutiv bereits subjektiv vermittelt ist, nicht. Ob, umgekehrt gesehen, Lukács mit der konsequenten Historisierung und 'Subjektivierung' den traditionellen Anforderungen einer Ontologie gerecht wird, interessiert andererseits hier nicht. Ebenso wie Weber rechnet ja auch Lukács nicht mit irgendwelchen der gesellschaftlichen Praxis entzogenen Dimensionen jenes gesellschaftlichen Seins. Die Objektivierung zur ontologischen Grundlage menschlicher Existenz ist selbst historisch unvollständig als unbegriffenes, ungewolltes Resultat von Praxis zu begreifen. Lukács verfolgt also prinzipiell denselben reduktionistischen Anspruch wie das Weber'sche Programm, nach dem alle soziale 'Objektivität' (Institutionen etc.) auf menschliche Praxis rückführbar sein muß.[12] Die Differenz liegt auf der erkenntnistheoretischen

Ebene darin, daß bei Lukács der 'subjektive Sinn' hinsichtlich der gesellschaftlichen Schlüsselkategorie nicht einfach beliebig gesetzt ist, sondern unlösbar
einerseits Elemente der erkenntnismäßigen Wirklichkeitsproduktion in sich
enthält und andererseits an die Befriedigung von Bedürfnissen gekoppelt bleibt.
Schließlich und am wichtigsten ist Subjektivität in die objektive Wirklichkeit der
'gesellschaftlichen Verhältnisse' hineinvermittelt. Nur aufgrund dieses tatsächlichen historischen Vermittlungs – und Konstitutionsprozesses macht es umgekehrt Sinn, wenn Marx vom "menschlichen Wesen" als dem "Ensemble
gesellschaftlicher Verhältnisse" spricht. (Marx, 1969, S. 6) Darüber hinaus ist
die Kategorie 'Arbeit', anders als der Begriff des 'sozialen Handelns', von
Anfang an auf ein 'vergesellschaftetes' Subjekt bezogen (siehe die obige Bemerkung über die Ethik!) und geht nicht von der bürgerlichen Fiktion des vorge-
sellschaftlichen Individuums aus. Damit gewinnt der Begriff von 'Kollektivität'
eine andere Qualität als er bei Weber jemals haben konnte; er bezieht sich nicht
auf die bloße Addition individueller sozialer Handlungen in einem ex post
hergestellten Gleichklang, sondern geht von der Überdeterminiertheit jeder
individuellen Handlung durch die bereits immer vorher bestehende gesellschaftliche Qualität aller Komponenten des teleologischen Arbeitsprozesses aus.[13]

Angesichts des 'Alternativcharakters' und der deshalb notwendigen 'Wahlakte' ergibt sich für Lukács aus der 'Ontologie des gesellschaftlichen Seins', in
der die grundlegende Orientierung der Lebenstätigkeit der Menschen auf Bedürfnisbefriedigung und ihr den gesellschaftlichen Charakter der objektiven
Wirklichkeit als 'Feld' subjektiver Praxis bestimmendes Wesen konstituiert
werden, der konkrete Maßstab einer objektiven Vernunft keineswegs von selbst.
Die Bestimmung ihres Charakters als immer schon gesellschaftlich, ihre Orientierung auf Bedürfnisbefriedigung und die Herausarbeitung ihres unter bestimmten Voraussetzungen bewußt und planvoll zu vollziehenden Charakters verhalten
sich zu den möglichen Inhalten und Zielen einer solchen historischen Praxis
allenfalls wie Bedingungen der Möglichkeit; insofern ähnelt zwar die 'Ontologie
des gesellschaftlichen Seins' einer transzendentalen Reflexion menschlicher
Praxis, enthält aber nicht die Bestimmung ihres konkreten Ziels nach den Maß-
stäben ausreichender inhaltlicher Konkretheit und geltungsmäßiger Allgemeinheit. Für die individuelle Entscheidung wie für die gesellschaftliche Richtigkeit
kollektiver Wahlakte und politischer Setzungen ergeben sich damit aber allenfalls so allgemeine Maßstäbe, daß von einem entscheidenden Unterschied zum
Weber'schen Relativismus noch nicht ausgegangen werden kann. Beide Positionen konvenieren in ihrem reduktionistischen Charakter, der die historisch gewordene Verdinglichung der gesellschaflichen Wirklichkeit im alltäglichen
Bewußtsein wie in den verschiedenen Disziplinen der wissenschaftlichen Betrachtung zu einer objektiven Vorgegebenheit des Handelns zu durchschauen
beansprucht. Beide Positionen stellen praktisch prinzipiell die 'Konstruktion der
gesellschaftlichen Wirklichkeit' zur Disposition der Menschen, beide haben für

diese Praxis keinen allgemein geltenden Richtwert von ausreichender Bestimmtheit – und beide reagieren darauf, wie am Schluß gezeigt werden soll, in ähnlicher Weise dezisionistisch.

* * *

Zunächst soll aber noch die Konvergenz oder Ähnlichkeit in der historisch-materiellen Bestimmung dieser 'Verdinglichung', die zu einer 'Entfremdung' des Menschen in der modernen Welt geführt hat, kurz betrachtet werden. Es mag überraschen, daß, wie bisher schon mehrfach angedeutet, hier davon ausgegangen wird, sich Lukács wie Webers Zeitdiagnose auch als eine Theorie der Entfremdung lesen lassen. Über die Rolle und Bedeutung der Kategorien 'Entfremdung' und 'Verdinglichung' im Frühwerk von Lukács ist soviel geschrieben und diskutiert worden, daß diese These für ihn hier keiner Plausibilisierung bedarf. Auf die Ergebnisse dieser Diskussion soll nur zurückgekommen werden, nachdem die weniger evidente These einer Entfremdungstheorie bei Weber hier eingeführt ist, um in dem dann möglichen Vergleich die Unterschiede herauszuarbeiten. Es darf ein Gemeinplatz der Sekundärliteratur, insbesondere der marxistischen, zu Weber genannt werden, daß Weber über keine Theorie der 'Entfremdung' verfüge und folglich, daß seine Zeitdiagnose für die mit Entfremdungstheorien angesprochenen Probleme 'blind' sei. So stellt zum Beispiel Israel in einem weitverbreiteten Überblick über Entfremdungstheorien zu Beginn eines durchaus kenntnisreichen und differenzierten Überblicks über Webers Theorie als Antwort auf die Frage, "ob dieselbe kritische Gesellschaftsanalyse auch in Webers Darstellung zu finden ist und ob auch er in der beschriebenen Entwicklung ein Zeichen der Entfremdung sieht", lapidar fest: "Keinesfalls." (1972, S. 128) Seine Begründung für dieses Urteil läßt sich sehr vereinfacht so zusammenfassen: Entfremdungstheorien setzen neben der historisch-deskriptiven Analyse gegebener gesellschaftlicher Wirklichkeit eine normative Vorstellung eines nicht-entfremdeten gesellschaftlichen Alternativzustandes voraus, der entweder als historisch frühes Stadium unterstellt werden kann, das durch den Prozeß der Entfremdung negativ beeinträchtigt worden ist, oder aber, der auf der Grundlage bestimmter Prinzipien als ein normatives Ideal einer zukünftigen Gesellschaft entworfen wird. Weber nun fehle im Gegensatz zu Lukács und auch Marx die zweite Komponente für eine solche Entfremdungstheorie. Und in der Tat muß diese Komponente nach den *programmatischen* Vorstellungen Webers über die Begrenzung des wissenschaftlichen Urteils ja auch fehlen. Die Frage wäre freilich, ob die von Weber unterstellte 'Wertfreiheit' so prinzipiell überhaupt möglich und ob sie desweiteren in seinen eigenen Gesellschaftsanalysen und historischen Urteilen durchgeführt ist, und wenn nicht, was dann die normative Komponente in Webers Zeitdiagnose ausmachte, die ihm die Konstatierung von 'Entfremdung' ermöglichte.

Entgegen der These von Israel und der impliziten Stellungnahme der übrigen Sekundärliteratur soll hier gezeigt werden, daß Weber sehr wohl über eine, wenn auch nicht im Detail ausgearbeitete, wesentlichen Urteilen über die gesellschaftliche Entwicklung zugrundeliegende Theorie der Entfremdung verfügt. Und daß gerade einige berühmt gewordene Urteile und Einschätzungen zukünftiger Entwicklung sich dieser impliziten Theorie der Entfremdung verdanken. Diese webersche Theorie der Entfremdung muß im Kontext seiner Theorie der Rationalität verstanden werden. Kurz gesagt, läßt sie sich auf die Formel einer gesellschaftlichen Verselbständigung der 'Mittel' gegenüber nicht weiter bewußt reflektierten und entschieden gesellschaftlichen 'Zwecken' zusammenfassen. Anders als die Marx'sche und auch die Lukács'sche Konzeption ist die Theorie der Entfremdung von Weber zentral nicht auf 'Arbeit' bezogen, sondern unmittelbar auf den Bereich der politischen und geschichtlichen Entscheidung. Die großen Übereinstimmungen in der historisch–empirischen Analyse der durch den Kapitalismus hervorgerufenen verdinglichten Strukturen des kapitalistischen Betriebes und der öffentlichen Bürokratie zwischen Marx und Weber hatten ja nicht zuletzt Lukács dazu veranlaßt, an zentraler Stelle seines Verdinglichungsaufsatzes in 'Geschichte und Klassenbewußtsein' die Form— und Strukturanalogie zwischen kapitalistischem Betrieb und Staat in der kapitalistischen Gesellschaft, wie sie bei Weber beschrieben wird, als angemessen und richtig — und das heißt bei Lukács: im Einklang mit Marx — zu bezeichnen (Lukács, 1968, S. 270). Weber sieht in der Tat diese Form— und Strukturanalogie auch darüber hinaus hinsichtlich der sozioökonomischen Voraussetzungen und der herrschaftsmäßigen Folgen als gegeben an: Kapitalistischer Wirtschaftsbetrieb wie Staat in der kapitalistischen Gesellschaft basieren auf einer Trennung und Enteignung der in ihnen überwiegend beschäftigten Arbeiter und Beamten von den Produktionsmitteln, für das Funktionieren von Betrieb und Staatsapparat ist ein Autoritäts— und Machtverhältnisse absicherndes hierarchisches Herrschaftssystem intern unabdingbar und in beiden Fällen wird die von Weber positiv als effizient bewertete formale Rationalität historisch vergleichbar im höchsten Maße verwirklicht. Freilich setzt hier der entscheidende Unterschied ein, der in der marxistischen Kritik der Weber'schen Rationalitätskonzeption zumeist unterschlagen wird: Anders als der dem kapitalistischen Betrieb, empirisch realistisch, unterstellte und die formale Rationalität seiner internen und marktbezogenen Aktivitäten handlungsbestimmende materielle Zielwert des 'Erwerbs', gibt es für den Staatsbetrieb weder historisch noch unhistorisch eindeutig vorgegebene Zwecke und Ziele. Anders auch als in der Ökonomie mit dem Geld gegeben, fehlt in der Politik jedes Medium einer rationalen Erfolgsbewertung. Der politische Prozeß muß sich daher anders als das Entscheiden im kapitalistischen Betrieb nicht nur auf die geeigneten Mittel, sondern auch auf die Festsetzung der für wünschenswert gehaltenen Ziele konzentrieren, ja er findet hierin bei Weber seine letzte Bestimmung. Gerät eine solche politische Zielsetzung in die Gefahr, den sich verselbständigenden und wachsenden Prozeß der bürokratischen Herrschaftsausübung nicht mehr eindeutig zu steuern, so kommt es zu der von Weber mit eindringlichen und bekannten Worten beschriebenen Situation, die sich angemessen und würdig in die Bilder von 'Entfremdung' und 'Verdinglichung' einreiht, wie sie in marxistischer Tradition, aber auch in der zugehörigen Literatur, etwa bei Kafka, entstanden: "Eine leblose Maschine ist geronnener Geist. Nur daß sie dies ist, gibt ihr die Macht, die Menschen in ihren Dienst zu zwingen und den Alltag ihres Arbeitslebens so beherrschend zu bestimmen, wie es tatsächlich in der Fabrik der Fall ist. Geronnener Geist ist auch jene lebende Maschine, welche die bürokratische Organisation mit ihrer Spezialisierung der geschulten Fachkraft, ihrer Abgrenzung der Kompetenzen, ihren Reglements und hierarchisch abgestuften Gehorsamsverhältnissen darstellt. Im Verein mit der toten Maschine ist sie an der Arbeit, das Gehäuse jener Hörigkeit der Zukunft herzustellen, in welche vielleicht dereinst die Menschen sich, wie die Fellachen im altägyptischen Staat, ohnmächtig zu fügen gezwungen sein werden, wenn ihnen eine rein technisch gute und das heißt: eine rationale Beamtenverwaltung und −versorgung der letzte und einzige Wert ist, der über die Art der Leitung ihrer Angelegenheiten entscheiden soll. Denn das leistet die Bürokratie ganz unvergleichlich viel besser als jegliche andere Struktur der Herrschaft." (Weber, 1958, S. 320) Es wird häufig übersehen, daß in diesem vielzitierten Satz das entscheidende Wort "wenn" heißt, daß Weber hier konditional denkt. Zwar spricht er auch von der "Grundtatsache des unaufhaltsamen Vormarsches der Bürokratisierung" (ebd., S. 321), aber gerade das leitet bei ihm Fragen ein, die im Kontext der Neuordnung Deutschlands nach dem absehbar verlorenen Krieg 1917/1918 nicht nur theoretisch, sondern auch praktisch politisch und aus einer historisch übergreifenden Perspektive gestellt wurden: Nämlich wie es angesichts dieser "Tendenz zur Bürokratisierung überhaupt noch möglich (sei), irgendwelche Reste einer in irgendeinem Sinn 'individualistischen' Bewegungsfreiheit zu retten?", wie es "angesichts der steigenden Unentbehrlichkeit und der dadurch bedingten steigenden Machtstellung des uns hier interessierenden staatlichen Beamtentums, irgendwelche Gewähr dafür (geben könne), daß Mächte vorhanden sind, welche die ungeheure Übermacht dieser an Bedeutung stets wachsenden Schicht in Schranken zu halten und sie wirksam zu kontrollieren" in der Lage seien? und schließlich, von Weber als die wichtigste Frage bezeichnet, wie das getan und entschieden werden könne, "was die Bürokratie als solche nicht leistet"? Die Perspektive dieser auf dem Hintergrund seiner Theorie der Rationalität entworfenen geschichtlichen Fragen ist eindeutig die Konstatierung einer Entfremdungskrise, in der das Dominantwerden formaler Rationalität im Bereich der Politik, das heißt jener Lebenssphäre, in der die Menschen geschichtlich die Bedingungen ihres Zusammenlebens gemeinsam gestalten könnten, *nicht* positiv bewertet wird, sondern das entscheidende Kriterium der säkularen Krise ausmacht. Die bekannte Definition von Politik als Machterwerb und Machthandeln wird häufig zitiert, und es wird dabei übersehen, daß Weber in seiner Reflexion nicht auf diese empirisch-analytische und auf jede Wertung verzichtende Perspektive beschränkt bleibt. Webers 'Theorie der Moderne' ist ja nicht beschränkt auf die Durchsetzung des formal-rationalen Handlungstypus in den Bereichen von Wirtschaft und öffentlicher Verwaltung, sondern schließt die Zersetzung traditioneller Ordnungsvorstellungen von Gesellschaft, die diese als vorgegebene oder naturgegebene Ordnung dem gesellschaftlichen Handeln entzogen erscheinen ließ, mit ein. Damit aber kann keine gesellschaftliche Ordnung kraft Tradition allein Geltung beanspruchen und es ist hinfort eine Frage des faktischen empirischen Legitimitätsglaubens, wieweit sich das gesellschaftliche Handeln in den Bahnen der bestehenden Ordnung bewegt, die sie als Handlungsbedingungen bloß hinnimmt, oder aber, wieweit das gesellschaftliche Handeln selbst mit neuen wertsetzenden und legitimitätserzeugenden Entscheidungen diese Ordnung verändert. Webers Zeitdiagnose und biographische Erfahrung ist durchtränkt von der Wahrnehmung des Zerfalls der spätwilhelminischen Gesellschaftsordnung und gerade in der Zeit vor dem Ersten Weltkrieg gibt es viele Übereinstimmungen in der Wahrnehmung und Bewertung bei Weber und Lukács, auf die in der Sekundärliteratur hingewiesen wurde. Bedeutsam aber für Weber ist die Wahrnehmung, daß der dominante formalrationale Handlungstypus, sich niederschlagend in einer Professionalisierung der (Partei-)Politik und der Etablierung mächtiger öffentlicher Bürokratien, nicht geeignet ist, die für eine neue Ordnung notwendigen Wertentscheidungen zu treffen. Daß eine solche Neuordnung nur auf fundamentalen Wertentscheidungen beruhen könnte, daß ihre Kontinuität wie Legitimität der faktischen Zustimmung der Bevölkerung in demokratischen Verfahren bedürfte, und daß es darum ginge, den Effektivitätsvorteil formalrationalen Handelns auch im öffentlichen Bereich nicht aufzugeben, ohne doch auf die wertsetzende politische Entscheidung verzichten zu können, macht die komplizierte Gemengelage der späteren politischen Schriften von Weber aus, die wohl Mommsen (1974b) am trefflichsten dargestellt hat. Die Favorisierung eines formal demokratischen Modells der Führerauswahl, kombiniert mit einem wenig verhüllten Plädoyer für in diesem Verfahren legitimierte, charismatische Staatsmänner, deren aristokratische Einsamkeit Weber geradezu als Konstituens ihrer historischen politischen Rolle beschreibt, ist zumeist nur unter demokratischen Gesichtspunkten diskutiert worden. Ich sehe in dieser Konzeption vor allem den Versuch, einen Ausweg aus der durch das Dominantwerden formaler Rationalität konstituierten Entfremdung der modernen menschlichen Gesellschaft zu finden, um der in dem Zitat angeführten, von Weber eindeutig als Gefahr bewerteten Entwicklung entgegen zu steuern. Offenkundig bleibt aber die Antwort auf diese Rationalitätskrise dezisionistisch und ohne Rückkopplung an allgemeine Vernunftkriterien.

Daß Weber die Entfremdung des Menschen unter modernen Bedingungen keineswegs auf die politische Sphäre beschränkt sah, daß er insofern auch keineswegs – wie in der Sekundärliteratur gebetsmühlenhaft immer wieder behauptet – der Entwicklung des modernen Kapitalismus völlig unkritisch gegenübergestanden hat, ergibt sich aus einem weiteren berühmten Zitat, in dem er anknüpfend an das pietistische Bild, nach dem der alltägliche Kampf um materielles Wohlergehen nur ein 'dünner Mantel' über der eigentlichen Seele des Menschen, der es um das himmlische Wohl gehe, sei, feststellt: "Aber aus dem Mantel ließ das Verhängnis ein stahlhartes Gehäuse werden. Indem die Askese die Welt umzubauen und in der Welt sich auszuwirken unternahm, gewannen die äußeren Güter dieser Welt zunehmende und schließlich unentrinnbare Macht über den Menschen, wie niemals zuvor in der Geschichte. Heute ist ihr Geist – ob endgültig, wer weiß es? – aus diesem Gehäuse entwichen. Der siegreiche Kapitalismus jedenfalls bedarf, seit er auf mechanischer Grundlage beruht, dieser Stütze nicht mehr. Auch die rosige Stimmung ihrer lachenden Erben: der Aufklärung, scheint endgültig im Verbleichen und als ein Gespenst ehemals religiöser Glaubensinhalte geht der Gedanke der 'Berufspflicht' in unserem Leben um... Auf dem Gebiet seiner höchsten Entfesselung, in den Vereinigten Staaten, neigt das seines religiös-ethischen Sinnes entkleidete Erwerbsstreben heute dazu, sich mit rein agonalen Leidenschaften zu assoziieren, die ihm nicht selten geradezu den Charakter des Sports aufprägen... Niemand weiß noch, wer künftig in jenem Gehäuse wohnen wird und ob am Ende dieser ungeheuren Entwicklung ganz neue Propheten oder eine mächtige Wiedergeburt alter Gedanken und Ideale stehen wird, oder aber – wenn keins von beiden – mechanisierte Versteinerung, mit einer Art von krampfhaftem Sichwichtig-nehmen verbrämt. Dann allerdings könnte für die 'letzten Menschen' dieser Kulturentwicklung das Wort Wahrheit werden: 'Fachmenschen ohne Geist, Genußmenschen ohne Herz: dieses Nichts bildete sich ein, eine nie vorher erreichte Stufe des Menschentums erstiegen zu haben'." (Weber 1920, S. 203f) Es ist unübersehbar, daß hier bis in einzelne Formulierungen hinein alle Elemente der klassischen Entfremdungstheorie, auch auf sozialer und individueller Ebene, vorhanden sind. Die Ähnlichkeit zu Formulierungen von Marx geht über die Bildhaftigkeit hinaus; sie umschließt in beiden Zitaten die Darstellung des historisch-genetischen Prozesses von Verdinglichung. Besonders nachdrücklich muß festgestellt werden, daß gerade angesichts der methodischen Skrupel des Weber'schen Wissenschaftsansatzes diese und andere Äußerungen, die sich zitieren ließen, keinen Zweifel daran lassen, daß Webers Theorie in zentralen Aspekten keine schiere Apologie des Status quo, sondern vielmehr eine mit weiten Perspektiven ausgestattete kritische Theorie der Entfremdung des Menschen von seinem eigentlichen Wesen unter den gegebenen kapitalistischen und politischen Verhältnissen gewesen ist. Der Blick auf diesen Sachverhalt wird, sicherlich auch durch Formulierungen von Weber selbst nahegelegt,

immer wieder durch die Erstreckung dieser Einschätzung auch auf einen möglichen Sozialismus verstellt, vor dem eine paradigmenfeste Analyse aus marxistischer Sicht zurückschreckt wie der Teufel vor dem Weihwasser. Hier liegt
der eigentliche Unterschied. Bekanntlich hat Weber in vielen Bemerkungen,
selbst noch in seinem systematischen Werk 'Wirtschaft und Gesellschaft', zu
der historisch-politischen Frage 'Kapitalismus oder Sozialismus' explizit
Stellung genommen. Der Generalnenner dieser Stellungnahme läßt sich auf
folgende Kurzformel bringen: Zur Effektivität des formalrationalen Handlungsmodells mit seinen organisatorischen und materialen Voraussetzungen, wie sie
die kapitalistische Wirtschaftsgesellschaft hervorgebracht hat, gibt es auch im
Sozialismus keine Alternative. Das heißt, der Sozialismus wird sich entweder
den Bedingungen der Realisierung dieser formalrationalen Effektivität anpassen,
oder er wird hinsichtlich des materiellen Erfolgs vergleichbar schlechter
abschneiden. Damit wäre über die Wünschbarkeit noch nichts gesagt. Wegen
des sozialistischen Anspruchs, die gesellschaftlichen Verhältnisse — und nicht
nur den wirtschaftlichen Erwerb — insgesamt planvoll und bewußt zu gestalten,
würde sich nach Webers Einschätzung die den Menschen im dargestellten Sinne
entfremdende Bürokratie erheblich erweitern. Schließlich würde sich deshalb an
der sozialisationstheoretisch vermittelten Entfremdung des Individuums, wie sie
in dem letzten längeren Zitat als Spezifikum einer Gesellschaft beschrieben
wird, in der der formal-rationale Handlungstypus dominant geworden ist, nichts
Grundsätzliches ändern können. Der Sozialismus sei also vielleicht möglich,
vielleicht wünschbar, aber gerade auf der letzten, für Weber entscheidenden
Ebene nicht in der Lage, Entfremdung aufzuheben.

Diese wenigen resümierenden Bemerkungen müssen im Moment ausrei-
chen, um die These zu belegen, daß nicht nur Lukács, sondern daß auch Weber
über eine entfremdungstheoretisch wertende Zeitdiagnose in seinem wissenschaftlichen Werk verfügt, die diesem wesentliche Impulse verleiht. Die Unterschiede zwischen Weber und Lukács sollen nun abschließend ebenfalls auf einen
kurzen Nenner gebracht werden, der zugleich zu dem letzten Punkt überleitet.
Es ist schon erwähnt worden, daß, anders als der Marx'sche Entfremdungsbegriff und die sich darauf aufbauende Tradition, die Lukács einschließt, Webers Begriff von Entfremdung, und das mag angesichts seines methodischen
Individualismus überraschen, nicht nur nicht am Begriff der Arbeit, sondern
auch nicht am Begriff des individuellen sozialen Handelns ansetzt. Obwohl eine
solche 'handlungstheoretische' Konzipierung einer Entfremdungstheorie denkbar
und konstruierbar wäre,[14] bei der dem reduktionistischen Anspruch Webers
entsprechend das Auseinanderklaffen formaler und materialer Rationalität bereits
im Mikrobereich des sozialen Handelns angesetzt würde, ist Weber diesen
naheliegenden und mit seinen sonstigen Prämissen konsistenten Weg nicht
gegangen. Die Gründe dafür sind mir nicht bekannt und ich habe auch keine
Hypothese, um diesen auffälligen Bruch an zentraler Stelle in Webers Theorie

zu erklären. Für den Vergleich von Weber und Lukács ist allerdings bedeutsam, daß überraschender Weise nun gerade der marxistische Entfremdungsbegriff über die Konstatierung einer entfremdeten geschichtlichen Situation hinausgehend die Reduktion auf die Mikroebene, auf die individuelle Lebenspraxis des Menschen erlaubt und zwingend erfordert. Indem die historisch verursachte, gesellschaftliche Entfremdung, bei Weber und Lukács gleichermaßen als Resultat der modernen kapitalistischen Entwicklung begriffen, bei Lukács deshalb auf die individuelle Handlungsebene zurückgeführt und hier mit einer Vorstellung von der praktischen Natur der menschlichen Lebenstätigkeit konfrontiert werden kann, eröffnet sich für die marxistische Variante bei Lukács nicht nur ein Anknüpfungspunkt für die Bewertung, sondern auch die praktische Dimension einer Veränderungsperspektive, in der die Menschen nach entsprechenden Erkenntnisprozessen durch die Veränderung der Verhältnisse den Zustand der Entfremdung von ihrer eigentlichen Natur rückgängig machen könnten. So gelesen kommt man zu dem naheliegenden Ergebnis, daß die marxistische Variante der Entfremdungstheorie bei Lukács, bei aller Perhorreszierung der fortgeschrittenen Entfremdung unter kapitalistischen Verhältnissen der Warenproduktion, von der Kontinuität einer im Kern des Individuums nicht angetasteten menschlichen Natur ausgeht, die gegenüber den äußeren Prozessen kapitalistischer Vergesellschaftung resistent geblieben ist, und an die die Forderung nach revolutionärer Praxis anknüpfen kann. Weber hingegen, wie aus dem Zitat aus den Schriften zur Religionssoziologie deutlich hervorgehend, ist hier der Vertreter einer konsequenten Sozialisationshypothese, nach der es das Residuum eines menschlichen Wesens, das gegenüber der kapitalistischen Moderne resistent wäre, nicht gibt. Deswegen kann Webers Perspektive im Unterschied zu der von Lukács in geschichtsphilosophischer Hinsicht auch nicht optimistisch sein. Der von Lukács selbst konstatierte Nihilismus Webers erweist sich insofern vielmehr als ein "heroischer Pessimismus" (Mommsen, 1974b, S. 21), dessen Affinitäten zur Kritischen Theorie der Frankfurter Schule, insbesondere zu Adorno und Horkheimer, hier nur angesprochen werden können. Der Lukács'sche geschichtsphilosophische Optimismus hingegen basiert, bei ähnlicher Ausgangslage, auf einer optimistischen Bestimmung der menschlichen Natur, die sich nicht zuletzt in seiner 'Ontologie des gesellschaftlichen Seins' niedergeschlagen hat und die, wie beim frühen Marx der Pariser Manuskripte, im Begriff des menschlichen Wesens und seinem Kerngehalt, der Vorstellung einer historisch untangierbaren kreativen Lebenstätigkeit kulminiert.

Der ethische Dezisionismus, der schließlich für Weber wie Lukács so charakteristisch ist, führt deswegen bei struktureller Ähnlichkeit in inhaltlich ganz verschiedene Richtungen. Bar jeden geschichtsphilosophischen Optimismus und auf dem Hintergrund eines unrevidierbaren, durch die Krise der objektiven Vernunft ausgelösten Werterelativismus[15] bekommt die ethische Dezision, die Weber hinsichtlich seiner eigenen Lebensführung stilisiert und die in seinem

Bild vom charismatischen Politiker verobjektiviert wird, unverkennbar tragisch-heroische Züge. Das darin enthaltene politische Programm ist nicht geeignet, die Krise der objektiven Vernunft positiv zu überwinden; auf dem Hintergrund der geschichtlichen Entwicklung, die unumkehrbar allgemeine Traditionsbestände zersetzt hat, ist objektiv vernünftige Gesellschaft niemals mehr möglich. Die relativistische Wertperspektive Webers ist gegenüber der zukünftigen Entwicklung nicht positiv eingreifend und gestaltend, sondern versteht sich von vornherein als eine historische Rückzugsposition, als eine Defensive jener Reste bürgerlicher Individualität, wie sie im Begriff des freien und vernünftigen Individuums einmal durchaus emphatisch in den Gang der Geschichte eingeführt worden waren. Die Bedingungen für die Realisierung solcher Individualität sieht Weber im Abnehmen begriffen, ihre zukünftige Verallgemeinerung hält er für unmöglich und in der Folge dieser beiden Prämissen kann realisierte Individualität für Weber in Gesellschaft wie in Politik nur noch das Konzept einer historisch defensiven Elite sein.

Lukács hingegen, an eben jenen emphatischen Begriff von vorgeschichtlicher Menschennatur anknüpfend, erwartet dessen Realisierung und Verallgemeinerung erst von der zukünftigen Entwicklung, als Einlösung aller Ansprüche, die mit der bürgerlichen Aufklärung nur partiell gesetzt waren. Während für Lukács der Sozialismus die Realisierung der Aufklärung wäre, in deren Tradition er sich stellt, sieht Weber diese bereits als endgültig gescheitert an; er steht Nietzsche deshalb viel näher und kann im Sinne der 'Dialektik der Aufklärung' eine Aktualität beanspruchen, gegenüber der Lukács traditionalistisch erscheinen muß. Entfremdung als historisches Resultat der Durchsetzung einer bestimmten, überwindbaren Gesellschaftsformation begriffen, hindert die Menschen heute daran, daß im emphatischen Begriff realisierter Individualität angesprochene Maß von Freiheit und Vernunft überhaupt zu realisieren. Mit der Verbindung der historisch gewordenen Gestalt der Arbeit und ihres kollektiv-subjektiven Ausdrucks im Proletariat und dem in der 'Ontologie des gesellschaftlichen Seins' ausgearbeiteten, schon früher aber im Begriff von 'Praxis' und 'Arbeit' zugrundegelegten Bild vom Wesen des Menschen zeichnet Lukács demgegenüber eine Alternative, die ihm hinreichend zu sein scheint, die historische Dezision zugunsten der Revolutionierung der gesellschaftlichen Verhältnisse auch ethisch allgemein zu begründen. Danach hinge die Revolution nicht nur vom Klassenbewußtsein, sondern ihr Gelingen vom ethisch verallgemeinerungsfähigen Gehalt ihrer Ziele ab. Ihr Subjekt würde den individuellen 'Gattungsmenschen' repräsentieren, der sich in ihr zur Befreiung seiner Möglichkeiten durchkämpft.

Anmerkungen

1   Zitiert nach Benseler (1965, S. 25).

2   Dazu ausführlich A. Grunenberg, 1976, die aber auch auf die Weberrezeption in "Geschichte und Klassenbewußtsein" ausführlich eingeht (ebd., S. 191ff) und im übrigen feststellt: "Tatsächlich kam Webers Theorie Lukács' Weltbetrachtung sehr entgegen… was ihn (Lukács) ferner gerade mit der von Max Weber vertretenen wissenschaftlichen Richtung verband, war, daß dieser den Marxismus nicht einfach ablehnte, sondern versuchte, seine Theorie mit marxistischen Elementen anzureichern." (Ebd., S. 23f) Kammler (1974, passim) hat m.E. die durchgängige Tendenz, die Weber-Rezeption Lukács als 'Abweichung' vom 'wahren Marxismus' zu interpretieren, weil er umgekehrt den 'marxanalogen' Anteil der Weber'schen Kapitalismuskritik nicht wahrnimmt, sondern Marx und Weber a priori als Antipoden definiert. So ist es kein Zufall, daß er in der entscheidenden inhaltlichen Passage die Darstellung Maretzkys übernimmt. (Ebd., S. 180ff)

3   Dabei gibt es aber eine Tendenz, sich einseitig auf den Einfluß und die Rolle Webers zu konzentrieren, der am ehesten P. Ludz (1967) entgeht; diese Tendenz scheint sich eher einem gewachsenen Weber-Interesse der Linken in den letzten 15 Jahren zu verdanken als genauen historischen Studien. Eine Arbeit, die anders als dieser vergleichende Aufsatz die Einflüsse auf Lukács nachweisen wollte, müßte m.E. viel stärkeres Gewicht auf Simmel, Lask, Natorp, Staudinger und Dilthey legen — um nur die deutschen Philosophen anzusprechen.

4   Auf diesen letzten Punkt geht vor allem Goldmann (1966, S. 213ff) ein, der sich strikt dagegen wendet, Lukács' Denken sei auf eine Ethik hin orientiert (ebd., S. 229). Dabei geht er aber unbegründet von einem kantischen Schema aus, während Lukács später systematisch an dem Punkt ansetzt, an dem Hegel keine Ethik entwickelt. Daß Lukács seine 'Ethik' vorhatte, steht heute außer Frage; wie sie aussähe, ist vor allem den Hinweisen in der "Ontologie des gesellschaftlichen Seins" zu entnehmen. (Siehe auch Fußnote 10)

5   Ich beschäftige mich nicht mit dem Weber-Kapitel in Lukács' "Zerstörung der Vernunft", weil es aufgrund des bewußt selektiven und einseitigen Zugangs kein Material für den hier intendierten Theorievergleich abgibt.

6   "Lukács entdeckt also den revolutionären Marxismus über Hegel und umgekehrt." (Dutschke, 1974, S. 194)

7   Dazu Marx (1939, S. 2): "Diese Täuschung ist jeder neuen Epoche bisher eigen gewesen".

8   Ohne die Ontologie, das 'Spätwerk' von Lukács überhaupt zu kennen, schrieb Merleau-Ponty bereits in den fünfziger Jahren: "…denn was Lukács mit der Ideologien— und Literaturtheorie… bewahren will… ist ein Marxismus, der die Subjektivität in die Geschichte eingliedert, ohne aus ihr ein Epiphänomen zu machen." (1974, S. 52)

9   Es ist wichtig zu sehen, daß die "Ontologie" ebenso wie Marx nicht von einem "Wesen des Menschen ausgeht, sondern nur von dessen "Natur, die ein Ganzes von Bedürfnissen und Trieben ist" (Marx, 1939, S. 157), und von der Lebensnotwendigkeit, tätig zu werden, um diese zu befriedigen. Hier setzt, bei Marx wie bei Lukács, der Arbeitsbegriff an, der damit Bearbeitung von Natur ebenso wie Praxis der Zusammenarbeit, der folglich 'Arbeit' und 'Interaktion' umschließt und damit die Dichotomie vermeidet, die Habermas so viel Kopfzerbrechen bereitet.

10 Im übrigen scheint es mir bei Lukács eine große Kontinuität von 'Früh-' und 'Spätwerk' zu geben, die durch die in der bisherigen Beschäftigung im Vordergrund stehende 'Abweichung' in der Phase von "Geschichte und Klassenbewußtsein" ('Mittelwerk'…) eher übersehen wird, nämlich die 'Ethik' als Fluchtpunkt der Geschichtsphilosophie und der Ontologie. In 'Taktik und Ethik' hatte Lukács geschrieben: "Hegels System hat keine

Ethik; bei ihm wird die Ethik durch jenes System der materiellen, geistigen und gesellschaftlichen Güter ersetzt, in denen seine Geschichtsphilosophie kulminiert. Die Form der Ethik hat der Marxismus im wesentlichen übernommen (so z.B. das Buch von Kautsky)". Demgegenüber hält es Lukács für offensichtlich, "daß eine ethische Fragestellung nur von diesen gesellschaftlich richtigen Zielen ausgehen kann... die eine eindeutige Lösung allein im kollektiven Handeln von Menschengruppen finden kann." (1975, S. 48f) In der 'Ontologie' scheint mir freilich der individuelle Aspekt verschärft zu sein, ohne in Widerspruch zum kollektivistischen Anspruch zu geraten. Ludz, 1967, S. XXXIX, ordnet auch 'Geschichte und Klassenbewußtsein' dieser Kontinuität zu: "In 'Geschichte und Klassenbewußtsein' wird das regulative Prinzip des Klassenbewußtseins dann konsequent mit der 'Ethik' des Proletariats synonym gesetzt." Diese Interpretation halte ich für überzogen.

11 "Wenn ich nun einmal Soziologe geworden bin (laut meiner Anstellungsurkunde), dann wesentlich deshalb, um dem immer noch spukenden Betrieb, der mit Kollektivbegriffen arbeitet, ein Ende zu machen." Max Weber, Brief vom 9.3.1920, zit. bei Mommsen, 1974b, S. 256.

12 Es ist Weiß, 1981, S. 109, zuzustimmen, wenn er darüber hinaus für den Marxismus insgesamt feststellt: "Es ist nicht zu sehen, wie eine marxistische Analyse ihr kritisches Geschäft speziell gegenüber den für die kapitalistische Gesellschaftsformation kennzeichnenden 'Verdinglichungen' erfüllen soll, wenn sie dies nicht systematisch als spezifische Produkte eines spezifischen 'Zusammenhandelns' sichtbar machte. Das Beharren auf einer menschlichem Handeln schlechthin entzogenen Materialität gesellschaftlicher Verhältnisse ist ebenso antikritisch und antiaufklärerisch, wie die gegen den 'Individualismus' der Weber'schen Handlungskonzeption gerichtete These, der materialistische Ansatz habe das 'individuelle Verhalten auf das Verhalten von Massen, Gruppen und insbesondere Klassen, das Individuelle auf das Soziale zurückzuführen'."

13 Um einen orthodoxen Einwand, z.B. von der Art Maretzkys zu begegnen, damit wandle Lukács auf den Pfaden 'bürgerlichen Subjektivismus', als 'orthodoxe' Quelle solcher Gedanken noch einmal Marx (1972, S. 362ff): "Aber die Menschen beginnen keineswegs damit, 'in diesem theoretischen Verhältnis zu Dingen der Außenwelt zu stehen'. Sie fangen, wie jedes Tier, damit an, zu essen, zu trinken etc., also nicht zu einem Verhältnis zu stehen', sondern sich aktiv zu verhalten..." Dadurch schaffen sie erst die Verhältnisse, die ihnen später objektiv gegenüberzustehen scheinen. (In dem Zitat zitiert Marx eine Formulierung von Wagner.) Oder um noch eine andere bekannte Äußerung zu zitieren: "Verhältnisse der Individuen können unter allen Umständen nichts anders als ihr wechselseitiges Verhalten..." sein "(Die gegenwärtige geschichtliche Epoche, M.G.) hat ihnen die Aufgabe gestellt, an die Stelle der Herrschaft der Verhältnisse und der Zufälligkeit über die Individuen die Herrschaft der Individuen über die Zufälligkeit und die Verhältnisse zu setzen...(Diese) Aufgabe fällt zusammen mit der Aufgabe, die Gesellschaft kommunistisch zu organisieren." (Marx, 1969, S. 423f)

14 Sie scheint mir etwa bei Berger/Luckmann, 1971, am konsequentesten entwickelt vorzuliegen.

15 Siehe zu meiner Interpretation dieser Frage, auch Merleau-Ponty, 1974, S. 40: "Das ist die Frage, die Georg Lukács an seinen Lehrmeister Weber richtet. Er wirft ihm nicht vor, daß er zu relativistisch gewesen ist, sondern daß er es zu wenig war und nicht so weit ging, 'die Begriffe des Subjekts und des Objekts zu relativieren'. Tut man das, so findet man wieder zu einer Art von Totalität zurück. Freilich läßt sich nicht verhindern, daß unser Wissen partiell und parteilich ist. Es wird niemals (wenn das Wort einen Sinn hat) mit dem An-sich der Geschichte zusammenfallen."

Literatur

Anderson, P. (1978), Über den westlichen Marxismus, Frankfurt am Main

Bader, V. u.a. (1976), Einführung in die Gesellschaftstheorie. Gesellschaft, Wirtschaft und Staat bei Marx und Weber, 2 Bde. Frankfurt

Benseler, F. (1965), Ein Lokalpatriot der Kultur, in: Ders. (Hrsg.), Festschrift zum achtzigsten Geburtstag von Georg Lukács, Neuwied und Berlin, S. 13-26

Benseler, F. (1984), Revolutionäres Denken: Georg Lukács. Eine Einführung in Leben und Werk, Darmstadt und Neuwied

Benseler, F. (1985), Materialismus und Innovation, in: Die Neue Gesellschaft / Frankfurter Hefte, 32, Heft 8, S. 702-799

Berger, P.L./Luckmann, T. (1971), Die gesellschaftliche Konstruktion der Wirklichkeit, Frankfurt

Dutschke, R. (1974), Versuch, Lenin auf die Füße zu stellen. Über den halbasiatischen und den westeuropäischen Weg zum Sozialismus. Lenin, Lukács und die Dritte Internationale, Berlin

Fetscher, I. (1973), Zum Begriff der "objektiven Möglichkeit" bei Max Weber und Georg Lukács, in: Revue Internationale de Philosophie, S. 501-525

Fleischer, H. (1970), Marxismus und Geschichte. Frankfurt am Main

Goldmann, L. (1966), Dialektische Untersuchungen, Neuwied und Berlin

Greven, M.Th. (1977), Parteien und politische Herrschaft, Meisenheim am Glan

Gruenenberg, A. (1976), Bürger und Revolutionär. Georg Lukács 1918-1928, Frankfurt

Habermas, J. (1981), Theorie des kommunikativen Handelns, 2 Bde., Frankfurt am Main

Horkheimer, M. (1967), Zur Kritik der instrumentellen Vernunft, Frankfurt am Main

Israel, J. (1972), Der Begriff Entfremdung. Makrosoziologische Untersuchung von Marx bis zur Soziologie der Gegenwart, Reinbek bei Hamburg

Kammler, J. (1974), Politische Theorie von Georg Lukács. Struktur und Historischer Praxisbezug bis 1929, Darmstadt und Neuwied

Krahl, H.-J. (1972), Zu Lukács: Geschichte und Klassenbewußtsein, in: ders., Konstitution und Klassenkampf, Frankfurt

Lukács, G. (1968), Geschichte und Klassenbewußtsein (Werke Bd. 2), Neuwied und Berlin

Lukács, G. (1973), Zur Ontologie des gesellschaftlichen Seins. Die Arbeit, Neuwied und Darmstadt

Lukács, G. (1975), Taktik und Ethik. Politische Aufsätze 1. 1918-1920, Darmstadt und Neuwied

Lukács, G. (1981), Gelebtes Denken. Eine Autobiographie im Dialog, Frankfurt am Main

Ludz, P. (1967), Der Begriff der "demokratischen Diktatur" in der politischen Philosophie von Georg Lukács, in: G. Lukács, Schriften zur Ideologie und Politik, Neuwied und Berlin

Marcuse, H. (1965), Industrialisierung und Kapitalismus im Werk Max Webers, in: ders., Kultur und Gesellschaft 2, Frankfurt am Main, S. 107-129

Maretzky, K.-D. (1970), Geschichte und Klassenbewußtsein. Probleme der Marx-Rezeption in Georg Lukács geschichtsphilosophischem Werk (Diss.), Berlin

Marx, K. (1939), Grundriß der Kritik der politischen Ökonomie, Moskau

Marx, K. (1968), Ökonomisch-philosophische Manuskripte aus dem Jahr 1844 (MEW Ergänzungsband, 1. Teil) Berlin

Marx, K. (1969), Deutsche Ideologie (MEW Bd. 3), Berlin

Marx, K. (1972),, Randglossen zu A. Wagners "Lehrbuch der politischen Ökonomie" (MEW Bd. 19), Berlin

Merleau-Ponty, M. (1974), Die Abenteuer der Dialektik, Frankfurt am Main

Mommsen, W. (1974a), Max Weber und die deutsche Politik 1890-1920, Tübingen, 2. Auflg.

Mommsen, W. (1974b), Max Weber. Gesellschaft, Politik und Geschichte, Frankfurt am Main

Sieferle, R.P. (1979), Die Revolution in der Theorie von Karl Marx, Frankfurt/Berlin/Wien

Weber, M. (1920), Gesammelte Aufsätze zur Religionssoziologie, Tübingen

Weber, M. (1968), Gesammelte Aufsätze zur Wissenschaftslehre, Tübingen

Weber, M. (1972), Wirtschaft und Gesellschaft. Grundriß der verstehenden Soziologie (Studienausgabe), Tübingen

Weyembergh, M. (1973), M. Weber et G. Lukács, in: Revue Internationale de Philosophie, S. 474–500

IV. Geschichtsphilosophie ohne Politiktheorie?
    Handlungstheoretische Probleme
    beim frühen Lukács

Der Primat des Kulturellen und die Absenz des Politischen
Brüche in der frühen Politiktheorie von Georg Lukács

Günter Trautmann

Fragen im historischen Rückblick

Die politische Handlungstheorie von Lukács gehört trotz äußerlicher Aktualität heute eher zur Ideengeschichte als in die Reihe der Politiktheorien, die Anspruch auf einen Beitrag zur Modernisierung der politischen Systeme in Ost und West erheben können.[1] Sicherlich hat Lukács in seiner bedeutendsten politischen Lebensphase zwischen 1918 und 1923 zentrale erkenntnistheoretische, klassenanalytische und organisationspolitische Fragen der europäischen Arbeiterbewegung aufgegriffen und geschichtsphilosophisch reflektiert. Die klassenanalytischen, bewußtseinspsychologischen und organisationspolitischen Antworten sind heute aber weitgehend überaltert. Selbst die Politikrelevanz und Forschungsimpulse, die von dem zentralen Werk 'Geschichte und Klassenbewußtsein' ausgingen, blieben sehr schwach.[2] Lukács war mit seinem linkskommunistischen Kultur- und Handlungsmodell zwar immer ein Stein des Anstoßes für Parteidogmatiker. Er wurde auch zum geistigen Vater für politisch marginalisierte Gruppen, die sich mit dem Status quo in Ost und West nicht abfinden wollten. Weitreichenden Einfluß auf die realen kulturellen, wirtschaftlichen und politischen Entwicklungen Europas hatte seine politische Handlungstheorie jedoch nicht. Interessant ist aber die historische Frage geblieben, wie die bürgerliche Intelligentsia den europäischen Umbruch der Jahre 1914/18 theoretisch und praktisch in einem neuen Paradigma zu bestimmen suchte.

Spätere Generationen sind manchmal ein wenig klüger, so könnte es scheinen. Heute werden jedenfalls an die erste umfassende sozialistische Umwälzung der Weltgeschichte, die Oktoberrevolution, und auch an den Reformismus Westeuropas kritische Fragen gestellt, die das Politikmodell und die politische Handlungsrationalität der europäischen Intellektuellen und der politischen Akteure in der epochalen Umbruchsituation 1914 bis 1918 neu beleuchten.[3] Was bis in die Mitte der zwanziger Jahre hinein für die gesamte europäische Linke ein zukunftweisendes Sozialexperiment war, das für einige sogar universellen Charakter hatte, wurde seit den dreißiger Jahren durch das Stalinsche System diskreditiert und seit 1956 auch in den sozialistischen Ländern Osteuropas kritisiert. Es hat aber Jahrzehnte gedauert, bevor nicht nur das Sozialstaatsmodell Westeuropas, sondern auch das normativ hochstilisierte Sowjetmodell der jungen UdSSR in den kritischen Fokus der Parteiintellektuellen in Ost- und Westeuropa geriet. Die Stalin-Kritik des XX. Parteitags der KPdSU, die dann einsetzende Entstalinisierung und die offene Auseinandersetzung mit den totalitären Herrschaftspraktiken der Vergangenheit waren von einem retrospektiven Erfahrungsschock begleitet und lösten besonders im Eurokommunismus die Frage nach den Grenzen leninistischer Handlungsrationalität im nationalen und im internationalen System aus.[4]

Schon vor dem Ersten Weltkrieg hatten europäische Linksintellektuelle – so auch in Ungarn, Italien, Frankreich und Deutschland – gegen die fehlende Durchsetzungsfähigkeit der reformistischen Arbeiterbewegung polemisiert. Warum aber versagte diese kritische Potenz gegenüber den postrevolutionären Deformationen in dem ersten sozialistischen Land der Weltgeschichte? Warum spaltete sich die progressiv eingestellte Intelligentsia Europas zwischen 1914 und 1918 in einen reformistischen Teil, der fast ausschließlich die Grundwerte der bürgerlichen Demokratie und sozialer Reformen betonte und dabei der frühen UdSSR mit wenigen Ausnahmen die kritische Solidarität verweigerte, und in einen kominternorientierten Teil, der von idealistischen Positionen her auf eine Weltrevolution hoffte und seit den dreißiger Jahren den Tatbestand staatlichen Terrors als geschichtliche Entwicklungslogik (er-)duldete, tolerierte oder sogar offen verteidigte?[5] Warum konnten sich dagegen die vorurteilsfreieren Austromarxisten nicht durchsetzen, die der Sowjetunion eine konstruktive Rolle im nationalen und internationalen System attestierten, eine Universalisierung des Sowjetmodells aber als unvertretbaren Anspruch ablehnten und auch die inneren Systemstrukturen der stalinistischen UdSSR offen kritisierten.[6]

Gründe für die Theoriedefizite

Es gibt zahlreiche Gründe für die politischen Schwierigkeiten europäischer Intellektueller, das eigene geschichtsphilosophische, klassenanalytische, bewußtseinspsychologische und handlungstheoretische Reflexionspotential in den Prozeß gesellschaftlicher und politischer Modernisierung einzubringen. Für Lukács sind insbesondere die empiriefeindlichen Traditionen der Hegelschen Geschichtsphilosophie zu nennen, weiterhin die von kollektivem Handeln abstrahierende Lebensphilosophie der Vorkriegszeit und eine nur wenig überprüfte Spontaneitätstheorie, die sich gegenüber den späteren Bürokratisierungsprozessen in der Arbeiterbewegung als politikunfähig erwies.[7] Abgesehen von solchen theorieimmanenten Reflexions- und Handlungsbarrieren fällt bei Lukács zusätzlich ins Gewicht, daß er sich an den zentralen Theorie- und Strategiediskursen der europäischen Linken seit der russischen Revolution von 1905 nicht beteiligte.[8] So verfügte er jenseits seiner bürgerlichen Kulturtheorie und der Hegelschen Geschichtsphilosophie über keine realdialektische Politik- und Organisationstheorie, die seine späteren linkskommunistischen Positionen vor der weltanschaulichen und politischen Marginalisierung bewahren konnte. Da Lukács vor 1918 — außer in einigen Bildungsgesellschaften und in Gelehrtenkreisen — öffentlich nie tätig wurde und schon gar nicht über Erfahrungen in den Großorganisationen der Arbeiterbewegung verfügte, mußte der spekulative Theorieüberhang seines zudem dezisionistischen Politikmodells nach 1921/24 doppelt ins Gewicht fallen.

Heute liegen die erkenntnistheoretischen und praxeologischen Grenzen eines linkskommunistischen Handlungsmodells, das sich mit der Hegelianischen Geschichtsteleologie gegen eine empirisch-historische Überprüfung sozialer Prozesse, gegen theorieinterne Reorganisationen und normative Neuorientierungen immunisiert, offen auf der Hand.[9] Es hat sich auch herausgestellt, daß organisiertes politisches Handeln von Massenbewegungen eine Eigenständigkeit und Richtungsdynamik entwickelt, die sich aus rein ethischen Positionen von (Partei)-Intellektuellen — wenn überhaupt — nur schwer steuern läßt.[10] Solche Beobachtungen können aber nur bedingt die Frage klären, warum das Reflexionspotential der europäischen Intelligentsia in den zwanziger Jahren nicht stärker gegen postrevolutionäre Deformationen zu mobilisieren war. Es bleibt die Frage, warum zahlreiche bürgerliche Intellektuelle, die sich oft mit großem Kulturpathos 1917/1918 für die Oktoberrevolution entschieden, um eine neue kulturelle und politische Ordnung im Weltmaßstab zu errichten, auch dann noch am organisierten Kommunismus der dreißiger Jahre festhielten, als ohne einen geistigen Verrat an den ursprünglich bürgerlich-progressiven Idealen und an den ethisch fundierten, linkskommunistischen Prinzipien eine Koexistenz zwischen Kommunismus und Stalinismus nicht mehr möglich war.

Warum ließ sich der Primat des Kulturellen, der bei R. Luxemburg, A. Gramsci und G. Lukács festzustellen ist, nur bei Lukács nicht in eine kritische Politiktheorie transformieren? Zu solchen Überlegungen provoziert insbesondere Georg von Lukács, der eine erstaunliche Entwicklung vom gemäßigten bürgerlichen Radikalen (1904-1917) über den entschiedenen Linkskommunisten (1917-1923) hin zu einem angepaßten Parteiintellektuellen genommen hat, der seine kulturphilosophischen Grundideen zwar unter abrupt wechselnden Politikformen beibehielt, sein kritisches Reflexionspotential im wesentlichen aber darauf beschränkte, sich in der Nähe jeweiliger Parteilinien einen politisch geschützten Platz für die Beschäftigung mit seinen kulturphilosophischen Ursprungsinteressen zu sichern.[11] Es wäre aber historisch und politisch zu kurz gegriffen, die Gründe für unbestreitbare politische und politiktheoretische Brüche im Werk von Lukács allein in Theoriedefiziten der vormarxistischen Phase oder in der kommunistischen Bewegung zu suchen. Es sollte auch gefragt werden, welche historischen Optionen es nach Ausbruch des Ersten Weltkrieges überhaupt für jene Teile der europäischen Intelligentsia gab, die den bürgerlichen Status quo des alten Europa schon vor 1914 als widersprüchlich, in der Auflösung befindlich, politisch reformunfähig, sozial ungerecht und bar jeglicher kultureller Neuerungspotenz analysiert hatten.[12]

Was Lukács später als 'objektive Möglichkeit' revolutionären Umbruchs theoretisierte, war 1914/18 keineswegs eine historische Notwendigkeit. Die alte Welt hatte schon vor 1914 durchaus tragfähige Reformparadigmen entwickelt, die sich als Handlungsalternativen zur späteren Oktoberrevolution anboten:[13] Außer dem Reformismus gab es ein sozialliberales Reformparadigma, das England seit der Jahrhundertwende erprobte, sowie ein linkssozialistisches Reformmodell, das in Deutschland, Italien und Ungarn auch breite Teile der organisierten Arbeiterbewegung trugen. Hier verbanden sich die demokratischen Traditionen der europäischen Arbeiterbewegung mit einem radikalen Reformwillen, der sich von den diskreditierten Reformstrategien des Vorkriegs-Reformismus deutlich absetzte. Mit diesen vier Reformparadigmen – Sozialliberalismus, Reformismus, Linkssozialismus, Bolschewismus – war die Intelligentsia 1914/18 in fast allen industrialisierten Ländern Europas konfrontiert. Dabei ist keine Situationslogik zu entdecken, die spezielle Formen der Parteinahme für eines der vier Reformparadigmen 'notwendig' machte. Andererseits läßt sich nicht übersehen, daß bestimmte historische Klassenstrukturen und Machtkonstellationen die politischen Wertentscheidungen der europäischen Intelligentsia 1914/18 in eine bestimmte Richtung drängten.

So gab es auffällige Unterschiede zwischen den Ländern, in denen ein starker Grundbesitz die Demokratisierung des politischen Systems verhinderte und wo die Durchsetzungsfähigkeit des Sozialliberalismus, Reformismus und Linkssozialismus sehr gering blieb (Ungarn, Frankreich) und solchen Ländern, die über eine schrittweise Wahlrechtsreform und/oder eine staatliche Sozialpolitik – bei gleichzeitigem Erstarken der organisierten Arbeiterbewegung – das revolutionäre Protestpotential durch soziale und politische Kompromisse auf unterschiedlichen Ebenen integrieren konnten (England, Deutschland, Italien).[14] In diesen Ländern hatten sozial-liberale Vereinigungen wie die 'Fabian Society', der 'Verein für Sozialpolitik' oder die reformistische Arbeiterbewegung einen weit größeren Handlungsspielraum, als in vordemokratischen Systemen, die den Reformismus marginalisierten. Hier trat dagegen der Syndikalismus sehr leicht an die Stelle des Reformismus, da eine politische Strategie betriebsnaher, direkter Aktionen unter solchen Bedingungen mehr Erfolg versprach als die traditionellen Instrumente einer parlamentsbezogenen Reform (Frankreich, Spanien, Ungarn). An solchen Strukturschwächen des Reformismus und an den kompensatorischen Stärken des linkssozialistischen Syndikalismus hatte sich in Ungarn schon vor 1914 die Kritik E. Szabós entwickelt. Wer also 1917/18 vom Bolschewismus sprach, konnte vom Reformismus nicht schweigen.

Reformismus oder Radikalismus — Tertium non datur?

Auch Lukács hat in seinen frühen politischen Schriften diesen Zusammenhang polemisch analysiert. Dennoch war es 1914/17 keineswegs sicher, ob für Lukács das sozialliberale oder reformistische Paradigma nicht zukunftsträchtiger sein würde als das linkssozialistische oder linkskommunistische Modell. In Deutschland hatte Lukács — wie zur gleichen Zeit Lenin, der diese Partei vor 1914 noch sehr schätzte — immerhin die Sozialdemokratie als durchsetzungsfähige Reformpartei kennengelernt und im Heidelberger Weber-Kreis dürfte der Sozialliberalismus zum politischen Grundkonsens gehört haben, zumal der 'National-Soziale Verein' unter Friedrich Naumann schon sehr früh ein liberal-sozialistisches Bündnis vorschlug, das progressive Industrielle, den Mittelstand, die Intellektuellen und die Arbeiter in einem Bündnis gegen die konservative Monarchie und das agrarische Feudalsystem vereinigen sollte. Ähnliche Bestrebungen gab es auch in Ungarn.[15] Wenngleich Lukács sich bis 1918 nie ernstlich mit politischen Fragen beschäftigte, hätte der deutsche Reformismus oder das Weber-Naumannsche Modell einer sozialliberalen Demokratie sich in die Kulturtraditionen dieses literarischen Intellektuellen aus großbürgerlichem Hause leichter integrieren lassen als ein kommunistisches Politikmodell, das die Institutionen westeuropäischer Demokratien taktisch instrumentalisierte und mit der Räteidee ein theoretisch nur wenig ausgearbeitetes und organisationspraktisch erst seit 1905 erprobtes Konzept einer künftigen wirtschaftlichen, sozialen und politischen Ordnung anbot.

Tatsächlich ergriff Lukács eine sehr kurze Zeit Partei für die gradualistische Reformmethode Westeuropas (November 1918), bevor er wenige Wochen später der Kommunistischen Partei Ungarns (KPU) beitrat — und zwar aus den gleichen ethisch-moralischen Erwägungen, die für ihn in den vorhergehenden Jahren als regulatives Prinzip vernünftigen Handelns maßgebend waren.[16] Lukács war schon vor seinem KPU-Beitritt davon überzeugt, daß bedeutende "weltgeschichtliche Wertveränderung(en)" sich nicht ohne eine gleichzeitige "Wertvernichtung" vollziehen könnten. Die Entscheidung für oder gegen den Bolschewismus hatten dann rein "moralischen Charakter".[17] Die berühmte Streitfrage zwischen europäischen Reformisten und Radikalen, ob eine wirtschaftliche und gesellschaftliche Situation politisch 'reif' genug für politische Machtveränderungen sei, wurde von Lukács im Sinne des ethischen Rigorismus und eines moralischen Dezisionismus entschieden: Auf praktisch-politischer Ebene könne nicht vorweg über den Sinn politischer Machttechniken und Maßnahmen entschieden werden.

An Max Weber geschult, fielen für Lukács Sein und Sollen in der vormarxistischen Phase unvermittelt auseinander, wenngleich Reflexionen über die 'objektive' Möglichkeit schon anklingen, bevor Lukács — nie überzeugend — auf die erkenntnistheoretischen und bewußtseinsphilosophischen Positionen des historischen Materialismus wechselte. Zu einer Zeit, als er die Oktoberrevolution noch aus demokratietheoretischen Erwägungen ablehnte, war für ihn das "Wollen der sofortigen, um jeden Preis angestrebten Erfüllung" für erfolgreiche politische Aktionen ebenso entscheidend wie die "objektiven Verhältnisse".[18] Dieser lebensphilosophisch inspirierte und durch das beschleunigte Zeiterleben im Ersten Weltkrieg geprägte Aktionismus sowie der dezionistisch überhöhte Glaube an den politischen Willen sind wenig später die zentralen handlungstheoretischen Einbruchsstellen für das linkskommunistische Handlungsmodell, zumal Lukács sich schon zu diesem Zeitpunkt darüber klar ist, daß die "Vernichtung" kultureller Werte für einen revolutionären Umbruchsprozeß kein entscheidendes Gegenargument sein kann, wenn "neue Werte" für die kommende, neue Generation geschaffen werden sollen.[19]

Kultur plus Demokratie — Die reformistische Option von Lukács

Der künftige kommunistische Kultusminister, der mit der traditionellen bürgerlichen Kultur nie ganz brach, aber durch rätedemokratische Organisationen eine 'neue Kultur' in möglichst kurzer Zeit inspirieren und organisieren wollte, kündigte sich also schon zu einer Zeit an, als Lukács der KPU noch nicht beigetreten ist. Vorläufig wurde nur das moralische und kulturelle Konzept der 'Freien Schule für Geisteswissenschaften' radikalisiert und auf politische Durchsetzungsmöglichkeiten hin überprüft. Dabei wandelte Lukács schon jetzt moralische Fragen direkt in Formfragen der politischen Reformmethode um. Noch im November 1918 reduzierte sich für ihn die moralische Problematik darauf, ob die Demokratie in den bloß taktischen Bereich des Sozialismus gehöre — um in der Minderheitensituation gegen Unterdrückerklassen kämpfen zu können — oder ob demokratische Institutionen ein derart "konstitutiver Teil" des Sozialismus sind, daß man sie nicht aufgeben kann, "bevor nicht alle moralischen und weltanschaulichen Konsequenzen geklärt sind".[20] Vor dem Hintergrund westeuropäischer Traditionen, an denen er auch später im Prinzipiellen festhielt, beharrte er darauf, das Gute dürfe nicht mit schlechten Mitteln und die Freiheit nicht durch Unterdrückung erkämpft werden. Damit war für Lukács zunächst auch eine praktisch-politische Perspektive eröffnet, die er später in der KPU mit dem Einheitsgedanken vertrat. Aufgabe sollte es sein, auch mit Klassen und Parteien zusammenzuarbeiten, die nur in wenigen Punkten mit der Sozialdemokratie übereinstimmten.

Diese politische Aufgabe bestand für Lukács noch kurz vor seinem KPU-Beitritt darin, eine Form der politischen Kooperation zu finden, die die "Reinheit des Zieles" und das "Pathos des Wollens" nicht beeinträchtigt.[21] Aus solchem gesinnungsethischen Rigorismus heraus lehnt er noch im November 1918 die für ihn metaphysische Annahme russischer Kommunisten ab, aus dem

Schlechten könne das Gute entstehen. Die reformistische Option steht hier also für Lukács außer Frage. Die Demokratie erfordere aber mit ihrem Mehrheitsprinzip und den gradualistischen Reformmethoden weitgehende Kompromisse, die fast "übermenschliche Kräfte" verlangen. Im Gegensatz zum "moralischen Problem des Bolschewismus" stellten diese offensichtlichen Schwächen des reformistischen Reformparadigmas für Lukács aber noch keine unlösbaren Probleme dar.

Es ist nur bedingt verständlich, wenn Lukács in späteren Jahren versuchte, diese reformistischen Interimsperspektiven aus seiner marxistischen Biographie zu streichen. Sicherlich mußte der politisierende Ästhet, der von den Apparaten der eigenen Partei und von der Kominternbürokratie gerne als Literat abqualifiziert wurde, später versuchen, den KPU-Beitritt nicht als dezisionistischen Schlußstrich unter das Scheitern persönlicher Ambitionen und seiner subjektivistischen Lebensphilosophie erscheinen zu lassen.[22] Lukács November-Option für den Reformismus ist aber so zweideutig, daß der wenig später erfolgte KPU-Beitritt keineswegs unvorbereitet kam. Jedenfalls zeigte die Bewertung des bolschewistischen Phänomens Ambivalenzen, die eine partielle Rechtfertigung radikaler Methoden enthielten. Lukács hatte sich schon im November 1918 die Frage gestellt, ob nicht eine radikale Methode dem Reformismus vorzuziehen sei, da so eine Theorie sofort und ohne jeden Kompromiß in Praxis umgesetzt werden könne. Demokratische Methoden implizierten für ihn auch, daß es nicht möglich sei, gegen den Willen der empirischen Mehrheit einer Gesellschaft neue, kulturelle, wirtschaftliche und politische Wertsysteme durchzusetzen. Die Verlangsamung des Reformtempos würde aber negativ auf das "Pathos des Wollens" zurückwirken, die keinesfalls innerlich werden dürften.[23] Im November 1918 war Lukács noch bereit, diesen Preis demokratischer Implementation zu zahlen. Andererseits konnte er schon jetzt nicht leugnen, daß die "faszinierende Kraft" des russischen Kommunismus in der Befreiung von eben diesem Kompromißdenken lag.

An einem entscheidenden Punkt hielten ihn erkenntnistheoretische Überlegungen jedoch davon ab, aus dieser Faszination auch eine politische Position zu machen. Indem Lukács die Marx'sche Soziologie der Klassenkämpfe deutlich unterschied von der Marx'schen Geschichtsphilosophie, die unter dem Einfluß Hegels nur ein "utopisches Postulat" einer "moralischen Tendenz für eine kommende Weltordnung" bot, sah er zu diesem Zeitpunkt noch keinen unmittelbaren Zusammenhang von proletarischem Klassenkampf und einer Geschichtsteleologie, die 'notwendig' auf eine neue kulturelle Ordnung verweist. Diesen Zusammenhang wird Lukács aber wenig später geschichtsphilosophisch, erkenntnistheoretisch und bewußtseinspsychologisch behaupten, indem er zunächst den Aktionen des Proletariats, dann aber der Partei politische Aufklärungsfunktion zuschreibt, die Geschichte und Klassenbewußtsein in einen kausalen Zusammenhang bringen.[24]

Der Primat des Kulturellen — Politische Sozialisation und Erkenntnisinteressen vor dem Ersten Weltkrieg

Wie so manches andere Detail verliert sich auch die politische Biographie des frühen Lukács ins Ungewisse. Wie kam dieser zweisprachig großgewordene Intellektuelle aus reichem Elternhause dazu, nicht den Berufsweg seines Vaters Josef Löwinger einzuschlagen, der es im Ungarn der Vorkriegszeit vom Kleingewerbetreibenden aus Szeged zum Direktor der führenden 'Budapester Kreditanstalt' brachte?[25] Offensichtlich sind Individuen nicht immer das Ensemble gesellschaftlicher Verhältnisse. Jedenfalls dürfte die relative gesellschaftliche Isolation des jüdischen Elternhauses kein Grund für die bewußtseinsmäßige Radikalisierung und die spätere Politisierung des jungen Lukács gewesen sein, nachdem der Vater mit seinem Namenswechsel zu Lukács und durch die Erhebung der Familie in den Adelsstand wirtschaftlich, gesellschaftlich und politisch offensichtlich reüssiert war. Eben dieser schnelle soziale Aufstieg und die wohl prekäre Integration des deutschsprachigen Judentums in die Budapester Gesellschaft der Vorkriegszeit hätten den jungen Lukács hellsichtig machen können für die Klassenstrukturen, Machtverhältnisse und die gesellschaftlichen Umbrüche der Vorkriegszeit.

Die frühe Entscheidung, nicht Bankier wie der Vater zu werden, sondern wie der Onkel ein meditatives Leben zu führen, ist heute nur noch schwer zu ergründen. Im Jahrhundert zuvor hatten in ähnlicher Lage schon Ferdinand Lassalle, W.I. Lenin, Karl Marx und Rosa Luxemburg ähnliche Entscheidungen getroffen.

Dabei war der bewußtseinspolitische Weg von einer gemäßigt radikalen kulturpolitischen Kritik der bürgerlichen Gesellschaft zur systempolitischen Fundamentalkritik des Kapitalismus und zur organisierten Parteinahme für das Proletariat keineswegs ungewöhnlich. Auffällig an der politischen Sozialisation des frühen Lukács (1904–1918) ist jedoch, daß er sich vor 1918 an den zentralen handlungstheoretischen und organisationspolitischen Diskussionen der europäischen Linken nicht beteiligte. Soweit Lukács sich zu dieser Zeit überhaupt mit sozialer Emanzipation und politischer Organisation auseinandersetzte, tat er es fast ausschließlich in den Kategorien der Lebensphilosophie, des deutschen Idealismus und des ungarischen Syndikalismus.[26] Kulturpolitisch nahm Lukács schon früh Partei für bürgerlich-progressive Tendenzen, indem er sich 1904 an der Gründung der Budapester Thalia-Bühne beteiligte. Im gleichen Jahr trat er auch der in Teilen sozialliberalen 'Soziologischen Gesellschaft' bei, ohne jedoch sein literaturkritisches Interesse während der kommenden Jahre in eine grundlegende gesellschaftspolitische Kritik auszuweiten.[27] Jedenfalls stehen auch nach 1906 Fragen des modernen Dramas im Mittelpunkt der Zeitschriftenbeiträge, die Lukács in 'Das XX. Jahrhundert' und in 'Der Westen' veröffentlichte. Auch seine Universitätsstudien in Budapest, die er 1909 mit einer Promotion zum Dr. phil. abschloß, zielten auf eine 'Entwicklungsgeschichte des modernen Dramas', ohne daß schon jene sozialkritischen und methodologischen Probleme anklingen, die Lukács später als Basis–Überbau–Problem im Rahmen des historischen Materialismus analysierte. Anknüpfungspunkte hierzu waren in der Budapester Zeit durchaus vorhanden, da E. Szabó den europäischen Sozialismus auch in Ungarn bekannt gemacht hatte. Außerdem gehörte die erkenntnis- und literaturtheoretische Sickingen–Debatte zwischen Marx und Lassalle, die 'Lessing–Legende' Mehrings und die aktuelle kulturpolitische Auseinandersetzung um den Naturalismus zum etablierten Diskurs der europäischen Linken,[28] der auch in Budapest nicht unbekannt geblieben sein dürfte.

Selbst der Studienwechsel 1909/10 nach Berlin, Hauptstadt des Landes mit der stärksten Arbeiterpartei der Welt, sowie die theoretische Auseinandersetzung mit Simmels 'Philosophie des Geldes' und Webers auch an Marx geschulten Kapitalismus–Analysen führten bei Lukács zu keiner bedeutenden Veränderung der erkenntnisleitenden Interessen, obwohl er nunmehr überwiegend die deutsche Sprache benutzte und sich der neuen Erfahrungswelt des übrigen Europa durch Reisen stärker öffnete. Vielleicht war es mehr als ein äußerliches Indiz, daß der progressive europäische Intellektuelle Georg von Lukács in seiner Publikation 'Die Seele und die Formen' 1911 den jungen Adelstitel der Familie noch nicht abgelegt hatte und an einem elitären Kulturkonzept festhielt, das sich mit der rauhen Organisationswirklichkeit und der konventionellen Kultur organisierter Arbeiterbewegungen schwer harmonisieren ließ. Die Grundthese dieses Buches aus dem Jahre 1911: Wahre Wirklichkeit finde sich nur in der reinen Form, die Empirie aber sei Chaos und nur der Dichter könne aus den zerfließenden Erscheinungen Form und Wahrheit gewinnen – dieses idealistisch–elitäre Lebens- und Kulturkonzept bot zunächst keine Möglichkeit, den Anschluß an die reale Arbeiterbewegung Europas zu gewinnen.[29] Wenn es stimmen sollte, daß Lukács schon 1908 das 'Kapital' von Karl Marx durchgearbeitet hat,[30] so ist es ihm bis 1918 – und auch darüberhinaus – vorzüglich gelungen, diese erkenntnistheoretischen und politischen Impulse nach außen hin sorgsam zu kaschieren.

Politische und erkenntnistheoretische Radikalisierung im Weltkrieg

Ein Teil der europäischen Intelligentsia radikalisierte sich spätestens durch den Ausbruch des Ersten Weltkrieges und aufgrund des politischen Versagens der reformistischen Arbeiterparteien und Gewerkschaften, die trotz einer supranationalen Organisation (II. Internationale) und dezidiert anti–militaristischer Programme den Ausbruch dieses Weltkrieges nicht verhindern konnten.[31] Selbst diese epochalen Ereignisse scheinen zunächst keinen nachdrücklichen politischen Einfluß auf Lukács hinterlassen zu haben. Während sich die später führenden kommunistischen Intellektuellen seit 1914/15 zunehmend radikalisierten, eine soziale Revolution im Innern und im Weltmaßstab anstrebten, scheint Georg Lukács seine literaturtheoretischen und moralphilosophischen Erkenntnisinteressen aus der Vorkriegszeit kaum verändert zu haben.[32] Der geschichtliche Verlust jener klassischen Maßstäbe der Antike und des Mittelalters, Entzweiung und Verfall in der Moderne, das Leben als Zufall und die Überwindung des Chaos durch die künstlerische Form — dies bleiben für Lukács zentrale Themen auch über den Ausbruch des Ersten Weltkrieges hinaus. Ob der Einfluß Simmels und Webers für Lukács eine Wende zur literatursoziologischen Realanalyse im Sinne Arnold Hausers und damit auch zu konkreten Analysen künstlerischer Produktion brachten, ist fraglich. Selbst im wohlwollenden Rückblick behauptet Lukács später nur, daß Simmel und Weber für ihn Vorbilder zu einer Literatursoziologie darstellten, in der die "notwendigerweise verdünnten und abgeblaßten Elemente aus Marx zwar noch vorhanden, aber kaum erkennbar waren".[33] Unter dem Einfluß Simmels abstrahierte Lukács außerdem — wie auch in späteren Jahren — von ökonomischen Bedingungen künstlerischer Produktion und gesellschaftlichen Handelns. Er sah in der soziologischen Analyse nur ein 'Vorstadium' zur eigentlichen wissenschaftlichen Untersuchung der Ästhetik in der 'Entwicklungsgeschichte des modernen Dramas' (1909, ungarisch). Die Essays der vorangegangenen vier Jahre (1907-1911) schillerten ebenfalls zwischen dieser abstrakten formanalytischen Methode und einem 'mystischen Subjektivismus'.

Von solchen Erkenntnisinteressen und methodischen Positionen her war es im November 1918 natürlich ein kühner Sprung zum theoretischen Marxismus und in die organisierte kommunistische Bewegung. Der äußere kulturelle, gesellschaftliche und politische Anlaß für diese abrupte Wende ist nach knapp sieben Jahrzehnten immer noch umstritten.[34] Der Eintritt Lukács' in die eben gegründete Kommunistische Partei Ungarns (KPU) war jedenfalls auch für seinen kleinen Freundes- und Bekanntenkreis überraschend, zumal er bekanntlich die Oktoberrevolution und die bolschewistische Partei bis in den November 1918 hinein aus ethischen Gründen ablehnte — ganz im Gegensatz zu den meisten europäischen Linksintellektuellen, die schon die Revolution von 1905, dann die bürgerliche Februar-Revolution und schließlich den Oktober 1917 als politisches Signal für Westeuropa offen begrüßt hatten.

Nach Momenten realer Kontinuität für diesen Schritt in der Vorkriegszeit oder während der Kriegsjahre sucht man erfolglos. Nur der prinzipielle Primat des Kulturellen und des Ethischen blieb über die Umbrüche 1914/1917 hinweg konstant. Sah Lukács für Ungarn etwa die einmalige historische Chance, im Rahmen der erwarteten Weltrevolution weitreichende geschichtsphilosophische Ziele und kulturpolitische Perspektiven mit einem klug organisierten Schlag zu realisieren?[35] War die kommunistische Option für den progressiven Intellektuellen aus großbürgerlichem Hause auch aus nationalen Gründen naheliegend, nachdem die Alliierten das Nachkriegsungarn verkleinern wollten und Frankreich auch noch diese nationale Restexistenz weiter in Frage stellte? Befand sich Lukács zum Zeitpunkt seiner Parteinahme also in doppelter Front mit dem nationalen Bürgertum, das bei der Sowjetunion außenpolitischen Schutz suchte, und mit der revolutionären Linken, die wenig später eine von der Sowjetunion unterstützte Räteherrschaft etablierte?[36] Insgesamt sind solche Fragen ohne weitere Dokumente wohl nicht zu beantworten. Wahrscheinlich erfaßte Lajos Kassák, Herausgeber des radikalen Blattes 'Heute', an dem auch Lukács mitarbeitete, die sozial-psychologische und erkenntnistheoretische Situation der literarischen Intelligenz Budapests während der Revolutionswirren von 1918/19 sehr gut.[37] Es seien Philosophen, Dichter und Ästheten gewesen, die sich in den frischen Sturm der Revolution hineinwarfen, aber die nachfolgenden Gefechte nicht ertragen konnten. Während sich die Revolution entwickelte, hätten diese politisierten Ästheten im Haus der Sowjets gesessen und mit Zitaten von Hegel, Marx, Fichte, Weber, Jean Paul, Hölderlin und Novalis die revolutionären Umbrüche reflektieren und organisieren wollen.

Die idealistische Kulturtheorie Lukács' in den Jahren 1917/18

Lukács' politisch-moralische Grundvorstellungen — von einer vormarxistischen Politiktheorie kann keine Rede sein — waren bis 1918 durch sehr unterschiedliche geschichtsphilosophische, soziologische und ethische Theoreme geprägt. Der Hegelianismus, der Neukantianismus, die Lebensphilosophie und der Syndikalismus wurden in ein vages, elektizistisches Handlungsmodell integriert, das zahlreiche innere Widersprüche zeigte und auch kein klares handlungsanweisendes Profil hatte.[38] Lasks Versuche, Wert und Wirklichkeit zu versöhnen, Natorps ethischer Geschichtsoptimismus sowie die Bemühungen der Neukantianer Cohen und Staudinger, den demokratischen Sozialismus im Rahmen der Kantschen Ethik neu zu begründen, hinterließen bei Lukács gleichfalls theoriegeschichtliche Spuren, ebenso die scharfe Reformismuskritik Szabós und dessen syndikalistische Handlungstheorie, die bei Lukács zugleich ein starkes Interesse an der Spontaneitäts- und antibürokratischen Parteitheorie R. Luxemburgs weckte.

   Die ethisch politischen Grundauffassungen Lukács' vor seiner praktischen und theoretischen Wende zum organisierten Kommunismus können einigermaßen verläßlich am Kulturprogramm der 'Freien Schule für Geisteswissenschaften' rekonstruiert werden, die Lukács mitbegründete und intellektuell beeinflußte.[39] Entstanden war die Idee dieser Schulgründung in einem wöchentlichen Diskussionskreis, der sich seit 1915 in dem Budapester Hause eines Lukács-Freundes traf, um moralische und literarische Themen zu erörtern. Die unpolitische Grundhaltung dieses informellen Klubs wurde erst seit 1917 aufgebrochen, als die Gruppe eine 'Freie Schule für Geisteswissenschaften' gründete, um damit der pragmatischeren 'Sozialwissenschaftlichen Gesellschaft' eine kultur- und bildungspolitische Alternative entgegenzusetzen.

Die geschichtsphilosophischen Grundideen und die kulturpolitischen Ansprüche dieser neuen Schule faßte Karl Mannheim 1918 programmatisch zusammen. Wichtigstes Ziel der Lehre und Forschung sollte es sein, den Zusammenhang von seelischer Individualität und objektiver Kultur umfassend zu analysieren.[40] Verbindlich für die ethischen und ästhetischen Auffassungen war ein 'gewisser Normativismus', der sich jedoch keiner bestimmten Erkenntnismethode verpflichtet sah. Ein 'metaphysischer Idealismus' sollte jedoch die weltanschaulichen Grundlagen der künftigen Lehre bestimmen, während der Naturalismus in der Kunst und der Marxismus in der Soziologie als überwunden galten.[41] Die Forschung sollte pluralistischen Prinzipien verpflichtet sein. Die Erstellung von Weltbildern mithilfe einfacher Gedankenschemata wurde daher abgelehnt. Nur in einer solchen Forschungsperspektive sah Mannheim die Möglichkeit, einzelne Kulturobjektivationen wie Religion, Philosophie, Ethik, Kunst, Gesellschaft und Geschichte wissenschaftlich zu untersuchen.

Ein altes Problem der klassischen Philosophie stand im Zentrum der künftigen Lehre: das Verhältnis von Subjekt und "objektiver Kultur".[42] Dabei wurden unter objektiver Kultur sämtliche 'Objektivationen des Geistes' verstanden, die sich der Mensch in einem langen Geschichtsprozeß aneignet. Dieser Prozeß der kulturellen Aneignung führt durch Norminternalisierungen zur 'subjektiven Kultur'. Die Frage nach dem Sinn sozialen und politischen Handelns wurde so durch Rückgriffe auf die Kulturgeschichte relativiert und aufgelöst. Sinn konnte nur in einer kulturgeschichtlichen Ursprungssituation vom individuellen 'Werk' des Einzelnen kommen. Diese 'Kulturtatsache' nahm dann erst im Laufe der Geschichte einen historisch–sozialen Charakter an.[43] Daß eine solche Kulturphilosophie des individuellen Schöpfertums, das nur in wenigen epochalen Gründersituationen entstehen kann, später bei Lukács zu einer kulturtheoretischen Fehldeutung der Oktoberrevolution beitrug, liegt auf der Hand. Der Grundgedanke, daß eine neue Ordnung nicht allein auf wirtschaftliche und politische Maßnahmen, sondern auf kulturelle Neuschöpfungen gegründet werden müsse, ist bei Lukács sicherlich durch diese Geschichtsphilosophie der 'Freien Schule für Geisteswissenschaften' beeinflußt.

Für diese Kulturtheorie bestanden nur wenige Geschichtsperioden, in denen das Werk nicht mehr nur Mittel, sondern 'selbständige Wirklichkeit' sein kann, andere Perioden dagegen, in denen das Individuum nur ein Medium ist, "das die immanenten Möglichkeiten der Kultur und des gegebenen Materials gehorsam zur Entfaltung bringt".[44] Dann aber besteht die Leistung des Individuums nur noch in der Erfüllung oder Vollendung jener Möglichkeiten, die ein 'sinnvoller Anfang' vorzeichnet. Sinn gesellschaftlichen und politischen Handelns entsteht in solchen Geschichtsperioden epigonalen Verhaltens nur durch Bezug

auf Kulturobjektivationen, die in der Geschichte klassische Form und damit
auch allgemeinen Normcharakter gewinnen. Freilich entwickelt sich in Krisen
ein Entfremdungsprozeß von Individuum und Kultur, in dem der Einzelne
"unter den Bann neuer Erlebnisse von seelischen Urtatsachen" gerät.[45] Die
Geschichts- und Bewußtseinsdiagnose richtete sich damit auf ein geschichts-
philosophisches Zeitalter, in dem die "Gegenwart neuer, formlos aufleuchtender
Gehalte" nunmehr "manches Alte entaktualisiert".[46] Mit einem solchen
Drei–Stadien–Gesetz der Kulturentwicklung (Urtatsachen und Wiedererneue-
rung/Form und Vollkommenheit/Entfremdung und Auseinanderfallen von Form
und Inhalt) wurde 1918 in kulturphilosophischer Abstraktion nur die nüchterne
Tatsache der gewaltigen wirtschaftlichen, gesellschaftlichen und politischen
Umbrüche in den Jahren 1914/18 begrifflich umschrieben. Jenes Genie, dem
allein das 'Neue' durch die Beherrschung von Inhalt und Form gelingen könne,
und die 'Formwerdung' der in der Krise notwendig gewordenen 'neuen Gehalte', ließ sich wenig später relativ leicht aus dem kulturphilosophischen Rahmen
lösen und auf die politische Handlungstheorie von Lukács transponieren, zumal
die angestrebte "umfassende Metaphysik" sich unter der Hand in eine Metaphysik der spontanen Aktion verwandeln konnte.[47]

Individualismus, direkte Aktion und Klassenbewußtsein —
Die Vorwegnahme des Linkskommunismus in der syndikalistischen
Theorie Ervin Szabós

Die idealistisch und metaphysisch orientierte Programmatik der 'Freien Schule
für Geisteswissenschaften', die eine umfassende Kulturerneuerung anstrebte,
mußte im Zeitalter revolutionärer Umbrüche praxeologisch verbindlich werden,
wenn sie nicht ins politische und gesellschaftliche Abseits geraten wollte. Die
Tatsache, daß Ervin Szabó, theoretischer und praktischer Mentor des ungarischen Linkssozialismus seit der Jahrhundertwende, sich an den Veranstaltun-
gen der 'Freien Schule für Geisteswissenschaften' mit einem Vortrag über
'Die Grundfrage des Marxismus' beteiligte, zeigt, daß die junge Gruppe der
Budapester Kulturtheoretiker spätestens 1918 Anschluß an die politische Realität
suchte.[48] Insbesondere auf Lukács, der als einziger Theoretiker dieses Kreises
wenig später ein Ministeramt in der Räteregierung übernahm, hat Ervin Szabó
mit seiner syndikalistischen Theorie des Klassenbewußtseins und spontaner
Aktionen starken Einfluß gehabt.

Szabó eröffnete schon 1902 eine Broschürenreihe 'Bibliothek Sozialistischer
Studenten' und trat 1904 als Vertreter linkssozialistischer Positionen in jener
'Sozialwissenschaftlichen Gesellschaft' auf, der auch Lukács schon zu dieser
Zeit angehörte. Als Nietzsche–Verehrer schätzte Szabó die 'individuelle Inven-

tion' der Intelligentsia sehr hoch ein. Die ersten Massenstreiks in Belgien und Spanien hatten für die europäische Linke deutlich werden lassen, daß die Legalstrategie und deren parlamentsbezogener Reformismus offensichtlich an theoretische und praktische Grenzen geraten waren.[49] Besonders in den spontanen Massenstreiks der südlichen Länder zeigte sich, daß die traditionellen Spannungen zwischen den Arbeiterparteien und der Intelligenz in Momenten direkter Aktion abnahmen. Schon 1902 betonte Szabó in einem Aufsatz zur Frage 'Masse oder Individuum?' die notwendige Eliterolle der Intelligenz in der Arbeiterbewegung, wobei er jedoch studentische Militanz in geheimen Verschwörerzirkeln und blanquistischen Aktionen strikt ablehnte. Er sprach sich statt dessen für eine 'bescheidene' und 'mühsame Kulturarbeit' der wenigen sozialistischen Studenten Ungarns aus, die in den kommenden Jahren durch Bildungsaktivitäten tatsächlich stärkeren Anschluß an die organisierte Arbeiterbewegung fanden. Szabó sah aber auch schon sehr früh, daß sich die Intellektuellen in der Arbeiterschaft als neue Klasse zu konstituieren und die soziale Bewegung zu dominieren versuchten.[50] Dabei grenzte er sich gegen den bolschewistischen Typus der elitären Kaderpartei ebenso ab wie gegen den Plan einer reformistischen Intellektuellen-Elite, die das Proletariat programmatisch führen sollte.

Für Szabó stand außer Frage, daß der Liberalismus als Reformparadigma besonders in Ungarn versagt hatte, wo er in der Vorkriegszeit zur Ideologie der herrschenden Klassen deformiert war. Auch der Sozialliberalismus und der Reformismus hatten sich als untauglich, zumindest aber als nicht durchsetzungsfähig erwiesen. Die scharfe Kritik am europäischen Reformismus, der mit bloß parlamentarischen Methoden dem weiterreichenden Drängen der aktivierten Massen nicht mehr gerecht wurde, begründete Szabó mit einer Theorie des Klassenbewußtseins, die fast alle zentralen Überlegungen des späteren Lukács vorwegnahm.

Nach Szabó verfügte nur ein sehr kleiner Teil des Proletariats über das zum politischen Kampf notwendige Klassenbewußtsein. Es bestand danach ein massives Gefälle zwischen den objektiven Interessen des Proletariats und dem empirischen Klassenbewußtsein, so daß die These von einer notwendigen Diktatur des Proletariats entstand, in der die Partei — und nicht das Proletariat als Handlungssubjekt — die Initiativ-, Führungs- und Kontrollfunktionen im sozialen und politischen Reformprozeß ausübt. Dieses historische Gefälle von empirischem subjektiven Klassenbewußtsein und objektiver proletarischer Klassensituation, (die spätere Lukács'sche 'Zurechnung' also) führte nach Szabó zu einer falschen politischen Reformstrategie: Nämlich zur Entstehung von Parteibürokratien und rein parlamentarischen Formen des Klassenkampfes. Das bürgerliche Repräsentativsystem, die parlamentarische Interessenvertretung und den Primat der Partei im Rahmen einer Aufspaltung des Kampfes in politische und gewerkschaftliche Aktionen wollte Szabó ablösen durch die direkte Teilnahme der Arbeiter am Klassenkampf und eine syndikalistische Verlagerung der politischen Strategie auf die Wirtschafts- und Unternehmensebene, was zur gleichen Zeit französische und italienische Sozialisten forderten. Verbunden war dieses basisdemokratische Reformkonzept mit einer starken geschichtsphilosophischen Betonung der Rolle des Individuums in der Geschichte.[51]

Seit 1906 ging Szabó dazu über, seine Geschichtsphilosophie und die Theorie des syndikalistischen Kampfes auch organisationspolitisch zu konkretisieren. Die seit der Jahrhundertwende entstehenden ökonomischen Massenbewegungen waren für ihn ein geschichtlich neues Phänomen, dem gegenüber die reformistischen Instrumente der parlamentarischen Reform und des gewerkschaftlichen Lohnkampfes versagten. Die traditionelle reformistische Arbeitsteilung zwischen politischem und gewerkschaftlichem Kampf lehnte er ab, zumal sich in fast allen industrialisierten Ländern Europas das Spannungsverhältnis zwischen Arbeiterparteien und Gewerkschaftsorganisationen seit Beginn des 20. Jahrhunderts wesentlich verschärft hatte. Szabó wollte das Proletariat nicht nur zum politischen Subjekt, sondern auch zur "selbständigen Klasse im wirtschaftlichen Sinn" machen, was auf den organisationspolitischen Primat der Gewerkschaften, Genossenschaften und Arbeiterräte hinauslief.[52] Dabei ging er von dem historischen Befund aus, daß die Parteien der Arbeiterbewegung nur in solchen Ländern ungewöhnlich stark werden konnten, wo das Bürgertum zu schwach war, um ohne die Hilfe der Arbeiterorganisationen den Wirtschaftsliberalismus und die politische Demokratie gegen den Feudalstaat durchzusetzen (Deutschland, Österreich-Ungarn), während in Ländern mit einer weit stärkeren Bourgeoisie (Großbritannien, Vereinigte Staaten) die rein politische Orientierung der Arbeiterbewegung weniger ausgeprägt war, so daß die Gewerkschaften in der Arbeiterbewegung dominierten.

Von solchen Überlegungen her lag es auch nahe, von französischen Syndikalisten den Gedanken der Revolte zu übernehmen. Die neue Gesellschaft sollte das Ergebnis einer spontanen, zu wirklichem Klassenbewußtsein gekommenen und flexibel organisierten Arbeiterklasse sein, die bewußtseinsmäßig und organisatorisch eben nicht durch eine Partei (ob nun reformistisch oder bolschewistisch), sondern durch praxisnahe Klassenorganisationen der Gewerkschaften, Genossenschaften und Räte zum Handlungssubjekt wird.[53] Mit diesen syndikalistischen Perspektiven konnte Szabó einen Teil der linksrevolutionären Sozialdemokraten Ungarns und später auch Linkskommunisten wir Lukács stark beeinflussen, zumal von Lenin in Europa zu dieser Zeit nur sehr wenig bekannt war und die spätere Neue Ökonomische Politik in der Sowjetunion den Leninschen Linkskommunismus aus 'Staat und Revolution' theoretisch und praktisch obsolet machte. Außerdem ließen starke theoretische Kompromisse, die Szabó bei seinen Vorträgen in der 'Sozialwissenschaftlichen Gesellschaft' und in der 'Freien Schule für Geisteswissenschaften' in Richtung auf den ethischen Idealismus einging, seine Theorie des Klassenbewußtseins und spontaner Aktionen, die sich gegen Parteibürokratien jeglicher Provenienz und insbesondere gegen den Parlamentarismus richteten, für die europäischen Intellektuellen Ungarns besonders attraktiv werden.[54]

Die linkskommunistische Kulturtheorie und revolutionäre Praxis 1918/19

Die politische Realadäquanz der syndikalistischen Handlungs- und Klassentheorie Szabós, der noch vor der Durchsetzung der Räterepublik starb und unter starker öffentlicher Anteilnahme in Budapest ehrenvoll beigesetzt wurde, nahm Ende 1918 zu, als durch die militärische Niederlage und aufgrund der massiven inneren Spannungen auch in Ungarn die revolutionären Ereignisse sich überstürzten. Die am 20. November 1918 formell konstituierte Kommunistische Partei Ungarns (KPU) war keineswegs nur eine organisatorische Aufbauleistung Béla Kuns und früherer ungarischer Kriegsgefangener, die mit einschlägigen Organisationserfahrungen aus Sowjetrußland heimkehrten.[55] Diese neue Partei hatte auch Zulauf von linkssozialistischen Studenten, politisch radikalisierten Sozialdemokraten und syndikalistisch orientierten Betriebsräten, die Szabós Theorien nunmehr in die Praxis umsetzen wollten. Dabei haben die KPU-Beitritte und die Parteinahme für die Sowjetunion in den Jahren 1918/19 politisch eine ganz andere Bedeutung als in den zwanziger Jahren, da auch das Bürgertum eine diplomatische Koexistenz mit dem Sowjetsystem anstrebte und außerdem seit Oktober die Massen spontan in Bewegung gerieten und Handlungssubjekt der folgenden Monate wurden. Hier berührte die bisher nur abstrakte syndikalistische Handlungstheorie zum erstenmal den Saum der realen Geschichte, und die aktivierende Faszination für ethisch orientierte Intellektuelle, die jahrzehntelang handlungspolitisch marginalisiert waren, blieb nicht aus.[56] Zahlreiche Mitglieder der zuvor systemoppositionellen 'Sozialwissenschaftlichen Gesellschaft' und einige Teilnehmer der 'Freien Schule für Geisteswissenschaften' befanden sich Ende 1918 in der Regierungsverantwortung eines sozialdemokratisch geführten Kabinetts, oder wurden Mitglieder in der Räteregierung, als sich die Situation revolutionär verschärfte.[57] Der revolutionäre Prozeß verlief 1918/19 in eine Richtung, mit der sich nicht allein Lukács, sondern auch andere Mitglieder der 'Freien Schule für Geisteswissenschaften', die der KPU beitraten, identifizieren konnten. Die sozialdemokratische Partei hatte unter dem Druck der Straße umfassende wirtschaftliche, soziale und politische Reformen angekündigt. Führende Persönlichkeiten aus Finanz- und Industriekreisen unterstützten das Regime, und die bürgerliche Presse berichtete 1918/19 über das Ausland unter der Rubrik 'Die Europäische Revolution'.[58] Eine groß angelegte Reform sollte durchgeführt werden unter der Herrschaft der werktätigen Bauern- und Arbeitermassen im Staate unter der Führung der wahren, wirklich schöpferischen Intelligenz.[59] Damit war natürlich auch eine klare Absage an eine Diktatur des Proletariats wie 1917 in Sowjetrußland ausgesprochen. Dennoch machten es die sozialdemokratischen Reformperspektiven Lukács wenig später möglich, für die organisatorische Einheit von Sozialdemokraten und Kommunisten einzutreten, um damit seiner Politik der fundamentalen Kulturerneuerung eine machtpolitische Grundlage zu geben. Beide Positionen – die organisatorische Einheit der Arbeiterbewegung und die Kultur als Ziel der Politik – zeigten, wie gering der Einfluß des Leninismus auf Lukács in den Jahren 1918/19 war.

Ohne Frage ist Lukács während der revolutionären Umbrüche und in der Regierungsverantwortung 1918/19 Kulturtheoretiker geblieben und kein Parteipolitiker geworden. Auch in der Räterepublik wurde von seinem Mitarbeiterkreis der Schuldbegriff in Hebbels 'Judith' erörtert und Dostojewskijs 'Brüder Karamasoff' als ethische Handlungslehre zur Parteilektüre empfohlen.[60] Von Realpolitikern und Faktionsspezialisten wurden Lukács–Anhänger, auch noch in späteren Jahren, fast verächtlich als unzuverlässige 'Ethiker' abqualifiziert, während sich diese Ethiker 1919 dafür einsetzten, die staatlichen Unterdrückungsmaßnahmen gegen die Gegner der Republik zu entschärfen.

Die Kulturtheorie und die Ethik der vorkommunistischen Zeit blieben für Lukács 1918/19 auch in der Partei- und Regierungspolitik verpflichtend.[61] Er versuchte, die kulturpolitischen Institutionen Ungarns zu demokratisieren, der Klassik ihr Recht auf der Bühne einzuräumen, Märchenlektüre im Volksschulunterricht einzuführen, neue Lehrkräfte zur Bekämpfung des Analphabetismus und der Bildungsgleichheit auszubilden, das Universitätsstudium zu verbessern und die Erwachsenenbildung für Arbeiter systematisch auszubauen – unter der dreimonatigen Diktatur des Proletariats ein insgesamt gemäßigtes, sozialreformerisches Programm also, das auch vom sozialdemokratischen, radikalen und bürgerlich–progressiven Lager getragen werden konnte. Die Tatsache, daß der Unterricht an den Universitäten auch in der Rätezeit nur den 'wirklich Begabten' vorbehalten bleiben sollte,[62] stellt Lukács ebenfalls in die Kontinuität der individualistischen Ethik und des elitären Bildungskonzepts, das zuvor an der 'Freien Schule für Geisteswissenschaften' entwickelt wurde. Dieser Primat des Kulturellen brachte den kommunistischen Volkskommissar notwendig in Konflikt mit Parteigenossen, die mehr Parteilichkeit im Amt erwarteten, als sie Lukács mit der Förderung futuristischer und surrealistischer Gruppen zeigte, während er zweitrangige sozialistische Literaten nicht unterstützte.[63] Die kulturpolitische Position, die Lukács in diesem grundsätzlichen Konflikt zwischen künstlerischer Freiheit und Parteiräson einnahm, hat er auch in den zwanziger und dreißiger Jahren nicht wesentlich verändert. Die Literatur keiner bestimmten Richtung oder Partei sollte 1919 staatlich unterstützt werden. Das kommunistische Kulturprogramm sollte nur gute und schlechte Literatur unterscheiden und es war nicht geplant, Shakespeare oder Goethe zu verbieten, nur weil sie keine sozialistischen Schriftsteller waren. Unter dem Titel des Sozialismus durfte die Kunst nicht dem Dilettantismus weichen, dagegen sollte nur 'die höchste und reinste Kunst' dem Proletariat vermittelt werden. Nachdrücklicher konnte Lukács gegenüber der eigenen Partei und vor der Öffentlichkeit nicht verdeutlichen, daß für ihn Politik 'bloß Mittel', die Kultur aber das übergeordnete Ziel war.[64] Der Primat des Kulturellen bedeutete aber Absenz des Politischen in der Handlungstheorie von Georg Lukács.

Die Überabstraktion des politischen Handlungsmodells und die Immunisierung der Handlungstheorie gegen politische Erfahrung

Lukács war zwar 1918-1929 zu einer Revision taktischer Komponenten seiner Handlungstheorie fähig, nicht aber zu einer Modifizierung oder gar strukturellen Veränderung jener grundlegenden Axiome, die er aus der Zeit vor 1918 übernommen und in ein linkskommunistisches Handlungsmodell integriert hatte. Diese Immunisierung der politischen Handlungstheorie gegen die neuen kulturellen, politischen und wirtschaftlichen Erfahrungen der zwanziger Jahre ist auch darauf zurückzuführen, daß Lukács die idealistischen Strukturen seiner Handlungstheorie aus der Zeit vor 1918 selbst dann noch intakt ließ, als er auf die erkenntnistheoretischen, ästhetischen und politischen Positionen des Rätemarxismus überwechselte. Kennzeichnend dafür ist insbesondere die Transposition der Hegelschen Begrifflichkeit in die linkskommunistische Kulturtheorie. Lukács hat Kultur immer als qualitativ eigenständigen Bereich der Freiheit und Wertrealisation begriffen. Die historische Vermittlung der Kulturformen und des kulturellen Bewußtseins, die schon Marx, später insbesondere A. Gramsci in den Mittelpunkt der ideologiekritischen Analyse rückten, wurde bei Lukács in eine idealistisch-abstrakte Gegenüberstellung von 'Kultur' (als eigenständige Wertsphäre) und 'Wirtschaft' (als eigenständige Produktionssphäre) aufgelöst. Die unvermittelte Transposition des Hegelschen Geschichtsmodells auf die Prozeßanalyse vor- und postrevolutionärer Gesellschaften immunisierte das Lukács'sche Handlungsmodell gegen eine reflektierte Überprüfung und Revision aufgrund der neuen wirtschaftlichen, gesellschaftlichen und politischen Erfahrungen nach 1917/18. Während Gramsci als ehemaliger Rätetheoretiker auf den Ebenen der kulturellen Analyse und der politischen Handlungstheorie durch autonome Reflexion zu neuen Formen der Herrschaftsanalyse kam (Hegemonialtheorie), blieb Lukács bei der Applikation seiner idealistischen Geschichtsmodelle auf die politikrelevanten Handlungsnormen der Komintern angewiesen, von deren strategischem Grundmodell er selbst in den BlumThesen nur in nebensächlichen Varianten abwich. Das totale Scheitern in der praktischen Organisationspolitik, die geschichtsontologisch motivierte Bereitschaft zu ständiger Selbstkritik und der schließliche Rückzug auf die politikfreie Sphäre des

Ästhetischen waren eine dezisionistische Resignation, aus der Unfähigkeit geboren, den vollkommen unerwarteten Entwicklungsprozeß in Ost- und Westeuropa in einer realadäquaten politischen Handlungstheorie und autonomer Kritik zu vermitteln.

So trat an die Stelle eines reflektierenden Umgangs mit überwundenen Positionen in der eigenen politischen Vergangenheit die nachträgliche Korrektur oder sogar das Verschweigen 'überwundener' Handlungskonzepte, aber keine handlungstheoretische oder geschichtsphilosophische Auseinandersetzung mit den zahlreichen Widersprüchen, die durch den Prozeß der kulturellen, politischen, sozialen und wirtschaftlichen Revolutionierung Europas seit 1917 aufgeworfen wurden. Die Dominanz der stark an Hegel orientierten Geschichts- und Handlungsperspektiven fixierte damit den Primat des Kulturellen und hinderte Lukács, seine geschichtsphilosophisch motivierte Entscheidung für die Oktoberrevolution anhand der postrevolutionären Wirklichkeit zu modifizieren oder zu korrigieren. Lukács wiederholte hundert Jahre nach Hegel dessen Fehler: das Wirkliche für vernünftig zu erklären, ohne das Wirkliche zu überprüfen.

Anmerkungen

1 Leszek Kolakowski, Die Hauptströmungen des Marxismus, Band 3, München/Zürich 1979, S. 277–336.
2 Ebenda, S. 328ff.
3 Fernando Claudin, Die Krise der kommunistischen Bewegung, Band 1, Berlin (West), 1977; Volker Gransow, Konzeptionelle Wandlungen der Kommunismusforschung, Frankfurt a.M./New York 1980.
4 Wolfgang Leonhard, Eurokommunismus. Herausforderung für Ost und West, München 1978; Heinz Gärtner/Günter Trautmann (Hrsg.), Ein dritter Weg zwischen den Blöcken? Die Weltmächte, Europa und der Eurokommunismus, Wien 1985.
5 Julius Braunthal, Geschichte der Internationale, Band 2, Berlin/Bonn [3]1978; Rudi Dutschke, Versuch, Lenin auf die Füße zu stellen, Berlin 1974 (1984); Michael Reiman, Die Geburt des Stalinismus. Die UdSSR am Vorabend der "zweiten Revolution", Frankfurt a.M. 1979; Thomas Meyer/Zdenek Mlynar (Hrsg.), Die Krise des Sowjetsystems und der Westen, Köln 1986.
6 Peter Kulemann, Am Beispiel des Austromarxismus, Hamburg 1979, S. 283–294.
7 Ernst Keller, Der junge Lukács. Antibürger und wesentliches Leben, Frankfurt a.M. 1984; David Kettler, Marxismus und Kultur. Mannheim und Lukács in den ungarischen Revolutionen 1918/19, Neuwied/Berlin 1967.
8 Zoltán Horváth, Die Jahrhundertwende in Ungarn. Geschichte der zweiten Reformgeneration (1896–1914), Neuwied/Berlin 1966; Tibor Süle, Sozialdemokratie in Ungarn. Zur Rolle der Intelligenz in der Arbeiterbewegung 1899–1910, Köln/Graz 1967.
9 Jörg Kammler, Politische Theorie von Georg Lukács — Struktur und Praxisbezug bis 1929, Darmstadt/Neuwied 1974.
10 Rudolf Bahro, Die Alternative. Zur Kritik des real existierenden Sozialismus, Frankfurt a.M. 1977; Edward P. Thompson, The Making of the Working Classes, Harmondsworth 1974.

11 Fritz J. Raddatz, Georg Lukács in Selbstzeugnissen und Bilddokumenten, Reinbek b. Hamburg 1972.

12 Dieter Groh, Negative Integration und revolutionärer Attentismus, Frankfurt a.M./Berlin 1973.

13 Karl Holl/Günter Trautmann/Hans Vorländer (Hrsg.), Sozialer Liberalismus, Göttingen 1986.

14 Ebenda, S. 110ff.

15 Zoltán Horváth, Die Jahrhundertwende in Ungarn, a.a.O., S. 117–136.

16 Georg Lukács, Der Bolschewismus als moralisches Prinzip, in: Georg Lukács, Taktik und Ethik, Politische Aufsätze I, Darmstadt 1975, S. 27–33.

17 Ebenda, S. 27.

18 Ebenda: "... das Wollen der sofortigen, um jeden Preis angestrebten Erfüllung ist mindestens so wichtig für den Reifegrad der Situation wie die objektiven Verhältnisse es sind."

19 Ebenda, S. 28.

20 Ebenda, S. 30f.

21 Ebenda, S. 31: "Das moralische Dilemma entsteht dadurch, daß in beiden Entscheidungen (Terror oder demokratische Methode, G.T.) furchtbare Sünden und die Möglichkeit maßloser Verirrungen verborgen sind, die man mit vollem Bewußtsein verantworten und auf sich nehmen muß."

22 Georg Lukács, Mein Weg zu Marx (1933), in: ders., Schriften zur Ideologie und Politik, Neuwied/Berlin 1967, S. 323–329.

23 Georg Lukács, Der Bolschewismus als moralisches Problem, a.a.O., S. 31; auch zum folgenden.

24 Georg Lukács, Geschichte und Klassenbewußtsein, Neuwied/Berlin 1968.

25 Fritz J. Raddatz, Lukács, a.a.O., S. 7–14.

26 Jörg Kammler, Ästhetizistische Lebensphilosophie; Silvie Rücker, Totalität als ethisches und ästhetisches Problem, in: Text + Kritik, Heft 39/40: Georg Lukács, München 1973, S. 8–23, 52–64.

27 Ernst Keller, Der junge Lukács, a.a.O., S. 19–54.

28 Oskar Jászi, Erwin Szabó und sein Werk, in: Archiv für die Geschichte des Sozialismus und der Arbeiterbewegung, Band X (Nachdruck 1965), S. 22–37.

29 Ernst Keller, Der junge Lukács, a.a.O., S. 94–132.

30 Georg Lukács, Mein Weg zu Marx, a.a.O., S. 323.

31 Julius Braunthal, Geschichte der Internationale, Band 2, a.a.O., S. 15–110, 165–291.

32 David Kettler, Marxismus und Kultur, a.a.O., S. 6.

33 Georg Lukács, Mein Weg zu Marx, a.a.O., S. 324ff.

34 Antonia Grunenberg, Der Zusammenhang zwischen Linksradikalismus und Geschichtsphilosophie in Praxis und Theorie von Georg Lukács (1918–1928), Diss. Berlin 1975, S. 42–62.

35 Ebenda, S. 63ff.

36 Ebenda, S. 35ff.

37 David Kettler, Marxismus und Kultur, a.a.O., S. 28ff.

38 Ebenda, S. 18ff.

39 Ebenda, S. 8ff, 20ff.

40 Karl Mannheim, Seele und Kultur, in: ders., Wissenssoziologie. Auswahl aus dem Werk, Neuwied/Berlin 1964, S. 66–90, 84.

41 Ebenda, S. 68.

42 Ebenda, S. 69.

43 Ebenda, S. 70ff.

44 Ebenda, S. 73.

45 Ebenda, S. 80ff.
46 Ebenda, S. 75.
47 Ebenda, S. 83f.
48 David Kettler, Marxismus und Kultur, a.a.O., S. 12ff.
49 Tibor Süle, Sozialdemokratie in Ungarn, a.a.O., S. 58.
50 Ebenda, S. 98ff.
51 Ebenda, S. 95.
52 Ebenda, S. 177ff.
53 Oskar Jászi, Erwin Szabó und sein Werk, a.a.O., S. 25f.
54 Ebenda, S. 28f.
55 Baron Albert Kaas/Fedor De Lazarovics, Bolshevism in Hungary. The Bela Kun Period, London 1939; Antonia Grunenberg, Der Zusammenhang zwischen Linksradikalismus und Geschichtsphilosophie, a.a.O., S. 42–62.
56 Ebenda, S. 46ff.
57 David Kettler, Marxismus und Kultur, a.a.O., S. 25ff.
58 Ebenda, S. 30ff.
59 Georg Lukács, Schriften zur Ideologie und Politik, a.a.O., S. 1–135.
60 David Kettler, Marxismus und Kultur, a.a.O., S. 34.
61 Ebenda, S. 28–54.
62 Ebenda, S. 37.
63 Ebenda, S. 43f.
64 Georg Lukács, Alte Kultur und neue Kultur, in: Kommunismus, 1. Jg., Heft 43, 1920, S. 1538–1549; ders., Die moralische Sendung der kommunistischen Partei, in: Kommunismus, 1. Jg., Heft 16/17, 1920, S. 482–488; ders., Zur Organisationsfrage der Intellektuellen, in: Kommunismus, 1. Jg., Heft 3, 1920, S. 14–18.

Zur Problematik von Geschichte und Klassenbewußtsein

Ferenc L. Lendvai

Es ist leicht und zugleich schwer, von einem so mächtigen und reichen Werk wie 'Geschichte und Klassenbewußtsein' zu sprechen. Die Umstände des Zustandekommens dieses Werks, die Auseinandersetzungen nach seinem Erscheinen sind allgemein bekannt. Seine enorme Wirkung ist in der Fachliteratur breit dokumentiert und man kennt auch sein späteres Schicksal, die Tatsache, daß der Verfasser sich wiederholt zur Selbstkritik gezwungen sah. Man kennt schließlich Lukács' spätere, als letztes Wort verstandene Einschätzung sowie die Arbeit, mit der er die Mängel von 'Geschichte und Klassenbewußtsein' beseitigen sollte: die 'Ontologie'. "Was bedürfen wir weiter Zeugnis?"[1] — so könnte man auch hier fragen. Die Sache scheint aber viel komplizierter zu sein. Hat man doch gerade von Lukács gelernt, daß die echte Bewertung eines Schöpfers — Künstlers oder Philosophen — nach seinen tatsächlichen Leistungen, nicht nach seiner Selbsteinschätzung erfolgen soll? Und obwohl Diskontinuitäten zwischen den verschiedenen Phasen im Leben von Lukács unbestreitbar sind, scheint die Anwesenheit der Kontinuität ebensowenig zweifelhaft zu sein. "Jeder wesentliche Mensch", schreibt Lukács von seinem früh verstorbenen Jugendfreund Leo Popper, "hat nur einen Gedanken; ja es fragt sich, ob der Gedanke überhaupt einen Plural haben kann..."[2] Und sogar anhand eines oberflächlichen Vergleichs läßt sich feststellen, daß Lukács sowohl in seinen Heidelberger kunsttheoretischen Schriften — in der 'Ästhetik', auch Kunstphilosophie genannt — wie auch im großen Spätwerk, der 'Eigenart des Ästhetischen' versuchte, dieselben Fragen zu beantworten, wobei er vergleichbare Lösungen suchte. Auch wenn die 'Ontologie des gesellschaftlichen Seins' im Vergleich zu 'Geschichte und Klassenbewußtsein' ein späteres Werk ist, besitzt sie doch, philologisch betrachtet, eine gewisse Priorität; denn im Falle der früheren Arbeit handelt es sich um ein fertiggestelltes und vom Verfasser zum Druck vorbereitetes Buch, während die 'Ontologie' ein gigantisches Werk, zugleich aber doch ein Torso zahlreicher Manuskripte ist. Ich glaube nicht, daß man imstande wäre, eine Scheidelinie zwischen den frühen und späteren marxistischen Phasen von Lukács' Lebenswerk zu ziehen, die mit den Scheidelinien zwischen Kants 'vorkritischer' und 'kritischer', oder Fichtes Jenaer und Berliner Schaffensperiode zu vergleichen wären. Die Einheit von Kontinuität und Diskontinuität, die in Lukács' Werk zu entdecken ist, ist vielmehr dem Charakter der Entwicklung der Gedankenwelt von Hegel und Marx verwandt. Zweifelsohne sind beträchtliche Unterschiede, Änderungen in der Perspektive, Akzentverschiebungen usw. etwa zwischen der 'Phänomenologie des Geistes' und der 'Enzyklopädie' bzw. den 'Ökonomisch-philosophischen Manuskripten' und dem 'Kapital' festzustellen. Aber zugleich ist deutlich, daß die Verfasser hier gleichsam zwei Versionen desselben Werkes geschrieben haben. Die Beziehung von 'Geschichte und Klassenbewußtsein' und 'Ontologie' könnte mit der von Marxens 'Pariser Manuskripten' und dem 'Kapital' verglichen werden, wobei die Unterschiede auch bei Marx nicht immer zugunsten des späteren Werkes sprechen. Doch diese Analogie von Marx und Lukács mag insofern beschränkt sein, als bei Marx das zeitlich frühere Werk Manuskript geblieben ist und nur das spätere eine endgültige Form erhalten hat. Ganz anders bei Lukács: Hier kommt der Manuskriptcharakter, wie schon angedeutet, dem späteren Werk zu.

Fassen wir aber Lukács' expressis verbis 'endgültiges' Urteil über das große Werk seiner frühen marxistischen Periode ins Auge. Lukács schreibt im deutschen Vorwort von 1967: "Die vier Jahrzehnte, die seit dem Erscheinen von 'Geschichte und Klassenbewußtsein' vergangen sind, die Veränderung in der Kampflage um die echte, marxistische Methode, meine eigene Produktion in dieser Periode, gestatten vielleicht nunmehr eine weniger schroff einseitige Stellungnahme."[3] Doch bleibt er unverändert bei seiner früheren Meinung, das Werk weise gewichtige und fundamentale Mängel und Fehler auf. Er bemerkt zuerst, daß es sich, "gewollt oder nichtgewollt, gegen die Grundlagen der Ontologie des Marxismus richtet", mit der Tendenz, "den Marxismus ausschließlich als Gesellschaftslehre, als Sozialphilosophie aufzufassen und die darin enthaltene Stellungnahme zur Natur zu ignorieren oder zu verwerfen". Dies erscheine gleichsam in der Behauptung, daß die "Natur eine gesellschaftliche Kategorie" sei. Und daraus resultierte ebenfalls, daß das Werk den Begriff von Praxis "verengend und entstellend" analysiere, weil es "nicht in der Arbeit, sondern bloß in komplizierten Strukturen der entwickelten Warenwirtschaft seinen Ausgangspunkt sucht". Die Richtigkeit früherer Angriffe jetzt quasi anerkennend, beurteilt Lukács als 'Hegelianismus', daß er im Proletariat das identische Subjekt-Objekt der Geschichte gesehen hat. (Obwohl er fragte: "Ist aber das identische Subjekt-Objekt in Wahrheit mehr als eine rein metaphysische Konstruktion?") Und er behauptet, sein Werk folge Hegel darin, daß "in ihm Entfremdung mit Vergegenständlichung ... gleichgesetzt wird", und "auch das Phänomen der Verdinglichung, der Entfremdung nahe verwandt, aber weder gesellschaftlich noch begrifflich mit ihr identisch, gleichfalls synonym gebraucht wurde".[4]

Diese Behauptungen von Lukács sind aber nicht allzu überzeugend. Obwohl es wahr ist, daß 'Geschichte und Klassenbewußtsein' das Beziehungssystem Gesellschaft-Natur und den Arbeitsprozeß als Stoffwechsel zwischen Mensch und Gesellschaft nicht explizit analysiert (die Durchführung dieses Letzteren ist wahrlich ein großes Verdienst der 'Ontologie'), spricht dieses Frühwerk ausdrücklich ebensowenig gegen die Möglichkeit einer solchen

Analyse. Lukács' Artikel, die er zu dieser Zeit in der Zeitschrift 'Die Rote Fahne' veröffentlichte, geben zwar eine schroffe Kritik des metaphysisch-mechanischen Materialismus, aber offensichtlich handelte es sich dabei keinesfalls um eine Kritik des Materialismus als solchem. Daß die Natur eine gesellschaftliche Kategorie ist, entspricht vollständig den Ausführungen von Marx zu dieser Frage, von der 'Deutschen Ideologie' bis zum 'Kapital'. Dasselbe gilt auch für die Kategorie der gesellschaftlichen Praxis, denn Marx hat ja nie eine Kategorie der 'selbständigen', ausschließlich auf die Natur gerichteten Praxis unterschieden: Er betrachtete die Produktion und dergleichen Kategorien gleichzeitig auch als Aneignung der Natur. 'Das Kapital' beginnt ja ebenfalls mit der Analyse der Ware und der Arbeitsprozeß als solcher wird lediglich im fünften Kapitel behandelt. Zur Frage, ob das Proletariat wirklich sowohl Objekt wie auch Subjekt der Geschichte ist, werden wir noch zurückkehren, diesen Gedanken kann aber höchstens der Verfasser für eine 'metaphysische' Konstruktion halten. Was die Kategorien Entfremdung, Verdinglichung und Vergegenständlichung anbelangt, ist die Sachlage komplizierter. Denn in 'Geschichte und Klassenbewußtsein' befinden sich auch solche Stellen, in denen das Wort Vergegenständlichung, einer gewissermaßen unexakten Wortbehandlung zufolge, im Sinne der Verdinglichung erwähnt wird. Ein genauerer philologischer Aufweis könte zeigen, daß Lukács Vergegenständlichung wirklich konsequent im Sinne der Entfremdung oder zumindest der Entäußerung gebraucht und sie mit Entfremdung identifiziert. Die Texte von 'Geschichte und Klassenbewußtsein' wenden die Kategorien von Entfremdung und Verdinglichung überall im gewöhnlichen und üblichen Sinn an. Sie verwenden also Entfremdung für die durch Menschen geschaffene, sich ihnen gegenüber verselbständigt habenden Dinge, Erscheinungen und Beziehungen. Verdinglichung bezeichnet demgegenüber eine eigentümliche Erscheinungsweise der Entfremdung, die nicht als persönliches Beziehungssystem, sondern als unpersönliche und dingliche Verhältnisse verstanden wird.

Wie läßt sich nun die marginal anwesende, ungenaue, mit der Verdinglichung synonym begriffene Anwendung von Vergegenständlichung erklären? Zieht man auch den Text der 'Ontologie' in Betracht, erhält man eine eigentümliche Antwort auf diese Frage. Die Bedeutungen der Vergegenständlichung bzw. der Verdinglichung sind hier wirklich völlig verschieden. Die Vergegenständlichung wird überall konsequent im Sinne von Gegenstandsbildung, Gegenstandskonstitution gebraucht, und die Kategorie der Verdinglichung dient zur Bezeichnung der durch den Menschen hervorgebrachten Objektivationen.[6] Daraus ist kein anderer Schluß zu ziehen als der, daß Lukács sowohl in den zwanziger als auch in den sechziger Jahren die Kategorien Gegenstand und Ding im Grunde genommen synonym gebraucht hat. Dieser Umstand hatte dann den nachlässigen Wortgebrauch von 'Geschichte und Klassenbewußtsein', sowie die ganz verfehlte Phraseologie seines ontologischen Spätwerkes zur Folge (in

dem Letzteren strebt ja Lukács verbissen eine andere Phraseologie an). So viel
über die 'Korrektur der Fehler' von 'Geschichte und Klassenbewußtsein' in der
'Ontologie'.

Wenn es damit gelungen ist, die von Lukács selbst verursachten Schein-
probleme zu beseitigen, dann können wir uns jetzt mit den tatsächlichen
Problemen des Werkes beschäftigen. Und dies sind die folgenden Fragen:
Geben die Studien von 'Geschichte und Klassenbewußtsein' eine richtige
Charakterisierung der historischen Bewegung? Anders gefragt: War das Proleta-
riat wirklich Objekt der Geschichte, war es wirklich imstande, Subjekt der
Geschichte zu werden? Wir versuchen, diese doppelte Frage in zwei Phasen zu
beantworten. Da Lukács eng an Marx anschließt, soll zunächst die Natur dieser
Beziehung untersucht werden. Erst dann wird es möglich sein, die Lukács'sche
Auffassung mit den empirischen Tatsachen zu konfrontieren.

Im 'Kapital' hat Marx die historische Tendenz der kapitalistischen Produktion und Akkumulation bekanntlich darin erblickt, daß die sogenannte organische Zusammensetzung des Kapitals, der stets notwendigen technischen Entwicklung und der damit entstandenen Konkurrenz zufolge, ständig wächst, d.h.
der konstante Teil nimmt ständig zu, während der variable Teil ständig abnimmt. Da Mehrwert bzw. Profit seiner Theorie gemäß ausschließlich aus dem
variablen (auf den Kauf von Arbeitskraft angewandten) Teil des Kapitals
entsteht, kam er zu dem Schluß, daß zum einen − auf der Seite des Kapitals
− die Profitrate sozusagen ständig sinkt, zum anderen − auf der Seite der
Arbeit − die Anzahl der in der Produktion angestellten Arbeiter fast ständig
abnimmt. Dies involviert aber die Tendenz, daß die Profitrate auch im absoluten Sinne sinkt und die Situation der Arbeiter sich gleichfalls ständig ver-
schlechtert, d.h. die Arbeiterklasse ist zur absoluten Pauperisierung verurteilt.
Die vollständige Entfaltung dieser Tendenzen hat schließlich zur Folge, daß es
sich nach einem bestimmten Zeitpunkt nicht mehr lohnt, Kapital zu investieren
und der Kapitalismus so gleichsam von sich selbst zusammenbricht. Andererseits erheben sich die Arbeiter notwendigerweise gegen die bestehende Gesellschaftsordnung, da sie die Verschlechterung ihrer Situation ab einem gewissen
Punkt endgültig als unerträglich empfinden.

Obwohl die technische Entwicklung sowie die Konzentration und Zentrali-
sation des Kapitals seit Marx' Zeiten tatsächlich beträchtlich vorangeschritten
sind, fand die allgemeine oder absolute Abnahme der Profitrate nicht statt, und
so blieb auch ein 'Zusammenbrechen' des Kapitals aus. Diese Tatsache wurde
schon von marxistischen Theoretikern der Jahrhundertwende − von Bernstein
bis Lenin − wahrgenommen, und sie haben versucht, dafür unterschiedliche
Antworten zu geben bzw. sie haben daraus verschiedene Schlüsse gezogen. Die
Grundlagen einer wirklich theoretischen Lösung dieses Problems wurden von
Rosa Luxemburg formuliert. Sie hat gezeigt, daß − und diese Tatsache sollte
jedem aufmerksamen Leser des 'Kapitals' sofort auffallen − die Analysen und

Tendenzbestimmungen von Marx nur innerhalb eines 'geschlossenen', kapitalistischen Systems gültig sind, eines kapitalistischen Systems, das keine nichtkapitalistische Umgebung hat. In der empirischen Wirklichkeit haben wir es aber mit einem Kapitalismus zu tun, der in seine Reproduktionsprozesse ständig nichtkapitalistische Verhältnisse einbaut, und so, durch den Extraprofit, immer wieder den Prozeß der sogenannten ursprünglichen Akkumulation wiederholt. (Ich glaube, daß ich hier keine Beweise dafür anzuführen brauche, daß dieser Prozeß sich auch heutzutage ständig erneut abspielt; man braucht nur die 'Dritte Welt' zu betrachten, um zu dem Schluß zu kommen, daß dieser Prozeß in absehbarer Zeit auch kein Ende haben kann.) In den Analysen von 'Geschichte und Klassenbewußtsein' — in denen Lukács die Akkumulationstheorie von Rosa Luxemburg vollständig übernimmt[7] — gibt der Verfasser sozusagen ein eigentümliches, ergänzendes Pendant zur These von Rosa Luxemburg. Während sie zeigt, wie das Kapital immer wieder vorkapitalistische gesellschaftliche Verhältnisse auflöst und diese extensiv in sich selbst einbaut, schildert Lukács demgegenüber, wie dieser Prozeß intensiv vor sich geht. Seine große Abhandlung über die Verdinglichung handelt letzten Endes davon, daß das Kapital nur solange und nur insofern imstande ist, sich ständig zu erneuern, bis und inwiefern es ihm gelingt, die vorkapitalistischen, persönlich-menschlichen Verhältnisse in dingliche Beziehungssysteme zu verwandeln, die auf Warenproduktion und Geldwirtschaft fundiert sind.[8]

Zu fragen ist, ob dieser Prozeß irgendeine letzte Grenze hat? Stellt man diese Frage, so gelangt man wieder zum Problem des Proletariats als identisches Subjekt-Objekt der Geschichte. Was berechtigt aber dazu, das Proletariat als 'Objekt' der Geschichte zu betrachten? Zur Beantwortung dieser Frage haben wir zunächst in Betracht zu ziehen, daß Lukács hier den Begriff des Proletariers in einem ebenso breiten Sinn anwendet, wie Marx den Begriff des Arbeiters im 'Kapital'. Ebenso, wie Marx in seinen Analysen mit dem 'Arbeiter' überall den arbeitenden Menschen im allgemeinen Sinn meint, bedeutet bei Lukács der 'Proletarier' überall den Menschen, der unter äußerem Zwang arbeitet. Der gezwungenermaßen Arbeit leistende Mensch ist aber eigentlich kein Subjekt, sondern nur Objekt, Mittel des Arbeitsprozesses. Erinnern wir uns: Seit den Anfängen der Geschichte der Zivilisation trennten sich die zwei ursprünglich naturwüchsig zueinander gehörenden Momente des Arbeitsprozesses, die teleologische Setzung und die dies verwirklichende, gegenständliche Tätigkeit. Seit diesen geschichtlichen Anfängen bis zur Gegenwart besteht diese grundlegende Form der Arbeitsteilung: Die extreme Trennung von geistiger und psychischer Arbeit, die aber für die Existenz einer schöpferischen Elite unerläßlich ist, für eine Elite, die Ziele setzt, welche dann durch die breiten Massen der Gesellschaft, durch diese letzten Endes unbewußten Mittel verwirklicht werden. Schon Nietzsche hat gesagt: Ohne Sklaverei, ohne Knechtschaft gibt es keine Kultur, keine Zivilisation. Der obige Prozeß hat notwendigerweise

Zwangscharakter, aber die Frage ist, welche Form des Zwangs gebraucht wird. Marx schreibt: "Nur die Form, worin diese Mehrarbeit dem unmittelbaren Produzenten, dem Arbeiter abgepreßt wird, unterscheidet die ökonomischen Gesellschaftsformationen, z.B. die Gesellschaft der Sklaverei von der der Lohnarbeit".[9] Und es ist klar, daß der Grund dieses Zwangs – unabhängig davon, inwiefern tatsächliche Gewalt gebraucht wird – immer eine Form des Eigentums ist, in der die Elite über die grundlegenden Produktionsmittel verfügt, und genau dadurch ist sie imstande, die von den Produktionsmitteln getrennten Massen zur Arbeit zu zwingen.

Es handelt sich also um das Problem von Hegels 'Herr und Knecht'. Deshalb hat Herbert Marcuse in seinem Buch 'One-Dimensional Man' (1964) recht, wenn er die Aufmerksamkeit darauf lenkt, daß die Theorie der sogenannten absoluten Pauperisierung in der Marx'schen Gedankenwelt kein nachträglicher und äußerlicher Zusatz ist, sondern zu dessen Wesen gehört. Gleichzeitig betont er aber auch, daß Marx darunter kein Lebensniveauproblem verstand, sondern die Zunahme von Entfremdung und Verdinglichung. Und tatsächlich hebt Marx im 'Kapital' dies hervor: "Innerhalb des kapitalistischen Systems vollziehen sich alle Methoden zur Steigerung der gesellschaftlichen Produktivkraft der Arbeit auf Kosten des individuellen Arbeiters; alle Mittel zur Entwicklung der Produktion schlagen um in Beherrschungs- und Exploitationsmittel des Produzenten, verstümmeln den Arbeiter in einen Teilmenschen, entwürdigen ihm zum Anhängsel der Maschine, vernichten mit der Qual seiner Arbeit ihren Inhalt, entfremden ihm die geistigen Potenzen des Arbeitsprozesses, im selben Maße, worin letzterem die Wissenschaft als selbständige Potenz einverleibt wird usw. ..." "Es folgt daher", fährt Marx fort. "daß im Maße, wie Kapital akkumuliert, die Lage des Arbeiters, welches immer seine Zahlung, hoch oder niedrig, sich verschlechtern muß."[10] Freilich: Arbeiter, die durch die Maschinen und Automaten aus den Produktionsbetrieben hinausgedrängt werden, können zum großen Teil im Dienstleistungsbereich unterkommen. (Eine Gesellschaft ist desto entwickelter, je größer darin die Proportion der nichtproduzierenden Sektoren ist.) Dieser Prozeß macht aber nur die Verdinglichung, die Knechtschaft intensiver, da die im Dienstleistungssektor Beschäftigten, die ihre Arbeitskraft, ihre Fähigkeiten und letzten Endes sich selbst verkaufen, viel mehr und viel unmittelbarer ausgeliefert sind, als jene, die etwas produzieren. Man kann beispielsweise mit dem wohlbekannten 'uralten' Dienst, mit der Prostitution, viel Geld erwerben, aber wer würde die Behauptung wagen, daß die Prostituierte auf einem höheren Niveau der Freiheit steht.

Das Endresultat dieses Prozesses läßt sich wie folgt zusammenfassen: "Die Organisation des ausgebildeten kapitalistischen Produktionsprozesses bricht jeden Widerstand ... Der stumme Zwang der ökonomischen Verhältnisse besiegelt die Herrschaft des Kapitalisten über den Arbeiter."[11] Nicht Herbert Marcuse, sondern Karl Marx hat dies gesagt. Was aber hat dies mit Georg Lukács zu tun? Nun: Lukács hat in 'Geschichte und Klassenbewußtsein' nach der ausführlichen Analyse der Erscheinung der Verdinglichung gemeint, das Proletariat, wenn es sich seiner selbst bewußt wird, werde vom Objekt der Geschichte zu deren Subjekt und folglich als Vertreter der ganzen Menschheit auftreten.[12] Die Erscheinungen der Verdinglichung sind Resultate der Warenproduktion und des Warenaustausches. So mußte Lukács auf eine abstrakte Weise die Abschaffung und sogar die Möglichkeit des Zurückdrängens der Verdinglichung mit der Abschaffung bzw. dem Zurückdrängen der Warenverhältnisse verbinden. Die Entwicklung der Warenverhältnisse ist keine einfache Zu- oder Abnahme, der Umstand aber, daß die Arbeitskraft zur Ware geworden ist, ruft in ihnen eine qualitative Änderung hervor, da die extremsten Erscheinungen der Verdinglichung nur demzufolge entstehen. All dies ist in Lukács' Ausführungen abstrakt enthalten, ist aber nicht konkret hervorgehoben. Das quantitative Zurückdrängen der Warenverhältnisse kann aber nur innerhalb von Gesellschaften eine reale Zielsetzung sein, denn jene entstanden in dem die Gesellschaften verbindenden Austausch. Das Zustandekommen solcher Gesellschaften ist aber im Weltmaßstab vorläufig nicht zu erwarten. Eine andere Frage ist dagegen die erneute Vereinigung von Arbeit und Eigentum, die durch die Teilung der körperlichen und geistigen Arbeit, und dann besonders durch die ursprüngliche Kapitalakkumulation voneinander getrennt wurden. Eine notwendige Bedingung dieser Wiedervereinigung ist die Vergesellschaftung der Produktionsmittel, oder wenigstens ihre Kontrolle durch die Gesellschaft. Dies ist in den sozialistischen Ländern schon verwirklicht und in den kapitalistischen Ländern gibt es einzelne Schritte in diese Richtung. Das bildet eine notwendige, aber keine hinreichende Bedingung zur Abschaffung des Warencharakters der Arbeitskraft und damit der extremsten Erscheinungen der Verdinglichung: Das Funktionieren einer leitenden Elite ist auch in den sozialistischen Ländern eine Notwendigkeit, und auch hier werden erst jetzt Versuche unternommen, um die wirkliche Vereinigung von Arbeit und Eigentum zustandezubringen.

Die Frage, warum Marx und Lukács das Proletariat als den Vertreter der ganzen Menschheit ansahen, ist relativ einfach zu beantworten. Wir haben ja schon gesehen, daß die Ausdrücke 'Arbeiter' bzw. 'entfremdeter Arbeiter = Proletarier' die Arbeit allgemein bzw. die entfremdete Arbeit leistenden Menschen bezeichnen. Ein größeres Problem ist die Frage, ob für das Proletariat die Möglichkeit besteht, Selbstbewußtsein zu entwickeln. Und dies nicht wegen des problematischen, "zugerechneten Klassenbewußtseins" − denn was könnte überhaupt das Klassenbewußtsein sein, wenn nicht ein von den, mit Karl Mannheims Worten, 'freischwebenden' Intellektuellen ausgearbeitetes, dann den in den gesellschaftlichen Kämpfen mitwirkenden Kräften 'zugerechnetes' Klassenbewußtsein? Sondern weil dieser Prozeß des Selbstbewußtwerdens des Proletariats enigmatisch zu sein scheint, mit Lukács' späterer Formulierung, "als das reine Wunder" auftaucht.[13] Wenn das Proletariat schon durch und durch verdinglicht ist, wenn es sich schon vollständig an die entfremdeten Verhältnisse der kapitalistischen Gesellschaft angepaßt hat, wie kann es dann imstande sein, ein revolutionäres Klassenbewußtsein zu entwickeln und zum Subjekt der Geschichte zu werden?

Hier treten Lukács' messianische Ideen aus der Periode von 'Geschichte und Klassenbewußtsein' in den Vordergrund. Das Problem ist bekannt und soll hier nicht nochmals detailliert analysiert werden. Aber hinzuweisen ist darauf, daß Lukács in und nach der Periode der ungarischen Räterepublik zahlreiche Abhandlungen und Artikel geschrieben hat, die zweifellos utopische Gedankengänge enthalten und in denen eindeutig bestimmte Elemente von Rousseaus Gedankenwelt erscheinen; und zwar nicht nur die Idee des Willens der Gesamtheit (volonté générale), der über den einzelnen Willen steht und die Allgemeinheit auch gegenüber den Einzelnen vertritt. Diese Schriften betonen auch die Rolle der durch die Entfremdung noch nicht korrumpierten Kinder in der Verwirklichung der utopischen Zukunft.[14] Es ist aber wohl kein Zufall, daß die zutreffendste Formulierung der prinzipiellen Antwort ein Denker gab, der vollständig außerhalb der praktischen Bewegung stand, der die Probleme also bloß theoretisch bewältigen mußte. Ich denke an den großen protestantischen Theologen Paul Tillich. Tillich, dessen Beschreibung des ZurGeltung–Kommens des kapitalistischen Prinzips eine eigentümliche Ähnlichkeit mit den entsprechenden Gedanken von Luxemburg und Lukács hat, sagt: "Was im Proletarier reagiert, ist das gleiche, was die politische Romantik zum ausschließlichen Prinzip von Mensch und Gesellschaft macht, der Ursprung. ... Die proletarische Bewegung ist die Reaktion des menschlichen Seins im Proletarier gegen die Drohung, durch die ökonomische Verdinglichung der restlosen menschlichen Verdinglichung zu verfallen." Tillich sagt klar aus — weil es ihm erlaubt ist, auszusagen —, daß die sozialistische Bewegung, seinem Inhalt und seinen wesentlichen Eigentümlichkeiten nach, eine prophetische Bewegung ist, deren Kern das 'Erwartungsprinzip' ist. "Aus dieser Entsprechung von 'Urzeit' und 'Endzeit' folgt, daß das Erwartete die Züge des Ursprungs haben muß, wenn auch verändert durch die dazwischen gekommene Bewegung der Geschichte."[15] Hier ist es gewiß nicht nötig, die Bedeutung des Prinzips von 'Negation der Negation' bei Marx und Lukács ausführlicher zu erläutern.[16]

Lukács' Buch löste aber seinerzeit genau deshalb eine so heftige Ablehnung innerhalb der Bewegung aus, weil es doch zu stark den prophetischen Charakter der sozialistischen Bewegung verdeutlichte und so für den Zweck einer Apologie der faktischen Bewegung des gegebenen Zeitalters schlechthin ungeeignet war. Was weder Marx noch Lukács noch Tillich in voller Klarheit gesehen haben, ist der Umstand, daß — obwohl das Wesen des Menschen ständig reaktionsbereit in ihm steckt, und es trotz all seiner historischen Modifikationen und konkreten Erscheinungsweisen kontinuierlich existiert — die großen Formwechsel der empirischen Geschichte nur in eigentümlichen geschichtlichen

Grenzsituationen möglich sind. Das Proletariat war nur in jener eigentümlichen Grenzsituation imstande, tatsächlich zum Klassenbewußtsein zu gelangen, als es zusammen mit der bürgerlichen Gesellschaft gewissermaßen schon entwickelt war, diese bürgerliche Gesellschaft aber ihre Verhältnisse noch nicht so weit konsolidiert hatte, daß sie ihre Herrschaft über das Proletariat — wie wir es bei Marx gesehen haben — vollständig stabilisiert hatte. Die Anwesenheit und das Erfassen einer solchen Grenzsituation hat natürlich auch einen Nachteil: Die konsequente Herausbildung des Proletarierprinzips (oder, wenn man will, Menschenprinzips) ist ja unter den unreifen und unentwickelten Verhältnissen auch unmöglich. Die Geschichte — verstanden nicht als eine Reihe zufälliger Ereignisse, sondern versehen mit einer gewissen teleologischen Tendenz — bereitet also den ihre Tendenzen verwirklichenden Menschen zu viel 'List'. Im Laufe der Revolutionen sind deshalb statt freier Taten selbstbewußter Proletarier oft nur Interessenhandlungen unwissender Menschen zu beobachten. Deshalb aber wurde für Lukács die Organisationsfrage, die Frage nach der Rolle der Partei als "Trägerin des Klassenbewußtseins des Proletariats, Gewissen seiner geschichtlichen Sendung",[17] so wichtig. Es mag dahingestellt sein, inwiefern die Partei bis heute dieser Funktion entsprach. Wir alle kennen die Geschichte unseres Jahrhunderts. Was aber würde die Geschichte mehrerer Jahrhunderte zeigen?

Meine Frage ist keine bloß rhetorische. Im Laufe der Geschichte gab es schon einmal eine ähnliche Organisation, die ein allgemeines humanistisches Prinzip im Leben der ganzen Gesellschaft, und gerade im Interesse der Gesellschaft zur Geltung bringen wollte. Diese Organisation war die Kirche. Wir kennen ihre durch die Jahrhunderte verlaufende Geschichte, die Tiefpunkte ihrer Entwicklung mit einbegriffen: Die Pornokratie, die Simonie, die Inquisition. Wir wissen, wie wenige so hervorragende Persönlichkeiten wie Gregor der Große oder Hildebrand in ihr wirkten und wie groß die Anzahl der grauen Bürokraten oder Streber war. Selbst Jesus hat ja schon sagen müssen: "Es werden viele zu mir sagen an jenem Tage: Herr, Herr, haben wir nicht in deinem Namen geweissagt? Haben wir nicht in deinem Namen viele Taten getan? Dann werde ich ihnen bekennen: Ich habe euch nie gekannt; weichet von mir, ihr Übeltäter!"[18] Und dennoch: Gelang es der Cluniazensischen oder der Franziskanischen Reformbewegung, später den Reformatoren nicht, die Kirche immer wieder dazu zu bewegen, in der Erfüllung ihrer historischen Mission vorwärtszuschreiten? Ist in dieser Hinsicht am Ende nicht doch ein tatsächlicher Fortschritt zu beobachten?

Unter den die Gedankenwelt von Lukács bestimmenden Faktoren sind grundsätzlich die christlichen, genauer gesagt protestantischen Traditionen zu finden. Sein Messianismus wurde nicht nur durch die von Dostojewski geschilderte Welt der russischen revolutionären Bewegung oder durch die eschatologische Erbschaft der klassischen deutschen Philosophie beeinflußt. Er wurde schon viel früher vom Messianismus der ungarischen protestantischen und nationalen Tradition genährt. Die sogenannten Observanten unter den Franziskanern übten einen geistigen Einfluß schon auf den Bauernaufstand von 1514 aus, und dann haben während der Reformation die Prediger verkündet, daß das ungarische Volk die osmanische Okkupation als Gottes Strafe erleiden muß, um geläutert zu werden. Die Kämpfer im Aufstand der Kuruzer haben davon gesungen, daß sie zwischen zwei Heiden (den moslimischen Osmanen und den katholischen Habsburgern) ihr Leben für das Vaterland opfern. Und die Nationaldichter Ungarns, die diese Traditionen weiterführen, wie Sándor Petöfi und Endre Ady, deren Einfluß ja auf Lukács allgemein bekannt ist, drücken in ihrer Dichtung ebenfalls diesen messianischen Gedanken aus, und zwar an zwei konkrete, wirkliche ungarische Revolutionen und Befreiungskämpfe (1848/49 und 1918/19) anknüpfend. 'Protestierender Glaube und schicksalhaftes Veto' — klingt auch beim alten Lukács die Losung von Ady wieder, dessen Dichtung der junge Philosoph eindeutig als Religion charakterisiert hat.

Der Marxismus ist aber keine Religion, könnte man mit Recht einwenden. Das wäre möglich, und ich könnte selbst viele Argumente für den strengen wissenschaftlichen Charakter des Marxismus bringen. Doch möchte ich mich hier lieber darauf berufen, daß der Marxismus seinem Wesen nach auch so aufgefaßt werden kann, als eine nicht mehr phantastische, sondern wissenschaftliche Theorie des Humanismus, als ein wissenschaftlich fundiertes, gleichsam säkularisiertes Christentum. Wollte man untersuchen, inwiefern die Geschichte die Stellungnahmen von Lukács bestätigt oder nicht bestätigt hat, so könnte man eine Menge von Tatsachen in Betracht ziehen. Und dies wäre gegebenenfalls gar nicht überflüssig. Dennoch hat auch Lukács Recht, wenn er sagt: Die "Entscheidung steht vor der Tatsache".[19] Denn eine Philosophie ist, mit Fichte zu sprechen, kein toter Hausrat, den man ablegen oder annehmen könnte, und wenn die Tatsachen den Analysen des Denkers manchmal auch widersprechen, ist es noch nicht sicher, daß sie jene 'ein für allemal' widerlegt haben. Was könnte eine von ihrer Wahrheit sonst prinzipiell überzeugte Philosophie in ihr Wappen aufnehmen, wenn nicht diesen berühmten Wappenspruch: "Je maintiendrai!".

Anmerkungen

1 Mt 26, 65
2 "Leo Popper (1886–1911) — Ein Nachruf." Pester Lloyd 18. Dezember 1911.
3 Geschichte und Klassenbewußtsein. In: Georg Lukács Werke, Bd. 2, Neuwied/Berlin: Luchterhand, 1968, S. 41.
4 Vgl. ebenda, S. 18, 20, 22, 25–26.

5   "Dadurch aber ist für das Proletariat – als Klasse betrachtet – das selbständig gewordene, vergegenständlichte Gegenüberstehen der eigenen Arbeit objektiv aufgehoben." In der Abhandlung: "Der Funktionswechsel des historischen Materialismus", ebenda, S. 426.

6   Lukács spricht in der Ontologie einerseits darüber, daß "der früher bloß naturhaft existierende Gegenstand eine Vergegenständlichung erfährt, d.h. eine gesellschaftliche Brauchbarkeit erlangt", andererseits schreibt er über solche "unschuldige" Verdinglichungen, von denen sozusagen erst später ein gradliniger Weg zur Entfremdung führt. (Bis jetzt gibt es keine deutsche Veröffentlichung der systematischen Kapitel der Lukács'schen Ontologie.) Vgl. A társadalmi let ontologiajarol. Bd. 2, Budapest: Magvetö, 1976. S. 570 bzw. 652 ff. Auf die unexakte Kategorienbehandlung der Ontologie haben sonst auch die Mitarbeiter von Lukács die Aufmerksamkeit gelenkt, vgl. Fehér-Heller-Markus-Vajda, "Notes on Lukács' Ontology". Telos, 1976, S. 160-180.

7   Lukács schreibt beispielsweise, daß "Rosa Luxemburg nichts anderes getan hat, als das Fragment von Marx in seinem Sinne zu Ende zu denken und seinem Geiste gemäß zu ergänzen". Im zitierten Band der Luchterhand-Ausgabe, S. 203, in der Abhandlung: "Rosa Luxemburg als Marxist".

8   Lukács hat die Anwesenheit der Erscheinungen der Verdinglichung in den menschlichen Verhältnissen nachdrücklich hervorgehoben, so hat er beispielsweise auf den Umstand hingewiesen, daß diese sogar in die Zellen der bürgerlichen Gesellschaft, in die Familie eindringen. (Obwohl gerade innerhalb der Zellen andere Gesetzmäßigkeiten zur Geltung kommen sollten, als in ihrer Umgebung.) Vgl. "Die Verdinglichung und das Bewußtsein des Proletariats", ebenda, S. 275-276ff.

9   Marx, Das Kapital. Bd. 1. Karl Marx – Friedrich Engels, Werke, Bd. 23, Berlin: Dietz Verlag, 1962, S. 231.

10 Ebenda, S. 674-675.

11 Ebenda, S. 765.

12 Lukács schreibt z.B., daß "die Menschheit – durch das Klassenbewußtsein des zur Herrschaft berufenen Proletariats – ihre Geschichte bewußt in die eigenen Hände nimmt". ("Der Funktionswechsel des historischen Materialismus", Bd. 2 der Luchterhand-Reihe, S. 428). Seine Ausführungen berühren tiefere Zusammenhänge, wo er feststellt: die klassische deutsche Philosophie habe gezeigt, daß die echte, die neue, die "zum erstenmal zum Vorschein gelangte Substanz" die Geschichte ist, und daß das Subjekt der Geschichte zwar jenes "wir" ist, "dessen Handlung die Geschichte wirklich ist". Vgl. "Die Verdinglichung und das Bewußtsein des Proletariats", ebenda, S. 325, 328.

13 Vgl. ebenda, S. 21.

14 S. besonders seine Abhandlung "Alte und neue Kultur". In: Georg Lukács, Taktik und Ethik. Politische Aufsätze, Bd. 1 (1918-1920). Darmstadt/Neuwied: Luchterhand, 1975, S. 132-151. In diesem Zusammenhang sind seine Studien im oben zitierten Band der Luchterhand-Gesamtausgabe ebenso in Betracht zu ziehen, S. 79ff. S. auch meine Studie "Culture et civilisation chez le jeune Lukács", in: Philosophy and Culture. Ed. by J. Lukács, F. Tökei. Budapest: Akadémiaif Kiadó, 1983, S. 293-309.

15 Paul Tillich, "Die sozialistische Entscheidung". (Erstveröffentlichung: 1933) In: Christentum und soziale Gestaltung. Frühe Schriften zum religiösen Sozialismus. Gesammelte Werke, Bd. 2, Stuttgart: Evangelisches Verlagswerk, 1962, S. 307-308, 310, 315.

16 Die Ausführungen des 'Kapitals' über den Fetischcharakter der Ware bzw. die historische Tendenz der kapitalistischen Akkumulation zeigen, daß Marx mit der Hegelschen "Ausdrucksweise" gar nicht nur "kokettiert" hat.

17 "Rosa Luxemburg als Marxist", Luchterhand, Bd. 2, S. 214.

18 Mt 7, 22-23

19 "Was ist orthodoxer Marxismus?", Luchterhand, Bd. 2, S. 68.

Die Aufhebung der Politik durch revolutionäre Philosophie
Überlegungen zu einigen frühen Schriften von Georg Lukács

Udo Bermbach

Sich auch nur mit einem Teil des umfangreichen Werkes von Georg Lukács auseinandersetzen zu wollen, bedeutet für einen, der kein Spezialist ist, ein nicht geringes Risiko. Denn einem schnellen und allenfalls partiell gesicherten Urteil steht ein Lebenswerk entgegen, dessen Bogen sich spannt von der Literatur und Ästhetik über die Philosophie hin zur Politik, in dem sich noch einmal das Ideal bildungsbürgerlicher Gelehrsamkeit verwirklicht, allerdings in der Absicht, den kulturellen Entwicklungsprozeß des europäischen Bürgertums zu seinem 'wahren', d.h. revolutionären Abschluß zu bringen; ein Denken, dessen umfassender Anspruch nicht nur die Entwicklung marxistischer Philosophie und Theorie nachhaltig beeinflußt hat, sondern darüberhinaus auch noch jenes Denken affizierte, dem seine ganze Kritik galt; ein Gelehrter, dessen politisches Verhalten in seiner konsequenten Widersprüchlichkeit nicht nur die Widersprüchlichkeit seines Werkes widerspiegelt, sondern auch das Urteil darüber außerordentlich erschwert; und schließlich jene Fülle publizierter Auseinandersetzungen zu Werk und Person, die mit ihrer je unterschiedlichen, oftmals entgegengesetzten Bewertung und Einschätzung, mit ihrer Bewunderung wie Verurteilung die eigene Orientierung nicht eben erleichtern.

Kein Zweifel: die Arbeiten von Lukács fügen sich nur schwer einer raschen und schlichten Rubrizierung, sie lassen sich kaum mit pauschaler Etikettierung versehen. In ihnen schlägt sich die Biographie eines äußerlich scheinbar abrupten, in der Sache aber nur allmählich und durchaus wechselhaft zum Marxismus findenden Denkens nieder, das ungeachtet seiner von ihm selbst behaupteten prinzipiellen Kontinuität auch jeweils immer wieder situationsbezogen und scheinbar opportunistisch reagierte. Die Differenz einer kontinuierlichen Hinwendung zum Marxismus, zum Anspruch eines durchgehaltenen, revolutionären Theoretisierens und daraus sich rechtfertigender Praxis einerseits, der auf diesem Hintergrund die politischen Tagesprobleme thematisierenden Schriften mit ihrer Anbindung auch an die jeweils parteipolitisch vermittelte, aktuelle Situationsbestimmung andererseits, bezeichnet eine wesentliche Schwierigkeit, eine konsistente Interpretation zu versuchen und erschwert zugleich die definitive Klassifizierung des Werkes insgesamt. Als 'Stalinist' wie als 'Revisionist' gleichermaßen angegriffen, hat Lukács selbst immer wieder auf seine — wie er meinte — durchgängige Prinzipientreue zu einem authenthisch-marxistischen Denken hingewiesen und in seinen zahlreichen autobiographischen Äußerungen seine scheinbaren Anpassungen an die jeweilige Parteilinie wie die Widerrufe von zuvor eingenommenen Positionen mit dem Hinweis taktischer Erfordernisse erklärt.[1] 'Partisan' eines revolutionären Denkens wie Handelns sein zu wollen, auch unter den Bedingungen restriktiver organisatorischer Einbindung, war sein selbsterklärtes Ziel, und dies verdient zunächst einmal ernstgenommen zu werden.

Aber jenseits aller Eigeninterpretationen, jenseits aller von Lukács selbst gegebenen a-posteriori-Lesarten seiner Schriften haben diese einen in der Geschichte der Entwicklung marxistischer Philosophie und Theorie eigenen Platz. Ein Werk wie 'Geschichte und Klassenbewußtsein' hat einen so tiefgreifenden Einfluß auf das Denken vornehmlich der europäischen Linken gehabt,[2] daß es − ungeachtet der distanzierenden Stellungnahmen des späten Lukács[3] − als ein zentrales Dokument marxistischer Philosophie gelten muß. Und ähnliches läßt sich für eine Reihe kleinerer Arbeiten, die während der Jahre 1919 bis 1928 entstanden sind und publiziert wurden, ebenfalls behaupten. In vielen von ihnen − die noch am ehesten als 'politische' Schriften charakterisiert werden können − reflektieren sich sowohl die Probleme der damaligen Arbeiterbewegung wie Lukács' eigene Stellungnahme zu diesen Problemen. Und sie sind mit ihren "messianisch-utopischen Zielsetzungen" wie "antibürokratischen Tendenzen"[4] in einer bestimmten Weise repräsentativ für einen Marxismus, der in seiner − durch Hegel bestimmten − philosophischen Argumentationsstruktur weitgehend an die Arbeiten des frühen Marx anschließt, vornehmlich an dessen Rezeption und kritische Auseinandersetzung mit der Hegel'schen Philosophie.

Im folgenden soll − trotz aller Schwierigkeiten und Bedenken, das Denken von Lukács auf bündige Interpretationen zu verkürzen − mit Rückgriff auf einige dieser frühen Arbeiten bewußt zugespitzt und pointiert die These formuliert werden, daß Lukács nicht nur kein Politiker war, wie er selbst oft betont hat,[5] sondern ebensowenig über eine Theorie der Politik verfügte, mit der freilich schwerwiegenden Konsequenz, daß sein Denken dogmatisch ausbeutbar wurde. Behauptet wird, daß die Kritik des neokantianisch geprägten Empirismus das Denken von Lukács auf eine geschichtsphilosophisch bestimmte Abstraktionshöhe brachte, wo es sich nicht nur kontrollierender Gegenargumentation entzog − jedenfalls insoweit diese empirisch informiert auftrat −, sondern auch aufgrund des Fehlens einer die Vermittlung zur politischen Praxis leistenden Politiktheorie der jeweils machtpolitisch, d.h. durch spontane Massenbewegungen wie durch Parteibeschlüsse verordneten Praxis hilflos ausgeliefert wurde; dann allerdings dazu benutzt werden konnte, solche Praxis, sofern sie erfolgreich war, als Teil eines sich ohnehin realisierenden Geschichtsprozesses zu interpretieren. In der Konsequenz eines solchen philosophischen Denkens lag auch − die von Lukács selbst ganz unbeabsichtigte, vielleicht nicht einmal vorhersehbare − Selbstdestruktion einer ursprünglich auf Emanzipation gerichteten Hoffnung, insoweit nämlich die planvolle Organisation von Emanzipation

selbst nicht theoriefähig erschien und ihre institutionelle Absicherung von
Lukács folglich nicht thematisiert wurde. Dieses politiktheoretische Defizit ist
freilich nicht nur charakteristisch für den frühen, hier zur Debatte stehenden
Lukács; es findet sich auch in seinen späteren Arbeiten, etwa der 'Ontologie',
wenngleich es hier immerhin Hinweise für einen Ansatz zur Formulierung einer
Theorie der Politik gibt.[6] Aber dieses politiktheoretische Defizit ist beim 'frühen' Lukács deshalb von besonderer Bedeutung, weil philosophisch-theore-
tisches Argumentieren und praktisch-politische Tätigkeit über lange Zeit parallel
gehen und insoweit also auch zu erwarten wäre, daß die politischen Erfahrungen einen entsprechenden politik-theoretischen Niederschlag fänden; dem freilich ist nicht so.

I

Das frühe philosophische Denken von Lukács ist zentriert um den Begriff der
'Totalität'. Handelte es sich ursprünglich in den vor-marxistischen, literaturtheoretischen Arbeiten hierbei um eine ästhetische Kategorie,[7] so gewinnt diese
nach ihrer Einführung in einen philosophisch-politischen Kontext eine über-
empirische, umfassende und außerordentlich komplexe Qualität. 'Totalität' meint
nunmehr den universellen Zusammenhang einer im alltäglichen Leben wie in
der bürgerlichen Wissenschaft nur partikular erfahrbaren Wirklichkeit, sie ist
"gedankliche Reproduktion der Wirklichkeit",[8] einer Wirklichkeit allerdings, die
dem Denken nicht unmittelbar vorgegeben ist und in welche die historische
Entwicklung ebenso eingeht wie die zukünftigen Möglichkeiten einer radikalen,
gesellschaftlichen Veränderung. In ihr kommt zum Ausdruck, daß "die innere
Struktur der 'Tatsachen' und die ihrer Zusammenhänge dem Wesen nach geschichtlich, d.h. in einem ununterbrochenen Umwälzungsprozeß begriffen ist".[9]
Philosophisch gesehen bezeichnet 'Totalität' einen "Reflexionszusammenhang",[10]
in dem der Vorrang des Ganzen vor den Teilen behauptet wird, eines Ganzen,
das zugleich mehr als die Summe seiner Teile ist, in dem die "reale Existenz"
von Tatsachen von deren "inneren Kerngestalt"[11] unterschieden werden muß.
Systematisch gibt die Kategorie der 'Totalität' jene Basis ab, auf der eine marxistische Gesellschaftstheorie überhaupt erst fundiert und entwickelt werden
kann. Methodisch erlaubt sie den Angriff auf einen positivistisch verkürzten
Empirismus und politisch schließlich dient sie als Ausgangspunkt der Kritik
jenes platten, mechanistischen Materialismus, der die innermarxistische Diskussion der Zeit (und vor allem der Zweiten Internationalen) weithin beherrschte.
    Eine solche 'funktionalistische', an der Ausdifferenzierung moderner Wis-
senschaftsdisziplinen orientierte Interpretation der Totalitäts-Kategorie mag
freilich insoweit problematisch sein, als sie mit Sicherheit der von Lukács
intendierten Bestimmung widerspricht. Denn für Lukács ist 'Totalität' eben

nicht durch ein bloßes Zusammendenken unterschiedlicher Einzelfunktionen konstituiert, sondern sie ist prinzipiell diesen immer schon vorgeordnet und zugleich die Bedingung einer sinnvollen und richtigen interpretativen Zuordnung einzelwissenschaftlicher Ergebnisse: "Dialektische Totalitätsbetrachtung, die sich scheinbar so stark von der unmittelbaren Wirklichkeit entfernt, die die Wirklichkeit scheinbar so unwissenschaftlich konstruiert, ist in Wahrheit die einzige Methode, die die Wirklichkeit gedanklich zu reproduzieren und zu erfassen vermag. Die konkrete Totalität ist also die eigentliche Wirklichkeitskategorie".[12]

Gleichwohl enthält dieser Begriff der 'Totalität' sowohl empirische wie analytische und normative Elemente, die freilich nur sehr schwer voneinander zu sondern sind. Empirisch ist er insofern, als er die vorfindbare Realität nicht schlichtweg leugnet, sondern die Unmittelbarkeit subjektiver Wahrnehmung in Rechnung stellt — wenngleich als verdinglichtes Bewußtsein. Analytisch ist er dadurch, daß er die Perspektive einer vernünftigen gesellschaftlichen Synthesis als kritischen Maßstab gegen die vermeintliche Irrationalität der bürgerlichen Gesellschaft wendet und normativ schließlich deswegen, weil die "objektive Möglichkeit"[13] radikaler, gesellschaftlicher Veränderungen in der Perspektive ihrer praktischen Durchsetzungsfähigkeit immer mitgedacht werden. In der Entfaltung solchen Perspektivenreichtums liegt einerseits eine nicht zu leugnende Faszination, die diese — von Hegel inspirierte — Kategorie der 'Totalität' vor allem auch aufgrund ihres immanenten, kritischen Potentials gewinnt — nicht zuletzt für Intellektuelle; aber andererseits ist gerade die nicht präzise bestimmte, gegenseitige Durchdringung der unterschiedlichen Elemente, aus der sich eine komplexe, begriffliche Binnenstruktur gewinnen läßt, der letztlich systematische Grund für das oben behauptete politiktheoretische Defizit bei Lukács.

"Die Kategorie der Totalität" — so heißt es — "hebt keineswegs ihre Momente zu einer unterschiedslosen Einheitlichkeit, zu einer Identität auf".[14] Das ist wohl so zu verstehen, daß die 'Momente' der Totalität je für sich identifizierbar bleiben, wie immer ihr Zusammenhang bestimmt werden mag. Freilich: Lukács selbst macht nicht deutlich, wodurch diese Momente, die doch alle zusammen 'Totalität' konstituieren, denn ihrerseits selbst konstituiert sind und sich voneinander abheben. Die Hinweise auf 'Dialektik' und auf den 'geschichtlichen Charakter', auf das 'Prozeßhafte' von 'Totalität' charakterisieren zwar die Intentionen, die von Lukács mit diesem Begriff verbunden werden; aber sie beseitigen nicht das Problem, daß das Bestimmungsverhältnis dieser 'Momente' nicht exakt formuliert ist, sondern lediglich mit dem Begriff der 'Wechselwirkung' umschrieben wird. Damit allerdings ist eine strukturelle Offenheit des Begriffs gegeben, die es erlaubt, je nach Bedarf die unterschiedlichen Elemente und Perspektiven von 'Totalität' gegeneinander zu mobilisieren und auszuspielen.

Aus dieser Möglichkeit wechselseitigen Ausspielens der 'Momente' von 'Totalität' resultiert unter anderem auch die These der 'Verdinglichung' auf dem Hintergrund einer geschichtsphilosophisch–normativen Entwicklungsperspektive zur klassenlosen Gesellschaft. In einer für marxistisches Denken außerordentlich folgenreichen Überlegung knüpft Lukács an die Marx'sche Warenanalyse mit der Behauptung an, daß die Warenform "als zentrales, strukturelles Problem der kapitalistischen Gesellschaft in allen ihren Lebensäußerungen erscheint", daß "in der Struktur des Warenverhältnisses das Urbild aller Gegenständlichkeitsformen und aller ihnen entsprechenden Formen der Subjektivität in der bürgerlichen Gesellschaft aufgefunden werden"[15] kann.

Mit anderen Worten und sehr verkürzt: Der moderne Kapitalismus ist – so Lukács – durch die Universalisierung der Warenform als seiner Verkehrsform[16] zu einer sich selbst in jeglicher Beziehung 'entfremdeten' Welt geworden, in der dem Menschen seine eigene Tätigkeit und Kommunikation als etwas von ihm Unabhängiges gegenübertritt: "Eine Welt von fertigen Dingen und Dingbeziehungen entsteht (die Welt der Waren und ihrer Bewegung auf dem Markt), deren Gesetz zwar allmählich von den Menschen erkannt werden, die aber auch in diesem Fall ihnen als unbezwingbare, sich von selbst auswirkende Mächte gegenüberstehen".[17] Das Phänomen der 'Verdinglichung' bezieht sich hierbei auf manifeste Organisationen und Einrichtungen der bürgerlichen Gesellschaft so gut wie auf die individuellen und kollektiven Bewußtseinsstrukturen.

Auf der Ebene der gegebenen gesellschaftlichen Organisation beschreibt Lukács den Prozeß der 'Verdinglichung', also der Durchformung von Produktion und Verteilung nach Gesichtspunkten des Warenverkehrs, als einen Prozeß stetiger Durchrationalisierung. In Anlehnung an Max Webers These, wonach die moderne, kapitalistische Industriegesellschaft ihre administrativen Apparate entsprechend dem Vorbild des kapitalistischen Unternehmens zweckrational organisiert, sieht Lukács diese Durchrationalisierung als einen den öffentlichen wie privaten Bereich der Gesellschaft gleichermaßen strukturierenden Prozeß. Das von Weber konstatierte Bedürfnis nach "exakter Kalkulation",[18] die damit verbundene "Spezialisierung" und immer weitergetriebene "Zerlegung des Arbeitsprozesses"[19] führt zu einer isolierenden Partikularisierung von Arbeits- und Lebenszusammenhängen, deren empirischer Erfahrbarkeit eine entsprechende Partikularität individueller Bewußtseinsstrukturen korrespondiert. 'Verdinglichung' bezeichnet so einen universalen Strukturierungsprozeß, der unaufhaltsam alle Lebensbereiche und Verhaltensmöglichkeiten der bürgerlichen Gesellschaft affiziert und an dessen Ende schließlich alle Menschen, gleich ob Proletarier oder Bürgerliche, sich in derselben Situation der "tiefsten Entmenschlichung"[20] wiederfinden.

Man kann diesen Prozeß der 'Verdinglichung' auch als jenes empirische 'Moment' von 'Totalität' verstehen, das sich unter anderem auf Institutionen und Organisationen der bürgerlichen Gesellschaft bezieht. So wie Marx in seiner frühen Hegel-Kritik das Auseinandertreten von Staat, Gesellschaft und

bürgerlichem Subjekt als spezifisches Ergebnis der kapitalistischen Produktionsorganisation und deren klassenpolitischer Stabilisierung interpretierte, ein
Ergebnis, das dann rückgängig gemacht werden kann, wenn im 'wahren Staat'
− der Demokratie − die ökonomische, soziale und politische Existenz der
einzelnen wieder zusammenfallen,[21] so läßt sich, gleichsam analog, bei Lukács
'Verdinglichung' in der bürgerlichen Gesellschaft auf dem Hintergrund einer die
Empirie übersteigenden 'Totalitäts'-Vorstellung, die jenes normative Moment
der 'objektiven Möglichkeit' kritisch gegen den status quo wendet, verstehen als
eine unmittelbar gegebene Realität. Freilich in dem Sinne, daß die vorgegebene
Wirklichkeit nur deshalb als vorgegebene und objektive erscheint, weil das
bürgerliche Bewußtsein die erlittene 'Verdinglichung' als Objektivierungsprozeß
seiner gesellschaftlichen Verhältnisse erfährt.

Damit aber sind − und dies ist hier von Bedeutung − existierende Institutionen und Organisationen a priori Ausdruck von Verdinglichung. Institutionen
wie Ehe, Recht, Eigentum u.ä.m., ebenso wie Organisationen der bürgerlichen
Gesellschaft, also Parteien, Verbände, Parlamente, Regierungen und Bürokratie,
schließlich auch der Staat selbst, müssen als Ausdruck eines sich universalisie-
renden und ständig verdichtenden Verdinglichungsprozesses verstanden werden;
und selbstverständlich gilt dies auch für Politik und politisches Handeln, insofern beides an die Voraussetzung der Existenz von Institutionen bzw. Organisationen gebunden ist, wie dies neuzeitlichem politischem Denken entspricht.

Die These, wonach die bürgerliche Gesellschaft aufgrund der sie fundie-
renden Warenform und der durch die kapitalistische Produktionsorganisation
inganggesetzten Durchrationalisierung aller Lebensbereiche einer vollständigen
'Verdinglichung' unterliegt, wonach dies zugleich auch jene unmittelbare, empi-
risch-vorfindbare Wirklichkeit ist − die etwa die empirischen Sozialwissenschaften beschreiben und analysieren −, hat unter anderem zur Folge, daß
Lukács eine Theorie der Politik, wenn er sie denn entwickelt hätte, nur als eine
Theorie der Politik in der bürgerlichen Gesellschaft hätte formulieren können.
Daran aber konnte er kein systematisches Interesse haben. Denn insofern die
Geschichte der Institutionen und Organisation der bürgerlichen Gesellschaft
notwendigerweise zugleich immer auch die Geschichte ihrer 'Verdinglichung'
ist, figuriert die bürgerliche Gesellschaft als Beispiel einer historisch gleichsam
falsch laufenden Entwicklung; und dies muß folgerichtig auch für die Selbst-
begründung ihrer institutionell-organisatorischen Regelung für Politik und politisches Handeln gelten.

Nun läßt sich aber der in der Geschichte der bürgerlichen Gesellschaft
beobachtbare Prozeß der Rationalisierung − von dem Lukács spricht − auch
als ein Prozeß der Ausdifferenzierung von Teil- und Lebensbereichen beschreiben und verstehen.[22] Unter diesem Aspekt, der hier im einzelnen nicht entfaltet
werden soll, kann das neuzeitliche Politikverständnis − spätestens seit der
Ausbildung der Souveränitätsdoktrin im 16. Jahrhundert − als ein Versuch

interpretiert werden, gegenüber solcher Ausdifferenzierung etwa von wirtschaftlichen, sozialen und kulturellen Teilbereichen und der Gefahr ihrer über sekto-
rale Teilautonomie angestrebten Verselbständigung und wechselweise Entkoppe-
lung den Gesichtspunkt der Einheit und der Allgemeinheit zur Geltung zu
bringen. In den politischen Theorien der Neuzeit, soweit sie jedenfalls als
'bürgerliche' gelten, ist deshalb unter dem Eindruck des allmählichen Zerbre-
chens von Einheit verbürgenden Weltbildern und Weltdeutungen und der damit
einhergehenden Rechtfertigung individueller Interessensorientierungen immer
wieder vorgeschlagen worden, die Notwendigkeit und dauerhafte Stabilisierung
gesellschaftlicher und politischer Institutionen so zu begründen, daß ihr univer-
seller — und das heißt vornehmlich: Für alle Betroffenen verbindlicher, auch
akzeptierbarer — Geltungsanspruch nicht bezweifelt, vor allem aber nicht durch
partikuläre Vereinnahmung faktisch ruiniert werden kann. Die Vorschläge sind
bekannt: Sie reichen von der Fiktion vertragsrechtlicher Selbstbindung aufgrund
von Selbsterhaltungsimperativen über die Ausformulierung quasi–naturwissen-
schaftlicher Anthropologien bis hin zu Varianten formaler Bestimmung der
Selbsthervorbringung autonomer Subjektivität. Unabhängig davon, wie die
jeweiligen Begründungsmuster systematisch formuliert werden und worauf sie
sich letztinstanzlich zurückführen lassen, ist ihnen allen doch gemeinsam, daß
sie Politik immer als jenen übergreifenden Strukturierungszusammenhang verstehen, in dem konkurrierende Interessen und konfligierende Individual- wie
Kollektivpositionen zu einem allgemeinen Ausgleich gebracht werden sollen.
Und entsprechend werden in aller Regel auch Institutionen begründet: Als
handlungsleitende Regelungen[23] nämlich, die sich aus der — je unterschiedlich
interpretierten — conditio humana notwendig ergeben, deren Geltungsanspruch
sich aus ihrer prinzipiell einsehbaren, praktischen Vernünftigkeit herleitet,
unbeschadet der faktisch vorhandenen oder auch nicht vorhandenen individuellen
bzw. kollektiven Gehorsamsmotive. Ähnlich verhält es sich mit den in 'bürgerlichen' Politik-Theorien vorgetragenen Organisationsmodellen: Auch mit ihnen
und in ihnen wird ein Anspruch auf Allgemeinheit, auf Integration einer sich
sonst dissoziierenden Gesellschaft, auf generelle Akzeptanz und Verbindlichkeit
erhoben, weil anders die Einheit des Ganzen — die allerdings als eine Fiktion,
wenn auch notwendige, immer durchschaut wird — nicht vorgestellt und zumindest symbolisch aufrechterhalten werden kann.

 Neuzeitliche Theorien der Institutionalisierung, der Institutionen und Organisationen[24] als Reflex auf eine historisch erreichte Situation gesellschaftlicher
Entwicklung zu verstehen, in der die Ausdifferenzierung traditionaler Institu-
tionen- und Organisationsbestände auf der Tagesordnung steht, eine Ausdifferenzierung, die dadurch charakterisiert ist, daß sie die vorangegangenen Institu-
tionalisierungen materialer Verhaltensmuster in vorbürgerlichen Gesellschaften
nunmehr durch das Auf-Dauer-Stellen von Verfahren der Vereinheitlichung und
der Integration ablösen und historisch überbieten möchte — diesen Prozeß

gesellschaftlicher Selbstreflexivität und Selbstkonstitution der bürgerlichen Gesellschaft interpretiert Lukács ausschließlich aus der Perspektive einer "Anpassung der Lebens- und Arbeitsweise und dementsprechend auch des Bewußtseins an die allgemeinen gesellschaftlich-ökonomischen Voraussetzungen der kapitalistischen Wirtschaft".[25] Daß mit einer solchen Interpretation auch wichtige Aspekte getroffen sind, soll nicht bestritten werden; daß sie aber zu kurz greift, weil sie bloß als nachholende 'Anpassung' beschreibt, was doch eher als kollektiver Lernschritt eine weitere, abstraktere Stufe der Selbstrechtfertigung und Selbstauslegung einer Gesellschaftsformation ist, soll allerdings behauptet werden. Für Lukács indessen markiert die bürgerliche Gesellschaft den Endpunkt eines unterstellten, gleichsam linear-historischen Entwicklungsprozesses, in welchem Institutionen und Organisationen allenfalls Resultate und Knotenpunkt von Rationalisierungsschüben bezeichnen, nicht aber − was doch zu bedenken und zu überprüfen wäre − Regelungen, deren jede, auch eine sozialistische Gesellschaft bedarf, sofern sie denn als Gesellschaft existieren soll.

Die Absicht von Lukács, "die Verdinglichung als allgemeines, struktives Grundphänomen der ganzen bürgerlichen Gesellschaft zu begreifen",[26] hat mehrere, auch politisch folgenreiche Konsequenzen, von denen einige kurz angedeutet werden sollen:

1) Lukács entzieht seine Aussagen über die bürgerliche Gesellschaft zunächst jeder empirischen Überprüfbarkeit. Seine Kritik des Empirismus trifft in voller Schärfe auch die empirisch arbeitenden Sozialwissenschaften, deren universitäre wie gesellschaftliche Etablierung für Lukács zwangsläufig selbst bereits Ausdruck eines Verdinglichungsprozesses ist, deren Ergebnisse deshalb auch nur bestätigen können, was im Horizonte eines bürgerlichen Bewußtseins schon gewußt wird, die aber für eine marxistische Sozialphilosophie unerheblich sind. An die Stelle eines ausdifferenzierten, auch empirisch orientierten Wissenschaftssystems, an die Stelle von Wirtschafts-, Sozial- und Geisteswissenschaften tritt bei Lukács, historisch gleichsam zurückgreifend, noch einmal die Philosophie, genauer: der Marxismus. Philosophie bzw. marxistische Theorie sollen leisten, was den Einzelwissenschaften und ihren Resultaten, auch deren immerhin denkbaren Zusammenfassung und interdisziplinären Integration, nicht mehr gelingen kann und methodologisch auch abgesprochen wird: Auf der Ebene der Theorie die Gesellschaft als Ganze zu rekonstruieren und zu begreifen, die 'Totalität der Wirklichkeit' in praktischer, und das heißt: revolutionärer Absicht zu formulieren.

2) Die Verdinglichungsthese macht eine empirische oder wenigstens doch empirisch informierte Analyse der bürgerlichen Institutionen und Organisationen überflüssig, ja unmöglich. Da Institutionen und Organisationen für Lukács an

die transitorische Existenz der bürgerlichen Gesellschaft gebunden sind, da
andererseits Lukács die baldige Überwindung der bürgerlichen Gesellschaft
nicht bezweifelt, besteht für ihn weder ein systematischer noch ein praktischer
Zwang, diese Institutionen bzw. Organisationen unter dem Aspekt ihrer prinzipiellen Existenznotwendigkeit zu bedenken. Es ist kein Zufall, daß Lukács sich
an keiner Stelle seiner frühen Arbeiten zu Fragen der Organisation und der
Partei auf organisationssoziologische Untersuchungen seiner Zeit bezieht; wie
er überhaupt die Sozialwissenschaften nahezu vollständig ignoriert, es sei denn,
sie ließen sich — wie im Falle von Max Webers Rationalisierungstheorem und
seines methodischen Konstrukts, des 'Idealtyps' — geschichtsphilosophisch oder
methodologisch vereinnahmen. Um nur ein allerdings besonders prägnantes
Beispiel zu nennen: Robert Michels' 'Soziologie des Parteiwesens', 1911 erstmals erschienen, 1925 neu aufgelegt, eine Arbeit, die für die Analyse politischer Organisationen schlichtweg bahnbrechend war und deren Hauptergebnisse
auch heute noch einige Relevanz beanspruchen können, wurde von Lukács —
als einzige sozialwissenschaftliche Arbeit zu diesem Thema überhaupt — zwar
zur Kenntnis genommen; dies aber erst 1928 in einer Rezension, in der die
Arbeit als "wahl- und kritiklos zusammengetragenes Material", als "bodenlos
unwissend" und völlig "wertlos" abqualifiziert wurde, abgetan auch als eine
"deskriptive Darstellung der Entwicklung des Opportunismus in der Sozialdemokratie im imperialistischen Zeitalter unter dem Einfluß der Entstehung und
des Wachstums der Arbeiteraristokratie".[27]

3) 'Verdinglichung' als Konkretisierung der empirischen 'Momente' von 'Totalität' wird von Lukács konfrontiert jenem normativen Aspekt der 'Totalität', den
er gelegentlich als "objektive Möglichkeit"[28] begrifflich zu fassen sucht. Mit
dieser Kategorie, die vielleicht am ehesten noch im Sinne einer Kant'schen
'regulativen Idee' adäquat zu verstehen ist, bezeichnet Lukács jenen geschichts-
teleologischen Überschuß, den jede historische Entwicklung als Teil eines
'Über-sich-selbst-Hinausgehens' mit sich führt. Empirisch ist diese Kategorie
deshalb nicht zu bestimmen, weil eine solche Bestimmung im Horizont der
'Verdinglichung' bleiben müßte; gemeint ist deshalb damit die Chance der
'Entdinglichung', die von Lukács überraschenderweise — ganz im Weber'schen
Sinne — verantwortungsethisch wie folgt umschrieben wird: "Diese objektive
Möglichkeit ist zwar bei dem einzelnen und auch Fall für Fall verschieden, aber
im Wesen auch für den einzelnen und Fall für Fall immer bestimmbar. ...Das
moralisch richtige Handeln hängt also für jeden Sozialisten zutiefst mit der
richtigen Erkenntnis der gegebenen geschichtsphilosophischen Situation zusammen, deren gangbarer Weg nur sein kann, daß jeder einzelne bestrebt ist,
dieses Selbstbewußtsein für sich allein bewußt zu machen".[29] Bemerkenswert ist
diese Stelle deshalb, weil Lukács hier deutlich werden läßt, daß das normative
'Moment' von 'Totalität' handlungstheoretisch gesehen einen Dezisionismus

impliziert, der hier überdies nur individualethisch rückgebunden ist, weder institutionell noch organisatorisch abgesichert, der damit aber auch hinter den Anspruch des eigenen geschichtsphilosophischen Denkens zurückfällt. Freilich: strukturell bleibt dieser Dezisionismus auch dann präsent, wenn an die Stelle eines einzelnen ein Kollektiv als Handlungssubjekt treten sollte.

4) Das politische Denken der Neuzeit grenzt in aller Regel politisches Handeln vom nicht-politischen u.a. dadurch ab, daß es Politik im Medium der Öffentlichkeit an Institutionen und Organisationen bindet und diesen zugleich einen Anspruch auf Allgemeinheit zubilligt. Lukács kann eine solche Unterscheidung und Zuordnung nicht nachvollziehen und treffen, es sei denn als ideologische, weil — wie schon gesagt — Institutionen und Organisationen für ihn immer schon Ausdruck von Verdinglichungsprozessen — und damit auch von Herrschaft — sind. Das hat, wie noch zu zeigen sein wird, auch Folgen für die Einschätzung proletarischer Parteiorganisation sowie der Arbeiter-Räte.

Lukács differenziert Handeln primär danach, ob es den Rahmen der bürgerlichen Gesellschaft sprengt oder nicht. Zwischen der Position einer bürgerlichen "bloßen Kontemplation" und dem diese "überwindenden Prinzip des Praktischen"[30] kann es keine institutionelle Vermittlung geben, weil diese bereits wieder nur Ausdruck theoretischer Reflexion von Praxis innerhalb der bürgerlichen Gesellschaft wäre. An die Stelle einer Theorie der Institutionen oder doch wenigstens einer Reflexion über diese tritt daher — unter der Perspektive einer am Ende aller historischen Entwicklung stehenden kommunistischen Gesellschaft — eine universelle Moral, die "den Platz des Zwangscharakters des Rechts in der Regelung allen Handelns einnehmen wird".[31] Aber auch für die davorliegende Phase der Überwindung der bürgerlichen Gesellschaft sind prinzipielle institutionentheoretische Überlegungen deshalb überflüssig, weil es sich darum handelt, daß das Proletariat "die Gewalt der Moral über Institutionen und Wirtschaft"[32] in Gang setzt, also die Auflösung bestehender Institutionen und Organisationen sowie die Beseitigung jener Ursachen betreibt, die politische Institutionalisierungsprozesse überhaupt erst erforderlich machen. 'Moral' ist hier im Sinne eines Klassenbewußtseins gemeint, das durch die historisch richtige Interpretation des Klassenkampfes sich über die bloße Realität erhebt und so als proletarische Ethik fungieren kann.

II

Die gewiß nicht neue Frage, wie denn 'verdinglichtes Bewußtsein' sich über sich selbst aufklären und wie es zu jenen praktisch-revolutionären Handlungen kommen kann, die die institutionellen Eingrenzungen einer bürgerlichen Klassengesellschaft übersteigen, beantwortet Lukács mit der Überlegung, daß "das Hinausgehen über die Unmittelbarkeit der Empirie und ihre ebenso bloß rationalistischen Spiegelungen" im "Offenbarwerden ihrer eigentlichen, objektiven, gegenständlichen Struktur selbst"[33] zu sehen sei, einer Überlegung, die aus der Sicht empirisch orientierter Sozialwissenschaften kaum nachvollzogen werden kann. Denn auf der Ebene der Theorie bezeichnet das 'Offenbarwerden' wohl die Einsicht in den geschichts-philosophisch vorentschiedenen Gang einer Überwindung der bürgerlichen Gesellschaft – wobei die Frage zu wiederholen wäre, wie solche Einsicht zustande kommt, will man nicht eine immanente Schranke der Verdinglichung von Bewußtsein unterstellen, die freilich dann empirisch ausgewiesen sein müßte, etwa durch eindeutig bestimmbare Klassenzugehörigkeit; eine von Lukács nicht vorgeschlagene Argumentation –, auf der Ebene des gesellschaftlichen Handelns führt dieses 'Offenbarwerden' zwangsläufig zu einer 'Philosophie der Tat', in der die erfolgreiche, revolutionäre Praxis die zuvor eingenommene geschichtsphilosophische Perspektive nur noch bestätigt.

Letzteres impliziert eine radikale institutions- wie organisationskritische Position von allerdings ambivalentem Charakter. Denn die kritische Intention, die Lukács aus der Bestimmung des Zusammenhangs von 'Totalität', 'Verdinglichung' und 'objektiver Möglichkeit' gewinnt, läßt sich nicht nur gegen die bürgerliche Gesellschaft und ihre Institutionen vortragen, sondern gegen alle Institutionen, auch die des Proletariats, wenden. Andererseits bleibt diese kritische Intention in Bezug auf die Notwendigkeit, praktisch-gesellschaftliches Handeln organisieren zu müssen, in gewisser Weise hilflos; die Konsequenz ist eine doppelte: Neben dem Vertrauen in die Spontaneität der Massen – als dem eigentlich systemsprengenden und systemtranszendierenden Element – steht zugleich der Zwang, die je existierende, proletarische Parteiorganisation nicht nur zu akzeptieren, sondern gegebenenfalls zu rechtfertigen.

Dieser ambivalente Charakter des zutiefst "anti-institutionellen Denkens"[34] von Lukács läßt sich zunächst einmal an seiner Beurteilung des Verhältnisses von Parlamentarismus und Arbeiter-Räten illustrieren. Für Lukács sind Parlamentarismus und parlamentarische Regierung das "ureigenste Instrument der Bourgeoisie",[35] das auf der "Fiktion" beruht, "nicht als ein Organ der Klassenunterdrückung, sondern als Organ des 'ganzen Volkes'"[36] zu erscheinen. Jenseits dieser, gleichsam deskriptiven Feststellung interessiert Lukács nur der für eine revolutionäre Strategie mögliche instrumentelle Wert des Parlaments also die Frage, inwieweit die revolutionäre Praxis im Parlament und mithilfe des Parlamentes über das Parlament und den Parlamentarismus 'hinausgetrieben' werden kann. Seine Antwort ist bekannt: Sie besteht wesentlich darin, das Parlament als Bühne zur "Provokation der Bourgeoisie zu einem offeneren Vorgehen, zu einer Selbstenthüllung durch Taten"[37] zu benutzen, also die Selbstdestruktion des Parlamentarismus einzuleiten.

Diese Überlegungen zur bloß strategischen Nutzung des Parlamentarismus orientieren sich dabei wesentlich an Modellvorstellungen von Arbeiter-Räten, die gleichsam als 'bestimmte Negation' des Parlamentarismus gesehen werden. Das steht in der Tradition räte-demokratischer Begründungsversuche seit der 'Commune-Schrift' von Marx, in der ja erstmals die räte-demokratischen Organisationsprinzipien als Gegenmodell zum bürgerlichen Parlamentarismus konkretisiert worden sind: Den 'bürgerlichen' Prinzipien der Gewaltenteilung, der Bürokratisierung und Parteibildung, des freien Mandates von Abgeordneten u.ä.m., stehen hier die Räte-Prinzipien der Gewaltenvereinigung bei Dezentralisierung gesellschaftlicher Gesamtorganisation, Anti-Bürokratismus durch Tätigwerden aller, Anti-Parteien- und Anti-Fraktionsglaube sowie gebundenes Mandat und Abberufbarkeit von Abgeordneten direkt gegenüber.[38] Freilich: noch indem Räte-Theorien die eigenen Organisationsvorstellungen in direkter, negatorischer Konfrontation zu repräsentativ-parlamentarischen Organisationsmodellen zu gewinnen suchen, noch indem sie gegensinnige Institutionalisierung betreiben, bleiben sie auf die Organisationsprinzipien der bürgerlichen Gesellschafts- und Politiktheorie fixiert; und dies nicht im Sinne einer Hegel'schen Aufhebung, sondern lediglich im Entwurf eines direkten Gegenmodells. Systematisch begründet wird dieser direkte Bezug auf den liberalen Parlamentarismus in Räte-Theorien − wenn überhaupt − zumeist mit dem Hinweis, daß der Anspruch des parlamentarischen Organisationsmodells auf Repräsentation erst in Räte-Modellen seine faktische Realisierungschance finden könne, da erst hier der Zusammenhang von restriktiver Klassenstruktur, Klasseninteresse und Organisation durchbrochen und aufgelöst werde.

Diese Argumentation legt den Gedanken nahe, den Parlamentarismus als ein historisch weder zufälliges noch beliebiges Organisationsmodell von fundamentalen Prinzipien der bürgerlichen Gesellschaft − hinter die historisch nicht zurückgegangen werden darf − zu thematisieren, als ein Modell, in dem intentional die aufklärerische Position eines freien, jedem einzelnen gleich gegenüberstehenden Subjekts ihre organisationstechnische Umsetzung erfahren soll. Die tragenden Organisationsprinzipien des Parlamentarismus wie etwa freiheitsverbürgende Gewaltenteilung, Verantwortlichkeit der Regierung, systematische Opposition, regelmäßige, gleiche und geheime Wahlen, Öffentlichkeit der konfliktregulierenden Willensbildungs- und Entscheidungsprozesse wären dabei als eine erste Konkretisierung jener aufklärerischen Position zu interpretieren, deren organisationstechnische, das heißt praktisch-politische Umsetzung entsprechend je unterschiedlichen gesellschaftlichen Bedingungen auch unterschiedlich ausfallen kann. Daß historisch die organisationstechnische Einlösung des Parlamentarismus in bürgerlichen Gesellschaften Klassenherrschaft in sich aufgenommen hat, ist primär eine Konsequenz der Existenz von Klassenherrschaft überhaupt und besagt zunächst wenig über die institutionstheoretische Rechtfertigung parlamentarischer Regierungsformen. Es ist lediglich ein Verweis auf das histo-

risch unbestreitbare Faktum, wonach der Parlamentarismus vom Bürgertum als
eigene Form der Klassenherrschaft in Anspruch genommen worden ist, daß also
das ihm zugrundeliegende, universale Motiv individueller Autonomie und
Gleichheit herrschaftspraktisch suspendiert wurde. Die Frage, ob der Parlamentarismus damit bloß bürgerliches Modell, ob er gar mit dem Ende der bürgerlichen Gesellschaft selbst obsolet geworden ist, dürfte jedenfalls durch diesen
historischen Verweis nicht erledigt sein.

Das zeigt nicht zuletzt auch die Tatsache, daß alle bisherigen Räte-
Bewegungen spätestens in der Phase ihrer nachrevolutionären Stabilisierung
gescheitert sind, gemessen jedenfalls an ihrem eigenen Anspruch. Welches auch
immer die Gründe dafür waren,[39] in einer Hinsicht stimmen die meisten der
vorliegenden Analysen historischer Räte-Bewegungen überein: In dem Befund
nämlich, daß die internen, organisationsstrukturellen Entwicklungen in den
Räten selbst diese sehr rasch vor eben dieselben Probleme gestellt haben, die
auch der Parlamentarismus kannte und die sich in allen komplexen Großorganisationen relativ schnell und offensichtlich unvermeidbar ergeben: Fraktionie-
rung, Hierarchisierung, Bürokratisierung, Ausbildung informeller Kommuni-
kationsstrukturen, Instrumentalisierung von Verfahren zu gänzlich anderen
Zwecken — um nur einiges zu nennen.

Für Lukács liegen solche Strukturprobleme und ihre genauere Analyse
außerhalb jeglicher Überlegung — obwohl sie in der zeitgenössischen Sozialwissenschaft vielfach thematisiert wurden. Da er den Parlamentarismus historisch an die Existenz der bürgerlichen Gesellschaft koppelt, innerorganisato-
rische Strukturprobleme als spezifisch bürgerliche interpretiert, sind folgerichtig
die Arbeiter-Räte seiner Meinung nach von solchen Fragestellungen nicht betroffen. Sie sind schlichtweg "revolutionäre Organisationen der Ausbreitung,
Aktionsfähigkeit und Macht des Proletariats",[40] "Offensivorganisationen",[41]
deren "einfaches Dasein"[42] bereits über die bürgerliche Gesellschaft hinausweist.
Jeder Gedanke einer verfassungsmäßigen Verankerung von Räten wird strikt
abgelehnt, jede positiv-rechtliche Kompetenzregelung verworfen, den: "Legalität
tötet den Arbeiterrat".[43] Es gibt für Lukács in dieser Frage nur eine sich aus-
schließende Alternative: Wo der Parlamentarismus noch existiert, ist die Arbeiterbewegung entsprechend in der Defensive, wo indessen ein Arbeiter-Rat sich
gebildet hat oder doch möglich erscheint, wird der Parlamentarismus überflüssig.

Erst nach dem Scheitern der europäischen — und das heißt für Lukács:
nicht-russischen — Räte-Bewegungen wird diese Position unter Rückgriff auf
die eigene, geschichtsphilosophische Perspektive entscheidend modifiziert. In
Anlehnung an Lenins Konzept der "Doppelherrschaft"[44] bestimmt Lukács die
Arbeiter-Räte nunmehr als "Gegenregierung"[45] und spricht ihnen sogar die
Fähigkeit zu, "Staatsapparat" werden zu können. Im Modell der Arbeiter-,
Bauern- und Soldaten-Räte sieht er jetzt die auf die Dauer gestellte, nachbür-

gerliche Verfassungsperspektive, in welcher die Einheit der vom Kapitalismus zerrissenen Lebenssphären sich wiederherstellt und die Funktions- und Arbeitsteilungen zwischen den Machtapparaten und dem Volk definitiv aufgehoben werden: "Das Rätesystem versucht eben überall, die Aktivität der Menschen mit den allgemeinen Fragen des Staates, der Wirtschaft, der Kultur usw. zu verknüpfen, indem es dagegen ankämpft, daß die Verwaltung all dieser Fragen das Privileg einer geschlossenen, vom Gesamtleben der Gesellschaft isolierten — bureaukratischen — Schicht werde".[46]

Waren die Arbeiter-Räte ursprünglich Ausdruck der von Lukács emphatisch begrüßten spontanen Massenaktionen des Proletariats, so werden sie nach dem allmählichen Zurückgehen dieser Massenaktionen und nach der — für Lukács tiefwirkenden — Erfahrung der Ausschaltung der kommunistischen Partei in Mitteldeutschland im Jahre 1921[47] nunmehr als 'proletarisches Verfassungsmodell' akzeptiert — und daran hat er, wie spätere Äußerungen belegen,[48] ein Leben lang festgehalten. Aber sie sind 'Verfassungsmodell' in einer gesellschaftlichen Übergangsperiode, in der das Proletariat zwar bereits die Macht ergriffen, die Klassengesellschaft allerdings noch nicht restlos beseitig hat, ganz im Gegenteil: "Der proletarische Staat ist der erste Klassenstaat in der Geschichte, der sich ganz offen und ungeheuchelt als Klassenstaat, als Unterdrückungsapparat, als Instrument des Klassenkampfes bekennt"[49]. Theoretisch gesehen sind Räte in dieser Transformationsphase einerseits Instrumente zur Durchbrechung verdinglichter, bürokratischer Strukturen, aber zugleich sind sie doch auch, da die bürgerliche Gesellschaft noch nicht definitiv überwunden ist, in deren Strukturverfestigungen noch verfangen.

Diese bei Lukács vorfindbare, ambivalente Beurteilung der Arbeiter-Räte läßt sich systematisch nur als ein aus dem oben skizzierten Zusammenhang von 'Totalität', 'Verdinglichung' und 'objektiver Möglichkeit' resultierendes, spezifisches Verständnis von proletarischer Organisation verstehen. Deren konstitutives Prinzip sieht Lukács in der "Wechselwirkung von Spontaneität und bewußter Regelung"[50] und mit Bezug auf Rosa Luxemburg betont er immer wieder das "Prozeßartige"[51] seiner Vorstellung von Organisation, betont auch, daß diese "eher als Folge, denn als Voraussetzung"[52] von praktisch-revolutionärem Handeln aufgefaßt werden muß. Dies gilt auch für den oft zitierten Satz, wonach Organisation "die Form der Vermittlung zwischen Theorie und Praxis"[53] ist.

Der Begriff der 'Organisation' gewinnt so eine strukturelle Ähnlichkeit mit dem der 'Totalität' und deren impliziten Möglichkeiten unterschiedlicher Ausdeutung. Einerseits bezeichnet 'Organisation' schlicht das, was faktisch vorhanden ist; andererseits vindiziert Lukács proletarischen Organisationen ein systemtranszendierendes Moment, das strukturell die Durchbrechung von 'Verdinglichung' vorwegnehmen und die 'objektive Möglichkeit' der Handlungssituation ins Spiel bringen soll. Folge dieser dualen Begriffsstruktur ist die Chance, je nach historischer Situationseinschätzung die Interpretationsperspektive zu wechseln: Gegen die konkrete, bürokratische Organisation und ihren Apparat läßt sich — mit Hinweis auf empirisches wie 'zugerechnetes' Bewußtsein des Proletariats[54] — der Aspekt des 'Prozeßartigen' mobilisieren, was konsequenterweise auch zu einer innermarxistischen Partei- und Bürokratiekritik führen kann und sich auch gegen Erstarrungstendenzen der kommunistischen Partei wenden läßt. Andererseits: gegen Tendenzen der Ausformung allzu informeller Kommunikations- und Handlungsstrukturen kann mit dem Hinweis auf das Aktionsfeld 'bürgerliche Gesellschaft' eine straffere Organisation und Disziplin angemahnt werden. Wie alle zentralen Begriffe im Denken von Lukács impliziert so auch der der 'Organisation' eine dezisionistische Komponente, die jeweils nach Gutdünken — d.h. nach Maßgabe der für die Situationsinterpretation Zuständigen —, nach taktischen oder strategischen Überlegungen ausgespielt werden kann.

Ähnlich wie bei der Einschätzung der Arbeiter-Räte läßt sich die ambivalente und dezisionistische Konsequenz des anti-institutionellen Denkens von Lukács auch in seiner Einschätzung der kommunistischen Partei nachvollziehen, die hier noch kurz angedeutet werden soll. Zunächst hebt die kommunistische Partei, so Lukács, sich aufgrund ihrer historischen Bestimmung grundlegend von bürgerlichen, auch sozialdemokratischen Parteien, die lediglich Ausdruck eines empirischen Bewußtseins sind, dadurch ab, daß sie "einen höheren Typus der Organisation vorstellt",[55] daß sie überdies "das konkrete Vermittlungsprinzip zwischen Mensch und Geschichte"[56] ist, nicht etwa nur zwischen Individuum und Gesellschaft. Zugleich aber ist sie auch "Gestalt des proletarischen Klassenbewußtseins",[57] das bekanntlich nicht mit dem empirischen Bewußtsein der Arbeiter identisch ist. Aus der Differenz beider, die selbst Ausdruck von "objektiv-ökonomischen Schichtungen innerhalb des Proletariats"[58] ist, zieht Lukács dann weitreichende Folgerungen. Zunächst ergibt sich die "Notwendigkeit der organisatorischen Abtrennung der Partei von der Klasse"[59], sodann kann die Partei, allerdings nicht regelhaft, "statt der Klasse selbst, für die Interessen der Klasse kämpfen".[60] Sie muß in diesem Kampf zwar "taktische Rücksichtnahme auf den Bewußtseinszustand der breitesten, der zurückgebliebensten Massen"[61] nehmen, allerdings nicht im Sinne einer tagespolitischen Anpassung, sondern im Sinne der richtigen Auslegung ihrer theoretischen Einsichten und Perspektiven. Und dies wiederum kann heißen, "gegen die Massen Stellung zu nehmen; ihnen den richtigen Weg durch Negation ihres gegenwärtigen Wollens zu zeigen".[62]

Obgleich Lukács davon spricht, daß es eine "ununterbrochene, dialektische Wechselwirkung zwischen Theorie, Partei und Klasse"[63] geben solle, die allein dogmatischer Verhärtung vorbeugen könne, ist doch zweifelsfrei, daß die Partei als eine kommunistische "volonté générale"[64] mit Anspruch auf das Interpretationsmonopol des historischen Umwälzungsprozesses ausgestattet wird. Aus diesem Anspruch ergibt sich auch ihr Verhältnis zu jedem einzelnen Mitglied;

gefordert wird "tätiger Einsatz der Gesamtpersönlichkeit",[65] mit der Konsequenz einer vollständigen, disziplinären Unterwerfung unter die Führung der Partei, eine Konsequenz, die damit gerechtfertigt wird, daß sich im Akte der Disziplin schon der Vorgriff auf eine nachbürgerliche, solidarische Freiheit zeige.[66] Disziplin — das bedeutet für Lukács "das bedingungslose Aufgehen der Gesamtpersönlichkeit eines jeden Mitgliedes in der Praxis der Bewegung",[67] die "bewußte und freie Tat des bewußtesten Teils, der Vorhut der revolutionären Klasse".[68]

Erschienen die Arbeiter-Räte als Negation der Organisationsprinzipien wie -strukturen des bürgerlichen Parlamentarismus, so erscheint die kommunistische Partei — ganz analog — als Negation des bürgerlich-liberalen Parteityps. Wo letzterer u.a. durch seine allgemein akzeptierte, gesellschaftliche Partikularität bestimmt ist, versteht Lukács die kommunistische Partei als eine Antizipation nachrevolutionärer 'Totalität' innerhalb der bürgerlichen Gesellschaft. Das bedeutet auch, daß je nach Situation die dann geforderten Eigenschaften der Partei aktiviert werden können: "Schmiegsamkeit, Wandlungs- und Anpassungsfähigkeit der Taktik und straff zusammengefaßte Organisationen sind also nur zwei Seiten ein und derselben Sache".[69]

Freilich: die Negation bürgerlicher Organisationsprinzipien und die geschichtsphilosophische Verortung der Partei beantworten noch nicht die Frage, in welcher Weise innerparteiliche Führung ebenso wie Willensbildungs- und Entscheidungsprozesse organisiert werden sollen. Lukács hat diese Frage nicht wirklich gründlich thematisiert. Zu finden ist lediglich der Hinweis, daß die Funktion in der Partei nicht zum Amt werden darf, daß vielmehr "die Aktivität aller Mitglieder sich auf alle nur mögliche Arten der Parteiarbeit"[70] beziehen soll, daß nach "sachlichen Möglichkeiten" in den verschiedenen Funktionen gewechselt werden soll, damit die Mitglieder der Partei — gleichsam im Vorgriff auf die Mitglieder einer nachbürgerlichen Gesellschaft — "mit ihrer Gesamtpersönlichkeit in eine lebendige Beziehung zu der Totalität des Parteilebens und der Revolution"[71] treten können, damit auch alles vermeidend, was sie zu bloßen Spezialisten machen könnte. Skizziert wird so das Konzept einer "gleitenden Organisation",[72] in der die "schroffe und übergangslose Gegenüberstellung von Führer und Masse",[73] wie sie nach Meinung von Lukács für bürgerliche Parteien charakteristisch ist, überwunden werden soll zugunsten permanenter Selbstkorrektur aller in der Partei Organisierten: "So wie die Partei als Ganzes die verdinglichten Trennungen nach Nationen, Berufen usw., nach Erscheinungsformen des Lebens (Wirtschaft und Politik) durch ihr auf revolutionäre Einheit und Zusammenfassung gerichtetes Handeln aufhebt, um die wahre Einheit der proletarischen Klasse herzustellen, so zerreißt sie für ihr einzelnes Mitglied, gerade durch ihre straff zusammenfassende Organisation, durch die aus ihr folgende eiserne Disziplin, durch die Forderung des Einsatzes der Gesamtpersönlichkeit die verdinglichten Hüllen, die in der kapitalistischen

Gesellschaft das Bewußtsein des Einzelnen umnebeln".[74] Mit einer solchen Perspektive ist offensichtlich − ähnlich wie beim Rätesystem − der Gedanke einer Dauermobilisierung aller Parteimitglieder verbunden, aufgrund deren die Partei sich als Handlungssubjekt immer wieder situationsspezifisch konstituiert. Wie allerdings eine solche Konzeption innerorganisatorisch konkretisiert werden kann, hat Lukács nirgends ausgeführt. Vielleicht ist dies auch ein Grund dafür, daß er später, als er von der emphatischen Befürwortung der Spontaneität abzurücken begann,[75] den "Leninschen Volkstribun" als den "Verkünder eines revolutionären Bewußtseins"[76] vorstellte; das wäre dann so zu interpretieren, daß an die Stelle einer parteisoziologisch informierten Konzeption innerparteilicher Demokratie die Personalisierung des revolutionären Programms tritt, womit allerdings auch das von Anfang an vorhandene, dezisionistische Element einer nunmehr alle Lebenszusammenhänge regelnden Parteispitze, konzentriert in einer Person, überdeutlich würde.

III

Schon der junge Marx hatte die Rücknahme des Staates in die Gesellschaft, die Rückführung des Bourgeois auf den Citoyen, die Aufhebung von Arbeitsteilung zugunsten einer umfassenden Ausbildung aller individuellen Fähigkeiten gefordert. Dieses identitätstheoretische Konzept der Auflösung aller realen Widersprüche in identitärer Subjektivität der Selbstproduktion wie Selbstbestimmung des Menschen war bei Marx sehr stark von der Intention einer Universalisierung des antiken Polis−Gedankens bestimmt, von der Überzeugung nämlich, daß nach der Lösung aller materiellen Lebensprobleme jeder Mensch in eine Situation versetzt werde, in der er selbst "seine Totalität producirt"[77] und in der die dann zur Verfügung stehende freie Zeit, "die sowohl Mußezeit als Zeit für höhere Tätigkeit ist −, ihren Besitzer natürlich in ein anderes Subjekt verwandelt...".[78]

Lukács hat diese Marx'sche Geschichtsperspektive nicht nur übernommen, sondern auch prinzipiell beibehalten. Es ist dies die Perspektive einer durch Revolution wiedergewonnenen Einheit von Vernunft und Geschichte, von Theorie und Praxis, von Individuum und Gesellschaft, von Organisation und Spontaneität, in der die historischen Entwicklungen gesellschaftlicher Ausdifferenzierung und Bereichsinstitutionalisierung wieder rückgängig gemacht werden. Diese Perspektive, die bereits die Analyse der bürgerlichen Gesellschaft und des Kapitalismus begrifflich mitstrukturiert, erlaubt es aus systematischen Gründen nicht mehr, eine Theorie der Politik und der politischen Institutionen auch nur zu denken, weil in einer nachrevolutionären Situation Politik und Alltagshandel ineinanderfallen.

Revolution, d.h. das Praktischwerden der Philosophie[79] also als die Realisierung einer materialen Theorie, die sich ihrer Interpretation der Geschichte, ihrer Identifikation des 'revolutionären Subjektes' sowie der Wahrheit vernünftiger Selbstaufklärung dieses Subjektes gewiß ist: Eine solche revolutionäre Philosophie bedarf allerdings der Reflexion auf formale Bedingungen der Herstellung von Einheit nicht mehr, weil sie diese über ihre materialen Gehalte bereits garantieren kann. Aus der Sicht einer "Wirklichkeit, die man erreichen muß",[80] kann eine solche Philosophie sich prinzipiell kritisch gegenüber dem jeweils Erreichten verhalten und zugleich sich damit bescheiden, lediglich die Notwendigkeit der Revolution theoretisch zu rechtfertigen. Sie ist nicht gezwungen, wenigstens in Umrissen ihre 'konkrete Utopie' einer nachrevolutionären Gesellschaft zu entwerfen, weil diese Gesellschaft sich als Folge der Praxis von befreiten Menschen selbst strukturiert. Gegenüber einer solchen Position bleibt jedes 'politische' Denken in einer vergleichsweise 'hoffnungslosen' Lage: Da es — nicht zuletzt aufgrund der historischen Erfahrungen in diesem Jahrhundert — eine so weitreichende Geschichtstheorie nicht mehr formulieren und verteidigen kann, bleibt es darauf verwiesen, die — trotz allem! — vermutete Vernünftigkeit von handelnden Menschen an solche formalen Bedingungen zu knüpfen, deren gesellschaftliche Akzeptanz durch universelle Legitimierbarkeit konsensual festgestellt werden kann. Und eben dies bezeichnet Institutionen, sei es in 'bürgerlicher', sei es in 'nachbürgerlicher' Gesellschaft.

Anmerkungen

1 Vgl. dazu das 'Vorwort' von 1967 zur Neuausgabe von 'Geschichte und Klassenbewußtsein', Werke Bd. 2, Neuwied 1968, S. 32f; nach dieser Ausgabe werden alle 'frühen' Schriften von Lukács im folgenden zitiert. Siehe auch: Gelebtes Denken, Eine Autobiographie im Dialog, Frankfurt/M. 1981, S. 174f, S. 200; Zur Biographie von Georg Lukács vgl. u.a. Fritz J. Raddatz, Georg Lukács in Selbstzeugnissen und Bilddokumenten, Hamburg 1972; Tibor Hanak, Lukács war anders. Meisenheim am Glan 1973.

2 Vgl. die vierbändige Dokumentation 'Geschichte und Klassenbewußtsein in den politischen Debatten der 20er Jahre', hrsg. vom Lukács-Archiv der Ungarischen Akademie der Wissenschaften, Budapest 1981. Außerdem: Georg Lukács und der Revisionismus, hrsg. von Hans Koch, Berlin-Ost 1960, Neuausgabe Berlin-West 1977; Furio Cerutti et al., Geschichte und Klassenbewußtsein heute. Diskussion und Dokumentation, Amsterdam 1971; Klaus-Dieter Maretzky, Geschichte und Klassenbewußtsein. Probleme der Marx-Rezeption in Georg Lukács geschichtsphilosophischem Werk, Phil. Diss., Berlin 1970; István Mészaros (Hrsg.), Aspekte von Geschichte und Klassenbewußtsein, München 1972; Autorenkollektiv, Georg Lukács. Verdinglichung und Bewußtsein, Westberlin 1975; István Hermann, Die Gedankenwelt von Georg Lukács, Budapest 1978, S. 109ff.

3 Gelebtes Denken, S. 125.

4 'Vorwort' von 1967, S. 15.

5 Gelebtes Denken, S. 131.

6 Georg Lukács, Zur Ontologie des gesellschaftlichen Seins, Werke Bd. 13, Neuwied 1984,
   S. 8f. Hier wird eine 'Anthropologie' auf der Grundlage des Zusammenhangs von "an-
   organischer und organischer Natur, Gesellschaft" angedeutet, die zugleich das Fundament
   für eine Begründung von Politik abgeben könnte. Vgl. in diesem Zusammenhang Agnes
   Heller, Instinkt, Aggression und Charakter. Einleitung zu einer marxistischen Sozial-
   anthropologie, Hamburg 1977, und dieselbe, Theorie der Gefühle, Hamburg 1981.
7 Dazu u.a. István Hermann, Die Gedankenwelt von Georg Lukács, S. 131ff; Martin Jay,
   Marxism and Totality. The Adventures of a Concept from Lukács to Habermas, New
   York/Cambridge 1984, bes. S. 102ff.
8 Georg Lukács, Was ist orthodoxer Marxismus, S. 180.
9 Ebenda, S. 175.
10 Ebenda, S. 180.
11 Ebenda, S. 179.
12 Ebenda, S. 181. Zur Analyse der Totalitätskategorie vgl. neben Martin Jay, Marxism and
   Totality, auch: Leszek Kolakowski, Die Hauptströmungen des Marxismus, Entstehung,
   Entwicklung, Zerfall, Bd. 3, München 1979, S. 289ff.
13 Georg Lukács, Ethik und Taktik, S. 51.
14 Georg Lukács, Was ist orthodoxer Marxismus, S. 184.
15 Georg Lukács, Die Verdinglichung und das Bewußtsein des Proletariats, S. 257.
16 Ebenda, S. 260, wo es heißt: "Denn nur als Universalkategorie des gesamten gesellschaftlichen Seins ist die Ware in ihrer unverfälschten Wesensart begreifbar".
17 Ebenda, S. 261, Lukács hat bekanntlich später das Ineinssetzen von Verdinglichung und
   Entfremdung als einen entscheidenden Fehler bezeichnet: "Damit wird aus einem gesellschaftlich-geschichtlichen Problem ein ontologisches gemacht, oder, wie dies heute ebenfalls oft geschieht, die soziale Kategorie in eine anthropologische verwandelt. In beiden
   Fällen erwächst daraus ein historischer Fatalismus diesem Phänomen gegenüber"; und er
   fügt hinzu, man gerate dadurch in eine "theoretische Sackgasse". Zitat aus: Frank
   Benseler, Ein Lokalpatriot der Kultur, in: Festschrift zum achtzigsten Geburtstag, hrsg.
   von Frank Benseler, Neuwied 1965, S. 18. Vgl. auch 'Vorwort' von 1967, S. 24ff.
18 Georg Lukács, Die Verdinglichung und das Bewußtsein des Proletariats, S. 272.
19 Ebenda, S. 263.
20 Ebenda, S. 332.
21 Vgl. dazu Udo Bermbach, Defizite marxistischer Politik-Theorie, in: Politische Viertel-
   jahresschrift, 1/1983, S. 15ff, sowie Helmut Reichelt, Zur Staatstheorie im Frühwerk von
   Marx und Engels, in: Elke Hennig et al., Karl Marx, Friedrich Engels, Staatstheorie.
   Materialien zur Rekonstruktion der marxistischen Staatstheorie, Frankfurt/M., Berlin, Wien
   1979.
22 Unter diesem evolutionstheoretischen Aspekt konvergieren die theoretischen Ansätze von
   Jürgen Habermas und Niklas Luhmann. Vgl. Jürgen Habermas, Zur Rekonstruktion des
   historischen Materialismus, Frankfurt/M. 1976 und Niklas Luhmann, Gesellschaftsstruktur
   und Semantik, Frankfurt/M. 1980, Bd. 1.
23 Als Übersicht über die unterschiedlichen institutionstheoretischen Ansätze siehe Ephrem
   Else Lau, Interaktion und Institution. Zur Theorie der Institution und der Institutionalisierung aus der Perspektive einer verstehend-interaktionistischen Soziologie, Berlin 1978,
   bes. S. 51ff.
24 Vgl. Anm. 23.
25 Georg Lukács, Die Verdinglichung und das Bewußtsein des Proletariats, S. 273.
26 Ebenda, S. 274, Anm. 1
27 Die Besprechung des Buches von Robert Michels erschien im "Archiv für die Geschichte
   des Sozialismus und der Arbeiterbewegung", hrsg. von Carl Grünberg, 13. Jhg., Leipzig

1928, S. 309ff.
28 Georg Lukács, Taktik und Ethik, S. 51.
29 Ebenda, S. 51. Vgl. auch Iring Fetscher, Zum Begriff der 'objektiven Möglichkeit' bei Max Weber und Georg Lukács, in: Revue Internationale de Philosophie, 1973, Nr. 106, S. 501ff.
30 Georg Lukács, Die Verdinglichung und das Bewußtsein des Proletariats, S. 300.
31 Georg Lukács, Die Rolle der Moral in der kommunistischen Produktion, S. 90.
32 Ebenda, S. 94.
33 Ebenda, S. 346.
34 Peter Ludz, Der Begriff der 'demokratischen Diktatur' in der politischen Philosophie von Georg Lukács. In: Schriften zur Ideologie und Politik, ausgewählt und eingeleitet von Peter Ludz, Neuwied/Berlin 1967, S. LI.
35 Georg Lukács, Zur Frage des Parlamentarismus, S. 97.
36 Ebenda, S. 99.
37 Ebenda, S. 98.
38 Vgl. dazu Udo Bermbach, Theorie und Praxis direkter Demokratie. Texte und Materialien zur Räte-Diskussion, Opladen 1973, bes. S. 22f.
39 Vgl. die Beiträge der Arbeitsgruppe II 'Räte als politisches Organisationsprinzip', in: Probleme der Demokratie heute, Deutsche Vereinigung für Politische Wissenschaft, Opladen 1971, S. 53ff, sowie zusammenfassend: Horst Dähn, Rätedemokratische Modelle, Studien zur Rätediskussion in Deutschland 1918–1919, Meisenhain am Glan 1975.
40 Georg Lukács, Zur Frage des Parlamentarismus, S. 103.
41 Ebenda, S. 103.
42 Ebenda, S. 103.
43 Ebenda, S. 103.
44 Vgl. dazu Oskar Anweiler, Die Rätebewegung in Rußland 1905–1921, Leiden 1958, bes. S. 180ff.
45 Georg Lukács, Lenin, S. 566.
46 Ebenda, S. 570.
47 Dazu Jörg Kammler, Politische Theorie von Georg Lukács. Struktur und historischer Praxisbezug bis 1929, Neuwied 1974, bes. S. 187ff; Antonia Grunenberg, Bürger und Revolutionär. Georg Lukács 1918–1928, Frankfurt/M. 1975, bes. S. 163ff.
48 Vgl. das 'Spiegel'-Interview mit Georg Lukács: "Das Rätesystem ist unvermeidlich", in: 'Der Spiegel', Nr. 17, 1970, bes. 153ff.
49 Georg Lukács, Lenin, S. 571.
50 Georg Lukács, Methodisches zur Organisationsfrage, S. 494.
51 Ebenda, S. 494.
52 Georg Lukács, Opportunismus und Putschismus, S. 113.
53 Georg Lukács, Methodisches zur Organisationsfrage, S. 475.
54 Zu diesem Problem u.a. Jörg Kammler, Politische Theorie von Georg Lukács, a.a.O., S. 171ff; Antonia Grunenberg, Bürger und Revolutionär, a.a.O., S. 229ff; Leszek Kolakowski, Die Hauptströmungen des Marxismus, a.a.O., S. 306ff.
55 Georg Lukács, Methodisches zur Organisationsfrage, S. 493.
56 Ebenda, S. 495, 498.
57 Georg Lukács, Rosa Luxemburg als Marxist, S. 214.
58 Georg Lukács, Methodisches zur Organisationsfrage, S. 500.
59 Ebenda, S. 500.
60 Ebenda, S. 503.
61 Ebenda, S. 504.
62 Ebenda, S. 506.

63 Ebenda, S. 505.
64 Antonia Grunenberg, Bürger und Revolutionär, a.a.O., S. 236. Lukács selbst spricht gelegentlich von der Partei als vom 'Gesamtwillen' des Proletariats.
65 Georg Lukács, Methodisches zur Organisationsfrage, S. 497.
66 Ebenda, S. 493.
67 Ebenda, S. 497.
68 Ebenda, S. 497.
69 Ebenda, S. 512.
70 Ebenda, S. 513.
71 Ebenda, S. 513.
72 Peter Ludz, Der Begriff der 'demokratischen Diktatur', a.a.O., S. LI.
73 Georg Lukács, Methodisches zur Organisationsfrage, S. 515.
74 Ebenda, S. 517.
75 Antonia Grunenberg, Bürger und Revolutionär, a.a.O., S. 191ff.
76 Georg Lukács, Volkstribun oder Bürokrat?, in: Essays über Realismus, Werke Bd. 4, Neuwied 1972, S. 413ff. Das Zitat auf S. 418.
77 Karl Marx, Ökonomische Manuskripte 1857/58 (Grundrisse), MEGA II, Bd. 1.2, Berlin 1981, S. 392.
78 Karl Marx, Grundrisse der Kritik der politischen Ökonomie (Rohentwurf), Berlin 1974, S. 599. Vgl. dazu auch Birger P. Priddat, Über die 'höhere Tätigkeit' in Marx' Konzeption des Communismus. Eine Analogie zum aristotelischen bios theoretikos. Diskussionsschriften aus dem Institut für Politische Wissenschaft der Universität Hamburg, Nr. 1, 1985.
79 Vgl. dazu Jürgen Habermas, Theorie des kommunikativen Handelns, Bd. 1, Frankfurt/M. 1981, bes. S. 486: "Lukács begeht nun den entscheidenden, von Marx freilich suggerierten Fehler, daß er jenes 'Praktischwerden' wiederum theoretisch einholt und als revolutionäre Verwirklichung der Philosophie vorstellt".
80 Georg Lukács, Taktik und Ethik, S. 46.

Zur Politischen Philosophie des späten Lukács

Jószef Bayer

Die geistige Entwicklung von Georg Lukács war reich an spektakulären Wendungen und Selbstkorrekturen – mit der Zeit springt jedoch die grundsätzliche Kontinuität seines Denkens immer mehr ins Auge. Dieser Doppelcharakter ist auch in Lukács' Selbstdarstellung greifbar. Trotz seiner häufig geübten Selbstkritiken und der strikten Aufteilung seiner Laufbahn in scharf abgegrenzte Phasen, konnte er gegen Ende seines Lebens im Rückblick feststellen: "Bei mir ist jede Sache die Fortsetzung von etwas. Ich glaube, in meiner Entwicklung gibt es keine anorganischen Elemente."[1] Auch die als entscheidend betrachtete Wendung, seine Entwicklung zum Kommunisten, bedeutet hier keine Ausnahme. Die Möglichkeit einer Anknüpfung an seinen Jugendvorstellungen hat er in autobiographischen Skizzen so charakterisiert: "Marxismus: qualitative Änderung, aber nicht Bruch, wie bei vielen."[2] Selbst der Abschluß seiner unmittelbar politischen Phase mit der Zurücknahme der sog. "Blum-Thesen", sowie sein Rückzug auf rein ideologische Positionen, bedeutete keinen wirklichen Bruch in seiner politischen Philosophie, wie man annehmen könnte. Die ausgesprochen politischen Erörterungen treten natürlich ganz zurück, aber die Kontinuität bleibt so stark in Lukács' Denken, daß seine literaturpolitischen Ansichten noch 1949 mit der alten politischen Position der Blum-Thesen gebrandmarkt werden konnte – und das nicht ganz ohne Grund. In der erwähnten Wendung müssen wir jedoch viel mehr sehen, als die von Lukács' eingestandene Enttäuschung über die eigenen politischen Fähigkeiten.[3] Das Verhältnis von Theorie und Praxis änderte sich auch objektiv innerhalb der (Arbeiter)Bewegung, sobald die Perspektiven einer sozialistischen Weltrevolution verblaßten und die Probleme des Aufbaus des Sozialismus in einem Lande in den Vordergrund traten. Der politische Aufbau des Sozialismus in einer besonderen, für den späteren Lukács "nicht-klassischen"[4] Form, mit den dringenden Aufgaben der bloßen Bestandserhaltung und einer Überwindung der ökonomischen Rückständigkeit hat die theoretischen Perspektiven ebenso drastisch verändert und die am Anfang der Bewegung so charakteristische Harmonie zwischen Theorie und Praxis zerstört, welche sich im Engelsschen Programm des 'wissenschaftlichen Sozialismus' noch prägnant ausdrückte.

Der im Bann der Universalität lebende Lukács hat sich dann natürlich auf Gebiete zurückgezogen – insbesondere die Ästhetik und Ideengeschichte – wo der Anspruch auf Universalität in der Form des Kampfes um das kulturelle Erbe und um die Kontinuität noch am ehesten vertreten werden konnte. Die anti-sektiererischen Bestrebungen der Blum-Thesen konnte er auf solchen

Umwegen realisieren; und diese wurden zu Partisanenaktionen vorerst in derjenigen überpolitisierten Atmosphäre, in der alle geistigen Lebensäußerungen einer unmittelbar politischen Mobilisierung und staatlichen Legitimitätsansprüchen unterworfen waren.

Wenn auch der Platz für Politik fortan im philosophischen System von Lukács leer ist[5], bedeutet dies keineswegs das Fehlen einer politischen Philosophie, die auch in seinen 'reinen', theoretisch–ideologischen Werken durchaus weiter wirkt. Sie durchdringt nicht nur Lukács' unmittelbar politische Äußerungen, z.B. seine antifaschistische Publizistik, sondern auch die rein ästhetisch–philosophischen Schriften, und kommt immer zum Vorschein, sobald er in das Kreuzfeuer scharfer ideologisch–politischer Debatten gerät.

Im folgenden möchte ich einige Elemente der politischen Philosophie des späten Lukács umreißen, aufgrund derjenigen Schriften und Äußerungen nach dem XX. Kongreß der KPSU, in denen er wieder – etwas aus seiner philosophisch getarnten Illegalität heraustretend – offener zu den ihn beschäftigenden politischen Fragen Stellung nimmt. Darüber hinaus möchte ich kurz auf die Frage eingehen, inwieweit sich die Stellung der Politik modifizierte, bzw. ob die Politik ihr Recht im philosophischen System des späten Lukács zurückerhielt.

Wir haben schon auf Lukács' universelle Perspektiven hingewiesen. Er hat auch die Bedeutung des XX. Kongresses sofort im welthistorischen Zusammenhang gedeutet. In seinem Vortrag 'Der Kampf des Fortschritts und der Reaktion in der heutigen Kultur' (gehalten an der Politischen Akademie der Partei der Ungarischen Werktätigen (MDP) am 28. Juni 1956) ergriff der alte Philosoph die Gelegenheit, das Ereignis – weit über den rein sensationellen Anlaß hinaus – in seiner vollen strategischen Bedeutung, nämlich als Ausgangspunkt einer langfristigen Neuorientierung aufzufassen. Hier bleibt der Kampf von Kapitalismus und Sozialismus durchaus der Grundwiderspruch der ganzen weltgeschichtlichen Epoche. Aber Lenins Kritik an Ultralinken wird selbstkritisch verwertet und zugleich festgestellt, die unmittelbare Anwendung des welthistorischen Maßstabs bei der Beurteilung aktueller politischer Probleme sei nicht nur theoretisch falsch, sondern könne auch schwerwiegende politische Konsequenzen haben. Die Dialektik von Fortschritt und Reaktion sei viel komplizierter. Auch bei Gültigkeit der großen theoretischen Prinzipien nähmen die großen Gegensätze unseres Zeitalters solche konkreten, oft widersprüchlichen Formen an, welche eine längere Periode bestimmten. Diese müssten wir in ihrer Eigenart verstehen und dementsprechend unsere politische Strategie gestalten.

Nach Lukács war die Strategie des Kampfes um den Fortschritt in zumindest zwei Fällen der Vergangenheit nicht unmittelbar mit der Alternative Kapitalismus oder Sozialismus verbunden. Da ist zunächst die Frage des Antifaschismus, über den er sagt: "Zahllose strategische Fehler unserer Partei stammen daher, daß wir die Wahrheiten von 1917 und des auf 1917 unmittelbar folgenden revolutionären Abschnitts ... ohne jede Kritik, ohne Überprüfung der neuen Situation einfach in eine Periode übernahmen, deren grundlegendes strategisches Problem nicht der unmittelbare Kampf um den Sozialismus, sondern ein Kräftemessen zwischen Faschismus und Antifaschismus war."[6] Lukács kritisierte hier nicht nur die zeitgenössischen strategischen Fehler Stalins und der Komintern; in Kenntnis seiner sektiererischen Position über Faschismus und Sozialdemokratie noch in den Blum-Thesen übte er dabei auch indirekt eine ernste Selbstkritik.

Diese Erfahrung unterstreicht noch stärker die hohe Bedeutung einer richtigen Einstellung zur zweiten Frage, der nach Krieg und Frieden, der Koexistenz also. Nach Lukács ergeben sich alle grundsätzlichen strategischen Fragen unserer Epoche aus diesem Problemzusammenhang. Diese Ansicht hat er bis zu seinem Tode vertreten. Er kritisierte die Inkonsistenz der Stalinschen Politik in dieser Frage ebenso wie die inhaltich ähnliche chinesische Politik zur Zeit der 'Kulturrevolution' und orientierte seine eigenen politischen und theoretischen Perspektiven an den durch den XX. Kongreß eröffneten Möglichkeiten der friedlichen Koexistenz. Die weltgeschichtlichen Perspektiven des Kampfes zwischen Kapitalismus und Sozialismus bleiben also gültig − aber wir dürfen weder dem Druck der Reaktion noch sektiererisch-dogmatischen Reflexen nachgeben, die alle aktuellen Fragen unmittelbar auf die großen welthistorischen Gegensätze reduzieren, und damit den Kampf *vorzeitig* zur Entscheidung bringen wollen. Die friedliche Koexistenz ist nicht nur ein militärisch möglich gewordener, taktischer Sachzwang, sondern eine langfristige Strategie, welche für die (in schwächerer Position befindlichen) Kräfte des Sozialismus die Chance eines langsamen organischen Reifens gibt, und zwar auf beiden Seiten in Ost und West. Friedliche Koexistenz bedeutet vor allem, daß die beiden gesellschaftlichen Systeme nach ihren inneren Entwicklungsgesetzen leben können. Auf dieser Grundlage kann ein Dialog beginnen, der friedliche Wettstreit über die Leistungsfähigkeit der Politik, Wirtschaft und Kultur zur Entscheidung der Frage, welcher Weg sich für die Menschheit als gangbarer erweist. Lukács' Auffassung ist grundverschieden von Interpretationen, welche den Sozialismus bloß für eine *besondere* gesellschaftlich-politische Einrichtung halten, die den Sonderheiten einer bestimmten Staatsgruppierung entspricht und die eventuell auch eine − vielleicht sogar leistungsfähigere − kapitalistische Alternative besitzt. Er hält den Sozialismus für *die* universelle Antwort auf die Krise, in welche der Weltkapitalismus die ganze Menschheit reißt, und deren Widersprüche deshalb nicht nur das kapitalistische Zentrum, sondern − und vielleicht vor allem − auch seine Peripherie bedrohen. Lukács hat keine harmonisierenden Vorstellungen − wie er in einer späteren Schrift darlegt. "Beide Systeme sind, im Gegensatz zu früheren Wirtschaftsformationen, ihren Grundlagen nach universalistischen Charakters. Beide konnten nur auf der Grundlage, daß die ganze Welt ökonomisch und darum auch politisch ein unzertrennbar verflochtenes Gebilde geworden ist, entstehen. Beiden ist die Tendenz, die ganze Welt nach der eigenen Lebensform zu gestalten, immanent; keines kann, ohne sich selbst aufzugeben, auf dieses objektiv notwendige Bestreben verzichten."[7] Der ideologische Konflikt der beiden heutigen Weltsysteme ist also nur Ausdruck dieses tieferen, welthistorischen Konflikts, und wir können uns seiner nicht einfach dadurch entledigen, daß wir ihn verteufeln. Im Gegenteil, gerade die Überleitung des Konflikts auf die ideologische Ebene, d.h. daß anstelle militärischer Erpressung, ökonomischer Diskriminierung und die Souveränität verletzender politischer Aktionen der Akzent sich auf die ideologische Beeinflußung verschiebt − die freilich auf wirklichen wirtschaftlich-sozialen und kulturellen Leistungen beruhen muß − bietet die Möglichkeit für eine humane Regelung des Konflikts, die für die Zukunft der Menschheit am günstigsten ist.

Diese Auffassung, die Lukács noch mehrmals dargelegt hat, war kein kurzfristiger Einfall, sondern eine grundsätzliche Deutung der Epoche, die auch durch konjunkturelle Schwankungen in der Weltpolitik nicht leicht erschüttert werden konnte. Vorschnell Resignierende müssen sich daher ein anderes Leitbild suchen. In diesen breiten geschichtsphilosophischen Rahmen fügt sich fortan Lukács' ständiges Streben nach einem 'tertium datur' ein, das falsche Extreme in Theorie und Praxis vermeidet und vielfältige Ausdrücke und Formen annimmt.

Trotz der historischen Reformfähigkeit des Kapitalismus − was später, nach Jahrzehnten der Nachkriegsprosperität noch offensichtlicher wurde − hielt Lukács an seiner Überzeugung fest, daß die strukturellen Veränderungen des Kapitalismus nur seine Ausdehnung und keineswegs sein Ende bedeuten und daß der Kapitalismus bis heute sehr wohl mit den Methoden des klassischen Marxismus (als Vollentfaltung der Vorherrschaft des relativen Mehrwerts gegenüber der des absoluten Mehrwerts) erklärbar ist, weiterhin: daß die kapitalistische Gesellschaft letztlich doch durch innere Widersprüche dazu gezwungen wird, sozialistische Auswege zu suchen, was wir aber höchstens ideologisch − im oben skizzierten Sinne − beeinflussen können. Diese Auffassung stellt ein 'tertium datur' dar, sowohl gegenüber dogmatischem Marxismus, der den Kapitalismus als völlig unverändert analysiert, als auch gegenüber bürgerlichen Auffassungen, nach denen der Kapitalismus gar nicht mehr besteht.

Die Entwicklungsmöglichkeiten des Sozialismus sieht Lukács sehr optimistisch. Er denkt jedoch nicht im Zeichen einer Tonnen-Ideologie. Der Sozialismus muß sich selbst *qualitativ* ändern, um eine dauerhaft anziehende Alternative − für die ganze Menschheit − zu werden. Darauf richten sich seine politischen Reflexionen; erstens, sein Drängen auf eine Renaissance des Marxismus, auf Herstellung seines wissenschaftlichen Inhalts, damit er als solche wieder zur orientierenden Ideologie für eine richtige Praxis werden kann (dies als tertium datur zwischen den schlechten Extremen des Dogmatismus und

Revisionismus). Zweitens, die Anwendung einer durchdachten Bündnispolitik, die von der Stalinschen 'ausschliessenden' Methode zu Leninschen Prinzipien zurückkehrt, welche bei aufrechterhaltener prinzipieller Kritik gleichzeitig auf praktische Zusammenarbeit, für die gemeinsame Sache dringt. Drittens, die Ausarbeitung einer offenen Kulturpolitik, frei von bürokratischer Manipulation, die aber auch nicht den im Warencharakter der Kultur inhärenten manipulativen Tendenzen unterworfen ist. Vollends, aufgrund der nach Abschluß der extensiven Industrialisierung möglich und nötig gewordenen ökonomischen Reformen, die Neuformulierung der Frage einer genuinen sozialistischen Demokratie, als ein 'tertium datur' zwischen Stalinismus und manipulativ-pluralistischer, bürgerlicher Demokratie.

Alle diese Fragen haben unbestreitbar bis heute ihre Aktualität nicht verloren. Eine andere Frage ist jedoch, wieweit Lukács selbst konsistente, konkrete und auch gültige Antworten auf sie geben konnte. Wie bekannt, hat er gegen Ende seines Lebens in zahlreichen Interviews, Äußerungen und Artikeln, ferner in seinen Briefwechseln zu den skizzierten Fragen Stellung genommen. Aus diesen Äußerungen können wir aber kaum irgendeine einheitliche, politische Theorie rekonstruieren. Den Großteil seiner Energie hat Lukács der Aufgabe gewidmet, die er für die wichtigste hielt: die wissenschaftliche Grundlegung einer 'Renaissance' des Marxismus, die Rekonstruktion und Anwendung der ursprünglichen marxistischen Weltanschauung und Methode. Das Resultat dieser Anstrengungen ist die großangelegte Synthese der Werke 'Die Eigenart des Ästhetischen' und 'Zur Ontologie des gesellschaftlichen Seins'. Der Wert seiner oben erwähnten 'Gelegenheitsschriften' (wie er sie selbst nannte) ergibt sich demnach nicht so sehr aus ihrer theoretischen Kohärenz, sondern vielmehr aus der Tatsache, daß sie oft den tiefsten politischen Sinn seiner großen theoretischen Anstrengungen aufdecken.

Die Losung der 'Renaissance des Marxismus' entspringt z.B. nicht bloß einem rein theoretischen Anspruch. Sie enthält die Forderung, die ganze Praxis des Sozialismus zu erneuern, und mit den Methoden der Stalinschen Periode, d.h. der Vorherrschaft der Taktik über Strategie und der Propaganda über Theorie zu brechen, so daß der Marxismus wieder als Wissenschaft seine ideologische Funktion erfüllen kann und zur Leitlinie einer sich erneuernden Praxis wird. Indem Lukács auf kulturellem Gebiet die Kontinuität vertritt, betont er in der Politik — nach 1956 freigesetzt von Fesseln der politischen Verantwortung — eine radikale Diskontinuität. Die Entwicklung des Sozialismus schreitet nach ihm durch radikale Reformen voran. Die Einführung dieser Reformen würde heute schon von weniger Erschütterung begleitet sein als ihre Unterlassung. Die Erfahrungen der jüngsten Vergangenheit zumindest widerlegen diese Behauptung nicht. Er hatte allerdings keine konkreten, politisch realisierbaren Vorstellungen über diese notwendigen Reformen.

Lukács ist bekanntlich sehr früh und entschieden für wirtschaftliche Reformen in Ungarn eingetreten. Schon das früheste, für L'Unità gegebene Interview[8] enthält die Hauptelemente seiner Konzeption: Demnach ist eine theoretisch fundierte Planwirtschaft erforderlich, die auf der Marx'schen Theorie der erweiterten Reproduktion beruht und auch die eventuellen Besonderheiten einer sozialistischen gegenüber einer kapitalistischen Ökonomie berücksichtigt, so im Bereich der kulturellen Produktion. Ferner: Das bürokratische Modell der Planwirtschaft muß durch eine dezentralisierte, auf einer proletarischen Demokratie, auf breiteren Initiativen der Massen fußenden Struktur abgelöst werden; vollends, zur Einführung der Reform muß die Diskontinuität betont werden, und die breiten Massen sollten an der Änderung interessiert werden.

Diesem Programm kann sich, in dieser Abstraktheit, jegliche ernstzunehmende Reformpolitik verschreiben, besonders ohne eine weitere politische Konkretisierung. Dies ist die Grundlage für den Vorwurf einiger abtrünniger Lukács–Schüler, das "System" habe Lukács "enteignet."[9] Wir können jedoch nicht behaupten, daß Lukács – trotz der historischen, strategisch–perspektivischen Breite seiner politischen Auffassungen – irgendeine unmittelbar anwendbare, politische Theorie hatte, noch weniger, daß er eine politische Ideologie besaß, unter deren Flagge man segeln könnte. Er hat nicht einmal danach gestrebt. Er blieb weiterhin bei seiner 'rein ideologischen' Position. An diesem Unterschied hat er selbst in der Ontologie festgehalten, indem er den politischen Ideologien, welche die praktisch entscheidende Momente eines Krisenkomplexes zu erfassen haben, die 'reine Ideologien' gegenüberstellte. Über die letzteren schreibt er, daß "jede bedeutende Philosophie ein Gesamtbild des Weltzustandes zu geben bestrebt ist, das von Kosmologie bis Ethik alle Zusammenhänge so zu synthetisieren sucht, daß aus ihnen auch die aktuellen Entscheidungen als notwendige Momente jener Entscheidungen erscheinen, die das Schicksal des Menschengeschlechts bestimmen." Gewiß, die praktischen Implikationen seiner marxistischen Philosophie freilich übertreffen die Möglichkeiten einer solchen 'reinen Ideologie' – die politischen Probleme werden spürbar akzentuierter in seinem Spätwerk. In einem – bis heute nicht voll publizierten – Essay hat Lukács den Demokratisierungsprozeß in die historische Perspektive gestellt und als Schlüsselfrage der Weiterentwicklung gedeutet.[11] Die "im Aufbau des Sozialismus unentbehrliche sozialistische Demokratie" ist danach nicht bloß die Ausbreitung der bürgerlichen Demokratie, sondern ihr Gegenteil, "weil sie nicht ein idealistischer Überbau zum spontanen Materialismus der bürgerlichen Gesellschaft sein soll, sondern ein materieller Bewegungsfaktor der gesellschaftlichen Welt selbst. Darum ist ihre Aufgabe, das gesamte materielle Leben aller Menschen real zu durchdringen und ihre Gesellschaftlichkeit als Produkt der eigenen Tätigkeit aller Menschen vom Alltag bis zu den entscheidenden Fragen der Gesellschaft zum Ausdruck zu bringen."[10]

Lukács analysiert hier die unterschiedlichen Antworten auf ein Dilemma, das die nicht-klassische Form des Sozialismus aufwarf: nämlich "wie in einer derartigen Übergangszeit das Verhältnis zwischen der rein ökonomischen Praxis, die diese Zurückgebliebenheit einfach aufzuholen berufen ist, und zwischen den auf den sozialistischen Gehalt direkt gerichteten, die proletarische Demokratie fördernden Akten, Institutionen etc. beschaffen sein soll." Er betont erneut die grundsätzliche Diskontinuität zwischen der Leninschen und Stalinschen Antwort, und drängt auf die Rückkehr zur Leninschen Methode des Experimentierens, die "auch heute ein gesundes methodologisches Gegengewicht zu vielen Planungsphantasien bilden könnte, die sich infolge ihrer abstrakten Apodiktizität – die sehr oft auf wenig fundierte Extrapolation gegründet ist – in ihrer Manipuliertheit meilenweit von der realen Voraussicht der realen Tendenzen der gesellschaftlichen Wirklichkeit entfernen."[12] Er drängt gleichermaßen auf eine breitangelegte Wiederbelebung der Selbsttätigkeitsformen der Massen, aber betont auch die bewußte, organisierende und leitende Funktion der Partei im Demokratisierungsprozeß.[13]

Mit ihren zahlreichen Einsichten und anregenden methodologischen Impulsen erleichtert diese Schrift das Ringen des Denkers um Probleme, zu deren Lösung rein philosophische Mittel sich als ungenügend erweisen. Er hat zahlreiche Fragen offen gelassen, die kritisch weitergedacht werden müssen, und keinesfalls als gelöst gelten können. So ist z.B. der Sozialismus in Lukács' Auffassung eine Gesellschaft, in der eine einheitliche gesellschaftliche Teleologie gegenüber spontanen, autonomen Bewegungen der Wirtschaft vorherrscht. Wie kommt diese Teleologie zustande? Durch welche sozialen Prozesse wird sie bestimmt, einheitlich, und sogar gesellschaftlich? Auf diese Schlüsselfragen einer sozialistischen Demokratie können wir rein philosophisch kaum eine Antwort erhoffen. Ebenso die 'Erziehung der Erzieher' als wesentlicher Inhalt der Demokratie, die 'Demokratisierung des alltäglichen Lebens' etc. können auch nicht bloß auf der philosophischen Ebene der Gesamtreproduktion behandelt werden, unabhängig von der Analyse gesellschaftlicher Arbeitsteilung, der entsprechenden Interessengliederung und den Institutionen der Interessenvermittlung, der daraus folgenden ideologischen Konflikte. Vollends, welche wirkliche Rolle steht dem Wissen, insbesondere dem institutionalisierten Wissen zu, im Verhältnis zu politischen Bewegungen und Institutionen, in der Bestimmung der erwähnten gesellschaftlichen Teleologie? Auch die großzügige Konzeption der 'Renaissance des Marxismus' läßt diese Frage offen, gerade dadurch, daß sie es nicht als *Problem* der Demokratie betrachtet. Auch Lukács' ambivalente Einstellung zu den sozialwissenschaftlichen Disziplinen hilft uns dabei nicht viel weiter. Das oft beschworene Prinzip der Einheit von Theorie und Praxis, die Lukács'sche Forderung ihrer Vermittlung blieb auch in diesem 'politologischen' Essay einmal mehr eine Anforderung.

All dies aber vermindert nicht sein Verdienst, immer wieder das Augenmerk auf die Demokratie als eine entscheidende Frage der sozialistischen Entwicklung gerichtet zu haben, damit — nach seinen eigenen Worten — durch die Aneignung der "objektiven" sozialistischen Verhältnisse diese in einem langfristigen Demokratisierungsprozeß auch "subjektiv" sozialistisch werden können. Unsere Einwände besagten nur soviel, daß konkrete Lösungen und gangbare Wege nicht unvermittelt, ohne kritische Aneignung, ohne weitere wissenschaftliche Forschung und politische Anstrengung aus seiner Auffassung abgeleitet werden können.

Die Akzentverschiebung zugunsten grundlegender Fragen der Politik, so scheint es, hat die theoretische Struktur seines — auch als Torso grandiosen — Spätwerkes nicht mehr wesentlich beeinflußt. Die Behandlung der Politik — im Rahmen der Ontologie des ideellen Momentes bzw. der Ideologie–Theorie in Lukács' philosophischem System — bedeutet also keine qualitative Änderung dessen, was wir zu Beginn als 'leere Stelle' der Politik bezeichnet haben. Als werde hier die Verdinglichungstheorie von 'Geschichte und Klassenbewußtsein' lebendig: Die Objektivationen des Bewußtseins, die ontologischen Eigenschaften des 'ideellen Momentes' beschäftigen Lukács viel mehr, als die in Institutionen verdinglichten menschlichen Verhältnisse. Lukács macht sehr zutreffende Ausführungen über die ideologischen und epistemologischen Besonderheiten der Politik, ebenso über den relativ autonomen Bewegungsraum derselben, wenn er z.B. die notwendige Inadäquatheit der Überbauphänomene zur Basis behandelt. Er betont auch die wichtige Rolle des 'subjektiven Faktors' und der Bewußtheit in der Geschichtsgestaltung. Aber die Institutionalisierung organisatorischer und anderer Machtmittel der Politik, die zur Lösung der Klassenkonflikte (oder auch anderer Konflikte) entwickelt oder eingesetzt werden sollten, fehlen bei Lukács allesamt. Als möchte er alles in einer einzigen Bewegung auflösen, in der jede Beständigkeit nur die entäußerte/entfremdete Form von letztlich doch subjektiv-menschlichen Verhältnissen ist, von der man loskommen muß, um die Menschwerdung des Menschen zu erreichen. Mag darin auch eine berechtigte Kritik an versteinerten Institutionen, bürokratischen Verdinglichungen enthalten sein, welche der wirklichen Emanzipation der Menschen im Wege stehen, man sieht doch nicht, wie aus dieser Kritik eine mögliche Praxis abzuleiten wäre. In dieser Tatsache reflektiert sich m.E. das vielfach zerrissene Verhältnis zwischen Theorie und Praxis, auch innerhalb des von Lukács' bis zuletzt aufrechterhaltenen, eigenartig orthodoxen Marxismus. Die Erkämpfung ihrer neuen Harmonie, einer produktiveren Vermittlung auf Grund einer theoretischen Aufarbeitung der Probleme des kommenden Jahrhunderts, bleibt daher einer neuen Generation von Marxisten überlassen, die jedoch viel aus dem kritisch angeeigneten Erbe dieses Philosophen der Vernunft, der Emanzipation und des Humanismus schöpfen kann.

Anmerkungen

1 I. Eörsi zitiert Lukács in: Az utolsó szó jogán, Uj symposion, 1981/7–8. S. 256.
2 Lukács, György: Curriculum Vitae. Budapest 1982, Magvetö, S. 36.
3 Kammler, J.: Politische Theorie von G. Lukács. Darmstadt und Neuwied, Luchterhand, S. 333.
4 Lukács, György: A társadalmi lét ontológiájáról. Bd. I. Budapest, 1976, Magvetö, S. 380–381.
5 Sziklai, L.: Lukács és a fasizmus kora. Budapest, 1981, Magvetö, S. 151.
6 Lukács, György: Der Kampf des Fortschritts und der Reaktion in der heutigen Kultur. In: Schriften zur Ideologie und Politik, Neuwied und Berlin, Luchterhand, 1967, S. 607.
7 Lukács, György: Probleme der kulturellen Koexistenz. In: Forum 1964 / April–Mai
8 Interview mit Lukács von B. Schacherl, s. L'Unità, 28. August 1966.
9 Siehe Anm. 1., S. 254. Der Vorwurf der "Enteignung" von Lukács fällt auf diejenigen zurück, die am liebsten keine Außenstehenden an ihren 'Meister' heranließen, und nur eine Interpretation seiner Gedanken für fair halten.
10 Lukács, György: A társadalmi lét ontológiája, Bd. II. S. 542.
11 Lukács, György: Demokratisierung heute und morgen. Manuskript, im Lukács Archiv und Bibliothek, Budapest. Teile davon sind auf ungarisch erschienen.
12 Zitat aus Lukács, György: Lenin. Budapest, Magvetö, 1970, S. 226, 222–223, 217, 220.
13 Lukács, György: Demokratisierung heute und morgen. Anm. 11.

V. Zur Krise der deutschen Philosophie

Georg Lukács – Kritiker der unreinen Vernunft
Brüche in der frühen Politiktheorie von Georg Lukács

László Sziklai

Ilja Ehrenburg ruft seine Berliner Eindrücke von 1931 in einzelnen Szenen
wach. In der Nacht wird in einer stillen Straße im Norden ein kommunistischer
Arbeiter von den Nazis erschossen. Am Alexanderplatz spazieren junge Arbeits-
lose auf und ab und versuchen, kokett zu lächeln – in Berlin findet man leicht
einen hübschen jungen Mann. Der Nazistab residiert in einem Lokal der
Berliner-Kindl-Brauerei beim Bier. Überfüllte Kaffeehäuser. Der Schriftsteller
wird von seinem Freund, Walter Mehring, ins 'Kakadu' eingeladen. "Man sitzt
unter Palmen. Die Papageien klecksen munter auf die Teller. Die Snobs sind
zufrieden. Als Mehring mein Befremden bemerkt, lacht er: 'Sehen Sie nun, daß
die Deutschen übergeschnappt sind? ... Die Papageien sind ja noch das wenig-
ste. Ich denke an die Bomben, die uns auf den Kopf fallen werden. Aber was
tun? Sie schlagen Scheiben ein und beschmieren Wände, nicht etwa Landstrei-
cher, nein, Philosophen sind sie. Jeder dieser Progromhelden beruft sich auf
Nietzsche. Papageien sind auch Philosophen'."[1]
   Seit Sommer 1931 hat Georg Lukács in Berlin gearbeitet. Wahrscheinlich
war er niemals im 'Kakadu' zum Abendessen. Die alles beschmierenden
Randalierer, die alles beschmutzenden "Papageien-Philosophen" hat er aber
sehr gut gekannt. Ehrenburgs Erlebnisse lassen uns ahnen, daß Lukács doch
wohl nicht einfach infolge des Abscheus eines steifen Asketen, infolge des
engen Gesichtskreises eines Rationalisten zum Gegner des Faschismus, zum
Kritiker der unreinen Vernunft geworden ist, und es war vielleicht doch nicht
ganz willkürlich, daß er gerade Nietzsche sozusagen als einen ständig zu
ohrfeigenden Vertreter dieser Ideologie betrachtet.
   Eine der größten Kräfte des Menschen ist die Vernunft. In der tragisch
endenden Untergangsgeschichte, der Degradierung der Vernunft wurde
Nietzsche von Lukács eine mephistophelische Rolle zugedacht. Der gesellschaftliche Schauplatz dieses Dramas ist die deutsche Misere selbst (die Verspätung,
die erst auf preußischer Grundlage zustande kommende nationale Einheit, die
Misere der imperialistischen Entwicklung, die Schwäche der Demokratie), und
der geistige Wendepunkt ist 1848. Lukács stellt seine Gedankenreihe aus epochalen Gegensätzen zusammen, er baut auf scharfe Gegensätze. Das Leitmotiv
des Fortschritts wurde bis zur Revolution von der deutschen Literatur und
Philosophie gespielt, und erst nach 1848 setzt jene Wendung ein, in deren
Verlauf die deutschen Denker die führende Rolle in Europa in einem reaktionären Sinn besetzen. "Diese Wendung ist durch die große Wirkung Schopen-

hauers gekennzeichnet. Mit ihm und einige Jahrzehnte später mit Nietzsche übernimmt Deutschland in der reaktionären Ideologie ebenso unbestritten die Führung, wie in der ersten Hälfte des 19. Jahrhunderts in der progressiven mit Goethe und Hegel."[2] Bei Schopenhauer und Nietzsche erscheinen alle wichtigen Motive der dekadent-regressiven Denkweise (mit Mystik gemischter Agnostizismus, Antihistorismus bzw. Schein-Historismus, indirekte Apologetik des Kapitalismus, Verwerfen der Ratio und der Demokratie), so wie bei Hegel alle wichtigen Grundelemente des progressiven Denkens zu finden sind, die historische Denkweise und die Dialektik, die Universalität und die Freiheit.

Hegel ist der leuchtende Gipfel, Nietzsche schon die in der Dunkelheit verschwindende Tiefe. Die Degradierung der Vernunft ist damit aber noch nicht zu Ende: Der Philosoph der 'ewigen Wiederkehr' ist bloß ein Vorkämpfer, ein prophetischer Vorläufer. Der Weg des Unterganges führt in den dunkelsten Abgrund — von Nietzsche zu Hitler. Dieses "Woher—Wohin?" kann bei Lukács noch so gradlinig erscheinen — der Fall Nietzsche selbst, die die Weltanschauung der 'Papageien-Philosophen' in Barbarei umsetzende Praxis ist nicht *sein* Alptraum. Der Weg von Nietzsche zu Hitler ist eine existierende Beziehung. Es ist zwar eine nebensächliche Episode, daß Elisabeth Förster-Nietzsche den Spazierstock ihres Bruders dem 'Führer' geschenkt hat, aber so winzige Episoden wachsen manchmal zu prachtvoll großen Symbolen, besonders in einem Reich, das selbst im Alltag klare Begriffe durch die Sprache der Gesten, durch Zeichen und Sinnbilder ersetzen will.

Lukács hat mit Entgegnungen gerechnet, die die Festigkeit der Fundamente seiner Kritik auf die Probe stellen. "Es klingt für manche vielleicht als übertrieben zugespitzt, ja als historische Ungerechtigkeit, wenn wir einen Schopenhauer oder Nietzsche, einen Max Weber oder Stefan George als Wegbereiter des Versinkens Deutschlands in die Barbarei behandeln. Persönlich waren die meisten von ihnen nichts weniger als Barbaren... Aber im geschichtlichen Leben entscheidet nicht die Absicht, sondern das objektive Ergebnis der geleisteten Tat. Und diese Tat war die allmähliche Destruktion der humanistischen Weltanschauung in Deutschland..."[3]

Der Faschismus hat — laut Lukács — die vorangegangene, reaktionäre ideologische Entwicklung nicht einfach mißbraucht, er hat im Gegenteil mit demagogischer Theorie und schreckenerregender Praxis jenen barbarischen Kern herausgearbeitet, der in ihr unter ästhetisch anziehenden, interessanten und geistreichen Formulierungen verborgen, aber im ständigen Wachsen begriffen war.

Der deutschen Bourgeoisie und ihren Machthabern war vollkommen klar, daß die Traditionen der Vernunft und des Humanismus auch 100 Jahre nach dem Tod von Hegel und Goethe gefährlich sind, besonders in der Hand der Marxisten, und wenn man sie diesen nicht entwenden kann, muß man sie in Gettos sperren. Lukács' Vorlesung 'Goethe vom Standpunkt des Marxismus' wurde von der Marxistischen Arbeiterschule für den 21. März 1932 angekündigt. Sie wurde aus Gründen der Staatssicherheit von der Polizei verboten. In Marcuses Buch 'Vernunft und Revolution' gibt es viele Behauptungen, über die sich diskutieren läßt, folgende Postulate sind aber zweifellos beachtenswert: "Im Gegensatz zu vielen Marxisten nehmen die Nationalsozialisten den Zusammenhang zwischen Hegel und Marx ernst ... diese antihegelianischen Tendenzen vereinigten sich mit den irrationalen Lebens-, Geschichts- und Existenzphilosophien, die im letzten Jahrzehnt des neunzehnten Jahrhunderts aufkamen und den ideologischen Rahmen für den Angriff auf den Liberalismus abgeben."[4]

In den vergangenen Jahrzehnten wurde viel und auf verschiedene Weise über Lukács' Hegelianismus diskutiert — meistens mit einer gewissen Schärfe. Es ist nicht müßig, daran zu erinnern, daß Carl Schmitt, der Hitler rechtsphilosophisch unterstützte, der unverblümt verkündete, daß das Wesen der Dinge der Krieg sei, daß von der Art des totalen Krieges die Totalität des Staates bestimmt werde, 1933 treffend geschrieben hat, daß "Hegel über Karl Marx zu Lenin und nach Moskau wanderte".[5]

Lukács stellt zur Zeit seiner Emigration in Moskau die Verteidigung der klassischen deutschen Literatur und Philosophie nicht nur gelegentlich, nicht nur als wissenschaftliche Pflicht, seinen Neigungen und den Forderungen der Zeit folgend, ins Zentrum der Kritik der Ideologie der unreinen Vernunft. Er tut es im Bewußtsein dessen, daß es weder eine unschuldige Weltanschauung, noch eine unschuldige Kritik geben kann. "Rosenberg erblickt gerade in der notwendigen Verbindung zwischen Hegel und Marx einen Hauptgrund, die Hegelsche Philosophie als eine dem Nationalsozialismus feindliche, von ihm radikal bekämpfte Richtung darzustellen... Die Ablehnung Hegels konzentriert sich bei den Nazis ... auf die Probleme der Vernünftigkeit der Welt, auf die Lehre von der Entwicklung, vor allem aber auf die Staatstheorie"[6], schreibt Lukács. Die Verteidigung Lukács' bezieht sich natürlich nicht nur auf Hegel und Goethe, sondern unter anderem auch auf den Autor der 'Kritik der reinen Vernunft', so zum Beispiel als Alfred Bäumler, der als offizieller akademischer Philosoph des 'Dritten Reiches' die Traditionen des Idealismus bekämpft, den Begriff der Kausalisät für eine Kategorie erklärt, die der liberalen Ordnung der 'Sekurität' entspricht, die Kant-Fichtesche Konzeption des 'autonomen Menschen' angreift.[7]

Eine besonders lehrreiche Zeit der in der kommunistischen Bewegung durchgeführten parteilichen Kämpfe waren die frühen vierziger Jahre (1941–1945). In dieser Zeitspanne entstehen folgende, später schnell vergessene Schriften: Die während der Evakuierung in Taschkent beendete Arbeit 'Kampf des Humanismus mit der Barbarei'; die in dem 1943er Jahrgang der 'Internationalen Literatur' veröffentlichten Fortsetzungsteile: 'Rassenwahn als Feind des menschlichen Fortschritts' (1/1943); 'Über Preußentum' (5/1943); 'Der deutsche Faschismus und Hegel' (8/1943); 'Der deutsche Faschismus und

Nietzsche' (12/1943) und die Manuskript gebliebene 'kämpferische Flugschrift' 'Wie ist Deutschland zum Zentrum der reaktionären Ideologie geworden?'. Es ist wenig bekannt, daß am Ende dieser Periode schon beinahe die Hälfte — vier Kapitel — des Werkes 'Die Zerstörung der Vernunft' fertig gewesen ist.[8]

Viel bekannter ist es, daß gerade dieses Werk von Lukács von vielen bis heute als der Tiefpunkt seiner langen Laufbahn betrachtet wird; so oder so, im Grunde genommen teilen sie die scharf formulierte Meinung Th. W. Adornos: "Nietzsche und Freud wurden ihm schlicht zu Faschisten, und er brachte es über sich, im herablassenden Ton eines wilhelminischen Provinzialschulrats von Nietzsches nicht alltäglicher Begabung zu reden."[9] Was Freud anbelangt, so antwortete Lukács genauso scharf auf Adornos Kritik, die mit Vorurteilen beladene Lesart des Vertreters der 'kritischen Theorie' enthüllend. 'Die Zerstörung der Vernunft' beschäftigt sich im wesentlichen nicht mit Freuds Tätigkeit. Wie steht es aber mit dem provinziellen Ton eines Schulrats? Aus unserer Erinnerung tauchen zuerst unwillkürlich Heinrich Bölls Worte auf aus seinen 'Frankfurter Vorlesungen' auf: "Die Abneigung der Deutschen gegen Provinzialismus, gegen das Alltägliche, das eigentlich das Soziale und Humane ist, ist eben provinzlerisch."[10] Sollte es darum gehen? Dann denken wir daran, daß schon damals, als sie sich trafen (im Januar 1933!), Adorno die Absicht des Verteidigers der reinen Vernunft wohl nicht verstanden hat und damit wahrscheinlich nicht einverstanden war. (Hat nicht Lukács in Frankfurt einen Vortrag über die faschistische Verfälschung Hegels gehalten? Es ist leicht möglich, daß er aufgrund seines im Moskauer Reisegepäck verborgenen Manuskripts gesprochen hat. In diesem Manuskript wird die Entstehung der faschistischen Philosophie analysiert.) In Wirklichkeit aber ist von mehr und auch von etwas anderem die Rede — wieder mit den Worten Bölls —, von der mit Bildungsverletztheit gemischten Intelligenz der Deutschen, die eine Gereiztheit verursacht; und wenn sie ihren wirklichen Gegenstand nicht findet, wird sie zu einer demagogischen Kraft.

Ist Nietzsche in Lukács' Darstellung wirklich einfach zu einem Faschisten geworden? Die endgültige Antwort ist zwar ein eindeutiges Nein, aber dennoch ist diese Frage sehr kompliziert. Der Kritiker der neueren deutschen Philosophie hat ja am Anfang der vierziger Jahre die Theorie von Nietzsche nicht an sich untersucht und bewertet, sondern ideologisch eng mit der Wirkung Nietzsches verknüpft. So entsteht bei Lukács eine oszillierende Wechselwirkung zwischen dem Nietzsche-Bild und der Entstehungsgeschichte dieses Bildes. Wir können uns hier nicht mit den komplizierten methodologischen Fragen beschäftigen, soviel aber ist eindeutig: Die Frage der Wirkungsgeschichte und des Wirkungsmechanismus weist weit über die Tatsache der philosophischen 'Hinweise' hinaus und steht unmittelbar mit der gesellschaftlichen, politischen, sozialpsychologischen Sphäre, mit der Gegenwart der deutschen Vergangenheit, in Verbindung.

Lukács analysiert die Nietzsche-Wirkung zuerst im Zusammenhang mit der demagogischen Propaganda des Faschismus, indem er eine Antwort auf die Frage nach den Ursachen der Wirkung der faschistischen 'Weltanschauung' sucht. Warum und wie konnte es geschehen, daß Massen von Arbeitern, Bauern und Kleinbürgern für den Irrationalismus, für den nationalen und Rassenmythos empfänglich wurden? Lukács gibt eine Diagnose, die sich auch mit den Einzelheiten befaßt; er weist nach, daß die Wirkung der faschistischen Ideologie grundsätzlich von der Erschütterung der bürgerlichen Gesellschaft, von der Krise, vom Gefühl der Ausweglosigkeit und der fehlenden Perspektive vorbereitet wurde. Ausgehend von der Lehre Marx', macht er darauf aufmerksam, daß die Wirkung oder Wirkungslosigkeit einer gedanklichen Tendenz aus der Wirklichkeit in die Bücher und nicht aus den Büchern in die Wirklichkeit gerät. Die spontane Verbitterung der Massen, die auf die Erfolglosigkeit der Revolutionsjahre folgende Enttäuschung, die Ernüchterung nach der Weimarer Demokratie hat den dumpfen Antikapitalismus der Massen verstärkt. Für die Nazipropaganda war es leicht, den Antisemitismus, den 'Sozialismus der Dummköpfe' in ihre Ideologie einzuschmelzen; mit revolutionären Parolen ist es ihnen gelungen, die Hoffnung einer sofortigen und grundsätzlichen Wandlung zu erwecken. Die Faschisten brauchen ihren "extremen Irrationalismus", behauptet Lukács, "zur Schaffung einer geistigen Atmosphäre, in der barbarische Willkür als notwendige Erscheinungsweise einer neuen 'revolutionären' Wirklichkeit den Massen glaubhaft gemacht werden kann".[11]

Für die auf Wunder wartende Attitüde, die ihre Hoffnung auf die Verstandeswidrigkeit, auf die 'nationale Kraft', auf die 'reine Rasse', auf den 'Führer' setzt, macht also die Krisensituation den Weg frei. Die Massen, die wegen der sich verschlechternden Lebensbedingungen ungeduldig geworden sind, und die die Schule der tatsächlichen Demokratie nicht durchgemacht haben, in deren Augen die Weimarer Republik die 'Vernünftigkeit der Realpolitik' unmöglich gemacht hat, verlieren ihren Glauben an die notwendige innere Beziehung zwischen Verstand und Revolution, sie werden schutzlos, wenn die Demagogie ihnen die 'Revolution von rechts' anbietet, wenn der 'Sozialismus' mit dem mythisch-nationalen Gedankenkreis vereinigt wird. Das bedeutet selbstverständlich nicht, daß die Arbeiter "zu Lesern oder Verehrern von Nietzsche oder Spengler geworden wären. Da aber der Gegensatz von Verstand und Gefühl für die Massen aus dem Leben selbst herauszuwachsen schien, mußte in ihnen auch ideologisch eine Empfänglichkeit für diese Lehre entstehen. So bestand die 'Genialität' Hitlers und der faschistischen Propaganda gerade darin, diese modern-reaktionären Gedankentendenzen aus den philosophischen Büchern, aus den Hörsälen der Universität auf die Straße hinauszutragen, ihren reaktionären Inhalt in einer solchen Sprache auszudrücken, die den ideologischen Bedürfnissen verzweifelter, ihres Wegs verlustig gewordener, auf rettende Wunder harrender Massen entspricht."[12]

Victor Klemperer, der Philologe und Augenzeuge, hat das Zustandekommen dieser Übersetzung und den Wirkungsmechanismus der Sprache des 'Dritten Reiches' ausgezeichnet beobachtet. "... der Nazismus glitt in Fleisch und Blut der Menge über durch die Einzelworte, die Redewendungen, die Satzformen, die er ihr in millionenfachen Wiederholungen aufzwang..." Die auf die Straßen hinausgebrachten, konfektionierten Redewendungen, die von den Papageien millionenfach wiederholten Begriffe – ein jeder eine unbemerkt verschluckte 'Arsendosis'. Klemperer spricht zweifellos von derselben Erscheinung wie Lukács, wenn er erwähnt: "... Nietzsche (darf) trotz berühmter Vorgänger auf seinen Übermenschen stolz sein. Denn ein Wort oder eine bestimmte Wortfärbung oder -wertung gewinnen erst da innerhalb einer Sprache Leben, sind erst da wirklich existent, wo sie in den Sprachgebrauch einer Gruppe oder Allgemeinheit eingehen und sich eine Zeitlang darin behaupten. In diesem Sinn ist der 'Übermensch' fraglos Nietzsches Schöpfung, und der 'Untermensch' ... (kommt) bestimmt auf das Konto des Dritten Reichs."[13]

Das Bewußtsein und das Gefühl der Zugehörigkeit zum Über- oder Untermenschen kann so selbst in jenen Gruppen, deren Angehörige Nietzsches Namen nie gehört und schon gar nicht sein Buch 'Also sprach Zarathustra' in der Hand gehabt haben, entstehen und auch zu einer handelnden, bewegenden Kraft werden.

Es hat aber auch solche gegeben, die Nietzsche ständig gelesen haben. Herr Koldewey, der sehr gebildete, hohe Verwaltungsbeamte aus Hamburg, der Zuchthausdirektor von Fuhlsbüttel in Arnold Zweigs Roman 'Das Beil von Wandsbek' beispielsweise ist ein Nietzsche-Schwärmer. "Am Unvermeidlichen zu rütteln, ist Pöbelgeschmack, sagte Nietzsche irgendwo, und daran hielt sich Herr Koldewey. Man mußte wegsehen lernen. Alte Geschlechter erkennt man an der Fülle dessen, was sie nicht zu bemerken geruhen."[14] Und so geschieht es auch: Koldewey versucht, die Augen darüber zu verschließen, daß die Nazis in einem Flügel der Strafanstalt ein Konzentrationslager einrichten; er versucht, zu übersehen, daß man in der Stadt, die sich auf den Besuch Hitlers vorbereitet, in aller Eile vier Kommunisten enthaupten läßt, wobei den erkrankten Henker ein Schlächtermeister aus Wandsbek vertritt. Das Verhalten des Herrn Koldewey erinnert stark an das des 'Herrn aus Rom', der der hypnotischen Wirkung von Cipolla nicht widerstehen kann: er tanzt, wenn dieser mit der Peitsche knallt. Der Herr aus Hamburg möchte es ebenfalls nicht tun, tut es aber doch. Er ist ein Statist. Seine Kräfte reichen bloß dafür, am Plan einer aussichtslosen, phantastisch naiven Verschwörung gegen Hitler mitzuwirken, er glaubt aber nicht daran, daß diese Ordnung von innen gestürzt werden könnte. In Koldewey wird die Lukácssche Behauptung lebendig: Die mit Schopenhauer und Nietzsche erzogene deutsche bürgerliche Intelligenz war dem Faschismus faktisch schutzlos ausgeliefert.

Arnold Zweig hat Lukács dieses Buch 1951 geschickt. Als Zeichen des Dankes. Es ist ja bekannt, wie hoch Lukács Zweigs Roman über den ersten Weltkrieg eingeschätzt hat. Ich möchte hier aus dem bisher nicht publizierten Briefwechsel beider nur eine einzige, das intellektuelle Milieu betreffende Episode hervorheben. Lukács meint, daß "das geplante Attentat gegen Hitler im Grunde genommen doch nur mit Ironie dargestellt werden kann"[15]; nur so, den Abstand haltend, wie Zweig es in seinen früheren Romanen tat, könne man fühlen lassen, daß die starken, aufrichtigen, subjektiven Überzeugungen der gebildeten Herrn aus Hamburg objektiv eine Sackgasse oder eine reaktionäre Lösung bedeuten. Zweig stimmt im wesentlichen mit Lukács überein, obwohl er betont, daß er versucht habe, innerhalb der Welt des Romans zum Ausdruck zu bringen, für wie lächerlich er diese deutsche Widerstandsabsicht hält, die nur für einen Versuch wie den Koldeweys reicht. Der zitierte Briefwechsel zeugt aber nicht nur davon, wie aktuell die Probleme dieses 1943 beendeten Romans in der Adenauerära geblieben waren. Er zeugt auch davon, daß, im Widerspruch zu zahlreichen Legenden, Lukács in einer nahen, freundschaftlichen, lebendigen Beziehung mit bedeutenden deutschen Schriftstellern gestanden hat.

Was liegt nun aber hinter Adornos ironischer Andeutung, daß sich Lukács über die 'nicht alltägliche Begabung' Nietzsches herablassend äußert? Dahinter ist eine alte Diskussion der deutschen antifaschistischen Intelligenz verborgen. Und dies ist das zweite wichtige Gebiet der Lukácsschen Kritik der Nietzsche-Rezeption. In den Augen vieler (sogar Linksgerichteter) schien ja die 'Umwertung aller Werte', die schonungslos Kritik an der bürgerlichen Kultur, an der Dekadenz, eine revolutionäre Geste zu sein, während sich laut Lukács hinter der in Wirklichkeit scheinrevolutionären Form ein reaktionärer Inhalt verbarg. Nietzsches Philosophie hat die ehrliche Revolte der Intellektuellen nicht in Richtung einer demokratischen Revolution, nicht in Richtung des Sozialismus, sondern in Richtung der Reaktion weitergetrieben, und dies noch dazu auf eine Weise, die die Illusion einer sich verschärfenden Radikalisierung erweckt.[16]

Warum war Nietzsche für die Besten der deutschen Intelligenz so anziehend? Das ist nicht eine Frage für die Kathederphilosophen. "Wenn man ... oft die erstaunte Frage hört, wie große Massen des deutschen Volks den kindischen Mythos von Hitler und Rosenberg mit Glauben in sich aufnehmen konnten, so kann man historisch zurückfragen: Wie konnten die gebildetsten und intellektuell sehr hochstehenden Männer Deutschlands an den mythischen Willen Schopenhauers, an die Verkündigungen des Nietzsche'schen Zarathustra ... glauben? ... so ist das im Grunde genommen schwerer verständlich, als daß ein wenig gebildeter Jungarbeiter, der ... nach Beendigung seiner Lehrlingszeit auf die Straße geschmissen wurde, in seiner Verzweiflung daran glaubte, daß Hitler den deutschen Sozialismus verwirklichen werde."[17]

Gleichzeitig bedeutet aber für Lukács nicht das Verständnis der Anziehungskraft ein Problem (zur Lösung dieses Dilemmas genügte es vielleicht, auf die 'nicht alltägliche Begabung' hinzuweisen), sondern die Alternative: Bruch oder Verteidigung. Muß Nietzsche wirklich den Gaunerphilosophen gegenüber verteidigt werden, wie Goethe, Schiller, Hölderlin und Büchner? "Gehört Nietzsche dem Faschismus?", lautet der erste Satz eines bisher nicht veröffentlichten Artikels von Lukács,[18] woraus klar hervorgeht, daß diese Frage 1943 nicht vom Schulrat, sondern letzten Endes von der Wirklichkeit selbst aufgeworfen worden ist. Denn das wirkliche Dilemma ist die deutsche Zukunft, und die Frage gelangt auch in diesem Fall nicht aus den Büchern in die Wirklichkeit.

Nach Lukács kann der Irrglaube der ehrlich denkenden Antifaschisten, daß Nietzsches Ideen fortschrittlich, manchmal sogar revolutionär wären, aus ernsten gesellschaftlichen und historischen Gründen erklärt werden. Nietzsche war ein enorm begabter Mensch, ein subjektiv ehrlicher, geistreicher Schriftsteller. Um ganze Generationen zu beeinflussen, genügt aber keine noch so große Begabung, kein unanfechtbares Vorhaben und keine ironisch-geistreiche Denkweise. Nietzsche und Schopenhauer waren originelle Denker, man könnte sagen: "Sie sind die einzigen originellen Denker *unter den Apologeten des Kapitalismus*. Sie sind originell geworden, indem sie die Methodologie des Apologetismus umgekehrt, auf den Kopf gestellt haben."[19] Diese Apologie ist nicht alltäglich, nicht direkt. Nietzsche folgt den Traditionen der großen Philosophiekritik, der Leitidee des jungen Hegel: 'Das Seiende auszusprechen'. Seine Kulturkritik, die zahlreiche wertvolle Elemente enthält, die durch das Pathos der aufrichtigen Empörung gestärkt werden, setzt die Traditionen des romantischen Antikapitalismus fort. Seine Urteile sind aber widerspruchsvoll: Er tadelt seine Zeit sowohl für den zu starken als auch für den ungenügenden Kapitalismus. "... vielfach wirkt eben dieser sich selbst fortwährend widersprechende Charakter seiner Philosophie anziehend. Nämlich auf jene, die mit den objektiven Widersprüchen der Gegenwart gedanklich nicht fertig werden können... die Unlösbarkeit der Lebens- und Weltanschauungsfragen für jene ehrlich Denkenden, die zwar über die Barbarei des Imperialismus empört sind, jedoch seine grundlegenden objektiven Gesetzmäßigkeiten nicht oder nur unvollkommen durchschaut haben."[20]

Nietzsche sieht das Wesen der kritisierten Dekadenz in der Demokratie. Die Demokratie sei die Verfallsform des Staats. Wenn man Sklaven wolle, dürfe man sie nicht zu Herren erziehen. Die Demokratie ist eine Torheit des Kapitalismus. Diese zweifellos originelle und subtile Kritik beurteilt die schlechten Seiten der Gesellschaft nicht als zeitweilige und eliminierbare. Im Gegenteil. "Nietzsche sagt: Der Kapitalismus ist greulich, er schafft Leiden und Erniedrigung – folglich muß er bejaht werden. Die ganze geistvolle und boshafte Kritik Nietzsches an der kapitalistischen Kultur mündet in einer gedanklichen Verewigung des Kapitalismus. In einer Zeit, in welcher für Menschen die Argumente der vulgären Apologetik bereits abgestumpft und wirkungslos geworden sind, tritt die Nietzsche'sche verfeinerte und indirekte Apologetik in die Bresche. *Daher* seine Anziehungskraft. Daher seine *Gefährlichkeit* für den menschlichen Fortschritt, für den Befreiungskampf der Menschheit."[21] Der Kritiker der unreinen Vernunft macht genau auf diese Gefahr aufmerksam. Er lenkt die Aufmerksamkeit darauf, daß die Zukunft auf dem Spiel steht. Neben der Verteidigung der Ratio ist doch am wichtigsten, welche ideologische Richtung die linksgesinnte deutsche Intelligenz nach Hitler einschlagen wird. Nietzsche einen Faschisten zu nennen, ist ein "unhistorischer Blödsinn", sagt Lukács, nicht in herablassendem, sondern in sozial und human verantwortungsvollem Ton. Ist es aber genug, zu jenem, dem Faschismus wieder entrissenen, 'entgifteten' Nietzsche zurückzukehren? Würde es eine wesentliche Änderung bedeuten, wenn man die alles beschmutzenden 'Papageien-Philosophen' auf dem kürzesten Weg vertreiben, wenn man die Gauner aus dem 'Kakadu' hinauswerfen würde? Ist eine geistige Erneuerung mit Hilfe der antidemokratischen Kritik des Imperialismus möglich? Ist eine Wiedergutmachung mit korrigierten Mythen möglich, indem man weiterhin innerhalb des Kapitalismus Gefangener der indirekten Apologie bleibt? Die Zukunft steht auf dem Spiel. Das ist der Bruch!

Wie so oft ist auch im Fall Nietzsche Lukács' einziger, wirklich würdiger Diskussionspartner im antifaschistischen Lager der vor 100 Jahren geborene Ernst Bloch. Bloch hat 1942 seinen Artikel 'Der Nazi kocht im eigenen Saft' veröffentlicht. In diesem nennt er die Suche nach solchen Ahnen des Nazismus, wie Wagner und Nietzsche, eine schädliche Mode. "Dadurch werden zwar auf der einen Seite Wagner und Nietzsche herabgesetzt, der Nazismus aber wird verbessert, er wird ernsthaft und höchst nachdenkenswürdig gemacht... Die Wirkung dieser Ahnensuche ist schließlich, daß dem Nazismus neue Propaganda gemacht wird."[22] Als Bloch wiederholt, daß Nietzsche ein Feind Bismarcks war, und betont, daß der Faschismus "aus Millionen dumpfer Antikapitalisten Bluthunde des Kapitals" macht, und daß der Faschismus in der Neuordnung der Lügen originell ist, das Material dazu aber raubt, wo er nur kann; als er sich darauf beruft, daß die heimische Ahnensuche in Schranken gehalten werden muß, weil der Faschismus international ist − macht er sich um die deutsche Zukunft Sorgen. Und obwohl sich sein Zukunftsbild nicht auf die Erneuerung der alten Ideale aufbaut, bewogen ihn mit Lukács gemeinsam die Sorgen: Was für eine Zukunft wird dem deutschen kulturellen Erbe nach Hitlers Sturz zuteil werden? "Antifaschisten, die Hitler einen Teil der deutschen Kultur zutreiben, verbessern aber nicht nur den Nazi. Sie liefern ungewollt und unbewußt der Reaktion gewisse Mittel, um auch das Künftige, das aus Deutschland kommen mag, nach Hitlers Ende rechtzeitig zu entwerten."[23]

Erst vor kurzem ist Lukács' beispielhafte Antwort bekannt geworden[24], die (und darauf weist er selbst hin, indem er die Briefform wählt) den Geist ihrer früheren Dialoge heraufbeschwört: Einverständnis im Endziel, scharfe Unterschiede über die dorthin führenden Methoden. Lukács beschreibt ihre Meinungsverschiedenheit: Während Bloch sehr richtig den geschichtlichen Schurken enthüllen will, isoliert er Hitler von der deutschen Entwicklung. Wenn der Nazi 'im eigenen Saft kocht', und wenn die Machtergreifung des Faschismus von den früheren gesellschaftlichen, politischen, ideologischen Prozessen unabhängig ist, ist Hitler tatsächlich das beispiellose Genie, für das er sich hält. Lukács glaubt, "daß gerade die Isolierung Hitlers von den vorangegangenen politischen und ideologischen Entwicklungslinien der Reaktion in Deutschland eine Reorganisierung der reaktionären Kräfte innerhalb und außerhalb Deutschlands erleichtert und nicht erschwert".[25]

Lukács stimmt mit Bloch darin überein, daß von den Nazis die verschiedensten Ideen angeeignet wurden, er fügt aber hinzu, daß die parteiliche und konkrete Kritik nicht bei dieser Feststellung stehenbleiben kann, sie muß der geschichtlichen Wahrheit gemäß die Wirklichkeit klären, muß klären, wo Ansichten übernommen und wo schon ursprünglich reaktionäre Ansichten weitergeführt wurden und wo progressive Gedanken beschmutzt und verfälscht worden sind.

"Mein verstorbener Jugendfreund, Leo Popper, pflegte zu sagen: Man kann unmöglich grammatikalische Fehler durch hartnäckiges Wiederholen in Stileigentümlichkeiten verwandeln", erinnert sich Lukács in seinem Brief an Bloch. "Ebenso steht es in der Frage Nietzsche — Bismarck. Abstrakt gesehen stimmt es, daß Nietzsche Bismarck ununterbrochen kritisiert hat. Es muß aber die Frage aufgeworfen werden: *warum* er ihn kritisiert hat, *woher* diese Kritik stammt und *wohin* sie geht? ... Nietzsches Kritik an Bismarck ist also der reinste Typus einer Kritik *von rechts.*"[26]

Und zum Schluß: Der Faschismus ist wirklich keine nur deutsche Angelegenheit, man kann theoretisch mit ruhigem Gewissen behaupten, daß er international ist. "Das enthebt jedoch die *deutschen* Antifaschisten nicht der Verpflichtung, die Ideologie des *deutschen* Faschismus mit *deutschen* Waffen zu zerstören."[27]

Die Debatte zwischen Bloch und Lukács weist in die Zukunft. Was hat aber diese Zukunft gezeigt, was hat sie gebracht? Es handelt sich um unsere Zukunft. Lukács hat 1966 einige Kapitel der 'Zerstörung der Vernunft' in der Bundesrepublik veröffentlicht und mit einem gewissen Optimismus von der literarischen Entwicklung gesprochen. Er hat die Kunst von Rolf Hochhuth, Peter Weiss und Heinrich Böll als die Fortsetzung der besten, demokratisch-antifaschistischen Tendenzen von Thomas Mann, Heinrich Mann, Arnold Zweig und Bert Brecht begrüßt. Heinrich Böll veröffentlichte seine schon erwähnten 'Frankfurter Vorlesungen' ebenfalls 1966. Er ist keinesfalls optimistisch gestimmt. Er fühlt sich heimatlos und vereinsamt. Er ist ein Überlebender nach den abgeworfenen Bomben, dessen Zweifel nicht nur daher kommen, daß zu viele Mörder aufrecht und frech in der Welt herumlaufen. Böll verwandelt

Adornos Worte folgenderweise: "Man kann nach Auschwitz nicht mehr atmen, essen, lieben, lesen". Der Überlebende lebt heute "mit der Bombe ..., wir haben sie alle in der Tasche".[28]

Man könnte noch hinzufügen: Wer Lukács für einen konservativen Denker mit einer Zwangsvorstellung halten würde und über die Dreieinigkeit von Vernunft, Humanismus und Demokratie (der sozialistischen Demokratie), die bei ihm zu finden ist, nichts wissen möchte, wer vergißt, daß der Kritiker der unreinen Vernunft von Marx gelernt hat, daß die daseiende Ratio geschichtlich gesehen in der Praxis oft in einer zu verändernden, irrationalen Form zu Wirklichkeit wird, kann kaum verstehen, daß die Zündschnur und der Startknopf nicht ausschließlich in den Händen von Politikern und Soldaten liegen.

Besonders nach Auschwitz gibt es keine unschuldige Weltanschauung.

Anmerkungen

1   I. Ehrenburg, Menschen, Jahre, Leben. Memoiren, Berlin o.J., Drittes Buch, Bd. II, S. 214, 212-216.

2   G. Lukács, Wie ist Deutschland zum Zentrum der reaktionären Ideologie geworden?, Budapest 1982, S. 30f.

3   Ebenda, S. 189f.

4   H. Marcuse, Vernunft und Revolution. Hegel und die Entstehung der Gesellschaftstheorie, Neuwied-Berlin(West-) 1973, S. 367f.

5   C. Schmitt, Staat, Bewegung, Volk, Hamburg 1933, S. 32.

6   G. Lukács, Der deutsche Faschismus und Hegel, in: Internationale Literatur, 8/1943, S. 60.

7   G. Lukács, Die Philosophie des faschistischen Militarismus, 1934, Manuskript, LAK, S. 5.

8   Das erste Kapitel (1941) von "Die Zerstörung der Vernunft" stimmt mit dem ersten Kapitel von "Wie ist Deutschland zum Zentrum der reaktionären Ideologie geworden?" überein; das vierte (1944) und siebente (1943) Kapitel wurden, laut der im Lukács-Archiv aufbewahrten Publikationsliste, für die Zeitschrift "Učënye zapiski Instituta Filosofii Akademii Nauk" verfertigt. Vom siebenten Kapitel, dessen deutsche Fassung im Lukács-Archiv zu finden ist, erschien eine gekürzte Fassung in "Internationale Literatur" (Der Rassenwahn als Feind des menschlichen Fortschritts, 1/1943). Lukács hielt 1945 Vorträge für deutsche Kriegsgefangene, und die zu diesem Anlaß abgefaßte Version blieb ebenfalls erhalten (Die Rassentheorie − der Feind der Menschheit, 55 S., Wilhelm-Pieck-Nachlaß, Institut für Marxismus-Leninismus beim ZK der SED, Zentrale Parteiarchiv, NL. 36/525). Das sechste Kapitel von "Die Zerstörung der Vernunft" blieb ebenfalls in einer Überarbeitung als Vortrag erhalten, auch im Pieck-Nachlaß (Die deutsche Soziologie der imperialistischen Periode, 31 S., NL. 36/525).

9   Th. W. Adorno, Erpreßte Versöhnung. Zu G. Lukács' "Wider den mißverstandenen Realismus", in: Lehrstück Lukács, hg. von J. Matzner, Frankfurt am Main 1974, S. 179.

10 H. Böll, Frankfurter Vorlesungen, München, 1968, S. 15 und 32.

11 G. Lukács, Der deutsche Faschismus und Hegel, a.a.O., S. 68.

12 G. Lukács, Wie ist Deutschland zum Zentrum der reaktionären Ideologie geworden?, a.a.O., S. 156f.

13 V. Klemperer, LTI. Notizbuch eines Philologen, Leipzig 1968, S. 24, 62f.

14 A. Zweig, Das Beil von Wandsbek, Weimar 1951, S. 65.
15 G. Lukács an A. Zweig, Brief vom 18.8.1951; Zweigs Antwort an Lukács, 30.8.1951.
16 G. Lukács, Der deutsche Faschismus und Nietzsche, in: Internationale Literatur, 12/1943, S. 57f.
17 G. Lukács, Wie ist Deutschland zum Zentrum der reaktionären Ideologie geworden?, a.a.O., S. 163f.
18 G. Lukács, Gehört Nietzsche dem Faschismus?, Manuskript, LAK, S. 1.
19 Ebenda, S. 5.
20 Ebenda, S. 7f.
21 Ebenda, S. 11.
22 E. Bloch, Der Nazi kocht im eigenen Saft, in: Freies Deutschland, Mexico, Nr. 6, April/1942, S. 17.
23 Ebenda.
24 G. Lukács, Kritik von rechts oder von links?, Institut für Marxismus-Leninismus beim ZK der SED. Zentrales Parteiarchiv, Anton Ackermann-Nachlaß, NL 109/79, S. 1-16. — Erstveröffentlichung in: Ernst Bloch und Georg Lukács. Dokumente. Zum 100. Geburtstag, Hefte des Lukács-Archivs IV, hg. von M. Mesterházi und G. Mezei, Budapest 1984, S. 278-295. Zur Debatte: Világosság, Bp. 1985, l. S. 9-12.
25 G. Lukács, Kritik von rechts oder von links?, a.a.O., S. 15, bzw. S. 279.
26 Ebenda, S. 16, bzw. S. 282.
27 Ebenda, S. 16, bzw. S. 280.
28 H. Böll, Frankfurter Vorlesungen, a.a.O., S. 26.

Georg Lukács und die Lebensphilosophie

Herbert Schnädelbach

Der Titel des Beitrags ist doppeldeutig: Es geht einmal darum, wie sich Georg Lukács selbst zur Lebensphilosophie stellt, zum anderen darum, wie er wirklich zu ihr steht. Zunächst ergibt sich daraus eine Kritik seiner Kritik an der Lebensphilosophie (1); dann soll ein (gegenüber Lukács) revidiertes Bild der Lebensphilosophie skizziert werden (2); schließlich ist die Frage nach dem Verhältnis von Lebensphilosophie und Marxismus aufzuwerfen, d.h. das Problem, ob die Grenzen, die Lukács zwischen sich selbst und der Lebensphilosophie zieht, wirklich so undurchlässig sind, wie er glaubte. Insgesamt geht es nicht primär um eine 'Widerlegung' von Georg Lukács, sondern um ein differenzierteres Bild dessen, was er als "Irrationalismus" verdammte. Als aktuelle Geistesströmung ist der Irrationalismus viel zu komplex, als daß es bei dem Bild von ihm bleiben könnte, das Lukács in 'Die Zerstörung der Vernunft' entwarf.

1. Dieses Buch ist nicht zu retten; es ist heute unbrauchbar, weil wir ihm nichts mehr entnehmen können, was uns bei der Interpretation der Philosophiegeschichte vor 1933 und der philosophischen Vorgeschichte des Faschismus hilfreich sein könnte. Wir können dieses Werk heute nur noch als ein zeitgeschichtliches Dokument verstehen, das seine eigene Wirkungsgeschichte innerhalb des Marxismus gehabt haben mag. Dafür sind vor allem zwei Gründe zu nennen: Es liegt an der Methode und daran, daß wir nicht die Adressaten sind.

1.1 Das Verfahren von Georg Lukács in 'Zerstörung der Vernunft' muß als dogmatisch-deduktiv bezeichnet werden, wobei er mit einem zweistufigen Deduktionsschema operiert. Zunächst ist für ihn die Lebensphilosophie als eine Ausprägung des Irrationalismus nur ein Fall der "bürgerlichen reaktionären Philosophie" (Georg Lukács, Die Zerstörung der Vernunft, Neuwied/Berlin 1962, 9), und die bürgerliche reaktionäre Philosophie ihrerseits ist bloß ein Element der Klassenkämpfe in der imperialistischen (oder prä-imperialistischen) Phase des Kapitalismus und nur so verständlich (vgl. 9f.). Das deduktive Interpretationsschema lautet somit: Aus dem Stand der Klassenkämpfe ergibt sich, welche Philosophie bürgerlich und reaktionär ist, und daraus verstehen wir dann die Bedeutung und den wahren Charakter der Lebensphilosophie. Freilich möchte Lukács bei einer so simplen 'Widerspiegelung' der Klassenkämpfe im philosophischen Denken nicht stehenbleiben und auch 'immanent' verfahren (vgl. 10ff.); aber sieht man näher hin, dann findet Dialektik nicht statt. Denn dies bedeutete, daß einzelne inhaltliche Analysen auch einmal die Chance erhielten, das allgemeine Schema zu modifizieren. Es bleibt dabei: "Soziale Genesis und Funktion" sind "primär" (10). Der unveränderliche und nichtkorrigierbare Fluchtpunkt aller Einzeldarstellungen ist die marxistisch-leninistische Imperialismus- und Faschismustheorie: "Unsere Aufgabe ist es, alle gedanklichen Vorarbeiten zur 'nationalsozialistischen Weltanschauung' zu entlarven, mögen sie — scheinbar — noch so weit vom Hitlerismus abliegen, mögen sie — subjektiv — noch so wenig derartige Intentionen haben." (10) Damit kommt es auf den eigenen Sinn der zu entlarvenden Philosophien und die subjektiven Intentionen ihrer Inhaber nicht mehr an; was alles "objektiv" ist, darüber entscheidet derjenige, der über den objektiven Stand der Klassenkämpfe zu entscheiden vermag. Aus der antiidealistischen These von Marx, daß die Geschichte der Philosophie nicht aus sich selbst wirklich verstanden werden könne (vgl. 92), ist ein ziemlich platter Reduktionismus geworden.

Im Ergebnis ist 'Zerstörung der Vernunft' ein ziemlich langweiliges Buch. Aus dem allgemeinen Interpretationsschema folgen bestimmte Merkmale "reaktionärer bürgerlicher Philosophie", die in Wahrheit definieren, was an dieser Philosophie jeweils reaktionär und bürgerlich ist, und diese Merkmale werden dann im historischen Material andauernd wiedergefunden; so sind Falsifikationen a priori ausgeschlossen. Den Irrationalismus definiert Lukács nach diesem Verfahren als Inbegriff der "reaktionären Antworten auf Probleme des Klassenkampfes" (14); sie ergeben sich aus der "historischen reaktionären Mission" (463) der Bourgeoisie. Daraus folgt, daß der Kern des Irrationalismus die Feindschaft oder auch nur die Skepsis gegenüber dem sein muß, was aus der Perspektive des orthodoxen Marxismus als "der" Fortschritt erscheint. Die "Logik" dieses Fortschritts aber ist für den Marxisten Lukács die Dialektik, so daß in seinem Bild der Dinge die Front gegen den Fortschritt mit der gegen die Dialektik zusammenfällt: wer antifortschrittlich ist, denkt auch undialektisch oder antidialektisch. So gerät der Irrationalismus zum Resultat des klassenbedingten Scheiterns der bürgerlichen Philosophie an der Dialektik; da die Dialektik aber selbst keine bloß philosophische, sondern eine gesellschaftliche Bewegung sein soll, muß die philosophische Gegnerschaft gegen die Dialektik, die den Irrationalismus insgesamt kennzeichnen soll, als soziale Gegnerschaft gegen den Fortschritt und seine dialektische 'Logik' entlarvt werden (vgl. 86, 129ff.). Dies alles folgt aus lauter Definitionen, die ihrerseits ein vollkommen geschlossenes und dogmatisiertes Geschichtsbild wiedergeben. Es ist von vornherein ausgeschlossen, daß man auf rationalistische Traditionen verweisen könnte, die zum Faschismus beitrugen — man denke an das, was die Angelsachsen nach 1945 über Kant, Fichte und Hegel als dessen Vorfahren behaupteten, aber auch an die 'Dialektik der Aufklärung' von Horkheimer/Adorno — und lebensphilosophisch inspirierte Faschismuskritik darf es nicht gegeben haben, obwohl es sie gab. So erhält der parteioffizielle Marxismus-Leninismus das unbestrittene Monopol, die einzige antifaschistische Philosophie gewesen zu

sein, und dem entspricht, daß es im Erscheinungsjahr von 'Zerstörung der
Vernunft' (1952) im sowjetischen Machtbereich allein einen sowjetkommuni-
stisch gelenkten antifaschistischen Widerstand gegeben haben durfte; liest man
bloß dieses Buch, dann war nur der orthodoxe Marxismus rationalistisch,
fortschrittlich und unbefleckt von präfaschistischem Gedankengut.

1.2 Die wahren Adressaten von 'Die Zerstörung der Vernunft' sind nicht
wir, sondern Leser, bei denen Lukács ein volles Einverständnis über die skizzierten dogmatischen Prämissen voraussetzen kann; das erklärt auch sein dogmatisch–deduktives Verfahren. Immer wieder heißt es im Text: "Natürlich...",
"selbstverständlich..." oder "also...", und dann folgt ein orthodox–marxistisches
Deutungsmuster, das selbst gar nicht zur Diskussion steht. Argumentation findet
nicht statt, denn es geht vor dem Hintergrund eines bei dem Leser unterstellten
Konsenses mit den Prämissen des Autors nur noch um "Entlarvung". Diese
Entlarvung des ideologischen Feindes hat aber etwas unendlich Redundantes,
weil der Feind als Feind ja schon feststeht; in der vollständig objektivierenden
ideologiekritischen Einstellung zu ihm kann es eine Diskussion mit ihm gar
nicht geben. So können die dargestellten Positionen auch nicht philosophisch
erörtert, sondern nurmehr als Pathologien des ohnehin welthistorisch zum
Untergang verurteilten bürgerlichen Bewußtseins gedeutet werden. So heißt es
einmal: "Der zersetzende Relativismus ist die Selbstverteidigung der imperialistischen Philosophie gegen den dialektischen Materialismus." (389f.) Nur als
Symptom ist der Relativismus interessant; philosophisch hat Lukács mit ihm
keine Probleme. Allerdings nimmt dieses Denkschema an den Stellen selbst
etwas Groteskes und Paranoides an, an denen Lukács die gesamte bürgerliche
Philosophie in einen einzigen Abwehrkampf gegen den Dialektischen Materialismus als die Ideologie der Arbeiterbewegung verstrickt sieht. Der 'Pariser
Commune' wird dabei eine philosophie-historische Bedeutung zugeschrieben,
die in den Quellen selbst nirgends nachweisbar ist; aber wenn die Quellen dies
alles nicht hergeben, hilft die Auskunft: "die Neukantianer in der Zeit der
'Sekurität' glaubten, den neuen Feind, den Sozialismus (den dialektischen und
historischen Materialismus) durch Totschweigen erledigen zu können." (356)
Ein nichtbeachteter Autor, der glaubt, er solle durch Totschweigen erledigt
werden, leidet an Beziehungswahn.

2. Georg Lukács ordnet die Lebensphilosophie in der Tradition des Irrationalismus ein; darum empfiehlt es sich, den Begriff "Irrationalismus" näher
zu bestimmen.

2.1 Da das Wort "irrational" ein negativer Ausdruck ist, kann man den
Irrationalismus als eine philosophische Position verstehen, die das Gegenteil von
Rationalität zum Prinzip macht. Etwas zum Prinzip machen kann man in zwei-
erlei Weise: metaphysisch oder methodisch. Darum sollte man den metaphysi-
schen vom methodischen Irrationalismus deutlich unterscheiden. Methodischer
Irrationalist ist derjenige, der glaubt, im Denken, Erkennen und Handeln die

Imperative der Rationalität nicht anerkennen zu können oder zu müssen; er wird Argumente ebenso wie sämtliche Überprüfungs- und Rechtfertigungszumutungen als unzumutbar zurückweisen. Lukács zitiert hierfür immer wieder intuitionistische Philosophien, und er stellt zutreffend heraus, daß sie meist mit einem aristokratisch-elitären Anspruch auftreten. (Alle Einwände dagegen kann man schon in Kants kleiner Spätschrift über den "vornehmen Ton" in der Philosophie finden.) Methodischer Irrationalismus ist auch Paul K. Feyerabends erkenntnistheoretischer Dadaismus, während eine Theorie, die begründet, warum man Bestimmtes nur intuitiv erfassen kann (Bergson), nicht dazurechnen sollte. Der metaphysische Irrationalismus hingegen ist eine Position, die sich vom "logokratischen" Weltbild des Abendlandes verabschiedet hat und nicht länger glaubt, daß das, was die Welt "im Innersten zusammenhält", vernünftig ist; Schopenhauer, der späte Schelling, Nietzsche, die Lebensphilosophie und auch Heidegger kann man hier als Belege anführen.

Um Irreführungen zu vermeiden, sollte man dementsprechend zwischen irrationalistischer Metaphysik und einer Metaphysik des Irrationalen unterscheiden – was Lukács an keiner Stelle tut, wodurch seine Verurteilung des "Irrationalismus" viel zu pauschal ausfällt. Gerade bei Schopenhauer kann man lernen, daß der metaphysische Irrationalismus als Metaphysik des Irrationalen methodisch höchst rational auftreten kann, ja sogar die denkbar höchsten Anforderungen an die Rationalität der Argumentation zu stellen vermag. Den methodischen Irrationalismus kann man philosophisch zu widerlegen versuchen, z.B. mit dem Hinweis auf den pragmatischen Selbstwiderspruch, in den sich derjenige verwickelt, der gegen die Möglichkeit von Argumentation argumentiert; gelingt dies nicht, muß man ihn sich selbst überlassen. Man kann ihn freilich auch bekämpfen, wenn man zu der Überzeugung gelangt ist, daß er objektiv auf eine neue 'Zerstörung der Vernunft' hinausläuft, aber das ist dann keine philosophische, sondern eine politische Entscheidung. Die Metaphysik des Irrationalen hingegen sollte man nicht politisch bekämpfen, denn sie könnte die Wahrheit sein. Nur wenn man wie Lukács eine mit politischer Durchsetzungsmacht ausgestattete rationalistische Monopolphilosophie im Rücken hat, kann man sich von der Wahrheitsfrage entlastet fühlen und den ideologiekritischen und politischen Kampf gegen die Metaphysik des Irrationalen eröffnen.

Unterläßt man die Unterscheidung zwischen irrationalistischer Metaphysik und der Metaphysik des Irrationalen, dann läuft man Gefahr, zwei Fehlschlüssen aufzusitzen. Einmal könnte man implizit vom metaphysischen auf den methodischen Irrationalismus schließen und behaupten, weil die Welt so irrational sei, könnten wir ihr nur gerecht werden, wenn wir uns vom methodischen Rationalismus verabschieden; das Ergebnis ist eine vollkommen verkehrte Adaequation von Methode und Sache, denn warum sollte eine Theorie der Unvernunft selber unvernünftig sein müssen? Umgekehrt kann man glauben, der metaphysische Irrationalismus sei nur die Folge methodisch-irrationalistischer

Vorgehensweise, und deswegen könne man eine Metaphysik des Irrationalen nicht vertreten. Genau diese zweite Argumentation findet sich bei Lukács an vielen Stellen, wobei er die irrationalistische Methode direkt aus der verzweifelten Klassenlage der untergehenden und deshalb reaktionär gewordenen Bourgeoisie ableitet.

2.2 Die Lebensphilosophie ist wesentlich Metaphysik des Irrationalen und nur in Ausnahmefällen irrationalistische Metaphysik. Sie macht das 'Leben' zum Prinzip, d.h. sie sieht in allem eine Macht am Werk, die nur zum Teil der Vernunft kommensurabel ist; aber um das zu erkennen, bedarf es gerade der höchsten Anstrengung der Vernunft. Die Lebensphilosophie wendet viel Vernunft auf, um zu zeigen, daß die Vernunft nicht alles ist. Allerdings kehrt sie, wie der Vergleich zwischen Hegel und Dilthey zeigt, das Verhältnis von Geist und Leben um: Ist bei Hegel das Leben eine unvollkommene Manifestation des Geistes, so faßt Dilthey den Geist als Objektivation des Lebens, wobei das Verhältnis beider als ein konfliktträchtiges, "tragisches", angesehen wird. Mit ihrem durchgängigen Pessimismus stellt die Lebensphilosophie nicht nur den abendländischen metaphysischen Rationalismus in Frage, sondern auch den optimistischen Idealismus der Hegelianer, der im Fortschrittsglauben der Marxisten fortlebt. So ist in der Lebensphilosophie 'Leben' ein nachidealistischer Totalitätsbegriff mit starker normativer Färbung. Die Differenz 'lebendig–tot', 'dynamisch–statisch' wird wertend gebraucht; alles Tote und Statische zieht die Lebensphilosophie vor den 'Richterstuhl' des Lebens, wo es daraufhin geprüft wird, ob es dem Leben dient oder nicht: Die intellektualistische und technische Zivilisation, die konventionelle und bloß historische Bildung, die überkommenen Institutionen und Lebensformen. Seit Nietzsches 'Unzeitgemäßen Betrachtungen' ist der Lebensbegriff die metaphysische Grundlage bürgerlicher Kulturkritik überhaupt; Jugendstil, Jugendbewegung, Neuromantik, der Expressionismus, der Existenzialismus, die Reformpädagogik, die biologisch–dynamische Lebensreform, die Ideologie der 'Grünen' — all diese Beispiele zeigen, daß der nachidealistische Totalitätsbegriff 'Leben' zugleich als kulturkritischer Kampfbegriff fungiert, und daß seine Wirkungsgeschichte andauert.

Was die Lebensphilosophie so attraktiv macht, war aber nicht nur ihr totalisierender Zugriff auf das 'Ganze', den sich die Philosophie heute kaum noch zutraut; sie konnte sich auch auf der "Höhe der Zeit" fühlen. In der Regel versucht die Lebensphilosophie, sich erkenntnistheoretisch, d.h. methodisch–rationalistisch zu rechtfertigen; wie Dilthey und Bergson belegen, beginnt sie mit dem Erleben, um dann mit guten Evidenzen und Gründen beim 'Leben' anzukommen, und darum verstand sie sich niemals als vorkritische oder dogmatische Metaphysik. Zum anderen waren die Biowissenschaften die Führungswissenschaften des 19. Jahrhunderts; die Physiologie und die Evolutionstheorie Darwins legten es einer Philosophie, die auch wissenschaftlich sein wollte, sehr nahe, die metaphysischen Fragen in begrifflichen Mustern der

Lebensphänomene zu stellen und zu erörtern. Ohne Zweifel führten auch die historischen Erfahrungen von 1848 dazu, daß sich das Bürgertum vom idealistischen Glauben an die 'Vernunft in der Geschichte' zu verabschieden begann; die große Wirkungsgeschichte Schopenhauers begann erst damals.

3. Aus heutiger Sicht erscheint 'Geschichte und Klassenbewußtsein' von Georg Lukács zunehmend als ein im Kern lebensphilosophisches Werk mit marxistischer Oberfläche. Die Grundfigur 'materialistischer' Dialektik ist hier nichts anderes als die 'Dialektik' von Georg Simmels 'Tragödie der Kultur', formuliert in der Terminologie des Kapitels über den Warenfetischismus aus dem 'Kapital' von Karl Marx. Die Begriffe "Verdinglichung", "Vergegenständlichung", "Entfremdung", "Entäußerung" dominieren, wobei das spezifisch Lebensphilosophische darin besteht, daß sie sämtlich negativ besetzt sind und kritisch verwandt werden vor dem Hintergrund eines positiv bewerteten Begriffs dynamischer Totalität. Die Dialektik als kritische Methode versteht sich dabei selbst als Mittel der "Verflüssigung" des Verdinglichten — "der dialektische Prozeß verwandelt die Gegenständlichkeitsformen der Gegenstände selbst in einen Prozeß, in einen Fluß" (Geschichte und Klassenbewußtsein, 2. Auflage, Neuwied/Berlin 1968, 364) — was in einem erstaunlichen Gegensatz zu Hegel steht, in dessen Dialektikkonzept Statik und Dynamik gleich notwendig und gleichwertig sind. Im übrigen erscheint es an vielen Stellen so, als hätte Lukács nur lebensphilosophische Termini durch marxistische ersetzt; an die Stelle von 'Leben' tritt nun der "gesellschaftliche Gesamtprozeß" im Sinne des historischen Materialismus, der aber sonst ganz im Sinne der Simmelschen 'Dialektik' der Kultur gedacht ist. Seit Schopenhauers 'Objektiver Ansicht des Intellekts' war der Geist stets als ein Lebensphänomen, ja als ein Werkzeug des Lebens selbst aufgefaßt worden. Bei Lukács wird daraus die These, daß die marxistische Theorie als das Bewußtsein der dynamischen Totalität der Gesellschaft selbst deren Produkt sei: Produkt des Klassenkampfes. Die spekulative Einheit von Subjekt und Objekt, Bewußtsein und Sein, die die Lebensphilosophie in den nachidealistischen Totalitätsbegriff 'Leben' hineinprojiziert hatte, wird von Lukács mit der Konsequenz materialistisch aufgenommen, daß eine Theorie, die sich selbst als ideologiefreies Symptom ihres Gegenstandes verstehen kann, wohl kaum irren kann; in einer späten Parodie der Hegelschen 'absoluten Methode' läuft dies auf eine Selbstermächtigung der eigenen Theorie als der einzigen absolut richtigen hinaus. Daß Lukács in seiner hegelianisierenden Opposition gegen den Partei-Marxismus auf lebensphilosophische Denkfiguren zurückgriff, ist nicht verwunderlich, wenn man seine eigene philosophische Herkunft bedenkt und in Rechnung stellt, daß der damalige Neuhegelianismus selbst stark lebensphilosophisch geprägt war; im übrigen waren damals die Marxschen Frühschriften noch nicht ediert.

3.1 Die Abgrenzung der Position des Lukács von 'Geschichte und Klassenbewußtsein' von der Lebensphilosophie ist deswegen so schwierig, weil ihr

wie dem Marxismus insgesamt eine Gedankenfigur zugrunde liegt, die man
'spekulativen Naturalismus' nennen könnte. Die philosophische Spekulation seit
den Anfängen des deutschen Idealismus war stets dem Gedanken einer sich
selbst entfremdenden und sich in der Entfremdung und durch sie hindurch
erhaltenden und betätigenden Totalität gefolgt; bei Fichte, Hölderlin, Schelling
und Hegel, aber auch im deutschen Spätidealismus wird diese Totalität idealistisch gedacht. Spekulativer Naturalismus ist demgegenüber die Position, die
jenes 'dialektische' Totum nicht mehr als Vernunft, Geist oder Idee, sondern
als Natur begreift. Der Grundgedanke des spekulativen Naturalismus besteht in
der Auffassung des Verhältnisses von Mensch und Natur als eines Naturverhält-
nisses; dies hat Ludwig Feuerbach zuerst vertreten, und der junge Marx hat
dies nur hegelianisch 'dynamisiert'. So legt Marx seiner Geschichtsauffassung
den "wirklichen materiellen Lebensprozeß" zugrunde, in dem die Menschen im
"Stoffwechsel mit der Natur" durch Arbeit ihr Leben gewinnen, ja die menschliche Arbeitskraft tritt in der Arbeit der Natur als eine Naturkraft gegenüber
(vgl. Kap. 5 des 'Kapital' I; gerade im Ausdruck "Stoffwechsel" zeigt sich
Marx beeindruckt vom 'Biologismus' der Epoche). Dies alles kann man auch
lebensphilosophisch ausdrücken, ohne daß sich strukturell sehr viel ändert. So
wie der Lebensphilosoph nicht hinter das 'Leben' zurückkann, so kann der
Marxist nicht hinter den 'materiellen Lebensprozeß' der Gesellschaft zurück,
und auch ihm müssen Vernunft, Kultur, Moral, Wissenschaft, Kunst und Religion als bloße Epiphänomene von 'Leben' erscheinen. Vor dem Hintergrund
des spekulativen Naturalismus werden die Grenzen zwischen Lebensphilosophie
und Marxismus fließend.

3.2 Georg Lukács ist kein Lebensphilosoph, aber nicht, weil er sich in
seiner Ontologie so sehr von dieser Tradition unterschiede; das Unterscheidende
ist sein Glaube in die objektive Vernunft im 'materiellen Lebensprozeß' selber,
die ihm die Stelle der Hegelschen 'Vernunft in der Geschichte' vertritt. Darum
richten sich alle Attacken gegen diejenigen, die 'den' Fortschritt und seine
'Logik', d.h. die Dialektik angreifen. Damit die faschistische Weltanschauung
zur herrschenden werden konnte, war nach Lukács "eine bestimmte philosophische Atmosphäre, ein Zersetzen des Vertrauens in Verstand und Vernunft, eine
Zerstörung des Glaubens an den Fortschritt, eine Leichtgläubigkeit gegenüber
Irrationalismus, Mythos und Mystik vonnöten. Und eben diese philosophische
Atmosphäre hat die Lebensphilosophie geschaffen." (Die Zerstörung, 363) Für
Lukács sind Fortschritt und Fortschrittlichkeit "etwas Objektives" (11); damit
sind alle diejenigen Irrationalisten, die daran zweifeln, denn ist es nicht irratio-
nal, etwas Objektives zu bezweifeln? Auch für die Bewertung gilt: "Die
Objektivität des Fortschritts reicht freilich dazu aus, eine einzelne Erscheinung,
eine Richtung als reaktionäre richtig zu stigmatisieren." (ebd.) So ist deutlich:
Der einzige wirkliche Gegner ist der "zersetzende" historische Relativismus; ihn
zu treffen und die Objektivität der "Logik" der Klassenkämpfe, die mit Not-

wendigkeit den Kommunismus heraufführen wird, gegen skeptische Einwände zu verteidigen — das ist das wahre Ziel von 'Die Zerstörung der Vernunft'. Der ideologietheoretische Dogmatismus, mit dem dies geschieht, zeugt nicht nur vom stalinistischen Klima der 50er Jahre, sondern auch von den heimlichen Zweifeln, die Lukács selbst immer wieder befallen haben mögen. Denn entfällt der Hegelianismus der 'Vernunft in der Geschichte' und gibt es keine soziale Bewegung oder Partei mehr, die sich zweifelsfrei mit 'dem' Fortschritt im Bunde fühlen darf, dann verschwinden auch die wesentlichen philosophischen Differenzen zwischen dem Marxismus und der Lebensphilosophie; was könnte der Marxist dann noch dem metaphysischen Irrationalismus und dem historischen Relativismus entgegenhalten? So gesehen ist 'Die Zerstörung der Vernunft' von Georg Lukács nicht nur eine Abrechnung mit seiner eigenen lebensphilosophischen Vergangenheit, sondern auch ein Versuch, sich vor ihren langen Schatten in Sicherheit zu bringen.

VI. Der späte Lukács –
Politik, Ästhetik, Ontologie

Die Geburt des ontologischen Gedankens

Miklós Almasi

Das Lukács'sche Oeuvre fand im dreibändigen Werk 'Zur Ontologie des gesellschaftlichen Seins' seinen Abschluß, in einer philosophischen Synthese, zu deren endgültiger Ausführung ihm das Schicksal keine Zeit mehr vergönnt hat. Wir wissen genau: zunächst strebte Lukács die Abfassung einer Ethik an; die theoretische Grundlage war die Niederschrift seiner ontologischen Gedanken. Doch die einzelnen Kapitel wurden immer umfangreicher und verselbständigten sich schließlich. Das Ergebnis ist der Grundriß einer gesellschaftsontologischen Betrachtung, zugleich aber auch eine Polemik gegen die ontologischen Ansätze des 20. Jahrhunderts und gegen die überwiegend erkenntnistheoretische Orientierung der Tradition der marxistischen Philosophie, eben auf der Basis der Rekonstruktion der ursprünglichen Auffassung Marxens vom Sein. In der hier folgenden skizzenhaften Darstellung möchte ich lediglich von einigen Schwerpunkten der philosophischen Neuheiten dieses Werkes sprechen: Von der Schilderung des spezifisch neuen ontologischen Verhältnisses von Sein und Bewußtsein in der Gesellschaft, von der Neuinterpretation der Dialektik von Geschichte und Individuum, außerdem vom Versuch einer ontologischen Grundlegung der Werttheorie.

Die seinskonstituierende Funktion der bewußtseinsmäßigen Komponente in der Gesellschaft

Der ontologische Gedanke tritt zunächst in der 'Eigenart des Ästhetischen' zutage, vorläufig allerdings nicht in einer Art und Weise, die die ganze Betrachtung bestimmte, sondern unter einem Decknamen, gleichsam als Splitter, als ein Nebenprodukt der Untersuchung der Seinsweise von Kunstwerken. Bei der Untersuchung der Kunstwerke unterscheidet Lukács zwei Formen der Gegenständlichkeit und gleichlaufend damit zwei Formen des Seins: die eine Form bilden physisch existierende Naturgegenstände, durch die andere konstituiert sich die ästhetische Gegenständlichkeit. Erstere Gegenstände existieren unabhängig von unserem Bewußtsein, während sich die Struktur der Gegenständlichkeit des künstlerischen Inhalts in dieser gnoseologischen These nicht unterbringen läßt. Das ganze *Sein* der Bedeutung von Kunstwerken ist vom Bewußtsein, von der Subjektivität des Rezipienten abhängig davon, daß man erkennt, was dargestellt ist, daß man die Eigenart des Werkes erlebt und interpretiert. Mit Lukács' Worten: Kein Objekt ohne Subjekt, d.h. ohne das

Bewußtsein des Rezipienten *existiert* im ästhetischen Sinn *keine* Gegenständlichkeit. Folglich unterscheidet Lukács im Kunstwerk zwischen dem gegenständlichen Träger — man denke z.B. bei einer Statue an den Marmor oder die Bronze, an den Stoff also, aus dem sie hergestellt ist — und der Stufe der ästhetischen Gegenständlichkeit, das also, was dargestellt ist, außerdem die geistigen Inhalte, die das Werk an den Rezipienten, wenn dieser mit ihm in Verbindung tritt, weiterzugeben vermag. Der gegenständliche Träger verhält sich ontologisch genau so, wie sonstige Naturgegenstände; die Gegenständlichkeit der Kunst hingegen erschließt ihre Geheimnisse lediglich unter aktiver Teilnahme des Bewußtseins. Ohne Zweifel enthält jedes Kunstwerk dabei potentiell die Möglichkeit, erkannt und interpretiert zu werden, sowie Kunstgenuß zu vermitteln, doch diese Möglichkeit realisiert sich ausschließlich in einer Wechselwirkung mit dem Subjekt, das das Kunstwerk genießt.

'Die Eigenart des Ästhetischen' grenzt dieses neue Verhältnis zunächst nur von einer gnoseologischen Annäherungsweise ab, indem Lukács hervorhebt, bei einem Kunstwerk gelte nicht mehr die These der von unserem Bewußtsein unabhängigen Ojektivität, sondern man müsse einer anders gearteten Beziehung des Subjekts zum Objekt Rechnung tragen. Seinerzeit entfachte dieser Gedanke, weil er in schroffem Widerspruch zur seichten Auffassung der Widerspiegelung zu stehen schien, heftige Kritiken. In Wirklichkeit aber war es eben Lukács, der den Leninschen Standpunkt folgerichtig vertrat; nach Lenins Auffassung sei eine scharfe Trennungslinie zwischen Subjekt und Objekt ausschließlich im erkenntnistheoretischen Bereich zu ziehen; auf anderen Gebieten können beide Komponenten die Gestalt verschiedenartigster Symbiosen annehmen; ohne diese einheitliche, eine Wechselwirkung voraussetzende Seinsform würde es gar keine menschliche Kultur geben.

Ich erwähne die Auffassung der 'Ästhetik' vom Subjekt und Objekt deswegen nur in der Vorgeschichte des ontologischen Gedankens, weil Lukács damals nicht einmal ahnen konnte, welch ungeheure Tragweite die Entdeckung der das Sein selbst konstruierenden Rolle bewußtseinsmäßiger Komponenten besitzt. Er dürfte es bloß gespürt haben, denn die gesamte Struktur seiner 'Ästhetik' folgt noch der Logik einer gnoseologischen Betrachtung und ontologische Fragen wurden zunächst ohne Gebrauch dieses Begriffs bzw. die gesellschaftliche Nachwirkung der Kunstwerke erörtert. Dies galt auch dann, als Lukács' These "Kein Objekt ohne Subjekt" bereits die Gestalt einer Formel annahm, durch die eben der Grundgedanke seiner 'Ontologie' gleichsam schon zur Hand lag. Lukács' große Neuerung war die These, daß das Spezifische des gesellschaftlichen *Seins*, im Unterschied zum physischen und organischen Sein, gerade in der unabdingbaren und organischen Rolle des menschlichen Bewußtseins in seiner Funktionierung besteht.

Dieser Gedanke öffnet den Horizont für philosophische Forschungen unter zwei Aspekten. Erstens im Gegensatz zur traditionellen Ontologie, in der die

Welt des Seienden sich auf die Untersuchung der Struktur 'handgreiflicher' Gegenstände und Dinge beschränkt, bzw. wo die hierarchisch gegebene Struktur geistiger Gestalten beschrieben wird, die man als eine besondere Sphäre ansieht. Dagegen weist Lukács nach: Die bewußtseinsmäßige Komponente ist sogar in der elementarsten Zelle der gesellschaftlichen Praxis vorhanden, man darf also weder von einem hierarchischen Verhältnis noch von einem Nebeneinander sprechen. Zweitens kann Lukács' Auffassung auch als eine Polemik gegen den Dogmatismus gelten, der die Gestalten von Sein und Bewußtsein nicht nur voneinander trennt, aber in der bewußtseinsmäßigen Komponente, im Subjektiven schlechthin ein bloßes Epiphänomen, einen nebensächlichen Umstand, eine Begleiterscheinung sieht. Und ich möchte noch hinzufügen: Zwischen den Zeilen der 'Ontologie' läßt sich auch noch eine latente, nicht offen zum Vorschein kommende Politik gegen die Fundamentalontologie Heideggers erkennen, weil Lukács die Dialektik der Eigenart des menschlichen Seins, seines gesellschaftlichen wie individuellen Charakters aus der *historischen* Praxis seiner Entwicklung heraus entfaltet.

Das Moment des Bewußtseinsmäßigen ist sogar im kleinsten Teilchen des gesellschaftlichen Seins des Menschen vorhanden; es ist sozusagen das Kernstück seiner Seinsform. Als Beweismodell dieser neuen These funktioniert die Analyse der Arbeitstätigkeit. Die Arbeit nimmt ihren Anfang, wenn man Ziele setzt, also mit einem gedanklich-bewußtseinsmäßigen Akt. Allein zur Verwirklichung der Ziele ist das Funktionieren der kausalen Zusammenhänge notwendig, die in der Realität wirken. Und zwar so, daß man die in der Natur anders funktionierenden kausalen Ketten neu ordnet und sich befähigt, sie zielsicher anzuwenden, d.h., sie im Interesse der Verwirklichung eines Ziels in Gang kommen zu lassen. Das Bewußtsein, das eine Arbeit verrichtet, betritt demnach die Welt der kausalen Zusammenhänge, folglich ist es nicht eine abstrakte geistige Kraft, auch nicht irgendeine mystische Macht über die Materie, die in der Natur nicht existierende Gestalten schafft; das Bewußtsein macht sein menschliches und gesellschaftliches Potential nur dadurch geltend, daß es sich in die Lage versetzt, die erschlossenen Naturkräfte im Interesse der eigenen Ziele wirken zu lassen. Bei Lukács ist die Arbeit, wie gesagt, ein Modell, an dem sich nachweisen läßt, daß nach den 'Stufen' der unorganischen wie organischen Natur mit der Gesellschaft eine Seinsstruktur entstanden ist, die Bedingung und Spezifikum des Funktionierens der gesellschaftlich tradierten und sich in stetiger Entwicklung befindenden teleologischen Aktivität (d.h. bewußte Tätigkeit des Menschen) ist. "Das Spezifische des gesellschaftlichen Seins besteht darin", schreibt Lukács im zweiten Band seiner 'Ontologie', "daß die materiellen Wechselwirkungen in ihm überall von teleologischen Setzungen ausgelöst werden, außerdem daß diese nur als Versuche zur Realisierung irgendeines ideell gesetzten Zieles zu funktionieren beginnen können." Genauer formuliert Lukács an einer anderen Stelle. Wenn jemand die Gesellschaft wirklich analysierte, so käme er "dazu, dass das aufbauende Atom der Gesellschaft eben die einzelne teleologische Setzung ist." Ihre Synthese sei jedoch nicht mehr teleologisch entstanden. ('Gespräche mit Georg Lukács', Hamburg, 1967, 60.) Das individuelle Bewußtsein ist also nur ein Baustein, ein differenzierendes Konstituens der Eigenbewegung der Seinsform, doch das Ganze der Gesellschaft gerät deswegen noch nicht in Abhängigkeit vom Bewußtsein des Einzelnen; es behält seine Eigenbewegung, ja seine Eigengesetzlichkeit gegenüber den Individuen. Und das Gesellschaftsganze wird selbstverständlich niemals zu einem Gebilde, das einem bestimmten Ziel zustrebt. Lukács hat damit den entscheidenden Schritt gemacht: Er entdeckte eine ontologische Struktur, die als Struktur des gesellschaftlichen Seins von der Auffassung, das Moment des Bewußtseinsmäßigen sei ein bloßes Epiphänomen, radikal Abstand nimmt.

Zugleich aber bedeutete das teleologische Moment das Sollen, das sich auf das Zukünftige bezieht und einem Ziel zustrebt, keinesfalls den Umstoß der Realität, der Priorität des Seins. Im Laufe von bewußt entworfenen Akten wirken, weil der Mensch außerstande ist, jeden Umstand vorauszusehen, auch Faktoren mit, die zur Folge haben, daß ein anderes Ergebnis erzielt wird als das geplante. Das Übergewicht des Realen, die Priorität des Seins, wie Lukács dieses Verhältnis nennt, erwirkt die Korrektur des teleologischen Handelns, was nicht nur der Einzelne, aber auch die Gesellschaft jederzeit zu durchleiden hat. So stellt das Moment des Bewußtseinsmäßigen die Priorität des Seins nicht in Frage, sondern es zeigt 'nur' einen früher außer acht gelassenen Faden im Gewebe des gesellschaftlichen Seins auf.

Wie ich erwähnt habe, ist das Kapitel 'Arbeit' lediglich ein Baustein dieser neuen ontologischen Betrachtung. Die ganze Theorie der sekundären Objektivationen beruht auf dieser Basis. Die zur Handlung anregenden Impulse, die Wahlakte des in der Gesellschaft lebenden Menschen werden vom gesellschaftlichen System der Gedanken, der Künste, der Philosophie, des Rechts dieser oder jener Epoche usw. beeinflußt. Allein diese, mit einem alten Ausdruck: Bewußtseinsformen, besitzen selbst spezifische Seinsformen. Spezifisch ist diese Seinsform eben dadurch, daß das individuelle Bewußtsein von ihr genauso wenig wegzudenken ist, wie auch das Erkennen und die Interpretation der Bedeutung von Kunstwerken, ihre Wirkung also als Kunstwerke schlechthin, gerade davon abhängt. Ein längst dagewesener, latent vorhandener Gedanke wird hier zu philosophischem Rang erhoben. Bereits Durkheim hat behauptet: Das, was die Menschen denken, ist genauso ein gesellschaftliches Faktum wie die Institutionen und die Verhältnisse zwischen den Menschen. Lukács geht über diesen erahnten Zusammenhang 'nur' insofern hinweg, als er auch der Seinsform verschiedener gedanklicher Objektivationen nachforscht. Die gemeinsame Sprache, Betrachtungsweise, Ideologie, ja sogar der Streit verschiedener Interpretationen der Welt in dieser oder jener Epoche, bedeuten allesamt nicht nur die Eigenbewegung der geistigen Sphäre, sondern bilden zusammen jene

Bewegungsformen, in denen die gesellschaftlichen Kämpfe zu Ende geführt werden, in denen die Wertpräferenzen als zu erreichende Ziele, mit falschem Bewußtsein oder mit dem Risiko des Irrtums, formuliert werden. Die sekundären Objektivationen werden zu Bestandteilen der gesellschaftlichen Praxis.

Ich habe nicht die Absicht, das ganze Themenverzeichnis der 'Ontologie' hier aufzuzählen. Ich möchte mich im weiteren nur auf einen Problemkreis beschränken, der auch für die zukünftigen Forschungen im Gebiet der Ontologie als Programm dienen könnte. Für Lukács dürfte die Frage am spannendsten gewesen sein, wie die zwischenmenschlichen Beziehungen existieren. Auch in dieser Beziehung unterzog Lukács die Geschichte der Philosophie einer kritischen Revision; in früheren Philosophien sah man zumeist nur die Dinge und die Menschen als existent an, die zwischen ihnen bestehenden, mitunter unsichtbaren Beziehungen hielt man hingegen entweder für pure Eigenschaften oder man stellte sie als nicht existent hin. Dafür betrachtete Lukács, Marx folgend, eben diese manchmal unsichtbaren Beziehungen als primär; die Realität faßt er als eine aus komplexen Strukturen bestehende Totalität auf, aus Teiltotalitäten, die sich aus unzähligen inneren Relationen zusammensetzen, ferner aus denen dieses oder jenes Ding, diese oder jene Eigenschaft nicht ohne weiteres herausgerissen werden kann. Man denke an ganz einfache alltägliche Erscheinungen wie z.B. die Achtung. Sie ist ein Verhältnis, aus dem man nur mit größter Anstrengung heraustreten kann; in dem beide Hälften befangen bleiben können. Jener, der seinen ehemaligen Lehrer achtet, ebenso wie der Gegenstand der Achtung, der Lehrer. Vergebens spornt letzterer seinen einstigen Studenten zu einem mehr familiären, mehr unmittelbar–gelockerten Kontakt an, der Versuch wird scheitern, denn das Verhältnis zwischen ihnen, die gegenseitige Achtung, lenkt beide in eine andere Richtung. Demnach erlangen partnerschaftliche Beziehungen wie die gesellschaftlichen Verhältnisse schlechthin eine objektive Seinsstruktur, selbst wenn sie nur vermittels des Bewußtseins der an ihnen Beteiligten funktionieren; eine Seinsstruktur, der man sich nicht nach eigenem Gutdünken entziehen kann. (Vergeblich machen die Partner in einer gescheiterten Ehe alle möglichen Versuche, um ihr Zusammenleben wieder zu ermöglichen; aber alles wird vermutlich nur noch schlimmer; die Beziehung herrscht über sie, auch wenn sie es sind, die die Beziehung eingehen.) Es folgt aus dem Gesagten: Die Verhältnisse sind bei weitem nicht bloße "Eigenschaften" der Dinge oder der Menschen, sondern sie verfügen über eine eigenartige Seinsform, die die Sachen, die Verhaltens- und Handlungsweisen in objektive 'Bahnen' zwingen: Angefangen von ganz alltäglichen Verhältnissen über die Produktionsverhältnisse bis hin zu den geistigen.

Die 'Ontologie des gesellschaftlichen Seins' umreißt aber nur diese Aufgabe; ihre Ausführung hat Lukács seinen Nachkommen überlassen, was übrigens auch an sonstigen Stellen für Lukács' Arbeitsmethode bezeichnend ist. So bleibt uns, der Nachwelt, die Analyse der gesellschaftlichen Verhältnisse, der soziologischen Relationen überlassen. Zu Ende geführt hat Lukács nämlich nur die Analyse der teleologischen Praxis, außerdem an manchen Stellen versucht, anhand von Beispielen die Struktur der alltäglichen und abstrakten Relationen zu beschreiben. Trotzdem kann es gar nicht als sicher gelten, daß die gesellschaftlichen Beziehungen − wie Liebe, Vorbilder, Aufruhr gegen die Bräuche oder Unterwerfung − nach einem solchen zielrationalistischen Prinzip funktionieren. Jürgen Habermas, der versucht hat, die Lukács'sche Tradition weiterzudenken, ist zum Schluß gekommen, die menschliche Praxis habe zweierlei (in seinen neuen Arbeiten dreierlei) Grundtypen: Unter diesen sei das Modell des zweckrationalen Handelns lediglich im Stoffwechsel mit der Natur, in der Arbeit also, gültig; dafür mache sich in der Ethik, in den Face-to-Face-Beziehungen des Alltags, in einem Großteil der Soziologie schlechthin das Modell des sog. kommunikativen Handelns geltend. Hier wird man also nicht durch das objektive Prinzip von Erfolg und Mißerfolg einer falschen Handlung gewahr, sondern durch eine gesellschaftliche Sanktion. Hier wird das dialogische Verhältnis der Individuen zueinander, der Austausch von Werten usw. von einer symbolischen Interaktion geleitet. Anhand des Beispiels von Habermas wollte ich nur zeigen: Dem Geist von Lukács sind wir nur dann treu, wenn wir auch an das jetzt besprochene Werk kritisch anknüpfen, und wenn wir die Aufgaben, die in diesem Werk verschlüsselt sind, nicht nur fortdenken, sondern in wissenschaftlich fundierten Debatten von ihm auch manchmal abweichen, um eben seinem *Grund*gedanken näherzukommen.

Das Individuum und die Geschichte

Lukács faßte die Beziehung zwischen historischen Prozessen und individueller Handlung ebenfalls auf eine neue Weise auf. Der Dogmatismus hob lediglich die bestimmende Kraft von historischen Tendenzen hervor und die Kreativität spielte bei ihm so gut wie keine Rolle, als hätte sich die Geschichte wie eine selbsttätige Entität selber erzeugt. In diesem Modell steuern die Tendenzen die Individuen von oben, die ihre Gebote gleichsam wie Marionetten ausführen. Lukács kippt dieses Gebilde um: Die Tendenzen bauen sich *auch* von unten nach oben auf, aus den Taten, den Entscheidungen der Einzelmenschen, aus der kontinuierlichen Summierung sich neutralisierender oder eben verstärkender Wirkungen. Ich kann mich dabei auf Lukács' diesbezügliches Beispiel berufen. Gegen Ende der Manufakturzeit trat die Organisationsform der Großindustrie wie ein tollkühnes Abenteuer von wenigen Unternehmern zutage; diese neuen Unternehmungen waren *noch* nicht konkurrenzfähig, sie erbrachten weniger Gewinn, ja die Unternehmer selbst machten oft Bankrott, weil die Manufakturen noch lebensfähiger, gesellschaftlich besser institutionalisiert, ja ihre Bedingungen, was Justiz und Bräuche anbelangt, wesentlich besser waren. Zu diesem historischen Zeitpunkt hing es also noch von einer individuellen Entscheidung ab, ob ein Unternehmer den gewöhnlichen Weg antrat oder ein neues Risiko einging und so nach neuen Möglichkeiten der Produktivität und des Profits suchte. Die Großindustrie betrat also die Bühne der Geschichte so, daß den ersten Unternehmern, die das Zukünftige dransetzten, neue folgten; die späteren Erfolge warben dann wiederum neue Anhänger. Die individuellen Entschlüsse addierten sich, während auch die Methoden vervollkommnet wurden, bis die neue großindustrielle Produktionsform dann die Oberhand gewann.

In dem geschilderten Fall ging die neue Tendenz – Großindustrie gegen Manufaktur – von individuellen Initiativen, von Entscheidungen der Einzelmenschen aus, die selbstverständlich auf Errungenschaften der Technik beruhten bzw. solche erzeugten. Trotzdem waren es eben diese individuellen Entscheidungen, die jene Kristallisationspunkte bildeten, an die später auch andere anknüpfen konnten. Die Tendenz erstarkt von 'unten' ausgehend, akkumuliert sich und konfrontiert sich mit einer noch blühenden Form der Produktion. Freilich bedeutet der Anschluß an die Anhänger der neuen Ordnung, nachdem sie an Zahl erheblich zugenommen haben, ein immer kleineres Risiko, d.h. dieser Beschluß wird zunächst zu einer reizvollen Alternative, sodann erlangt er immer mehr einen Zwangscharakter. Doch in der entscheidenden historischen Periode, im Augenblick der Genese hing die Entstehung des neuen historisch-gesellschaftlichen Trends von jenen individuellen alternativen Entscheidungen ab, deren Träger das Zukünftige mehr voraussahen und mehr Risiken eingingen. Sie waren nicht 'Marionetten' der Geschichte, sondern eben ihre Schöpfer.

Lukács zieht aus diesem Prozeß folgende Konsequenz: Die Menschen machen zwar ihre Geschichte selber, beruft sich Lukács auf Marx, jedoch nicht unter Bedingungen, die sie selbst wählen. Die Voraussetzungen sind also gegeben. Trotzdem ist die von den Bedingungen bestimmte Situation keine Einbahnstraße, sondern *sie bietet mehrere, einander widersprechende Alternativen an*. Die Individuen sind nicht nur gezwungen zu wählen, meistens unter Werten, sondern sind auch fähig, unter Umständen von recht ungünstigen Bedingungen selber neue, zu realisierende Alternativen zu erkämpfen. Einer der beliebtesten Aphorismen von Lukács war das von Wedekind stammende Aperçu, daß jeder Esel Unglück haben kann, doch nur der weise fähig ist, daraus sein Glück zu schmieden. Für Lukács ist der Mensch ein "antwortendes Wesen", das angesichts objektiver Situationen zur Wahl gezwungen ist, Alternativen schafft und dadurch auch anderen Handlungsmodelle bietet.

Auf diese Weise bildet nicht nur die Übereinanderschichtung, nicht nur die Summierung individueller Beschlüsse einen ontologischen Prozeß, sondern auch der Akt des Wählens ist ein Faktum des gesellschaftlichen Seins. In Lukács' Auffassung besitzt das gesellschaftliche Sein eine alternative Struktur, d.h. die verschiedenen Situationen bergen auch objektiv mehrere realisierbare Möglich-

keiten in sich, deren Verwirklichung jedoch von der Einsicht des handelnden
Menschen abhängt, ob er fähig ist, dessen gewahr zu werden, daß es neben den
sich offensichtlich anbietenden (und schlechten) Möglichkeiten auch andere
Handlungsrichtungen gibt. Andererseits aber wird die individuelle Entscheidung
von der bewertenden Erwägung mehrerer Möglichkeiten beeinträchtigt: Welche
Alternative bringt, vom individuellen Aspekt aus gesehen, mehr Vorteile mit
sich? Muß man für eine kürzere Zeit oder für die Dauer planen? Ist man in der
Lage, gegenüber dem gesellschaftlich Etablierten auch neue Schritte zu machen?
usw. So ist also der Bau historisch-gesellschaftlicher Vorgänge von unten nach
oben beschaffen. Außerdem vergißt Lukács auch nicht, daß die bereits entstandenen Tendenzen die menschlichen Beschlüsse auch 'von oben' aus beeinträchtigen. Die gesellschaftlich addierten Handlungen reißen die Individuen von
einem gewissen Punkt an schon mit; die Situation, in der sie leben, wird zu
purer Routine oder zu einer 'natürlich' anmutenden, eindimensionalen Hand-
lungsweise, d.h. die Möglichkeiten des Wählens werden eingeengt. So entsteht
bei Lukács jenes ontologische Gebilde, in dem die historischen Tendenzen von
unten, durch individuelle Entscheidungen geprägt, gleichzeitig aber auch von
oben gebaut werden, von der Ebene der bereits im Entstehen begriffenen
Stimmungen aus, die den Horizont der Wahl bestimmen, beeinträchtigen (oder
eben einengen). Diese Lösung erschloß den Weg für die sich erneuernde
marxistische Forschung zu einer mehr dialektischen Zusammenfassung.

Denn Lukács weitet nicht nur den Spielraum individuellen Handelns im
Gegensatz zu dem vom Dogmatismus unterstellten bloßen Determinationsver-
hältnis aus, sondern er wertet die geschichtsformenden Entscheidungen auf; die
gesamte Problematik der *Freiheit* rückt dadurch philosophisch in ein neues
Licht. In dieser Konzeption ist die Freiheit nunmehr nicht eine bloß erkannte
Möglichkeit (die man ja auch als eine Einbahnstraße interpretieren könnte, die
auch als Unfähigkeit gelten kann, neue Möglichkeiten zu erschließen, folglich
als Auslieferung des Menschen angesehen werden kann), sondern sie ist ein
ontologisch gegebener, gesellschaftlicher Spielraum und erst dann die Erkenntnis
der Notwendigkeit, die Ausnützung alternativer Entscheidungsmöglichkeiten
innerhalb dieses Spielraums. Allerdings ergeben sich solche Möglichkeiten bei
weitem nicht in jedem Augenblick, doch es gibt sogar im Leben von Einzelmenschen besonders zugespitzte Entscheidungssituationen, wo es ihm zusteht,
die Gleise seiner Lebensführung, den Weg, auf dem er zukünftig vorwärts-
kommt, selber zu bestimmen.

Der alternative Charakter des individuellen Handelns ist jedoch nicht nur
unter dem Aspekt des ontologischen Gedankens neu; diese Auffassung steht in
engem Zusammenhang mit der konsequenten Auffassung des späten Lukács von
der Demokratie. Diese politische Konzeption hat freilich auch ihre Geschichte,
geht doch ihr Ursprung auf die *Thesen von Blum* aus dem Jahre 1928 zurück,
dann erweitert und gestaltet sie sich in den Jahren nach der Befreiung Ungarns

um, später, in der Mitte der fünfziger Jahre, radikalisiert sie sich. Lukács' Forderung ist, daß die Angelegenheiten des Sozialismus immer mehr von jenen Gemeinschaften, Vereinigungen, politischen Organisationen übernommen werden, deren Leben von den Entscheidungen betroffen sind. Das Entscheidende an dieser Konzeption unter unserem Aspekt ist, daß die Demokratie für Lukács ebenso eine sich von unten nach oben erhebende Struktur bedeutete, wie die die Tendenzen auch von unten formende Rolle individueller Beschlüsse in der ontologischen Struktur der Makrobewegungen von historischem Maßstab. So bildete Lukács' politische Auffassung, die Kritik am Stalinismus, die mit der leidenschaftlichen Kritik der Entwicklung in Osteuropa einherging, den Hintergrund zum Ausbau seiner Gesellschaftsontologie.

Beiträge zur Wertontologie

Grundlage des alternativen Charakters der menschlichen Arbeit, oder, allgemeiner formuliert, der Praxis, ist die Wahl zwischen Werten. Der Wert tritt mit dem gesellschaftlichen Sein zum Vorschein; die Natur kennt nicht diese Kategorien. Deswegen unternimmt Lukács den Versuch, den ontologischen Status der Werte als eine Komponente der Eigenart des Gesellschaftlichen zu umreißen. Er macht den ersten Schritt, indem er vom Kreis elementarer Werte, vom Nützlichen ausgeht. Der Wert ist auch hier eine Frage der Wahl bzw. des Wahlkriteriums. Der Urmensch wählt für seine Werkzeuge Steine aus, schreibt Lukács; die Selektion ist hier von der Alternative des "Geeignet-Nichtgeeignet-Seins" geregelt. Allerdings ist das, was der Urmensch behält, nicht nur mit dem Stück Stein identisch, aus dem er seine Waffe oder sein Werkzeug anfertigt. Dazu gehört auch die gedanklich festgehaltene Form der Tauglichkeit, d.h. die Härte- und Bearbeitungsparameter des Steins. Das Ensemble der 'günstigen' Eigenschaften wird so zu einer elementaren Gestalt des Wertes, den man später auch begrifflich erfassen, ja sogar als Sollen im Laufe der teleologischen Tätigkeit der Welt des Seins gegenüberstellen kann. Auf diese Weise wird auch der 'Sollen-Inhalt' des Wertes interpretiert: Er ist die Bewußtseinsgestalt dessen, was zur erfolgreichen Arbeit, zur Realisierung der Zielsetzung notwendig ist; ein gedanklich vorweggenommenes 'Wenn-dann-Verhältnis'. Jede frühere Werttheorie hat die Kategorien von Sein und Sollen einander gegenübergestellt. Lukács umreißt dagegen in jenen Passagen der 'Ontologie', die der theoretischen Struktur der Werte gewidmet sind, die Aufeinanderschichtung beider. "Voraussetzungen jeden Sollens sind also sowohl in dem, was ihm vorhergeht, als auch in dem, was ihm folgt, bestimmte Formen des Seins; seine Loslösung vom Sein, seine Geltendmachung als Sollen kann demnach den Status der völligen Befreiung vom Sein niemals erlangen" (Ontologie, II, 679). Also wachsen diese Wertsetzungen und zusammen mit ihnen die Gebote des Sollens aus der Praxis, aus der des alltäglichen Seins heraus; ihrem Ursprung haftet deswegen Seinscharakter an. Nach ihrer Verselbständigung behalten sie ihren Bezug auf das Sein weiterhin bei, indem sie als sekundäre Objektivationen funktionieren: Als Druck der Öffentlichkeit, der öffentlichen Meinung, die auch das Leben der Individuen, die Gebote des Sollens vermittelnd beeinflußt. Ein entscheidender Bezugspunkt, der sie mit dem Sein verbindet, ist, daß sie sich von hier emporheben und hierher zurückkehren — durch die Beeinflussung der menschlichen Tätigkeiten und der individuellen Wahlakte.

Lukács interpretiert demnach die ontologische Struktur der elementaren Werte von der teleologischen Tätigkeit ausgehend, doch fehlt, meines Erachtens, eine ähnlich seinsbezogene Untersuchung der Stufen der Wertsphäre; zwar gibt es Hinweise auf die Seinsformen von Bräuchen, moralischen Geboten, juristischen Formeln, doch die eingehende Analyse dieser Fragen hat Lukács bereits der Nachwelt überlassen. Seinen Analysen mangelt gerade diese soziologische 'Zwischensphäre'; gleich nach den Fragen der Genese lenkt er sein Augenmerk auf die Analyse der höchsten Werte, vor allem der größten Leistungen der Kunst, der Errungenschaften der Philosophie und der Wissenschaft, der sog. 'ansichseienden' gattungsmäßigen Werte. Aber auch hier findet sich ein Apostroph, den man als ein auf uns vermachtes Forschungsprogramm betrachten sollte.

Lukács untersucht ein einziges Überleitungsmoment von den alltäglichen und teleologischen Werten zu den höheren Wertverhältnissen näher: Die *Rolle des Vorbilds* bei der gesellschaftlichen Wirkung ethischer Entscheidungen. Eine mustergültige Geste oder ein vorbildliches Verhalten oder eine ethische Formel ist geeignet, tradiert zu werden, lange Zeit hindurch Anhänger zu werben. Das Vorbild bleibt, zunächst als eine mündliche Tradition, später vermittels der Kunstwerke erhalten, als ein Modell, das die alltäglichen oder außerordentlichen Entscheidungen der Menschen beeinflußt. So ein vorbildliches ethisches Modell ist bei Lukács das Leben des Sokrates, der sich dem Beschluß der Stadt Athen unterworfen hatte. Als ein ähnliches Modell gilt die Auflehnung der Antigone gegen die Gesetze des Kreon. Noch mehr: Lukács hat auch nachgewiesen, daß die hervorragenden Schicksalsmuster der Kunst — Faust oder Don Quijote — so in unseren Alltag eingeflochten sind, als wären sie wahrhaftige Lebensmodelle. Denn sie fassen Grundsituationen zusammen, die auch im Leben der Menschen von späteren Generationen vorkommen: Auch heute kämpft man gegen Windmühlen, und diese Situation wird auch von jenen durch diesen Vergleich geschildert, die Cervantes' Roman nicht gründlich kennen, denn sie stehen zur Situation und zu der auf sie gegebenen Antwort in einem inbrünstigen Verhältnis. So werden der Gestenwert des Vorbilds sowie seine die Situation interpretierende Rolle auf uns tradiert.

Diesen vorbildlichen Wertmustern haften als Wertträgern vom ontologischen Gesichtspunkt aus gesehen zwei wichtige Eigenschaften an. Einerseits fassen sie jene Versuche zusammen, kristallisieren sie jene Anstrengungen heraus, durch die man einst auf die gleichen Lebenssituationen dauerhafte und befolgbare Wertantworten geben wollte. Diese Versuche selbst sind zwar verschwunden, sind der Vergessenheit anheimgefallen, anstatt ihrer blieb jedoch dieses eine Vorbild erhalten, das jedem zugänglich ist, sich von jedem interpretieren, ja mitunter auf die eigenen Lebensumstände beziehen läßt. Andererseits bleiben diese Vorbilder erhalten, sie können deswegen als dauerhafte Modelle für spätere Zeiten dienen, weil ihnen die Möglichkeit der ständigen Neuinterpretation innewohnt. Jede Epoche gestaltet die in ihnen enthaltenen Situationsdeutungen nach dem eigenen Gesicht um. (Antigone z.B. konnte als Modell des Widerstands gegen den Faschismus gelten, obwohl sie ursprünglich keinesfalls mit dem Vorhaben einer Prophezeiung geschrieben wurde.) Lukács faßt die Werte vermittelnde Rolle des Vorbilds wie folgt zusammen: "Der historische Bestand dieser Vorbilder ist nur möglich, wenn sich die Interpretation des Mythos unaufhörlichen Änderungen unterwerfen läßt, wenn also die Praxis der jeweiligen Gegenwart die Vorbilder immer anders nützen kann" (Ontologie, II, 97).

In diesen Vorbildern kommen nicht abstrakte Werte wie z.B. Standhaftigkeit, Traditionstreue, Wissensdurst usw. zum Ausdruck, sondern Möglichkeiten, die realisiert, Alternativen, die gewählt werden können. Dies könnte wohl auch die Lösung jenes alten philosophischen Problems sein, wie jene Werte fortexistieren, die nicht verwirklicht werden, die also vorübergehend aus dem Umlauf gebracht sind. In der Werttheorie des Neukantianismus schweben die Werte wie abstrakte Entitäten über der Sphäre des Seins und stehen dem Sein als eine solche ideelle, außermenschliche und –irdische geistige Sphäre gegenüber. Lukács macht dadurch, daß er diese Werte mit Objektivationen der Kunst, der Philosophie, des Rechts und der Ethik verbindet, zugleich ihre Seinsform verständlich. In Kunstwerken nehmen diese Werte gegenständliche Gestalt an, verfügen über sekundäre Objektivationen und sind auf diese Weise auch fähig, vorübergehend latent weiterzuleben; ein ethisches Wertmodell kann mitunter lange Zeit hindurch vergessen bleiben, um dann nach einer Latenzzeit von etwa zwei oder drei Jahrhunderten aufzuerstehen. Die Gesellschaft greift auf sie zurück, kann sie wieder beleben, wenn sie sie benötigt. Demnach schweben jene Werte, die ihre Wirkungskraft eine Zeit lang einbüßen, keinesfalls in einer Idealsphäre, sondern sie schlummern wie Möglichkeiten, eingeschlossen in diesen gattungsmäßigen Objektivationen. Ihre Vollendung bedeutet lediglich soviel, daß eine Epoche sie neu entdeckt und die eigenen Möglichkeiten, die eigenen Wertalternativen in ihnen, nachdem sie ihnen ihr eigenes Gepräge aufgedrückt hat, erkennt. So bilden Wert und Wertwahl, ansichseiende Objektivationen und der Pluralismus von Werten den Rahmen der sich stets umgestaltenden, verblassenden und sich dann wieder belebenden Seinsweise der Werte.

Und selbstverständlich ist auch die Wiederentdeckung, das später erfolgende Wiedererkennen und die 'Auferstehung' der Werte eine Folge von gesellschaftlichen — seinsmäßigen — Bedürfnissen. Es hängt vom 'ontologischen Druck' einer Epoche ab, in welcher Richtung die Menschen ihre Wertmuster suchen, ferner durch welche Art der Umgestaltung sie sie finden. Die Priorität des Seienden verschafft sich auch hier Geltung. Gleichwohl unterstreicht das Mittelglied: Das Suchen, die Aktivität des Subjekts, das Erkennen, die Interpretation und die Umsetzung der Werte in die Praxis, kurz, die teleologische Setzung die seinsschaffende Rolle der bewußtseinsmäßigen Komponente. Auch im Verhältnis zu ethischen Vorbildern, im Fortleben der Werte büßt Lukács' These "kein Objekt ohne Subjekt" ihre Gültigkeit nicht ein; die Bewußtmachung der Werte sowie ihre Umsetzung in die Praxis realisieren sich auch hier durch das Kettenglied der bewußtseinsmäßigen Komponente.

Ich habe von Apostrophen gesprochen, weil wir in unseren Tagen eben mit der Beseitigung dieser Mängel ringen. Doch Lukács' unvollendet gebliebenes Werk, das sein Lebenswerk abschließt, wird gerade dadurch zu einem Programm. Im weiteren hängt es von uns ab, inwieweit wir fähig sind, die Möglichkeiten der von ihm erschlossenen philosophischen Erneuerung auszuschöpfen sowie sein Erbe durch die Weiterführung seines Lebenswerkes richtig in Besitz zu nehmen.

Das homogene Medium in der Kunst
Zur Aktualität und Potentialität der ästhetischen Theorie beim späten Lukács

Dénes Zoltai

Bereits die ersten Leser der 'Eigenart des Ästhetischen' sind auf die grundlegenden Kategorien des Werkes aufmerksam geworden: Auf die überlieferten, bzw. neuinterpretierten — wie etwa die ästhetische Widerspiegelung und die bleibende Wirksamkeit ihrer Gebilde; Mimesis und Katharsis — ebenso, wie auf die vollends neuen 'imprevus', um ein schönes Wort von Baudelaire zu gebrauchen.

Das Netz, die 'Tafel' dieser Kategorien gedanklich zu reproduzieren und zu durchleuchten, wäre ein unmögliches Unternehmen. Die Mikroanalyse eines bestimmten Aspektes des Systems könnte aber nützlich sein. Im Folgenden will ich daher versuchen, die Problematik des "homogenen Mediums" von einer provokanten Position aus darzulegen.

Dies hat auch persönliche Gründe. Auf mich, den Lukács–Adepten seit 1946, machte das Manuskript des Monumentalwerkes, das ich wahrscheinlich als einer der ersten studieren konnte, am Anfang der 60er Jahre einen mächtigen Eindruck. Insbesondere das heimliche Ringen des Philosophen zwischen seinem eigenen, sich permanent gestaltenden, systematischen Gedankengebäude und der philosophischen Interpretation der sich historisch ändernden Kunst hat mich fasziniert. In ihrer letzten Form hatte 'Die Eigenart des Ästhetischen' — etwa am Anfang 1956 betitelt als 'Probleme der ästhetischen Widerspiegelung' — für mich zahlreiche Zeichen eines mächtigen, gedanklich ausgetragenen Dramas.

Das Auftauchen und die kategorische Erörterung des Begriffes 'homogenes Medium' z.B. schien mir gleich bei der ersten Begegnung mit dem Werk ein erschütterndes Dokument eines verborgenen 'inneren Dialogs' zu sein. Die Heidelberger Manuskripte waren mir damals völlig unbekannt. Wer aber hatte in den damaligen Zeiten Muße genug, um sich mit dem 'homogenen Medium' und seinen verschiedenen Aspekten auseinanderzusetzen? Heute, im Jubiläumsjahr jedoch scheint die geistige Situation in dieser Hinsicht verändert zu sein. Wir stehen vor neuen theoretischen Problemen, nicht zuletzt bei der Ontologie Lukács'schen Typs. Um beim 'homogenen Medium' zu bleiben und meine unterschiedlichen Gedanken ein wenig zu homogenisieren, wird die Analyse der Feinstruktur des Begriffs angesichts eines objektiveren Problems, nämlich der Funktionsstörungen in unserem heutigen ästhetischen Bewußtsein, unerläßlich. Jetzt geht es uns, Marxisten aus der Schule von Lukács, gar nicht um eine

Verteidigung des von so vielen Seiten und so leidenschaftlich kritisierten Meisters. Er persönlich braucht keine solche Apologetik mehr. Wir aber, die ehemaligen Adepten brauchen Gedankenimpulse für einen theoretischen Fortschritt. Deshalb wenden wir uns auch jetzt an Lukács, um ihn neu zu lesen und ihn zu befragen, was heute noch theoretisch 'aktuell' bzw. 'potentiell' ist.

Die erste Aufgabe hinsichtlich des 'homogenen Mediums' sollte meines Erachtens die Herstellung eines Sinnzusammenhanges der in der "Eigenart" meist verstreuten Bestimmungsmomente sein. Mit anderen Worten: Ein philologisch orientiertes, theoretisches Herangehen an den Lukácsschen Kategorienaufbau. Es wäre angebracht, mindestens drei Passagen des Textes gründlich zu studieren. Vor allem den breitgespannten Gedankengang von Lukács über die genetischen Beziehungen des Ästhetischen − also die ersten Kapitel, die der Struktur des Alltagslebens und dem Zustandekommen des Ästhetischen in ihm gewidmet sind. Sie sind Keime der späteren Ontologie. Zweitens sollten die zwei zusammenhängenden Kapitelteile geschlossen wiedergelesen werden. In ihnen versucht Lukács, die Beschaffenheit der Homogenität des Mediums der letztlich pluralistischen Kunstsphäre zu erhellen. Dabei werden die klassischen Perioden der ästhetischen Wertbildung ebenso wie die Symptome der spätbürgerlichen Krise der "Entkunstung der Kunst" (Adorno) untersucht, eben mit Hilfe einer Analyse des Zustandekommens des homogenen Mediums und seines Verfalls in bestimmten Perioden. Und drittens: Mir scheinen die Passagen, die die sog. 'Grenzfragen' der Mimesis erörtern, methodologisch ganz besonders relevant zu sein. Ich persönlich messe den bislang kaum erörterten Problemen einer angenommenen indirekten 'zweiten' Homogenisierung eine besondere Bedeutung bei.

Für die zwei ersten Lukács-Stellen habe ich hier kaum Raum und Zeit zur gründlichen Interpretation. Ich beschränke mich deshalb auf flüchtige Hinweise, zunächst zum Begriff und zur Funktion des 'Mediums'. Für Lukács sind die Mediatisierung und mit ihr das Medium unerläßliche Voraussetzungen der ästhetischen 'Setzung'. Seine Beispiele − etwa die 'einseitige' Reduktion des Gegenstandes auf quantitative Bestimmungen in der Mathematik oder die 'Beschränkung' auf die 'reine Sichtbarkeit' in der Malerei − präzisieren all das, was für die allgemeine Theorie der höheren Objektivationen beachtenswert und im Hinblick auf die "ästhetische Mimesistheorie" sogar lebenswichtig ist.[1] Ebenso kann ich mich zur zweiten Stelle nur flüchtig äußern, obwohl es hier um den wahren locus classicus der Theorie des homogenen Mediums von Lukács geht. Gemeint sind die Unterkapitel "Das homogene Medium, der ganze Mensch und der Mensch ganz"[2], sowie "Das homogene Medium und der Pluralismus der ästhetischen Sphäre"[3]. Das 'abrupte' Aufkommen solcher Kategorien in einer Theorie, die immer wieder die ästhetische Eigenart der Widerspiegelung untersuchen will, ist auf den ersten Blick überraschend. Ob sie nur eingeschobene Bruchstücke sind oder nicht, bedarf einer Erklärung.

Eigentlich ist der Begriff der 'Homogenität' selbst schon in den Moskauer Schriften aus den 30er Jahren präsent und daher keine absolute Neuheit. Auf seinem "Weg zu Marx" konzentriert sich Lukács — aus vielen Gründen nur als "Ästhetiker" — von Anbeginn auf die substantiell-inhaltsvolle Deutung der Kunstform als Form, und zwar im Geist der großen theoretischen Werke von Marx, die Kunstwerke per definitionem als 'geformten' Ausdruck von "Daseinsformen, Existenzbedingungen"[4] fassend.

Soll das heißen, daß er zur provokativ-radikalen Formenauffassung (Form versus Leben) seiner prämarxistischen Epoche zurückgekehrt ist? Ich meine: Auch in den einzelnen Werkanalysen des Marxisten Lukács fehlt kein einziges Mal die emphatisch betonte Überzeugung, daß es sich gar nicht lohne, abstrakt über die Widerspiegelung der Wirklichkeit in den Werken zu räsonieren oder für Neophyten typische Phrasen zu schreiben — man müsse vielmehr die Geformtheit des Werkes als Werk ernst nehmen, nämlich die ästhetisch unbedingte Mediatisierung des Realitätsgehalts im Werk selbst. Eben deshalb nahm Lukács als Marxist schon recht früh den Kampf gegen die entleerte, fetischistische Formanalyse auf. Das geschah, um die substantielle Bestimmtheit der künstlerischen Gestaltung, "die Objektivität der Form"[5] unter Beweis zu stellen. Zugleich aber richtete sich dies auch gegen den vollkommenen Verlust des Sinnes für die "großen Formprobleme"[6]. Dieser Verlust setzte nach seiner Meinung in der bürgerlichen Ästhetik der nachhegelschen Zeit insbesondere seit 1848 ein: "Das spezifische Problem der Formen grosser Epik und Tragödie besteht gerade in diesem Unmittelbarmachen der Totalität des Lebens, im Erwecken einer Welt des Scheins, in der eine — auch in der extensivsten Epik — sehr begrenzte Anzahl von Menschen und Menschenschicksalen das Erlebnis der Totalität des Lebens erwecken muß. Der Sinn für Formprobleme in diesem grossen Sinne ist der Ästhetik der nachachtundvierziger Zeit vollständig abhanden gekommen. Soweit sie nicht nihilistisch-relativistisch jeden Unterschied zwischen den Formen geleugnet hat, kam sie nicht weiter als zu einer äußerlichen formalistischen Klassifikation nach den oberflächlichen Kennzeichen der einzelnen Formen. Eine wirklich auf das Wesentliche eingehende Behandlung dieser Fragen gibt es vor allem in der klassischen deutschen Ästhetik, der freilich im tiefen Aufwerfen vieler Einzelfragen die Ästhetik der Aufklärung pionierhaft vorangegangen ist."[7]

Ich wiederhole: Diese Formauffassung kommt in den Moskauer Schriften im Grunde überall dort zur Geltung, wo es sich um die Analyse konkreter Werke handelt. Pars pro toto können wir an die Faust-Studien denken. Komplizierter wird die im strengeren Sinne gemeinte ästhetische Theoriebildung: Hier sollten wir über eine Entwicklung von Lukács sprechen, die bis heute noch nicht erforscht wurde. Lukács unterstreicht in den 30er Jahren die Existenz einer genuin marxistischen Ästhetik, die über das persönliche Geschmacksurteil von Marx, Engels und Lenin hinausgeht und eine konzeptionelle Kohärenz aufweist. Er betrachtete aber seine ersten theoretischen Annäherungen an spezifische ästhetische Formprobleme in den 30er Jahren lediglich als einen "ersten Schritt", als Vorarbeit auf dem Wege einer Konkretisierung, auf die besonders in Richtung Gattungspoetik — aber nicht nur dort — früher oder später weitere Schritte folgen würden[8].

Ein erster Schritt — ipse dixit. Doch es kommt bald ein zweiter. Man sollte seinen Beitrag zu einer neueren, nicht minder heftigen Debatte über die Theorie des Realismus lesen. Diesen — noch unpublizierten — Beitrag schrieb er 1939/40 in Moskau. Man spürt ein Forschungsprogramm, das die Ästhetik nicht nur in Richtung Gattungspoetik konkretisieren will. Hier taucht bereits ein breiter Problemhorizont auf: "Das Zwischenreich des Besonderen wird nur dadurch zum spezifischen Medium der Kunst, dass die Kunst die Unmittelbarkeit der Erscheinungswelt in ihren Gesetzmässigkeiten von ihren konkreten wesentlichen Bestimmungen durchzudrängen versucht".[9]

Man unterstreiche Ort und Zeit: Moskau 1939-40. Wir haben hier den Grundgedanken der späteren ästhetischen Propädeutik, des 'Besonderen', in Keimform — noch dazu mit betont ontologischem Aspekt. Kein Zweifel, es ist bereits ein Hinweis auf den zweiten Schritt.

Der Ausdruck "Medium" wird jedoch selbst in der "Besonderheit" (1952-56) noch nicht eigentlich kategorial. Im Abschnitt, der sich mit den Grundfragen der Werkindividualität beschäftigt, findet Lukács es notwendig, das effektive Zentrum der ästhetischen Widerspiegelung, die 'Innenwelt' des Werkes und darin die evokative Kraft der Kunstform, einer differenzierteren Analyse zu unterziehen. Die ihrem abstrakten Inhalt nach in ästhetischer Hinsicht heterogene Welt, heißt es in diesem Zusammenhang, homogenisiere sich und zwar auf paradoxe Weise: Die abgeschlossene Form des Werkes sondere sich von der objektiven Welt ab, es schaffe sogar einen Mikrokosmos, eine "eigengesetzliche" Welt. Diese aber ist nicht eine fensterlose "Monade" ohne jedweden Kontakt mit dem realen Kosmos der menschlichen Aktionen und Passionen. Auch das rezipierende Verhalten passe sich dieser paradox-doppelten — einengenden und sich ausweitenden — Bewegung an: Es gehe über die engen Grenzen der Partikularität hinaus, weite eben dadurch den Horizont des Rezipienten des Werkes aus, bringe ihn in intimeren, reicheren Kontakt mit seiner eigenen Welt. Das Werk selbst, so Lukács, ist zweifellos ein einzigartiges Einmaliges, jedoch nicht so, wie es die modischen Schemata behaupten. Seine Selbstangewiesenheit, 'Vollkommenheit' und Geschlossenheit leisten gerade der Tiefe und Breite der Aneignung der Wirklichkeit Vorschub. So gesehen ermöglicht das Besondere die Neuformulierung einer Anzahl von Formproblemen.

All das ist, wie gesagt, kaum mehr als ein theoretisches Präludium, sozusagen eine Schriftprobe. Das 'homogene Medium' wird erst in den zwei erwähnten Passagen der Eigenart des Ästhetischen — geschrieben höchstwahrscheinlich im Frühjahr 1956 — zur grundlegenden ästhetischen Kategorie von

Lukács. Ich hoffe nicht zu irren, wenn ich in dieser Verdichtung und Erhebung zu einer konstitutiven Kategorie ein Moment jenes zweiten Schrittes erblicke; nämlich der Fortschritt in Richtung einer Spezifikation der "ästhetischen Widerspiegelung", besser gesagt: Der durch Form und Medium bedingten ästhetischen Weltschaffung und Weltaneignung.

Um Mißverständnissen vorzubeugen, will ich betonen, daß die Entstehungsgeschichte der Lukácsschen späteren ästhetischen Theorie von Lukács nicht als ein bloßes Nacheinander gerader, aufeinanderfolgender Schritte verstanden werden kann. Eine Anzahl von spezifischen methodologischen und theoretischen Schwierigkeiten machen den Aufbau des hier skizzierten gedanklichen Systems kompliziert; daß sie aufkommen würden, konnte man in den 30er und 40er Jahren kaum voraussehen.

Hier seien nur zwei Problemkomplexe aufgezeigt. Zunächst der einer Dichotomie marxistischer Philosophie zu einem 'dialektischen' und einem 'historischen' Materialismus, wobei der letztere – laut der berüchtigten Formulierung von Stalin – als 'Anwendung' universaler Gesetzmäßigkeiten 'auf die Geschichte' gilt. Lukács war nie ein dogmatischer Verteidiger dieser Trennung; in der 'Besonderheit' betrachtet er noch die 'dialektisch materialistische' Annäherungsweise als ausschlaggebend. Mit der wichtigen Einschränkung allerdings, daß er im 'dialektisch materialistischen' bzw. im 'historisch materialistischen' Teil jeweils nur eine der zwei Disziplinen akzentuiert, sich jedoch der nichtdisziplinarischen Totalitätsbeschaffenheit der originären Marxschen Weltanschauung bewußt ist. In der 'Eigenart des Ästhetischen' findet man bereits zahlreiche historische 'Exkurse', und diese sprechen für die immer bewußter werdende Absicht, über die Dichotomie, über das dualistische System radikal hinauszugehen. Es ist, was die Kategorie des 'homogenen Mediums' anbelangt, ein besonders wichtiger Umstand, eine objektiv ontologische Selbstkorrektur. Zwar verläuft der Prozeß ungleichmäßig, doch stellt das Medium der ästhetischen Objektivation die Wirksamkeit der – aus der Genese des Ästhetischen nicht wegzudenkenden – Geschichtlichkeit klar heraus. Der fertiggestellte erste Teil der großen ästhetischen Synthese, 'Die Eigenart', ist also, was die Methodologie betrifft, wortwörtlich ein 'Übergangswerk'. Nach der 'Ontologie' werden diese Dinge ziemlich anders aussehen.

Eine zweite Schwierigkeit besteht darin, daß Lukács die ästhetische Gesetzmäßigkeit der Homogenisierung als eine Wertkategorie der Ästhetik postuliert. Es dürfte genügen, wenn ich hier bloß auf das tiefer liegende Bedürfnis dieses Wertaspektes hinweise. So problematisch die – laut Lukács auf C. Fiedler zurückreichende – Behauptung auch sein mag, daß es nämlich keine 'Kunst', sondern nur 'Künste' gäbe, bestreitet 'Die Eigenart des Ästhetischen' keineswegs, daß dadurch eine in der modernen Kunst zur akuten Krise vertiefte ästhetische Problematik erfaßt wird. Das Postulat des 'zweiten Schrittes' nach dem Ausbau der 'Gattungspoetik' legt den 'prinzipiellen Pluralismus der ästhetischen Sphäre' bereits recht markant nahe. Hier taucht die Forderung auf, diese Problematik, also die Fiedlersche Konzeption, erneut zu überdenken. Lukács nimmt nun den kritischen Faden wieder auf, der schon vom Heidelberger kunstphilosophischen Syntheseversuch her bekannt ist. Scheinbar gilt diese Kontinuität bloß für die Kritik der sog. 'reinen Sichtbarkeit'. Doch betrifft sie infolge des inhärenten Verhältnisses zwischen Malerei und Kunst überhaupt das Ästhetische als solches.

Nun ist es bemerkenswert, daß der Gedankengang, der die Beschaffenheit des 'homogenen Mediums' in der Malerei aufdecken soll, auch in anderer Hinsicht ein Rückgriff auf längst Vergessenes ist: Ein Rückgriff nämlich auf den Breughel-Essay des früh verstorbenen Jugendfreundes Leo Popper.

In diesem kurzen Essay war Popper — nachweislich früher als Max Dvořák oder Charles de Tolnay — zu Einsichten gelangt, die trotz der knappen Formulierung einen ausgeschliffenen Kunstsinn und eine philosophische Tiefe unter Beweis stellen. Es geht um die Wesensart der für die niederländische Malerei so paradigmatischen Gestaltung, um ihre Technik. Die 'Technik' aber ist im Popperschen Wortgebrauch kein positivistisch-impressionistisches Prinzip, sondern sie dient der Nahelegung 'metaphysischer' weltanschaulicher und philosophischer Bedeutungen. Farbe und Linie sind 'Stoff' der Malerei — das ist freilich ein gängiger positivistischer Gemeinplatz. In der Darstellung Poppers schaffe Breughel jedoch anders als die italienischen Meister des Cinquecento eine eigenartige Mischung aus den dargestellten Körpern, aus der Luft, die sie umgibt und aus seiner eigenen künstlerisch-subjektiven Gestaltungsweise. Das Ergebnis sei ein spezieller "Allteig", so Popper: Ein universell wirkendes, visuelles Fluidum, das sämtliche Teile zur Einheit verschmelzen läßt; Breughel bringe den Urstoff dieser Malerei zustande.

Es geht also um die Wiedergeburt des "Allteigs". Poppers Einsicht schwingt nach einem halben Jahrhundert noch mit in der systematischen Ästhetik, genauer gesagt, in der 'Eigenart des Ästhetischen' als in einem spezifischen Übergangswerk von Lukács.

Ähnlich ist auch die frühere Absicht der Trennung von Fiedler präsent, nunmehr aber auf einer auch weltanschaulich höheren Stufe der Bewußtheit. Fiedlers Prinzip der 'reinen Sichtbarkeit' wird zwar laut Lukács von der 'Eigenart des Ästhetischen' als Teil der Wahrheit anerkannt, ebenso wie die bei Fiedler auftauchende Theorie der prinzipiellen Pluralität der Kunstsphäre. Die Konkretisierung des Mimesisprinzips bringt jedoch durchweg einen Gegensatz zustande zu allen Auffassungen, die — letzten Endes aufgrund des Schemas der neukantianischen-gnoseologischen Auffassung des Raumes und der Zeit — die Aufgabe der Malerei einzig in der Aufdeckung optischer Phänomene erblickt. Diese von Lukács scharf kritisierten Auffassungen schalten aus der Malerei sämtliche heterogenen Elemente der Wahrnehmung und der begriff-

lichen Aneignung der Welt aus, so vor allem die ethische und die geschichtliche
Bedeutungssphäre, die von der menschlichen "Komplettheit" (Goethe).

Ist heute diese schonungslose Kritik der 'reinen Sichtbarkeit' berechtigt?
Die Untersuchung der einschlägigen Passagen der 'Eigenart des Ästhetischen'
beweist, daß sie, zumindest von zwei Gesichtspunkten aus, unbedingt berechtigt
ist. Der erste ist der zu Ende geführte Gedanke der Pluralität der ästhetischen
Sphäre. Lukács wußte es in den 10er Jahren ebenso wie in den 60er: Fiedlers
Irrtum besteht darin, daß er die Voraussetzung jeglichen, dem Gestaltungspro-
zeß vorangehenden fertigen und endgültigen 'Inhalts' ablehnt, und zwar mit der
Begründung, daß die künstlerische Tätigkeit diesen Inhalt in ein gattungsspezifi-
sches sinnliches Medium 'umzusetzen' habe. Es gibt keine Kunst, es gibt nur
Künste – diese These ist auch für den Marxisten Lukács akzeptabel, obwohl
nicht tief genug. Die Schlüsselfrage ist aber, so Lukács, die Beurteilung des
Endpunktes der sich zum Opus ballenden künstlerischen Operationen und des
Knotenpunktes der Lenkung der Rezeption: Die Frage nach dem Kunstwerk
also. Es gibt nämlich kein künstlerisch fruchtbares Medium, das die über die
'einseitige Sinnlichkeit' hinausweisende 'virtuelle Universalität' aufgeben könnte:
Jenen "Allteig", der als weltschaffendes Prinzip zur 'Evokation' einer vollkommen menschlichen Welt dient in einem Kunstwerk. Das so verstandene
Werkmedium ist grundsätzlich mehr und hat eine andere Qualität als bei Fiedler. Es ist nicht nur Schutz gegen das Einsickern nichtmalerischer Elemente
aus der chaotisch empfundenen Außenwelt, sondern – so Lukács –, letztlich
die grundlegende ästhetisch-ethische Materie des vernünftig 'homogenen'
sinnvollen Lebens, die unabdingbare Voraussetzung der künstlerisch-humanen
Werte. Das homogene Medium ist in dieser Hinsicht kein Vorgefundenes,
sondern etwas zu Erreichendes. Und hier möchte ich eine längere Passage
zitieren: "Der so einzusetzende Prozeß des Ablegens von Vorurteilen, von zur
Routine gewordenen Einsichten oder Gefühlen, von Gedanken und Empfindungen, die man nur hegen kann, wenn man nicht gewillt ist, sie zu Ende zu
führen, etc.: das alles entsteht aus dem Widerstand des homogenen Mediums
gegen Halbheiten, gegen Erstarrtes. Es ist ein Scheidewasser: das Gesunde
entfaltet sich in ihm, lebt zu einer im voraus ungeahnten Intensität empor, das
Kranke stirbt ab, verschwindet. Jedoch all dies soll man nicht als einen
Zusammenstoß zwischen Ich und ichfremder Außenwelt auffassen. Eine Wech-
selbeziehung zwischen Schaffendem und homogenem Medium ist nur dadurch
möglich, daß dem Konflikt, der Unfähigkeit, etwas Beabsichtigtes diesem
Medium gegenüber durchzusetzen, ein Appell an eine tiefere und umfassendere
Schicht in der Persönlichkeit selbst innewohnt."[12]

Mit anderen Worten: Das homogenisierte Medium ist der Prüfstein nicht
nur der Innenwelt des Werkes, sondern auch der effektiven Entfaltung der nicht
bloß in den Absichten präsenten künstlerischen Fähigkeiten. In diesem nicht
leicht verständlichen Passus greift Lukács ebenfalls auf ein Kategorienpaar eines

frühen Syntheseversuchs zurück, um ihm neuen Inhalt zu verleihen: Der 'ganze Mensch' des Alltags werde durch Zwischenschaltung der homogenen Medien, durch Organisierung und Erlebnis der eigenen höheren Objektivationen zum 'Menschenganzen'.

An diesem Punkt wird die Kritik jenes 'Ästhetisierens' abgerundet, derzufolge sich schon der junge Lukács gegen wesentliche Elemente von Fiedlers Konzeption wandte. Wenn Lukács, bereits auch nach den gesellschaftsontologischen Grundlagen des Marxismus forschend, die 'ethischen Fundamente des Ästhetischen' sucht, so stellt er die beiden Sphären nicht mehr starr einander gegenüber. Ebenso, wie die 'Wurzeln' des ethischen Verhaltens verdorren würden, wenn sie sich nicht an den Boden der Alltäglichkeit klammern könnten, so kann sich auch das Werk selbst nicht damit begnügen, eine simple Negation der 'Erlebniswirklichkeit' zu sein. Das Antinomische und die asketische moralisierende Rigorosität von Kant, die es höchstens einer als Lebensablehnung definierten 'Armut des Geistes' gestattet, daß die Seele durch sie 'homogen' werde, wird von der 'Eigenart des Ästhetischen' prinzipiell abgelehnt. Die Homogenisierung des Mediums dient also einem ethischkathartischen Zwecke, und so wird sie letzlich als Voraussetzung der Aneignung der Welt durch den Menschen erörtert. Die pluralistische Kunstsphäre ist somit beim Marxisten Lukács an einem Punkt ganz sicher konvergent: In der bewußtseinsgestaltenden Macht der Kunst, und somit in ihrer gesellschaftliche Bedürfnisse befriedigenden Funktion, in ihrer 'Mission'. Die Kategorie 'homogenes Medium' ist deshalb unbegreifbar ohne das Prinzip der Katharsis und der Rückwirkungsmöglichkeit auf das Leben.

Die wichtigsten imprévus der Medienhomogenisierung finden sich meines Erachtens eben dort, wo 'Die Eigenart des Ästhetischen' die in einzelnen Künsten hervortretenden Medien mitsamt ihrer nicht wegzudenkenden Geschichtlichkeit und Flexibilität, auch in ihrem Verhältnis zu anderen Medien, prüft. Es sei mir gestattet, Argumente aus dem Musikkapitel heranzuziehen.[13] Lukács selbst betonte es mehrfach: Die Musik, im Hinblick auf die Mimesis als Modellfall betrachtet, kann von paradigmatischer Gültigkeit sein für die Geltendmachung solcher Kategorien, wie etwa "unbestimmte Gegenständlichkeit". Es muß auffallen, daß das der Musik gewidmete Kapitel der 'Eigenart des Ästhetischen' die problematische Grundkonzeption ('Diamat-Histomat') der kategorialen Grundlegung a limine beiseitezuschieben scheint. Es ist durchaus kennzeichnend, daß sich hier die bekannte Dichotomie im Lichte der lebendigen Kunsterfahrung als überholt erweist. Ich möchte einen Passus zitieren, der mir besonders wichtig erscheint, weil er Künftiges in der ästhetischen Theoriebildung vorwegnimmt: "Damit wird der durch und durch historische Charakter der Musik sowohl inhaltlich wie formal bejaht. Die Tatsache selbst ist gerade in unseren Tagen zu einer unleugbaren Selbstverständlichkeit geworden. Es sind ja von den unseren quantitativ verschiedene, alte, orientalische, volkstümliche etc.

Tonsysteme allgemein bekannt geworden, und wir sind zugleich, mit dem
Erlebnis der atonalen Musik, zu Zeitgenossen der Entstehung eines neuen
geworden. Und hier − geradeso wie in den anderen Künsten − hebt das eine
System das andere nicht in dem Sinne auf, wie in der Wissenschaft eine richti-
gere Theorie eine sich als falsch oder unzureichend erweisende, sondern die
echten Kunstwerke eines jeden Tonsystems bewahren ihre volle ästhetische
Geltung. Dass dieses als Signum eines bestimmten Zeitalters, einer bestimmten
gesellschaftlich-geschichtlichen Lage erscheint, dass alle seine Details, nicht nur
in ihrer Genesis, sondern auch in ihren Wirkungen diesem Wandel unterworfen
sind, fügt von einem anderen Gesichtspunkt − ohne ihre spezifische Beschaffenheit anzutasten − die Musik in die Reihe der anderen Künste ein".[14]

Die herausragende Bedeutung dieser Gedanken wird nur gesteigert durch
die Tatsache, daß Th. W. Adorno, mit dem sich Lukács seit den 60er Jahren
vielfach über philosophische (und Bartók betreffend: musikalische) Fragen
auseinandersetzte, ohne je zu einem Kompromiß zu neigen, eben hier, in
diesem Teil, der den (nichtfetischistischen, dialektisch-historischen) Begriff des
musikalischen Materialismus betont, als eine echte Autorität erscheint. Lukács
zitiert einen Passus aus der 'Philosophie der neuen Musik' von Adorno als eine
entscheidende Aussage eines Kronzeugen. Adornos Gedankengang ist an dieser
Stelle zweifellos imprévu. Daß er hier auftaucht, stellt Lukács' bis heute noch
nicht genügend bewußt gewordenen Charakterzug dar, nämlich seine Fähigkeit
zur Synthese, zur Assimilation, und noch dazu in einer Form, daß man darin
keine Spur der für unsere Gegenwart bedauerlicherweise typischen Schein-
systemanalyse, d.h. des eklektisch-prinzipienlosen Kompromisses findet. Die
'historische Tendenz' des musikalischen Materials − genauer: Mediums −
folgt nämlich bei Lukács eben aus der besonderen Natur der musikalischen
'doppelten' Mimesis. Die Musik stellt eine sich anstrebende Affektenwelt dar.
Den Spielraum für die in der Musik dargestellten Innerlichkeit, für ihre sich
selbst realisierende Logik konnten aber nur echte welthistorische Kräfte öffnen.
Was man Innerlichkeit nennt, ist ein Produkt der gesellschaftlich-geschichtlichen
Entwicklung. Erst die Neuzeit, die Universalität der bürgerlichen Persönlichkeit
in Bewegung setzende 'Maßlosigkeit', brachte musikhafte Kunstbedürfnisse auf.
So wurde die Musik, die ihr eigenes Medium über Widersprüche und Irrwege
errang, zur typischen Kunst der Neuzeit, und zwar als eine "Synthese der
emotionalen Eindeutigkeit und des möglichen begrifflichen Inkognito"[15]. Daher
ist sie in der Lage, die großen Konflikte auszudrücken, ohne in der Formgestal-
tung Schlupfwege, Sackgassen, Kompromisse, tragische Zeitkonflikte in Kauf
nehmen zu müssen.

Den Abdruck derselben Geschichtlichkeit trägt auch die moderne Musik,
die Lukács − der die Mängel seiner musikalischen Kenntnisse immer wieder
betonte − in den Kreis seiner Kunsterfahrungen noch einbauen konnte. Die
'Atonalität', genauer: der Zerfall des tradierten Tonalitätssystems, schwingt −

vor allem in Bartóks Bühnenwerken – noch als unmittelbares Erlebnis in seiner Theorie mit. Lukács, der vermeintlich beschränkte, engstirnige Befürworter eines konservativen Geschmackskanons suchte in Wahrheit eine wirklich lebensfähige 'Musica novissima' – ganz allgemein das bislang schmerzhaft unrealisierte Versprechen der modernen großen Kunst, das Versprechen einer Lebensform, eines vernünftigen Lebens, das der aus der Welt der vielerlei Bedrohungen heraustretenden, solidarischen Menschheit würdig war und ist. Zweifellos wurde Lukács vom Bewußtsein dieser weltgeschichtlichen Perspektive möglicherweise gelenkt, als er in bezug auf das homogene Medium der Musik folgendes niederschrieb:

"... ihre überwältigende Kraft (nämlich der Musik, D.Z.) selbst unter sonst ungünstigen Umständen – zur wahren Größe emporzuwachsen, und auf Rezeptive, die sich sonst derartigen Inhalten zu versperren pflegen, hinreißende Wirkungen auszuüben, hat gerade hier ihren Grund. Denn die Mission der Innerlichkeit im Leben der Menschengattung besteht gerade darin: unbekümmert um die Möglichkeit der praktischen Verwirklichung, unbekümmert um das historische Schicksal der in den Gefühlen verworren enthaltenen Forderungen, soweit sie im Leben zu Forderungen des Tages, ja der Epoche werden können, dieses Weltempfinden rein und ungehemmt, zu einer gediegenen und kompletten 'Welt' zu entfalten."[16]

Ich wollte wenigstens drei Schritte in der Lukácsschen ästhetischen Theoriebildung aufzeigen – und zwar anhand der 'Eigenart des Ästhetischen'. Es ist nicht auszuschließen, daß gerade im Geiste von Lukács noch weitere Schritte folgen werden.

Anmerkungen

1   G. Lukács, Die Eigenart des Ästhetischen, Neuwied und Berlin, 1963, Bd. I, S. 180ff.
2   Ebenda, S. 640ff.
3   Ebenda, S. 670ff.
4   Die Schlüsselworte von Marx bei Lukács, nicht immer vollständig zitiert: "Wie überhaupt bei jeder historischen, sozialen Wissenschaft, ist bei dem Gang der ökonomischen Kategorien immer festzuhalten, daß, wie in der Wirklichkeit, so im Kopf, das Subjekt, hier die moderne bürgerliche Gesellschaft, gegeben ist, und daß die Kategorien daher Daseinsformen, Existenzbedingungen, oft nur einzelne Seiten dieser bestimmten Gesellschaft, dieses Subjekts ausdrücken (...)". K. Marx, Grundrisse der Kritik der politischen Ökonomie (Rohentwurf). 1857-1858. Moskau, 1939, S. 19. Fotomechanischer Nachdruck, Berlin 1953, S. 26f.
5   G. Lukács, Kunst und objektive Wahrheit, in: Essays über Realismus, Neuwied und Berlin, 1971, S. 625ff. (Angabe des Entstehungsdatums ist in dieser Ausgabe unwichtig; nicht 1954, sondern 1934, wie es sonst aus der ungarischen Ausgabe "A realismus problémái", Budapest 1948, hervorgeht.)
6   G. Lukács, Der historische Roman, geschrieben 1936/37, in: G. Lukács, Schriften zur Literatursoziologie. Ausgewählt von P.L. Neuwied und Berlin, 1970, S. 179.

7 Ebenda, S. 179.

8 Lukács' Schlußwort zur Diskussion über seine Romantheorie, neuformuliert im Artikel "Roman", in: Literaturnaia Enciklopedija, Bd. IX. Moskau, 1935, russisch.

Der Text dieser hochinteressanten Diskussion ist bisher in deutscher Sprache nicht erschienen. Ein "weiterer Schritt", den die marxistische Ästhetik so bald wie möglich tun soll, braucht als theoretisches Programm auch in der Nachkriegszeit bei Lukács (z.B. Vorwort zum ungarischen Sammelband "A realismus problémái", Budapest, Juli 1948, S. 9, ungarisch).

9 G. Lukács, Was ist das Neue in der Kunst? 1939–40, fragmentarische Handschrift in deutscher Sprache, aufbewahrt im Lukács-Archiv, Budapest.

10 Leo Popper, Pieter Breughel der Ältere. Kunst und Künstler, VIII, Berlin, 1910, S. 600.

11 G. Lukács, Die Eigenart des Ästhetischen, Bd. I, S. 673.

12 Ebenda, Bd. I, S. 676.

13 Ebenda, Bd. II, S. 330ff.

14 Ebenda, Bd. II, S. 369f.

15 Ebenda, Bd. II, S. 375.

16 Ebenda, Bd. II, S. 378.

Essay, Kampfschrift, 'Große Ästhetik'
Zu einigen Problemen der Darstellungsform bei Georg Lukács

Jörg Zimmermann

Die distanzierte Einstellung der folgenden Bemerkungen wird kaum verwundern. Kein anderer Ästhetiker des 20. Jahrhunderts hat ähnlich kritische Reaktionen provoziert wie Georg Lukács[1]. Die Ablehnung von seiten 'bürgerlicher' Philosophen und Kunsttheoretiker war erwartbar; interessanter als der ideologische Dissens ist hier jedoch eine stillschweigende Allianz im Sinne eines der Moderne mißtrauisch gegenüberstehenden, ästhetischen Konservatismus. Auch die von bestimmten stalinistischen Kulturfunktionären gebildete Kritikfront verliert im Rückblick an Bedeutung. Zwar war sie für Lukács mit besonderen Risiken verbunden; sein mehrfach offiziell verdammter Revisionismus erscheint heute jedoch nicht mehr primär als Abweichung von der Orthodoxie, sondern eher als deren intelligentere Variante. Unter dieser Voraussetzung liegt das Verdienst von Lukács tatsächlich in dem Anspruch, die "erste Gesamterfassung der marxistischen Ästhetik"[2] zu repräsentieren. Demnach bliebe die gravierendste Kritik jene von seiten einer unorthodox 'linken' Ästhetik, und zwar unbeschadet des Einwands, daß in dieser Auseinandersetzung auch persönliche Ranküne im Spiel gewesen sein mag. Brechts Wort vom "gigantischen Stumpfsinn"[3] war das gröbste, verletzender sicherlich Adornos Erwägung, ob die beim späten Lukács spürbare "Rückbildung" eines einstmals fortschrittlichen Bewußtseins nicht "objektiv den Schatten der drohenden Regression des europäischen Geistes" ausdrücke[4], – jener Regression also, der die 'Dialektik der Aufklärung' auf die Spur gekommen war.

Solche Vehemenz im Urteil sucht man bei den Verteidigern der Lukács'schen Position in der Regel vergebens. Respektiert wurde vor allem das essayistische Frühwerk, dem auch die meisten der jüngeren Forschungsbeiträge gewidmet sind.[5] Wohl weniger aus Sympathie als in der Absicht, die Regressionsthese zu bekräftigen, nannte Adorno die 'Theorie des Romans' einen "Maßstab philosophischer Ästhetik, der seitdem nicht wieder verloren ward".[6] Lukács selbst war hier bekanntlich anderer Ansicht. Er verwarf sein Frühwerk und die ihm eigentümliche essayistische Form, um sich ganz den zentralen Konzepten einer marxistisch–leninistischen Ästhetik zu widmen, also Begriffen wie 'Realismus', 'Widerspiegelung' oder 'Parteilichkeit'. Nach einer Phase, in der die kulturpolitisch eingesetzte Kampfschrift dominiert, beginnt er schließlich mit der Ausführung jener 'großen' Ästhetik, deren erster Teil 1963 in zwei umfangreichen Halbbänden erschienen ist. Obwohl dieses Werk nicht mehr vollendet werden konnte, überbietet es als Torso zumindest in seiner Breite alles, was in jüngerer Zeit an ästhetischer Theorie veröffentlicht worden ist. Dennoch ist die Resonanz gering geblieben. Ob dies wirklich zu beklagen ist, wird noch zu erörtern sein.

Wenn im folgenden der Geltungsanspruch der ästhetischen Schriften von Lukács einer erneuten kritischen Prüfung unterzogen wird, so geschieht dies auch im Horizont von Problemen, die über den individuellen Fall hinausweisen. Zur Debatte steht ganz allgemein die Rolle, die der *Philosoph* im Diskurs über Kunst zu spielen vermag — in Konkurrenz zur Rolle des Kunstwissenschaftlers oder Kunstkritikers, die für sich die größere Nähe zum Phänomen reklamieren können. Da das Denken von Lukács in einem rigorosen Sinne 'parteilich' war und sein wollte, regt es insbesondere dazu an, die Bedingungen zu klären, unter denen der Philosoph im ästhetischen Diskurs als 'großer Wertbestimmer' auftreten kann. In der Betonung dieses *normsetzenden Gestus* zeigt sich bei Lukács eine Kontinuität, die dem durch die Wende zum Marxismus markierten inhaltlichen Bruch widerstreitet, — ein Bruch, der das Frühwerk in den Augen seines Autors nur noch als Dokument eines "höchst naiven und völlig unfundierten Utopismus"[7] erscheinen ließ.

Ein anderes Moment der Kontinuität ist die von Anfang an bestehende und immer wieder ausgesprochene *Sehnsucht nach Totalität in Form des 'großen Systems'*. Sie äußert sich schon in jener Zeit, in der sich Lukács de facto einer essayistischen Darstellungsform bedient. Folgerichtig bleibt seine Einstellung zum Essay durchaus zwiespältig. Angesichts der erstrebten Totalisierung erscheint das essayistische Denken als bloßes Durchgangsstadium; ja, es wird sogar als 'philosophisch willkürlich' abqualifiziert. Seine Dignität liegt am ehesten darin, daß es sich über die von Lukács verachtete Empirie erhebt. "Ruhig und stolz darf der Essay sein Fragmentarisches den kleinen Vollendungen wissenschaftlicher Exaktheit und impressionistischer Frische entgegen stellen, kraftlos aber wird seine reinste Erfüllung, wenn die große Ästhetik gekommen ist."[8]

Sieht man von dieser Einschränkung ab, dann erscheinen die den Essayband 'Die Seele und die Formen' einleitenden Überlegungen zu 'Wesen und Form des Essays' tatsächlich als Antizipation jenes Verständnisses philosophischer Reflexion, das Adorno sehr viel später in seinem Essay über den Essay[9] unter ausdrücklicher Berufung auf seinen Vorgänger erläutert hat.

Diesem Verständnis entspricht vor allem die These, daß der Essayist lediglich Fragen stelle, aber keine fertigen Antworten gebe. (Daß sich Adorno solcher Offenheit konsequent verschrieben hätte, muß allerdings angesichts seiner oft so apodiktisch gefällten Urteile über 'Wahrheit' und 'Unwahrheit' in der Kunst bezweifelt werden.) Für die Entwicklung von Lukács bezeichnender ist die These, daß der Essay nicht die Aufgabe habe, "neue Dinge aus einem leeren Nichts herauszuheben"; er solle vielmehr "solche, die schon irgendwann lebendig waren, aufs neue ordnen".[10] Entsprechend vielfältig, ja disparat können die gewählten Themen und die stilistischen Einflüsse sein, denen sich der Essayist aussetzt. Jeder Essay schaffe "eine eigene Welt".[11] Erst wenn die Idee des Systems beherrschend wird, treten diese zunächst je für sich bestehenden Partikularitäten zueinander in Widerspruch. Dann wird die Offenheit des essayistischen Denkens zum Index einer noch zu findenden künftigen Totalität, Einheit und Allgemeingültigkeit[12]. Historisch bestimmt sich diese Zwischenstellung in der Formel vom Essay als problematischer Schreibform eines problematischen Zeitalters. Was in der Praxis später dem revolutionären Prozeß aufgegeben wird, soll in der Theorie der Überschritt vom Essay zu den "reinen Höhen der Philosophie"[13] leisten.

Janusköpfig erscheint der Essay aber noch in einem anderen Sinne: Als Schreibform soll er nicht zuletzt zwischen *Kunst* und *Philosophie* eine Brücke schlagen. Diese Affinität zur Kunst wird durch das erwähnte Moment der Partikularität gestiftet, zu der auch der Bezug auf die konkrete Situation des Essayisten gehört. Damit wird eine *existentielle Dimension des Philosophierens* angesprochen, wie sie zuvor vor allem Kierkegaard in erklärter Distanz zum Hegelschen Systemdenken und der von ihm beanspruchten 'Wissenschaftlichkeit' eröffnet hatte. Diesem existentiellen Denken zollt Lukács Tribut, wenn er Philosophie als "Lebensform" bestimmt, die als "Symptom des Risses zwischen Innen und Außen" zugleich das "Formbestimmende und Inhaltgebende der Dichtung" repräsentiert.[14] Daß hier auch die religiöse Dimension der Existenz tangiert ist, belegt jene Tagebuch-Notiz (23.10.1911), in der Lukács den "Durchbruch meiner Intellektualität ins Religiöse" festzustellen glaubt, und zwar als "absolut sicher vorausgesehen".[15] Auch dieses Absolute hat sich, wie manches andere, als relativ erwiesen. Es genügt hier jedoch zu bemerken, daß von einem solchen existentiellen Standort kein Weg mehr zum ursprünglich intendierten System und seinem Objektivitätsanspruch zurückzuführen scheint.

Nun sind die Widersprüche, in die sich das Denken des jungen Lukács verwickelt, angesichts der divergierenden philosophischen Strömungen jener Zeit durchaus nicht ungewöhnlich. Der seit Hegels Tod offenkundige Pluralismus hatte seine durch Autoren wie Kierkegaard, Marx oder Nietzsche demonstrierte innovative Funktion weitgehend eingebüßt; er wurde seinerseits zum Traditionsbestand, auf den man eklektizistisch zurückgreifen konnte. Um dem darin implizierten Substanzverlust zu entgehen, legte sich eine stärkere Anlehnung an die Wissenschaften nahe, deren Aufspaltung in Natur-, Sozial- und Geisteswissenschaften mit ihren teilweise durchaus umstrittenen Domänen ihrerseits das Modell für eine entsprechende Differenzierung des philosophischen Diskurses darstellen konnte. Neben der Anlehnung an die Wissenschaften und ihre Kriterien 'rationaler' Argumentation ist, aber auch eine gegenläufige Orientierung an den solcher Rationalität entzogenen Audrucksformen des Mythos, der Religion und der Poesie zu beobachten. Und eben diesen Strömungen bringt der junge Lukács besonderes Interesse entgegen. So beruft er sich insbesondere auf den entschieden irrationalistisch inspirierten Essayismus Rudolf Kassners,[16] und zwar mit einer Emphase, die selbst seinem engen Freund Leo Popper Rätsel aufgibt. Er schreibt am 7.6.1909 an Lukács: "Du hast ja zutiefst recht: Der Essay ist eine lyrische Form, weil der Essayist, genau wie es der Dichter mit den Dingen tut, den Dichter zum Symbol seiner selbst macht. Doch darf man aus den Menschen nicht die Frage herauskitzeln, wie der Kassner dazu kommt, den Georg Lukács zu symbolisieren."[17] Die Berufung auf Kassner ist nur eine von zahlreichen Identifikationsversuchen, die bei Lukács allerdings ebenso schnell in entschiedene Ablehnung umschlagen können.

Insgesamt setzt sich Lukács bis zu seinem Marxismus–Bekenntnis im Spätherbst 1918 gänzlich heterogenen Einflüßen aus. Lediglich die logisch-empiristischen Strömungen bleiben ausgespart. Angesichts der oft bizarren Agglomerationen philosophischer Traditionsbestände und zeitgenössischer Denkanstöße haben die Interpreten des Frühwerks alle Mühe, Ordnung in das Chaos zu bringen.[18] Von folgerichtiger Entwicklung kann hier jedenfalls nicht die Rede sein. Die Rezeption ist hastig, kaum etwas wird gründlicher durchgearbeitet. Warum kündigt Lukács ein Buch über Plotin an, schreibt dies aber ebensowenig wie ein anderes über die Mystiker Francke, Weigel und Meister Eckhart?[19] Was verbindet das Interesse an Kierkegaard, Kassner oder Schlegel mit den späteren Bemühungen um Kant, und wie verträgt sich der kantianisch festgehaltene Dualismus von Sein und Sollen mit der Sympathie für Hegelsche Dialektik? Die Vielseitigkeit dieser Rezeption, die ja auch zeitgenössische Autoren wie Simmel, Husserl und Weber einbezieht, ist gewiß imponierend, vor allem angesichts der schon in den frühesten Veröffentlichungen dokumentierten literatur- und sozialgeschichtlichen Kenntnisse; zum Problem wird sie jedoch gerade dadurch, daß die mit essayistischem Denken durchaus verträgliche Heterogenität thematischer und methodischer Anknüpfungspunkte nunmehr mit dem Bedürfnis nach einem möglichst homogenen System in Einklang gebracht werden muß. Anders scheint der zum Beschluß des Tagebuchs von 1910/11 notierte Wunsch, "Philosoph zu sein", nicht in Erfüllung gehen zu können.

Von dieser Kritik wird man allerdings die auch wirkungsgeschichtlich so bedeutsam gewordene[20] 'Theorie des Romans' zumindest teilweise ausnehmen, weil hier das Ganze durch eine entschieden Hegelianische Orientierung zusammengehalten wird. In der ihr eigentümlichen Schreibform repräsentiert sie eine interessante Zwischenstufe, die Ernst Bloch in einem Brief vom 22.10.1916 treffend auf den Begriff gebracht hat: Was den "Ton" dieses Werks angehe, so finde man hier "ein Nebeneinander, das vielleicht in der Rahmenerzählung besser zu ordnen wäre: oft im selben Satz ein 'essayistisches' Bild und darunter oder darüber ziemlich unentschieden akademische Sprachweise. Das wird nie gleichzeitig denselben Leser treffen. ... Mir scheint, man muß hier entweder trennen, oder ganz einheitlich 'mischen'."[21] Doch entspricht eine solche einheitliche Mischung eher der Wirkungsabsicht Blochs als derjenigen von Lukács. Dies zeigen seine umfangreichen, aber Fragment gebliebenen Entwürfe zu einer systematischen Ästhetik, die sich ganz eindeutig um 'akademische Sprachweise' bemühen. Der Zufall wollte es, daß die 1916–18 entstandene sogenannte 'Heidelberger Ästhetik' mit Überlegungen zu einer "allgemeinen Theorie der Systematisation" abbricht, genauer gesagt: mit dem Satzanfang "Für jedes andere System ...", wodurch dieses Schlüsselwort tatsächlich das vorläufige Ende des eigenen Systematisationsversuchs als einen noch offenen Anspruch erscheinen läßt.[22]

Daß andererseits schon der Übergang zur 'gemischten' Schreibform der 'Theorie des Romans' für Lukács problematisch gewesen ist, zeigt ein Brief an Paul Ernst (14.4.1915): Er habe nun seine "alte glückliche Kürze" verloren und es falle ihm schwer, einen dem neuen Sujet angemessenen Stil zu finden. Auf den lang gehegten Plan einer systematischen Ästhetik anspielend heißt es weiter: "Wenn man bereit sein muß und die (unglückliche) Anlage hat, alles auf die letzten Wurzeln zurückzuführen, muß man eine eigentümliche symphonische Gedankenführung erreichen, die von der architektonischen einer systematisch-philosophischen Schreibweise ganz verschieden ist."[23] Philosophische Symphonik entsprach jedoch wiederum eher der Begabung des Jugendfreundes Ernst Bloch, dessen 'Geist der Utopie' tatsächlich als eine Art von Mimesis an spätromantische Großorchestrierung empfunden werden kann. Lukács, der selbst einmal seine "dürftige musikalische Kultur"[24] erwähnt, geht es letztlich eben doch um eine begrifflich-architektonische Ordnung. Dabei erweist sich das Formproblem auch als Normproblem: 'große' Ästhetik rechtfertigt sich vor allem als *gesetzgebende Instanz*.

Schon den Essayisten tituliert Lukács als "den großen Wertbestimmer in der Ästhetik", der "im Namen der Ordnung" spreche.[25] Allerdings sei diese Ordnung von der Seite des Phänomens her betrachtet "undefinierbar" wie die eines Teppichs oder Tanzes: "Unmöglich scheint es, ihren Sinn zu deuten und noch unmöglicher, auf ein Deuten zu verzichten; es scheint, als ob das ganze Gewebe der krausen Linien nur eines Wortes harrte, um klar und eindeutig und verständlich zu werden, als ob dieses Wort einem immer auf der Zunge schwebte – und doch hat es noch nie jemand ausgesprochen."[26] Diese Äußerung hatte wiederum Bloch hellhörig gemacht. Er nahm die Metapher vom verschlungenen Teppichgewebe auf und versuchte ihren Sinn im utopischen Gestus großer Musik offenbar zu machen.[27] Betrachtete Lukács auch die Welt des Romans als einen solchen Teppich und die eigene Theorie als das zuvor schon auf der Zunge schwebende Lösungswort? Die Hegel nachempfundene Formel vom Roman als der "verlorenen Heimat der zum Ideal gewordenen Idee" legt diese Annahme nahe.[28] Philosophie, die "im Namen der Ordnung" spricht, unterstellt hier, daß es einen begrifflich artikulierbaren Hauptfaden gibt, der gleichsam das 'Wesen' des Teppichs ausmacht. Nun sind aber auch

Teppiche vorstellbar und vielleicht sogar die Regel, bei denen es gar keinen
Hauptfaden gibt, mit dessen Hilfe sich normativ festlegen ließe, was z.B. ein
Roman 'in Wahrheit' ist. Viel angemessener wäre es dann, das Gewebe des
Teppichs deskriptiv in der ganzen Fülle seiner Verzweigungen, Verknotungen
und Verfilzungen vor Augen zu führen.

Damit stellt sich das *Problem des Verhältnisses von philosophischem und
kunstwissenschaftlichem Diskurs*. Lukács hat diesem Problem in der sogenannten 'Heidelberger Philosophie der Kunst' eine längere Ausführung gewidmet.
Er plädiert für eine scharfe Trennung zwischen dem "Geschichtsphilosophen der
Kunst" und dem "Historiker der Kunst".[29] Jener habe es mit dem Kategorialen
wahrhaft kanonischer Werke zu tun, dieser mit etwas inhaltlich Einmaligem,
das als solches aber kontingent ist. Das Verhältnis beider Diskurse wird ganz
hegelianisch bestimmt: "Eine wirklich konkrete Geschichtsphilosophie der Kunst
setzt das System der Künste voraus; nur nachdem dort die Formenstruktur jeder
einzelnen Kunstart genau dargelegt wurde, kann es wirklich begriffen werden,
wie sich die hier [im Entwurf der 'Heidelberger Philosophie der Kunst'] bloß in
ihrer abstrakten Möglichkeit skizzierte Typik in den einzelnen Künsten gestaltet
und konkretisiert. ... Eine wieder allgemein werdende Geschichtsphilosophie der
Kunst kann nur als Synthese auf diese Analyse folgen, nicht aber deren
Resultate irgendwie vorwegnehmen."[30]

Sieht man einmal von dem Problem ab, wie der Philosoph das Feld der
historischen Analyse überhaupt *in toto* soll überblicken können, so scheint hier
doch ein Ergänzungsverhältnis beider Diskurse angedeutet zu sein. Andererseits
fordert Lukács, das durch die Konstruktion von Idealtypen (im Sinne von Max
Weber) erreichte "Kanonische" in seiner normativen Einmaligkeit nicht erneut
ins "Empirisch-Einmalige herabzuziehen" sondern "in seiner ewigen Geltung zu
steigern"[31]. Damit wird die zunächst wechselseitige Diskursbeziehung zur
Einbahnstraße: Der Historiker soll sich "zum Verständnis und zur Zusammenfassung" seines Empirisch-Einmaligen der Ästhetik und ihrer Kategorien
bedienen. Der Ästhetiker jedoch, der einmal den Gang durch die geschichtlichen Erscheinungen gemacht hat, mißt künftig die Wirklichkeit an der Idee,
d.h. an dem "zur Kategorie der sinnvollen Einmaligkeit gewordenen Einzelnen". "Dieser Sinn ist für den Geschichtsphilosophen der Kunst adäquat
erfaßbar, und er wird eine — nur vom Standpunkt der reinen Historizität aus
eine willkürlich scheinende — Auswahl treffen, wenn für ihn der größte Teil an
sich wertvoller Kunstwerke nicht in Betracht kommt, ja wenn er ganze Epochen
der Kunst als nicht-seiend, weil nicht zum Kanon dieses Sinnes gediehen,
behandelt."[32] Der so verstandene Ästhetiker formuliert also keine Hypothesen
mehr, die sich den Kriterien rationaler Argumentation im Diskurs zu unterwerfen hätten. Er wird zum *Metaphysiker der Kunst*, der in der historischen
Entfaltung seines Gegenstandes "Spuren und Zeichen des letzten, metyphysi-
schen Sinnes des Weltlaufs erblickt" und "ihre Hieroglyphen in einer, die

Kunst miteinbegreifenden, aber bei ihrem Begreifen nicht stehenbleibenden Weise abzulesen versucht".[33]

Die in eine Kombination von Hegelschem und Schellingschem Absolutismus gekleidete Distanzierung vom dialogischen Prinzip diskursiver Verständigung und Geltungsprüfung prägt das Denken von Lukács auch nach seiner marxistischen Wende. Auch der 'großen' Ästhetik der Spätzeit gelingt es nicht, den Philosophen vom Odium des dogmatischen 'Wertbestimmers' zu befreien und das Verhältnis von historischer und kategorialer Bestimmung der Kunst wirklich dialektisch zu denken. Denn dies setzt die Anerkennung eines offenen, pluralistischen Diskurses und seines kritischen Potentials voraus. Wenn Lukács rückblickend die jener erwähnten geschichtsphilosophischen Programmatik verpflichtete 'Theorie des Romans' als einen "sowohl im Ansatz als auch in der Durchführung mißglückten Versuch" bezeichnet, weil er "aus wenigen, zumeist bloß intuitiv erfaßten Zügen einer Richtung, einer Periode etc. synthetisch allgemeine Begriffe" bilde,[34] so lenkt die Rigorosität dieser Kritik von den Schwächen späterer Werke ab, die in der normativen Ausgrenzung des "Unwesentlichen" und "Unwahren" noch viel dogmatischer verfahren. Angesichts der bei Lukács von Anfang an und durchgängig zu beobachtenden Sehnsucht nach "zwingender" Allgemeinheit, Einheit, Totalität, dürfte es in der Tat ungerecht sein, den frühen Essayisten gegen den späten Systematiker auszuspielen.[35]

Schon damals galt die Rücksicht auf das Partikulare als "kraftlos" angesichts des Zeitpunkts, in dem "die große Ästhetik gekommen ist"[36]. Auch sollte sich schon der Essayist großzügig über die "kleinen Vollendungen wissenschaftlicher Exaktheit" erheben, die den Blick auf das Ganze nur verstellen können. Die Vertreter der gescholtenen Wissenschaft meldeten allerdings im Namen der von ihnen untersuchten Partikularitäten früh Protest an. So schrieb der gewiß keiner Engstirnigkeit verdächtige Philologe Ernst Robert Curtius dem Essayisten Georg Lukács am 11.11.1912: "Bei Ihnen empfinde ich nun deutlich, wie das Essayistische wirklich nur Vorform des Metaphysischen ist. Anders bei Kassner. Er hat nicht die Kraft sich durchzuarbeiten. Er bleibt immer provisorisch. Während Sie einem Dogmatismus zutreiben. Dogmatisch ist es u.a. auch, wenn Sie meinen, den Kritiker mit dem Essayisten identifizieren zu können."[37] Damit berührte Curtius das von Lukács nie konsequent bedachte Problem der Voraussetzungen, unter denen sich normative Urteile im ästhetischen Diskurs argumentativ begründen und rechtfertigen lassen. Curtius warf Lukács sogar "Gedankendespotie" vor und markierte den Dissens zwischen dem Philosophen und dem Philologen mit der Feststellung: "Sie wollen Hierarchie. Ich wehre mich dagegen."

Nun ist die Mißachtung der Empirie ebenso fragwürdig wie die Disqualifizierung kategorial-allgemeiner Gesichtspunkte als 'Gedankendespotie'. Wenn der Vorwurf berechtigt sein soll, so muß er nachweisen, daß die fraglichen

Behauptungen in ihrer Begründungsform dogmatisch sind und sich dadurch gegen mögliche Kritik immunisieren. Soweit die 'Theorie des Romans' an der fragend-offenen Form des Essays teilhat, trifft dies sicher nicht zu. Die Situation ändert sich in dem Augenblick, in dem Lukács den "endlich unabweisbar gewordenen Maßstab" gefunden zu haben glaubt. Das Bedürfnis nach einem solchen Maßstab ist angesichts der vorangegangenen Orientierungsschwierigkeiten verständlich. Dies gilt jedenfalls für die Theorie-Ebene, während die anders zu beurteilenden praktisch-politischen Entscheidungen hier nicht weiter zur Debatte stehen sollen. Festzuhalten bleibt ihr Einfluß auf die Wahl der Schreibform, die wiederum eine veränderte Zielrichtung reflektiert: Der früh intendierte und mit dem Abbruch der 'Heidelberger Ästhetik' zunächst gescheiterte Systembau wird für Jahrzehnte zurückgestellt und stattdessen der "endlich unabweisbar gewordene Maßstab" in kulturpolitischen Auseinandersetzungen erprobt. An der sachlichen und methodischen Adäquatheit dieses Maßstabs scheint Lukács nie mehr ernsthaft gezweifelt zu haben, auch wenn die Interpretation einzelner Elemente Schwankungen unterworfen bleibt, die nicht zuletzt auf Veränderungen der politischen Rahmenbedingungen zurückzuführen sind.

Die bevorzugte Darstellungsform wird nun die polemisch zugespitzte Kampfschrift, deren normative Entschiedenheit in bewußtem Kontrast zur 'offenen' Form des Essays steht, die von Lukács im Interesse 'großer Wertbestimmung' allerdings schon vorher nicht ganz respektiert worden war. Die meisten dieser Kampfschriften verfahren nach einem bestimmten Muster. Je nach Situation tritt entweder die Warnung vor bürgerlicher Dekadenz oder der Appell zum Aufbau einer fortschrittlichen Kunst in den Vordergrund, etwa als Aufruf an den "proletarisch-revolutionären Schriftsteller", durch konsequente Parteilichkeit als Voraussetzung "wahrer Objektivität" den "Durchbruch zur Auswertung des Marxismus-Leninismus für unsere schöpferische Methode zu vollziehen".[38] Die Rolle, die Lukács in den Literaturdebatten der dreißiger Jahre gespielt hat, ist überwiegend negativ beurteilt worden.[39] Der entschiedenste Einspruch stammt — nach dem Zeugnis von Walter Benjamin — wiederum von Brecht: Lukács gehöre zu denen, die den Apparatschik spielen und die Kontrolle der anderen haben wollten. Jede dieser Kritiken enthalte eine Drohung.[40] Die komplizierten Hintergründe seiner Aktivitäten, die ihre moralische Legitimation vor allem aus der Tatsache faschistischer Bedrohung herleiten konnten, werden wohl nie vollständig aufzuhellen sein. Doch muß dies nicht zu dem Schluß führen, daß sich "aus solchen Debatten nichts mehr lernen" lasse.[41]

Als Polemik kenntlich gemachte Äußerungen sind legitimerweise normativ. Die Lizenz zu entschiedener und kompromißloser Kritik ist jedoch nicht mit einer Freisetzung von jeglicher Verantwortung gegenüber den Normen rationaler Argumentation im Diskurs gleichzusetzen. Hier aber liegen die entscheidenden Defizite der Kampfschriften von Lukács. Nicht seine durchgängige Reserve gegenüber der Avantgarde ist ihm vorzuwerfen, sondern die oftmals denunziatorische Art und Weise, in der er gegen die Repräsentanten 'dekadenter' Kunst und Philosophie zu Felde zieht. Darin besteht die auffälligste Kontiuität zwischen seinen Philippiken gegen den Expressionismus und seine späten Aufrufen zur Durchsetzung einer "gesunden" realistischen Kunst.[42] So ist die Charakterisierung des Expressionismus als Teil der "November-Erbschaft" des Nationalsozialismus[43] eine Perfidie, die sich auch dann nicht entschuldigen läßt, wenn man sie als taktisch motivierte Kurzschließung komplexer Sachverhalte im Dienste der Organisation des antifaschistischen Widerstandes ansieht. Schwerer noch wiegt die Unbelehrbarkeit, mit der Lukács den einmal gewählten normativen Standort und das darin implizierte Freund-Feind-Schema unter den deutlich veränderten politischen Bedingungen der Zeit während und nach dem Zweiten Weltkrieg durchhält. Da ist in einem Aufsatz des Jahres 1942 von "verbannter Poesie" die Rede; doch wird geflissentlich vermieden, auf das Vokabular einzugehen, mit dem die Nationalsozialisten gegen unbotmäßige Kunst vorzugehen pflegten. Denn dies wäre der eher peinlichen Aufgabe gleichgekommen, zwischen rechtem und linkem Dekadenzvorwurf gegenüber dem "Avantgardeismus"[44] zu differenzieren. Weil dessen kritisches Potential schlichtweg verschwiegen wird, kann für Lukács ein vergleichsweise harmloses Werk wie Thomas Manns 'Lotte in Weimar' zum überragenden Beispiel des ästhetisch zum Ausdruck gebrachten Widerstandes avancieren: "antifaschistisches Kampfbuch" par excellence.[45] Das war es aber doch wohl vor allem durch die politisch unmißverständliche Haltung des 1933 emigrierten Autors. Jedenfalls hätte es eher die Toleranz der Machthaber erfahren als jene offensichtlich 'entartete' Kunst, die durch Merkmale gebrandmarkt war, wie sie uns lange nach dem Zusammenbruch des 'Dritten Reiches' im Dienste des 'antikapitalistischen Kampfes' wiederbegegnen.

So lesen wir in dem 1952 geschriebenen Pamphlet 'Gesunde oder kranke Kunst'[46], "Auflösung der Form" sei immer ein Indiz für "Krankhaftigkeit des Gehalts". In der kranken Kunst der Avantgarde paare sich "servile Anpassung an das Unwürdige" mit "steriler Opposition" gegenüber wirklich gesunden ästhetischen Entwicklungstendenzen. Haß und Ekel entfremde den kranken Künstler von den "großen zukunftsschwangeren gesellschaftlichen Strömungen seiner Epoche". Der Unterleib beherrsche immer mehr den Kopf. Dennoch erdreiste sich ein derart der Verzerrungslust verfallenes "seelisch-moralisch amputiertes" Subjekt auch noch, nach einer kosmischen Rechtfertigung seiner "Krüppelhaftigkeit" zu suchen. Solcher "Verkehrung der Maßstäbe" lasse schließlich das Kranke als normal und das Tödliche als Prinzip des Lebens erscheinen. Gesunde Kunst aber setze immer das Wissen dessen voraus, was "in Wahrheit" gesund und krank ist, – ein Wissen, das uns u.a. die "Kunstphilosophie gesunder Zeiten" überliefert habe. Aus dem Zurechtrücken der wahren Maßstäbe folge also notwendigerweise "die Unmenschlichkeit, die

Antihumanität der modernen dekadenten Kunst". Unverschämt sei diese auch darin, daß sie als eine "in die Verwesung verliebte Kunstbetrachtung" die einzig gültige gesunde Kunst selbst in ihren hervorragendsten Werken "ununterbrochen bemäkelt". War sich Lukács wirklich nicht der Tatsache bewußt, daß er mit solchen Äußerungen bis in Einzelheiten hinein mit dem Tenor der nationalsozialistischen Propaganda gegen 'entartete' Kunst konform ging? Bezeichnenderweise waren es vor allem die Expressionisten gewesen, die Hitler meinte, als er 1937 anläßlich der Eröffnung des 'Hauses der Kunst' die 'grausamen Sehstörungen' der Moderne anprangerte, um Gesundes an die Stelle des Entarteten zu setzen. Lukács hatte drei Jahre zuvor zwischen politischer und ästhetischer 'Deformation' Verbindungen hergestellt, die Expressionismus und Nationalsozialismus miteinander kompatibel machten. Nichts dokumentiert seine prinzipientreue Haltung besser als jene kurze "Anmerkung 1953" zum Wiederabdruck der antiexpressionistischen Kampfschriften: "Daß die Nationalsozialisten später den Expressionismus als 'entartete Kunst' verworfen haben, ändert nichts an der historischen Richtigkeit der hier gegebenen Analyse."[47]

Peter V. Zima hat in einem bemerkenswerten Aufsatz über die Schreibform von Lukács und die ihr immanente Ideologie vom "manichäischen Charakter" seiner Begriffswahl gesprochen. Kennzeichnend dafür sei die "schroffe Gegenüberstellung zweier semantischer Isotopien, von denen die erste mit dem Oberbegriff 'Kapitalismus', die zweite mit dem Oberbegriff 'Sozialismus' versehen werden könnte. Der ersteren gehören alle negativen Lexeme wie 'Imperialismus', 'Krieg', 'Dekadenz', 'Avantgarde', 'Naturalismus', 'Empirismus' etc. an; der zweiten alle positiven Lexeme wie 'Humanismus', 'Frieden', 'Gesundheit', 'Klassik', 'Realismus', 'Totalität'."[48] Durch ein solches streng dichotomisches Schema wird die Urteilsbildung einem Entscheidungszwang unterworfen, der für produktive Zweifel und revisionsfähige hypothetische Erwägungen kaum noch Raum läßt. Fragen wie 'Gesunde oder kranke Kunst?', 'Existenzialismus oder Marxismus?', 'Franz Kafka oder Thomas Mann?' eröffnen lediglich Scheingefechte, da die Antwort durch die rigide begriffliche Vorstrukturierung der Argumentation längst vorweggenommen ist. Entgegen der Betonung des "Besonderen" als ästhetischer Kategorie[49] ist im Rahmen solcher Dichotomien für die Berücksichtigung idiosynkratischer Eigenschaften wenig Raum. Lukács konzediert lediglich, daß die Einzelfälle häufig durch eine "Mischung" der zuvor festgelegten gegensätzlichen Merkmale bestimmt sind. So heißt es in der 1957 verfaßten Abhandlung über die "Gegenwartsbedeutung des kritischen Realismus": "Unser Urphänomen ist also die Konvergenz der beiden Kontrastpaare: Realismus und Antirealismus (Avantgardeismus, Dekadenz) einerseits und Kampf um Frieden oder Krieg andererseits."[50] Der Leser, der sich über eine solche Verrechnung aktueller ästhetischer Orientierungsprobleme mit dem historisch überholten Gegensatz von faschistischem und antifaschistischem Engagement wundert, wird im folgenden mit der Bemerkung beruhigt, daß "diese Konvergenz natürlich mit Vorsicht, mit vielen Vorbehalten erfaßt" werden müsse. Sie habe lediglich "tendenziellen Charakter"; ihre Kontrastpaare verträten "äußerste Zuspitzungen von Tendenzen, die im allgemeinen sehr gemischt, im steten Kampf miteinander, ineinander übergehend sich zu äußern pflegen".

Diese Rücksichtnahme auf eine statistisch signifikante, unterschiedliche Streuung von Merkmalen ist jedoch nicht mit der Bereitschaft zu verwechseln, wirklich neue Erfahrungen zu machen und diese korrigierend auf die kategoriale Ausgangsbasis zurückwirken zu lassen. Vielmehr will die Rede vom "Urphänomen" gerade vergessen machen, daß die Basis begrifflich konstruiert ist und als solche einer kritischen Überprüfung im Diskurs unterzogen werden muß.

Nun steht die Herrschaft eines 'manichäischen' Beurteilungsschemas in engem Zusammenhang mit der (freiwilligen oder erzwungenen) Anpassung an die kulturpolitischen Erfordernisse des Stalinismus. Mit Einsetzen des 'Tauwetters' hatte Lukács also die Chance zu einer Revision seines Denkens, die nicht mit den taktischen Erfordernissen seines geistigen 'Partisanenkampfes'[51] identisch sein konnte. Inwieweit hat er diese Chance genutzt? Im Vorwort zu der Aufsatzsammlung 'Wider den mißverstandenen Realismus' erhebt Lukács die Forderung nach "schonungsloser Abrechnung mit dem Dogmatismus Stalins und der Stalinschen Periode".[52] Entsprechend der vom XX. Kongreß der KPdSU eingeleiteten Wende habe er schon im zweiten Teil seines Buches die 'Darstellungsweise' geändert. – "Ich betone das Wort: Darstellungsweise. Denn jedem, der meine früheren Schriften kennt, muß klar sein, daß die Ausführungen diesen gegenüber sachlich nichts wesentlich Neues enthalten."[53] Ein solches Eingeständnis mag die Neugier des Lesers dämpfen; es unterstreicht jedoch die ungeachtet der Kritik an stalinistischen Auswüchsen intakt gebliebene ideologische Basis der Lukács'schen Ästhetik. Diese Klarstellung in eigener Sache war sicher nötig, wenn man an den 1951 in der Ungarischen Akademie der Wissenschaften gehaltenen Vortrag "Literatur und Kunst als Überbau" denkt, in dem eingangs gleich dreifach versichert wird, daß Stalins Arbeiten zu Fragen der Sprachwissenschaft schon ein Jahr nach ihrem Erscheinen "mit Recht" als historisch zu bezeichnen seien und zusammen mit den Werken von Marx, Engels und Lenin die Grundlage einer adäquaten Beurteilung von Literatur und Kunst bilden müßten.[54]

Lukács hat solche Dokumente eines der ideologischen Führung dargebrachten *sacrificium intellectus* in der großen Werkausgabe unverändert wiederabdrucken lassen.[55] Im Nachwort zu den 'Problemen der Ästhetik' wird diese für den Leser ebenso quälende wie erhellende Maßnahme mit mangelnder Zeit zu "genauer Durchsicht" erklärt. Die 'Abrechnung' mit Stalin beschränkt sich hier im übrigen auf den Hinweis, daß die betreffenden Texte einige damals "protokollarisch" notwendige Zitate enthielten, obwohl die "Grundlinien der Darlegungen sachlich in vollem Gegensatz zu jedem damaligen 'Protokoll'" stün-

den.[56] Gemeint ist mit diesem Gegensatz der Stalins Verständnis widersprechende Begriff von 'realistischer' Kunst und der ausgiebige Rückgriff auf
bürgerliche Ästhetiker, soweit sie nicht als 'Vorläufer der faschistischen
Ästhetik' gelten. Dabei hebt Lukács die Bedeutung der 1954/55 entstandenen
Studie 'Über die Besonderheit als Kategorie der Ästhetik' hervor, weil sie
schon zum Kontext jener 'großen' Ästhetik gehört, deren erster Teil dann 1963
in zwei umfangreichen Halbbänden erschienen ist.

Das Vorwort zu diesem *opus magnum* läßt erkennen, daß Lukács nunmehr
um einiges liberaler verfährt als in den Abhandlungen der fünfziger Jahre. So
räumt er von vornherein "Grenzen und Fehler" ein.[57] Seine Ästhetik bemühe
sich nicht um starre Definitionen sondern um prinzipiell revidierbare "Bestimmungen", die mit der "extensiven wie intensiven Unendlichkeit der Gegenstände
und ihrer Beziehungen" rechnen.[58] Diese Liberalität steht allerdings in einem
Spannungsverhältnis zu der Beharrlichkeit, mit der Lukács, aller gegenläufigen
Evidenz zum Trotz, am offenbar sakrosankten Fundament der Leninschen
Erkenntnistheorie festhält. "Einer der entscheidenden Grundgedanken dieses
Werks besteht darin, daß alle Arten der Widerspiegelung − wir analysieren vor
allem die durch das Alltagsleben, die Wissenschaft und die Kunst − stets
dieselbe Wirklichkeit abbilden."[59] Um die "eigenartige Erscheinungsweise" der
ästhetischen Widerspiegelung erkennen zu können, müsse zunächst "mit der
weitverbreiteten Vorstellung einer mechanischen, photographischen Widerspiegelung gebrochen werden." Wer kommt aber im Ernst auf den Gedanken, daß
z.B. Musik und Architektur *photographisch* widerspiegeln? Die 'totalisierende'
Anwendung des Widerspiegelungsbegriffs muß sich also sehr weit von der
erkenntnistheoretisch definierten Ausgangsposition entfernen, um auch nur einen
Anschein von Adäquatheit gegenüber dem ästhetischen Phänomenbereich
suggerieren zu können. Dies betrifft vor allem die *konstitutive Rolle der Subjektivität*, durch welche die Spiegel−Metapher im Sinne einer Mimesis von
'Innerem' und 'Äußerem' aufgespalten wird. In orthodoxer Aneignung Hegelscher Metaphysik und ihres klassizistischen Schönheitsbegriffs erscheint das
Kunstwerk als "identisches Subjekt−Objekt" bzw. als "Gebilde, in welchem
Subjektivität und Objektivität zur organischen Einheit gebracht werden."[60] Diese
von Hegel erborgte metaphysische Werkästhetik verbindet sich mit einer von
Marx abgeleiteten Produktionsästhetik, nach der die Kunst als "Selbstbewußtsein
der menschlichen Gattung" eine spezifische Resultante gesellschaftlicher Arbeit
und ihrer Entwicklungslogik ist,[61] sowie mit einer aristotelisch inspirierten
Rezeptionsästhetik, die die "Katharsis" als "sittlich charakterisierbare Erschütterung" zum Wirkungspotential "einer jeden echten Kunst" erklärt, und zwar
derart, daß das "Original" solcher Erschütterung qua Widerspiegelung "immer
im Leben selbst aufgefunden werden kann".[62] Metaphysisch ist dieses Amalgam
von Aristoteles, Hegel und Marx zu nennen, weil es totalisierend jede kontextspezifische Explikation übersteigt und dadurch auch den normativen Standort

der eigenen Analyse verschleiert. Denn Lukács kritisiert die Metaphysik nur in ihrer aus marxistischer Perspektive idealistisch mystifizierten Form; ihrem an Totalität, Einheit und Notwendigkeit orientierten Habitus bleibt er dagegen zutiefst verhaftet. Immer noch ist Hegel sein erklärtes Vorbild in aestheticis. Es wird lediglich eingeräumt, daß "die von der Hegelschen Ästhetik aufgestellten Maßstäbe des Allumfassens" in der Gegenwart sachlich weit schwerer als damals in die Praxis umzusetzen seien.[63] Da Lukács auf die völlig veränderte Situation des ästhetischen Diskurses und der Rolle des Philosophen in diesem Diskurs nicht näher eingeht, kann er sich damit begnügen, die metapysische Kunstauffassung Hegels materialistisch vom Kopf auf die Füße zu stellen.

Nun war Hegels Ästhetik angesichts einer noch wenig entwickelten kunstwissenschaftlichen Forschung und disziplinären Theoriebildung tatsächlich im großen und ganzen 'auf der Höhe der Zeit'. Gerade wenn man den metaphysischen Rahmen seiner Argumentation aufsprengt, zeigen sich immer wieder überraschende Einsichten, die nicht selten antizipatorisch in die Zukunft weisen. Hegels besondere Stärke lag in der Fähigkeit, auch die von ihm normativ abgewerteten ästhetischen Ausdrucksformen — wie z.B. die Kunst der Romantik — deskriptiv zumindest in Umrissen angemessen zu erschließen. Dies wird man von Lukács', trotz seiner liberaler gewordenen Einstellung gegenüber den 'verzerrenden' Widerspiegelungsformen der Moderne, kaum behaupten können. Und ob die Aufsprengung des metaphysischen Rahmens bei Lukács hinreichend innovative Partialerkenntnisse zutage fördern wird, darf aus verschiedenen Gründen bezweifelt werden.[64] So sind die Theorieelemente, mit denen Lukács arbeitet, vielfach hoffnungslos antiquiert. Wer wollte heute noch im Ernst versuchen, eine angemessene Theorie des ästhetischen Zeichengebrauchs aus einer Auseinandersetzung mit Pawlows Reflexologie abzuleiten? Gravierender ist jedoch der Mangel an wissenschaftstheoretischer und methodologischer Reflexion.[65] Denn das Allheilmittel totalisierender Dialektik ist ja inzwischen auch bei Dialektikern nicht mehr jeder Kritik entzogen. Immer wieder überbrückt Lukács Argumentationslücken mit der Versicherung, daß etwas 'natürlicherweise so sein muß' oder 'so sein soll'. Was als fundierte, sachadäquate Verallgemeinerung gilt, hat oft nur den Status einer normativen Verordnung. Wenn z.B. behauptet wird, daß "die anthropomorphisierende ästhetische Widerspiegelung" eine "Steigerung der sinnlichen Unmittelbarkeit" mit sich führen müsse,[66] dann widerspricht diese These der schon von Hegel konstatierten Tendenz zum Reflexionskunstwerk der Moderne, das gerade nicht mehr qua 'sinnliche Unmittelbarkeit' verstanden werden kann. Selbstverständlich läßt sich die These als Bekenntnis zu einem bestimmten Kunstbegriff in Konkurrenz mit anderen Kunstbegriffen im Diskurs vertreten. Sie sollte dann aber in ihren positionsspezifischen Voraussetzungen durchsichtig sein.

Indem Lukács generell darauf verzichtet, zwischen deskriptiver und normativer Geltung sowie zwischen einer konstitutiven und einer bloß regulati-

ven Funktion ästhetischer Kategorien zu unterscheiden, kommt es immer wieder
zur Vermischung verschiedenartiger Argumenttypen und Begründungsebenen.
Dieser Mangel an analytischer Differenzierung läßt sich kaum mit dem Hinweis
auf allseitige dialektische Vermittlung entschuldigen, die Lukács tatsächlich ins
Auge faßt, wenn er den Anspruch erhebt, eine "letzthinnige, prinzipielle
Einheit" des Ästhetischen mit dessen "radikaler Historizität" ineinszudenken.[67]
Weil eine solche Quadratur des Zirkels nicht gelingen kann, kommt es immer
wieder zu Widersprüchen zwischen systematisch-allgemeiner und historisch-
konkreter Bedeutung der jeweils verwendeten Begriffe. Das läßt sich exemplarisch am Realismusbegriff studieren. So glaubt Lukács schon an den "visuellen
Fähigkeiten der primitiven Jäger" eine "fundamentale Tatsache jeder Kunst" zu
gewahren: "die unlösbare Zusammengehörigkeit der evokativen Mimesis mit
dem künstlerischen Realismus"[68]. Er weiß natürlich, daß der Begriff des
"Realismus" erst im 19. Jahrhundert in den ästhetischen Diskurs eingeführt
wurde, um eine damals durchaus fortschrittliche Frontstellung gegenüber
idealisierenden, romantisierenden und archaisierenden Tendenzen in der Kunst
zu markieren. Ohne diesen von Courbet als "Negation des Ideals" bezeichneten
normativen Geltungsanspruch verliert der Begriff seine Signifikanz.[69] Selbstverständlich kann man rückblickend in der Kunst früherer Zeiten — etwa in der
holländischen Genremalerei — 'realistische' Momente entdecken und entsprechend explizieren. Solche abgeleiteten Verwendungsweisen rechtfertigen es
jedoch noch nicht, den Realismus zu einem Konstitutivum jeder Kunst zu
erklären. Nun firmiert er auch bei Lukács primär als 'Kampfbegriff', wie es
seine literaturpolitischen Pamphlete in ermüdender Ausführlichkeit demonstrieren. Dabei führt die Vermengung von normativ-kritischem und deskriptiv-
systematischem Gebrauch zu historisch außerordentlich fragwürdigen Verein-
nahmungen. Was soll etwa die Phrase von Goethes "die letzten Tiefen heftiger
aufwühlendem Realismus"[70] konkret besagen, wenn es nach Lage der Quellen
offensichtlich ist, daß Goethe eher ein Vertreter der Affirmation als der Negation des Ideals gewesen ist? Soll aber Realismus als 'Faktum jeder Kunst' nur
bedeuten, daß es stets irgendwelche Beziehungen zwischen Kunst und Wirklichkeit gebe (und sei es die, daß auch die abstrakte Malerei mit realen Farben
arbeitet), dann dient ein solcher catch-all-Terminus letztlich nur dazu, die
analytisch aufzuhellende Vieldeutigkeit solcher Beziehungen zu verschleiern.
Was sich trotz aller dialektischen Bemühungen nicht auf den Realismus ver-
eidigen läßt, wird von Lukács bis zuletzt als gleichsam pathologischer Fall
behandelt. So gelten ihm die widerspenstigen Ausdrucksformen der Moderne als
"Verdrängungen der die Wirklichkeit realistisch widerspiegelnden Symbolik
durch ein transzendentes und dadurch abstraktes, allegorisches Wesen."[71] Die
weitergehende Behauptung, daß der antirealistische "Formwillen" der Avantgarde mit einer "Unterordnung des ästhetischen Verhaltens unter religiöses
Bedürfnis" identisch sei, soll den kritisch-emanzipatorischen Anspruch solcher

Kunst diskreditieren. Selbstgewiß wird hier als Faktum präsentiert, was vor allem Ausfluß des eigenen Interesses ist: Fortschrittlich zu sein, soll ein Privileg realistischer Kunst bleiben.

Nahezu groteske Züge nimmt die Realismus-Vereinnahmung dort an, wo es um eine von jeder "die Wirklichkeit realistisch widerspiegelnden Symbolik" so weit entfernt Kunst wie die Musik geht. Selbstredend weiß Lukács um die verbreitete Skepsis gegenüber der Vorstellung einer musikalischen Widerspiegelung. Diese Skepsis gründe sich aber letztlich auf nichts anderes als die "Leugnung der Objektivität der Außenwelt".[72] Solcher Solipsismus habe leider durch die "marktschreierischen Gebärden des Expressionismus" einen Schein von Selbstverständlichkeit erlangt. Um gegen diesen Schein vorzugehen, beruft sich Lukács auf eine "jahrtausendelange" Tradition mimetischer Musikauffassung. Was ahmt die Musik nach? – Das "innere Leben des Menschen".[73] So einfach ist es also, letzthinnige Einheit mit radikaler Historizität zur Deckung zu bringen. Wiederum verhindert eine globale Charakterisierung die notwendigen analytischen Unterscheidungen: Daß der Begriff der Mimesis bzw. Nachahmung im Verlauf des Diskurses über Musik ganz verschiedene Aspekte betraf, die sich nie zu einer einheitlichen Funktion zusammenschließen ließen, daß diese Aspekte zumeist nur spekulativ postuliert, nicht aber in der konkreten Erfahrung der Musik begründet waren usw.[74] Entgegen dem Anspruch, "eine faktisch ablaufende reale Entwicklung in ihrem realen Auf und Ab" zu rekonstruieren und in der "Verallgemeinerung eines originär ästhetischen Tatbestandes" die Singularität des Phänomens "möglichst unversehrt" aufzubewahren,[75] verabsolutiert Lukács bestimmte aus der Historie aufgegriffene Bestimmungsmomente und fügt sie zu einem alles andere als konsistenten Konzept musikalischer Widerspiegelung zusammen. So romantisiert er die Aristotelische Musikauffassung durch die These, daß Musik "die Gefühle und Empfindungen in völlig ungetrübter Reinheit zum Ausdruck bringen" könne. Der leninistischen Erkenntnistheorie entsprechend erscheint Musik als "Abbild von Abbildern", das "die Wahrheit des gespiegelten Lebensvorbilds restlos aufbewahrt"[76]. Wie man solche 'abbildenden' Gefühle identifizieren und mit ihrerseits abbildenden musikalischen Strukturelementen korrelieren kann, darüber erhalten wir selbstverständlich keine auch nur halbwegs befriedigende Auskunft.

Derart naive Referentialisierungen mißachten völlig, was das von äußerer 'Auslösung' weitgehend unabhängige Formpotential der Musik zu ihrer ästhetischen Entfaltung beiträgt. Immerhin räumt Lukács ein, daß die "unmittelbar wahrnehmbare Gegenständlichkeit der Außenwelt" in der Musik "verblaßt".[77]

Doch mildert die Verlagerung des Widerspiegelungsverhältnisses von der Außen- zur Innenwelt keineswegs die Banausie der Behauptung, daß die Konstitution des musikalischen Kunstwerks als "fürsichseiender Welt" aus der "gediegenen Totalität der sich in ihr offenbarenden Empfindungen" resultiere.[78]

Es verwundert nun kaum noch, wenn auch der Musik ein "realistischer Charakter" zugesprochen wird, der sich danach bemißt, "wie tief und treffend, wie umfassend und echt er die Probleme seines persönlichen und historischen Entstehungsaugenblickes aus der Perspektive seiner dauernden Bedeutung in der Menschheitsentwicklung zu reproduzieren und zu erwecken imstande ist". Dieser allen Künsten gemeinsame Realismus wird wiederum als das "Sinnfälligmachen des Zusammenfallens von Erscheinung und Wesen" bestimmt.[79] So kann Bartóks Musik "realistisch" genannt werden, weil ihr "Grundgehalt" der "Kampf des Humanen gegen die überwältigende Macht des entstehenden und zur Macht gelangten Faschismus" gewesen sei.[80] Mit *musikalischem* Realismus hat das allerdings nichts zu tun. Der Begriff bereitet selbst in seiner historisch am ehesten legitimen Anwendung auf bestimmte ästhetische Tendenzen des 19. Jahrhunderts besondere Schwierigkeiten, weil die in Literatur und Malerei offenkundige Opposition gegenüber der Romantik "musiktheoretisch kaum greifbar"[81] ist.

Mit derartigen ahistorischen Verallgemeinerungen fällt Lukács weit hinter die Hegelsche Zusammenschau von Geschichte und System zurück, die wegen ihrer dogmatischen Voraussetzungen gleichwohl kein Modell für eine zeitgenössische philosophische Ästhetik sein kann. So ist die auf dem Weg über Essay und Kampfschrift zumindest noch als umfängliches Fragment realisierte 'große' Ästhetik vor allem die "Verwirklichung eines Jugendtraums"[82] geblieben. Daß sie gerade aus 'ästhetiktheoretischen Gründen' verstärkt in den gegenwärtigen Diskurs einbezogen werden sollte,[83] entbehrt angesichts der angedeuteten schwerwiegenden Mängel einer zureichenden Begründung. Die ersehnte Überwindung des Essays erweist sich als zweifelhafter Triumph und gibt dazu Anlaß, erneut über die Vorzüge einer Schreibform nachzudenken, die Adorno – unter Berufung auf den jungen Lukács – als "Kritik am System" und am "Gewaltsamen des Dogmas" bestimmte, daß dem "Resultat der Abstraktion" Vorrang gebühre gegenüber dem "darunter befaßten Individuellen".[84] Die These, daß es gerade in *aestheticis* auf die Erschließung individueller Eigentümlichkeiten ankomme, ist allerdings selbst ein normatives Prinzip, dessen Geltung sich im Diskurs bewähren muß.

Anmerkungen

1   Vgl. dazu den Überblick in: Glowka, Detlef: Georg Lukács im Spiegel der Kritik. Die Interpretationen des Lukács'schen Denkens in Deutschland 1945–1965. Diss. Freie Universität Berlin 1968.

2   Ferenc Fehér im Vorwort zur gekürzten Fassung von "Die Eigenart des Ästhetischen", Darmstadt und Neuwied 1972, Bd. I, S. 5.

3   Zit. nach Cesare Cases' Einleitung zu: Matzner, Jutta (Hrsg.): Lehrstück Lukács, Frankfurt 1974, S. 10.

4 Adorno, Theodor W.: Erpreßte Versöhnung, in: Gesammelte Schriften, Bd. 11, Frankfurt 1974, S. 10.

5 Vgl. Heller, Agnes u.a.: Die Seele und das Leben. Studien zum frühen Lukács, Frankfurt 1977; Keller, Ernst: Der junge Lukács. Antibürger und wesentliches Leben. Literatur- und Kulturkritik 1902-1915, Frankfurt 1984.

6 Adorno (Anm. 4), S. 251.

7 Lukács, Georg: Die Theorie des Romans, Darmstadt und Neuwied ^{9}1984, Vorwort (1962) zur Neuausgabe (S. 14).

8 Lukács, Georg: Die Seele und die Formen, Berlin 1911; zit. nach der Neuausgabe Neuwied 1971, S. 29.

9 Adorno, Theodor W.: Der Essay als Form, in: Gesammelte Schriften, Bd. 11, Frankfurt 1974, S. 9ff.

10 Lukács (Anm. 8), S. 23.

11 Ebenda, S. 22.

12 Ebenda, S. 27.

13 Ebenda, S. 15.

14 Lukács (Anm. 7), S. 21.

15 Lukács, Georg: Napló — Tagebuch (1910-1911). Das Gericht (1913), hrsg. v. L. Ferenc, Budapest 1981, S. 45.

16 Vgl. dazu Keller (Anm. 5), S. 99ff.

17 Lukács, Georg: Briefwechsel 1902-1917, hrsg. v. Eva Karády u. Eva Fekete, Stuttgart 1982, S. 73.

18 So spricht Ferenc Fehér von diversen "Lukács-Rätseln" und nennt als Beispiel den Umstand, daß Lukács nach dem Abbruch seines Dostojewskij-Projekts "erneut und radikaler als zuvor" auf den Kantianismus zurückgreift, der doch "bereits überwunden schien" (Ferenc Fehér: Am Scheideweg des romantischen Antikapitalismus, in: Heller u.a. (Anm. 5), S. 327. Bekannter ist das "Paradoxe seines zum Marxismus führenden Weges", das sich György Márkus zufolge in nichts besser zeige als in der "Tatsache, daß sein Verhältnis zu diesem (Marxismus) bis zur Wende 1918 über wiederholte geistige Konfrontationen immer kritischer und — vor allem hinsichtlich des praktischen Belangs — immer resignierter wird" (György Márkus: Die Seele und das Leben. Der junge Lukács und das Problem der 'Kultur', in: Heller u.a. (Anm. 5), S. 99f.).

19 Vgl. dazu Keller (Anm. 5), S. 133ff.

20 Zur positiven Beurteilung des Werks bei Mannheim, Benjamin, Kracauer, Adorno und Goldmann vgl. Keller (Anm. 5), S. 169f.

21 Lukács (Anm. 17), S. 379. Zu dem zeitweise sehr intensiven philosophischen Gedankenaustausch zwischen Lukács und Bloch im Kontext der "Theorie des Romans" und von "Geist der Utopie" vgl. Sándor Radnóti in: Heller u.a. (Anm. 5), S. 177ff.

22 Lukács, Georg: Heidelberger Ästhetik (1916-1918), als Band 17 der Werkausgabe aus dem Nachlaß herausgegeben von György Márkus und Frank Benseler, Darmstadt und Neuwied 1974, S. 228 (Appendix II).

23 Lukács (Anm. 17), S. 348.

24 Lukács, Georg: Die Eigenart des Ästhetischen, Band 11 und Band 12 der Werkausgabe, Neuwied und Berlin 1963, 1. Halbband, S. 31.

25 Lukács (Anm. 8), S. 29, S. 8.

26 Ebenda, S. 359.

27 "Es gibt hier ein deutliches Meinen, und dieses auch trennt ab, ordnet rein hinzu. Für das, was sich darin gestaltet, führe ich den von Lukács zuerst gebrauchten Hilfsbegriff des Teppichs als der reinen korrektivhaften Form, und der Wirklichkeit als der erfüllten, auftreffenden, konstitutiven Form ein." Mit der dem jungen Bloch eigenen poetisierenden

Begriffsverwirrung werden im folgenden "je nach dem Schwung der angewandten Kraft" drei musikalische Teppich-Schemen unterschieden, für deren "Syllogismus" u.a. der "griechische Mozart", der "gotische Bach" und der "barocke Beethoven" stehen können. (Geist der Utopie, Frankfurt 1973, S. 65f.) Die Zeiten, in denen sich Philosophen so unbekümmert um Realverhältnisse der Kunstgeschichte ihre Teppiche knüpfen konnten, sind allerdings endgültig vorbei.

28 Zum Hegelianismus der "Theorie des Romans" vgl. neuerdings Scheible, Hartmut: Wahrheit und Subjekt. Ästhetik im bürgerlichen Zeitalter, Bern und München 1984, S. 418ff.

29 Lukács, Georg: Heidelberger Philosophie der Kunst (1912-1914), als Band 16 der Werkausgabe aus dem Nachlaß herausgegeben von György Márkus und Frank Benseler, Darmstadt und Neuwied 1974, S. 230.

30 Ebenda, S. 238.

31 Ebenda, S. 231.

32 Ebenda, S. 231.

33 Ebenda, S. 231f.

34 Lukács (Anm. 7), S. 11 und S. 7.

35 Den "inneren Zusammenhang der Lukácsschen Schriften" betont vor allem: Renner, Rolf Günter: Ästhetische Theorie bei Georg Lukács. Zu ihrer Genese und Struktur, Bern 1976, S. 8. Diese Abhandlung ist als besonders gründliche und differenzierte Darstellung hervorzuheben. Sie vermeidet allerdings eine deutlichere Stellungnahme zu den methodologischen und politischen Konfliktpunkten.

36 Lukács (Anm. 8), S. 29.

37 Lukács (Anm. 17), S. 302.

38 Lukács, Georg: Tendenz oder Parteilichkeit? (1932), in: Schriften zur Literatursoziologie, Frankfurt/M, Berlin, Wien 1977, S. 121.

39 Als besonders kritische Darstellungen sind zu nennen:
Sander, Hans-Dietrich: Marxistische Ideologie und Allgemeine Kunsttheorie, 2. erw. Aufl. Tübingen 1975, und
Kolakowski, Leszek: Die Hauptströmungen des Marxismus, Bd. 3, München und Zürich 1979, S. 277ff.

40 Benjamin, Walter: Versuche über Brecht, Frankfurt [5]1978, S. 132.

41 Baier, Lothar: Streit um den Schwarzen Kasten. Zur sogenannten Brecht-Lukács-Debatte, in: Matzner (Anm. 3), S. 252.

42 Es ist nur schwer nachzuvollziehen, daß es sich in der Anpassung an den Stalinismus lediglich um "theoretische Maskerade" gehandelt hat, wie Lukács später behauptet.

43 Lukács, Georg: Essays über den Realismus, Band 4 der Werkausgabe, Neuwied und Berlin 1971, S. 149.

44 Vgl. den Aufsatz über die "weltanschaulichen Grundlagen des Avantgardeismus", in: Lukács, Georg: Wider den mißverstandenen Realismus, Hamburg 1958, S. 13ff.

45 Lukács, Georg: Schicksalswende. Beiträge zu einer neuen deutschen Ideologie, Berlin 2. verb. Aufl. 1956, S. 112.

46 Lukács (Anm. 45), S. 155-161.

47 Lukács (Anm. 43), S. 149.

48 Zima, Peter V.: Dialektik zwischen Totalität und Fragment, in: Schmitt, Hans-Jürgen (Hrsg.): Der Streit mit Georg Lukács, Frankfurt 1978. S. 153.

49 Lukács, Georg: Über die Besonderheit als Kategorie der Ästhetik, in: Probleme der Ästhetik, Band 10 der Werkausgabe, Neuwied und Berlin 1969, S. 539ff.

50 Lukács (Anm. 43), S. 465.

51 Seinen "Partisanenkampf gegen den Dogmatismus" erwähnt Lukács im 1957 niedergeschriebenen "Postskriptum" zu der 1933 in "Internationale Literatur" erschienen autobiographischen Darstellung "Mein Weg zu Marx". Wiederabdruck in: Lukács, Georg: Schriften zur Ideologie und Politik, Neuwied und Berlin 1967, S. 646ff.

52 Lukács (Anm. 44), S. 6.

53 Ebenda, S. 5.

54 Lukács (Anm. 49), S. 433f.

55 Die zahlreichen über den ganzen Text verstreuten und oft im Wortlaut identischen Anrufungen der Autorität Stalins lesen sich wie eine Farce. Da aber den anderen Schriften von Lukács jeglicher parodistische Charakter fehlt, fällt es schwer, in solchen Elogen eine versteckte "Polemik gegen Stalin" zu erkennen, wie Lukács später behauptet hat.

56 Lukács (Anm. 49), S. 788f.

57 Lukács (Anm. 24), 1. Halbband, S. 29.

58 Ebenda, S. 30.

59 Ebenda, S. 22. An anderer Stelle heißt es, daß Lenins Philosophie das "methodologische Vorbild für jede Theorie der Künste" abzugeben habe, was ex negativo bedeutet, daß mit "jedem philosophischen Idealismus" gebrochen werden müsse (ebenda, S. 252 und S. 22). Dies hindert Lukács nicht daran, sich zustimmend auf die Ästhetik Nicolai Hartmanns zu berufen, die ihm in ihrer Verbindung von klassizistischem Kunstgeschmack und altphilosophischem Systemanspruch besonders nahesteht. Vgl. dazu ausführlicher Renner (Anm. 35), S. 241ff.

60 Ebenda, 2. Halbband, S. 325.

61 Ebenda, 1. Halbband, S. 598.

62 Ebenda, S. 820.

63 Ebenda, S. 14.

64 Um eine Aufwertung der "großen" Ästhetik von Lukács bemüht sich: Pasternack, Gerhard: Georg Lukács. Späte Ästhetik und Literaturtheorie, Königstein 1985. Seine terminologischen Modernisierungsvorschläge sind sicher anerkennenswert, kaschieren aber doch die tatsächlichen Mängel des Werks. Die "Tiefe", die ihm Pasternack zuspricht, wird verstanden als "Tieferlegen" der Fundamente durch eine theoretische Konstruktion, die die "Grundlagen ästhetischer Mimesis bis in gattungsgeschichtliche Voraussetzungen der 'Menschwerdung des Menschen'" hineinreichen läßt und "durch Rückschluß von der 'Anatomie des Menschen' auf die des Affen" gewinnt (S. 45f.). Besteht aber gerade in solcher Tiefe das Desiderat einer neuen "großen" Ästhetik? Schließlich ist jenes Tieferlegen der Fundamente mit dafür verantwortlich, daß der Leser auf weiten Strecken den Eindruck hat, hier werde planmäßig dem Phänomen ausgewichen, das der Titel doch so direkt benennt: "die Eigenart des Ästhetischen".

65 Dies steht im Widerspruch zu der Behauptung, erst im Rahmen einer solchen marxistischen Ästhetik könne vom "Ankurbeln einer neuen Entwicklung" im Sinne des "erstmaligen Aufbaues der Ästhetik auf wirklich wissenschaftlichen Grundlagen" die Rede sein (Probleme der Ästhetik, S. 12). So spricht Lukács immer wieder von "ästhetischen Gesetzen", ohne diesen Begriff kriteriologisch festzulegen und von Begriffen wie "Norm", "Tendenz" oder "Regel" zu unterscheiden.

66 Lukács (Anm. 24), 1. Halbband, S. 246.

67 Ebenda, S. 230.

68 Ebenda, S. 468.

69 Zur Vieldeutigkeit des Realismusbegriffs seit dem Streit um Courbet vgl. Herding, Klaus: Mimesis und Innovation. Überlegungen zum Begriff des Realismus in der bildenden Kunst, in: Oehler, Klaus (Hrsg.): Zeichen und Realität, Tübingen 1984, Bd. 1, S. 83ff.

70 Lukács (Anm. 38), S. 401.

71 Lukács (Anm. 24), 2. Halbband, S. 826.
72 Ebenda, S. 330.
73 Ebenda, S. 331.
74 Vgl. dazu die entsprechenden Dokumente in: Pfrogner, Hermann: Musik. Geschichte ihrer Deutung, Freiburg 1954.
75 Lukács (Anm. 24), 1. Halbband, S. 618ff.
76 Ebenda, 2. Halbband, S. 366.
77 Ebenda, S. 378.
78 Ebenda, S. 401.
79 Ebenda, S. 395.
80 Ebenda, S. 394.
81 Dahlhaus, Carl: Musikalischer Realismus. Zur Musikgeschichte des 19. Jahrhunderts, München 1982, S. 64.
82 Lukács (Anm. 24), 1. Halbband, S. 31.
83 Pasternack (Anm. 64), S. 7.
84 Adorno (Anm. 4), S. 16f.

Zur 'Ontologie' von Georg Lukács

Frank Benseler

Meine These ist: Lukács hat in 'Geschichte und Klassenbewußtsein' (Lukács 1923) versucht, die fortschrittlichste Theorie, die er glaubte finden zu können, philosopisch zu verankern – er ist damit gescheitert. Einerseits entstand, ein halbes Jahrhundert nach Marx, der 'westliche Marxismus'; andererseits der 'historische Materialismus' Stalins. Nun versucht Lukács wieder ein halbes Jahrhundert später erneut einen Brückenschlag: Er will den Histomat erlösen, den Marxismus auf europäisches Niveau bringen und diskussionsfähig machen, ohne jedoch zu akzeptieren, was dort verhandelt wird.

Ich berichte über die antizipierte Rezeption von Lukács' Ontologie, über Absichten und Wirkungen. Vielleicht ist es gut, daß die Auseinandersetzung über die 'Ontologie' an das Ende einer Veranstaltung rückt, wo mit großer Mühe und viel Sachverstand versucht und gefordert wird, Lukács nicht in den Kontext des westlichen Marxismus, der ja eben von ihm ausgeht, vielmehr der westlichen Wissenschaft als konstante Größe einzubeziehen. Gesellschaftsontologie, wie sie Lukács versteht, ist ja nicht die Lehre von der Natur als Sein, auch nicht die vom fundamental-ontologischen Daseienden der Heideggerschen Version (Heidegger 1927); sondern die Synthesis objektiver wie subjektiver Dialektik: Mit anderen Worten die Beschreibung eines Prozesses von Fortschritt im Sinne der Humanisierung von Menschsein.

Lukács ist nicht nur vor 100 Jahren geboren, er ist alt und groß auch in dem Sinn, daß man bei jeder Zeile seiner Spätwerke (vgl. auch Lukács 1963) den Eindruck hat, daß er mit Aristoteles, Spinoza und Marx intim – und nicht nur auf den Knien des Verstandes, um Petrarca abzuwandeln – verkehrte. Lukács hat Jakob Burckhardt nicht geschätzt; aber dessen Funktionsbeschreibung des Philosophen, nämlich den inneren Gehalt der Zeit als unvergängliche Kunde auf die Nachwelt zu überliefern (Burckhardt 1935, 214) hätte er akzeptiert.

Wie kann man, so die große Frage von Lukács, eine Welt aufklären, die sich für aufgeklärt hält? Wo einerseits das Letzte immer das Beste ist, und andererseits seit Marx alles er- und bekannt ist, so daß nur noch deren gesellschaftliche Anatomie zu interpretieren bleibt? Es gibt nicht nur hier Posthistoriker, die der Entwicklung gleichsam die Bremspantoffel des Peter Schlemihl in der Form neuer Metaphysik anziehen wollen. Posthistorie gibt es auch da, wo die Reste stalinistischer Bürokratie einmal Gelerntes so festumschlungen halten, als gebe es das klassische Proletariat noch, wie auch die absolute Verelendung, als wären die Marx'schen Schemata mehr als begriffsrealistische Zeitpositionen.

Das ist nicht einmal mit romantischer Rückwärtssehnsucht vergleichbar; Lukács selbst hat dafür einen modernen Dichter bemüht, als er in der Deportation einen Kollegen unvermutet vorfand und ausrief: Kafka hat recht. Was würde er erst gesagt haben, wenn er erfahren hätte, daß von den 28 000 Exemplaren der russischen Ausgabe seiner 'Ästhetik' 4 000 mit dem Eindruck 'nur für wissenschaftliche Bibliotheken' versehen sind, und daß im Prospekt des Moskauer Progress-Verlages zu lesen ist, daß die anderen 24 000 Exemplare fürs Ausland bestimmt sind, während der Re-Import verboten ist? Schlicht ausgedrückt: Wo ihn niemand lesen kann, ist er gut, und wo er gut wäre, bleibt er im ideologischen Giftschrank. Eben gegen diese äußerste Form verdinglichter Behandlung hat Lukács sich immer gewehrt: Die Schranken gesellschaftlicher Herrschaftsverhältnisse müssen und sollen fallen. Einerseits das, was wir mit Webers von Lukács aufgenommenem Wort das "eherne Gehäuse der Hörigkeit" (Weber 1956) nennen, einen Selbstlauf der gesellschaftlich geschaffenen Institutionen mit höherem Anspruch, nämlich Bürokratie im Weltmaßstab (Jacoby 1984); andererseits jene gesellschaftliche Macht, die Hintersassen der jeweiligen Produktionsmittelinhaber oder -verfüger entstehen läßt, ohnmächtige, wie auch immer ideologisch oder konsumterroristisch geköderte Hülsen.

Zur Aufklärung der Aufgeklärten muß man zunächst auf- und abräumen. Lukács schrieb seinem unter der Masse des Manuskriptes ächzenden Lektor: "Man muß sich wie im Märchen durch den dicken Reisbrei fressen. Ich glaube nun, daß dies nicht mein individueller Fehler ist, sondern an der Periode liegt, in der wir leben. Ich schrieb Ihnen schon über die Wichtigkeit der Kategorienprobleme. Wenn ich heute um dreißig Jahre jünger und ein einflußreicher Universitätsprofessor wäre, so würde ich versuchen, zumindest ein Dutzend begabter junger Leute für Kategorienprobleme zu mobilisieren. So muß ich den Teil der Arbeit, die auf mich fällt, allein, in einer langwierigen und wenig genußreichen Weise machen. Aber die Arbeit muß getan werden, denn unsere Forschungen sind seit vierzig Jahren stehengeblieben und erstarrt und was im Westen geschieht, ist in dieser Hinsicht die reine Hochstapelei. Man könnte sagen, daß Subjektivität und Objektivität, Erscheinung und Wesen etc. systematisch durcheinandergeworfen werden. Hier eine Ordnung zu schaffen, ist beinahe die Reinigung eines Augiasstalls. Das ist natürlich weder erfreulich, noch vergnüglich; weder für den Autor und noch weniger für den Leser." (Brief, 12.7.1961)

Hochstapelei im Westen, Verkrustung im Osten, sozusagen negative Propheten rechts, und positive links, das Weltkind in der Mitte in der Rolle eines universellen Herakles. Wenn das Machbare die Phantasie überholt, während doch eben die Einbildungskraft es ist, der alle teleologischen Setzungen als Grundakte für Arbeit, für Machbares überhaupt, entspringen, dann wird deutlich, welche Arbeit Lukács sich aufgeladen hat. Kamper (1981, 1985) hat als selbsternannter Testamentsvollstrecker der Nietzsche'schen Theorie der

Welt als Auslegung festgestellt: "Es ist die Stunde der fälligen Einsicht, daß die Entmaterialisierung der Welt, ihre Transformation in Bilder, in Vorstellungen, in Zeichen, sich zu einer imaginären Obsession ohnegleichen ausgewachsen hat, die jeden Unterschied von Realität und Fiktion tendenziell annuliert und damit einen unaufhörlichen Schwindel erzeugt." Gerade diesen Schwindel in doppelter Bedeutung, den objektiven einer historischen Problemstandsfälschung und den subjektiven einer "neuen Unübersichtlichkeit" (Habermas 1985) will Lukács aufheben: Er glaubt nachweisen zu können, daß nicht, wie bei Hegel, das allgemeine durch das historische Wirken des Subjekts produziert wird, sondern daß das Persönliche eine gesellschaftliche Kategorie ist (Lukács 1986, 513); Phantasie gehört der objektiven Dialektik an.

Von ungefähr kommt man bei solchen, noch zu diskutierenden, zu bestätigenden Positionen nicht an. Es wird Aufgabe der Forschung sein, die biographische wie philosophische Genese der Ontologie bei Lukács im einzelnen zu verfolgen. Aber ich will schon hier einen Hinweis geben, der verfolgt werden könnte: Lukács hat sich nach seiner Essayperiode intensiv und lange mit Ästhetik beschäftigt. Die 'Heidelberger Ästhetik' und die 'Heidelberger Philosophie der Kunst' sind bekannt (Lukács 1974a und b). Die grundsätzliche theoretische Fragestellung war: "Es gibt Kunstwerke, wie lassen sie sich begründen?" Die klassische Antwort, das Sein des Kunstwerks aus Normen, philosophischen, moralischen, ästhetischen erwachsen zu lassen, hat Lukács sich versagt. Er hat einen radikalen Entwurf versucht, der Kunst mit Erlebniswirklichkeit zusammenbrachte — wenngleich er ihn vormarxistisch theoretisch nicht durchführen konnte. Hier, in diesem wie Bohrer (1979, 381) es nennt, antizipatorischen Augenblick, stoßen 'Subjektivität und unbekannte Objektivität' unabgestützt durch Geltung, durch Normen, aufeinander. Im Kunsterlebnis, so der junge Lukács, stelle sich keine Maxime der normativen Stellungnahme dar, und deshalb treten auch keine Wert- oder Wahrheitsdifferenzen auf, es gibt nur Wahrnehmungen von spezifischer Qualität und Intensität. Also: Weder wertideales konservatives Kunstverstehen, noch orthodoxe Widerspiegelungsdogmatik, die beide normativ gesetztes Gutes, Schönes und Wahres übereinstimmend vermehren. Dagegen: Spontaneität einer Norm erst im Augenblick des Erlebnisses setzenden Kraft. Lukács hat später (1966, 9) diese Kraft bezeichnet: "Erst Spinoza" — heißt es — "entdeckte mit der Herrschaft der von der Vernunft mobilisierten über die bloß spontanen Affekte eine rein irdisch menschliche Form für diese Basis der Existenz des Menschengeschlechts als Menschengeschlecht." Damals wars Phantasie — und 50 Jahre später hat Lukács ganz genau an dieser Stelle die eigentliche produktive Kraft, nunmehr nicht mehr nur für die Ästhetik, sondern für die tätige Auseinandersetzung mit Natur und Gesellschaft selbst, teleologische Setzung genannt. Dies meine ich, wenn ich sage, daß die Bezugnahme auf Herakles so ohne nicht ist: Man muß schon gewaltige Vorarbeit gemacht haben, um dies Ankommen zu erreichen. Übrigens mit Umwegen: Schließlich hat Lukács durchaus daran mitgewirkt, wertkonservative, objektivistische Dogmen theoretisch zu stabilisieren. Damit hat er sich des Vertrauens seiner westlichen Zeitgenossen damals entledigt und es scheint, daß er mit der 'Ontologie' das seiner östlichen verliert. Aber, würde Lukács mit Aragons Telemach (1985, 96) sagen: "Verharren Sie nur im Zustand von zwei oder drei angenehmen Gewißheiten." Auch wenn für mich die Hoffnungen des Alters manchmal meine Weisheit übersteigen. Die Entscheidung trifft die Geschichte.

Mit der 'Ontologie' des gesellschaftlichen Seins kehrt Lukács aber nicht nur zu dieser Frühphase zurück; sondern zu einem Thema und den eigenen Lösungsversuchen, die ihn in den frühen zwanziger Jahren beschäftigten und als deren Ergebnis 'Geschichte und Klassenbewußtsein' gilt. Der Versuch, gesellschaftsontologische Positionen unter der Kategorie Totalität zu fassen, hat ja mit einem Schlag sowohl den damals positivistischen akademischen, wie den undogmatischen politischen, also sozialdemokratischen Marxismus obsolet gemacht. Allerdings hat die Revision der radikalen, nur gesellschaftlichen Dialektik, die Lukács noch in seinem Vorwort von 1967 (Lukács 1923) ausspricht, sehr erschwert, den gesellschaftsontologischen Ansatz dahinter festzustellen (vgl. Habermas 1985, 244). Das Mißverständnis war nicht nur von Lukács selber ausgelöst, sondern auch gefördert worden. Er operierte lange Zeit mit einem Begriff der Ontologie, der − von Lenin vorgeprägt − im Gegensatz zur Erkenntnistheorie objektive Realität meint. War für ihn eine undialektische Seins- als ungesellschaftliche Naturlehre mit seinen Grundüberzeugungen von einer historischen (subjektiven wie objektiven) Dialektik unvereinbar, so war das erst recht der Fall, wo die westliche Philosophie Ontologie als erkenntnistheoretisch fundierte Wirklichkeit durch dogmatische Identifizierung von im Bewußtsein gefundener Gegenständlichkeit mit Realität "erdichtet", wie Lukács (1951, 134 gegen Husserl gewendet) schreibt. Auch später hat er immer wieder zu Mißverständnissen Anlaß gegeben. Kurz vor seinem Tode hat Lukács eine sehr einfache Erklärung seines gesellschaftlichen Welterzeugungsprinzips in einem Interview ausgesprochen:

"Nach Marx stelle ich mir die Ontologie als die eigentliche Philosophie vor, die auf der Geschichte basiert. Nun ist es aber historisch nicht zweifelhaft, daß das anorganische Sein zuerst ist, und daraus − wie, das wissen wir nicht, aber wann, das wissen wir ungefähr − geht das organische Sein hervor, und zwar in dessen pflanzlichen und tierischen Formen. Und aus diesem biologischen Zustand geht dann später durch außerordentlich viele Übergänge das hervor, was wir als menschliches gesellschaftliches Sein bezeichnen, dessen Wesen die teleologische Setzung der Menschen ist, das heißt die Arbeit. Das ist die entscheidende neue Kategorie, weil sie alles in sich faßt. Vergessen Sie nicht, daß wir auch in allen möglichen Wertkategorien sprechen, wenn wir vom menschlichen Leben sprechen. Welches ist der erste Wert? Das erste Produkt?

Entweder entspricht ein Steinschlägel dem Zweck, oder er entspricht seinem Zweck nicht. In dem einen Falle wird er wertvoll sein, in dem anderen Falle wird er wertlos sein. Wert und Wertlosigkeit kommen auch in der biologischen Existenz noch nicht vor, denn eigentlich ist der Tod ein ebensolcher Prozeß wie das Leben. Zwischen ihnen gibt es keinen Wesensunterschied. Der zweite grundlegende Unterschied ist das 'Sollen', das wir ungarisch mit 'Legyen' bezeichnen, das heißt, die Dinge verändern sich nicht von selbst, nicht durch spontane Prozesse, sondern infolge bewußter Setzungen. Die bewußte Setzung bedeutet, daß der Zweck dem Ergebnis vorausgeht. Das ist die Grundlage der gesamten menschlichen Gesellschaft. Jener Gegensatz, der sich zwischen Wert und Nicht-Wert, zwischen Zustandegebrachthaben und Zustandegekommensein spannt, macht eigentlich das ganze menschliche Leben aus... Marx hat vor allem ausgearbeitet, und das halte ich für den wichtigsten Teil der Marxschen Theorie, daß es die grundlegende Kategorie des gesellschaftlichen Seins ist, und das steht für jedes Sein, daß es geschichtlich ist. In den Pariser Manuskripten sagt Marx, daß es nur eine einzige Wissenschaft gibt, nämlich die Geschichte, und er fügt sogar noch hinzu: 'Ein ungegenständliches Wesen ist ein Unwesen.' Das heißt, eine Sache, die keine kategoriale Eigenschaft besitzt, kann nicht existieren. Existenz bedeutet also, daß etwas in einer Gegenständlichkeit von bestimmter Form existiert. Die Gegenständlichkeit von bestimmter Form macht jene Kategorie aus, zu der das betreffende Wesen gehört. Hier trennt sich die Ontologie scharf von der alten Philosophie. Die alte Philosophie skizzierte nämlich ein Kategoriensystem, innerhalb dessen auch die historischen Kategorien vorkamen. Im Kategoriensystem des Marxismus ist jedes Ding primär ein mit einer Qualität, einer Dinglichkeit und einem kategorialen Sein ausgestattetes Etwas. Ein ungegenständliches Wesen ist ein Unwesen. Und innerhalb dieses Etwas nun ist die Geschichte die Geschichte der Veränderungen der Kategorie. Die Kategorien sind also Bestandteil der objektiven Wirklichkeit. Es kann absolut nichts existieren, was nicht in irgendeiner Form Kategorie wäre. In dieser Hinsicht trennt sich der Marxismus unwahrscheinlich scharf von den vorhergehenden Weltanschauungen: Im Marxismus macht das kategoriale Sein des Dinges das Sein des Dinges aus, während in den alten Philosophien das kategoriale Sein die grundlegende Kategorie war, innerhalb deren sich die Kategorien der Wirklichkeit herausbildeten. Es ist nicht so, daß sich die Geschichte innerhalb des Kategoriensystems abspielt, sondern es ist so, daß die Geschichte die Veränderungen des Kategoriensystems ist. Die Kategorien sind also Seinsformen. Sofern sie natürlich zu Ideenformen werden, sind sie Widerspiegelungsformen, primär jedoch Seinsformen. Auf solche Weise kommen ganz andere Kategoriengruppen und Kategorieninhalte zustande. Nehmen wir das historisch berühmte Beispiel, wie Leibniz den Prinzessinnen erklärt hat, daß es keine zwei gleichförmigen Baumblätter gebe. Er hätte ihnen auch erklären können, daß es keine zwei gleichförmigen Kieselsteine gebe. Die

Einzigartigkeit der Gegenstände ist von ihrem Sein untrennbar und kann auf nichts zurückgeführt werden. Das heißt, ich würde sagen, daß das Kategoriensystem vom Aspekt der Einzigartigkeit jene Entwicklung zeigt, in deren Verlauf sich die Kategorie der Einzigartigkeit aus der Einzigartigkeit des Kieselsteins als Ergebnis einer außerordentlich langen Entwicklung bis hin zur Einzigartigkeit des Menschen entwickelt." (Lukács 1980, 235ff.)

Nun zur Kritik. Adorno, der die Entwicklung bis zur Ontologie nicht vorhersehen konnte, hatte Lukács vorgeworfen (1958, 255, 259, 280), daß er Naturkategorien auf gesellschaftlich Vermitteltes projiziere, während Marx/ Engels eben dagegen ideologiekritisch polemisiert hätten. Lukács erhebe zentral den Vorwurf des Ontologismus gegen die avantgardistische Literatur, die er an den Existentialien des Fundamental-Ontologen Heidegger fälschlich festmachte, schließlich konstatiert Adorno: "Der Bann, der Lukács umfängt und ihm die ersehnte Rückkunft zur Utopie seiner Jugend versperrt, wiederholt die erpreßte Versöhnung, die er am absoluten Idealismus durchschaut." Mit der Utopie meinte Adorno "die Studien zu 'Geschichte und Klassenbewußtsein', in denen er (Lukács, F.B.) als dialektischer Materialist die Kategorie der Verdinglichung erstmals auf die philosophische Problematik prinzipiell anwandte." Und die erpreßte Versöhnung bezieht sich aufs idealistisch-identische Subjekt-Objekt. Adorno zeichnet hier das Programm vor, dem Lukács, ohne noch dem Insinuierten folgen zu wollen, ja es überhaupt als solches zu akzeptieren, sich ergibt, indem er objektive Dialektik als Voraussetzung für die subjektive Dialektik faßt, Naturontologie als Grundlage gesellschaftlicher Ontologie, während Erkenntnistheorie nicht gegenstandserzeugend sein kann, im Gegensatz zur Dialektik, der "objektiven Gesetzlichkeit einer jeden Wirklichkeit", die damit als "ontologisch aufgefaßte Dialektik … universell" sein muß.

In einer noch nicht veröffentlichten Notiz 'Ad Lukács' von 1950, die im 20. Band der Gesammelten Schriften von Adorno erscheinen wird, geht dieser auf Lukács' Kritik an der Fundamentalontologie Heideggers ein. Adorno attestiert Lukács hier, daß er begriffen habe, "der Heideggersche Rückgriff hinter die Subjekt-Objekt-Beziehung, wie sie das Thema der traditionellen Philosophie bildet, sei 'ein Versuch zum Ausbruch aus eben jenem verdinglichten Denken', dem er in 'Geschichte und Klassenbewußtsein' so eindringliche Analysen gewidmet" habe. Doch, sagt Adorno, Lukács vergißt sogleich die Problematik der Verdinglichung, die bei Heidegger abstrakte, höhere Ordnung wie Sein und Dasein also eine Kant gegenüber vorkritische ontologische Position bedeutet und sich mit schillernden ontologischen wie 'ontischen' Kategorien unredlich verziert. Lukács selber beziehe demgegenüber einen verdinglichten Standpunkt, indem er Sein und Bewußtsein unvermittelt sich gegenüber stelle, "als wäre die Rede von Dialektik im Marxismus überhaupt nicht ernst gemeint. Ja, jeder Versuch einer dialektischen Ansicht vom Verhältnis von Subjekt und Objekt — die einzig mögliche Methode, theoretisch über

die philosophische Verdinglichung hinauszugehen — verfällt dem Bannspruch."
Adorno wird noch drastischer: "Die marxistische Einsicht vom Vorrang der
objektiven gesellschaftlichen Verhältnisse gegenüber dem subjektiven Bewußtsein
wird in einen statischen Dualismus pervertiert, der paradox genug vermöge des
Chorismos von Sein und Bewußtsein in der Konsequenz nicht weniger ontologisch sich anläßt, als die Heideggersche Metaphysik. Der Versuch der Vermittlung von Subjekt und Objekt, das Kernstück einer jeden Dialektik, das in der
Marxschen Theorie sehr wohl aufgehoben ist, wird diffamiert, als handele es
sich dabei um einen bürgerlichen Kompromiß und nicht um eine Konsequenz
des Gedankens, die mit dem Subjekt der Erkenntnis schließlich auch der
spontanen Praxis ans Leben geht und notwendig zum konformistischen Einverständnis mit jener objektiven Tendenz entartet, auf welche die je herrschende
Praxis so leicht sich berufen kann. So legitim Lukács' Widerwille gegen einen
'dritten Weg' ist, der einerseits idealistisch, andererseits materialistisch sich
rechtfertigen möchte, so absurd ist es, als solchen akademischen Ausweg das
dialektische Prinzip selber zu verspotten."

A. Heller hat 1966 Jürgen Habermas den Aufriß der Lukácsschen Ontologie und den Inhalt der damals schon gestalteten Kapitel gesprächsweise dargelegt. Dieser war schon dem Plan gegenüber prinzipiell abweisend: Ein solcher
Versuch gehöre zur 'philosophischen Vergangenheit', weil er in der Tradition
der großen Systeme des Rationalismus stehe, denen historischer Marxismus sich
entgegensetze. Geschichtlichkeit und Systematik sind, so resümiert Heller, nicht
zu homogenisieren; generalisierend ist auch methodisch nichts auszurichten, statt
dessen muß jede Kategorie in der ihr zukommenden historischen konkreten
Erscheinungsform untersucht werden. Das Ganze ist das Unwahre, hatte
Adorno gesagt; eben die historische Totalität als Diskriminante zur Einzel-
wissenschaft aber hat, sofern sie sich als philosophischer Entwurf auch der
Kategorien bemächtigt, jenen Makel, den Lukács in 'Geschichte und Klassenbewußtsein' sozialisationstheoretisch aufzuheben sich bemüht hatte.

Mit diesem auf historische Widersprüchlichkeit, auf systematische Anomie
gebauten Verdikt wurde die Rezeption sowohl im marxistischen Lager, im
Bereich des westlichen Marxismus, wie auch in der nichtmarxistischen
Philosophie und Geisteswissenschaft praktisch stillgelegt.

Aus einem anderen Zusammenhang, und sachlich wesentlicher, weil nun
direkt auf die 'Ontologie' bezogen, deren Entstehungsprozeß sie diskutierend
begleiten konnten, stammt die Kritik der Lukács-Schüler Ferenc Fehér und
Agnes Heller, sowie seinen Mitarbeitern György Márkus und Mihaly Vajda. In
den "Aufzeichnungen für Genossen Lukács zur Ontologie 1968-1969" (Heller
1983) können die Verfasser sich darauf berufen, daß Lukács die Ontologie
ihnen Kapitel für Kapitel und komplett maschinengeschriebene Manuskripte
sodann im Jahre 1968 mit dem ausdrücklichen Wunsch überreicht habe, ihre
Kritik mit ihm zu erörtern, um die Resultate für die Korrektur bzw. eine

Umarbeitung zu verwenden. Die Arbeitsgruppe faßte intensive Diskussionen mit Lukács in den Hauptpunkten zu einem einheitlichen Text zusammen, der Lukács zuging. Aufgrund dieser Interpellation, sagen die Autoren, artikulierte sich für Lukács das Unbehagen über die ausufernden Dimensionen seiner Arbeit dahin, daß er beabsichtigte, die ersten drei historischen Kapitel wegzulassen, bzw. eine präzise Einführung an ihre Stelle zu setzen. Dann wäre auch der Gegensatz zwischen historischem und systematischem Teil getilgt gewesen, denn das Marx-Kapitel gehört inhaltlich wie darstellungsmäßig zu den Kapiteln Arbeit, Reproduktion, Ideologie und Entfremdung. Aus dieser Einführung wurden dann die "Prolegomena", die ihn bis zu seinem Tod beschäftigten und den Plan einer Umarbeitung der ersten Kapitel nicht zur Ausführung kommen ließ.

Die Verfasser, geschult an 'Geschichte und Klassenbewußtsein' und getragen von der Erwartung, die 'Ontologie' möge die in der 'Ästhetik' von Lukács erreichte Objektivationstheorie als Lösung des problematischen Verhältnisses von geschichtlichen Wertprodukten und deren normativer, allgemeingültiger Form, fortführen, sehen sich in diesem Punkt enttäuscht. Sie bemängelten, daß Lukács methodisch unklar blieb, daß er die Gesellschaftszentriertheit der Ontologie gegenüber den naturdeterministischen Auffassungen des klassischen Marxismus nicht rigoros genug betonte, daß nur eine äußere Synthese von Marxismus und Philosophie zustandegekommen sei, während die Frage, wie Historizität und systematische Universalität im Geiste von Marx zu vereinbaren sei, geradezu ungelöst geblieben sei. Im einzelnen negieren die Verfasser begründet und vom Standpunkt von 'Geschichte und Klassenbewußtsein' aus die 'Dialektik der Natur'; verwerfen die Widerspiegelungstheorie Lukács' in der Erkenntnistheorie; betonen die Idee des 'historischen Fortschritts' als historisch sinngebendes Prinzip für die jeweilige Situation; lehnen die Geltung von menschlicher Tätigkeit "unabhängiger gesellschaftlich-geschichtlicher Gesetze" ab, und bemängeln, daß Lukács keine konsistente Wertkonzeption (seis ökonomisch, seis moralisch) aufweist. Die Abgrenzung zu Lukács wird in einer, von allen Verfassern akzeptierten Definition der Philosophie von György Márkus (1968) deutlich: "Die Aufgabe der Philosophie besteht darin, die Alternativen der Gegenwart zu wirklich bewußten Fragen (und Antworten) zu gestalten, indem sie dem Platz der grundlegenden Konflikte des Heute in der Gesamtentwicklung der Menschheit nachforscht, das Verhältnis der Handlungs- und Entwicklungsalternativen zu den von der Menschheit geschichtlich erschaffenen Werten aufdeckt und damit ihre Bedeutung, ihren 'Sinn' aus dem Gesichtspunkt der ganzen menschlichen Entwicklung erklärt. In diesem Sinne ist die Philosophie wahrlich nichts anderes als eine sich ständig erneuernde, immer der Gegenwart entwachsene 'Zusammenfassung der allgemeinen Resultate..., die sich aus der Betrachtung der historischen Entwicklung der Menschen abstrahieren lassen' (Marx), die reale Ontologie des gesellschaftlichen Seins, das die aus dem Gesichtspunkt der Entfaltung des 'menschlichen Wesens' betrachtete Geschichte selbst ist."

Erst wenn dieser kritische Standpunkt gewürdigt wird, sind die Prolegomena, die auf einige der erwähnten Einwände eingehen, richtig einzuschätzen. Wenn der prinzipielle Gegensatz dieser Gruppe zur Gesamtkonzeption der 'Ontologie', wie er sich in zahlreichen Veröffentlichungen der Verfasser, die, sofern zu seinen Lebzeiten erschienen, von Lukács trotz ihres abweichenden Standpunktes im Geiste 'revolutionärer Toleranz' akzeptiert wurden, sich noch solidarischen ehemals gemeinsamen Zielen gegenüber einordnen ließ; so gilt dies nicht von der weltanschaulich–ideologischen Kritik, die von einem orthodox–marxistischen Standpunkt aus W.R. Beyer den damals nur vorläufigen Zusammenfassungen der Gedanken von Lukács (1969) angedeihen ließ (Beyer 1969, 1970, 1976).

Unmittelbar nach dem Erscheinen des Kapitels 'Arbeit' begann eine sachhaltigere Diskussion über die 'Ontologie' in der DDR, von der hier nur auf Peter Ruben und Camilla Warnke (1979) verwiesen werden soll. Die Verfasser kommen zu dem Ergebnis, daß Lukács die objektive Zielstrebigkeit des historischen Prozesses verkenne, Natur und Gesellschaft voneinander trenne und die dialektische Totalität des Gesamtprozesses verschwinden lasse. Von ungarischer Seite setzte die offizielle Diskussion verstärkt nach dem Erscheinen der ungarischen Übersetzung der 'Ontologie' (Lukács 1976a) ein. Verwiesen sei auf die Aufsätze von Tökei (1979) und Almási (1979, 1985).

Wesentlich ist der Versuch einer an Sartre geschulten Rezeption der Ontologie aus marxistischer französischer Sicht, die neuerdings auf Tertulian zurückgeht (1978, 79, 80, 84, 85). Mit Goldmann (1973) stellt er eine Beziehung zwischen der Fundamentalontologie Martin Heideggers und Lukács' her, die sich – gegen die Absicht des Autors – aus der gemeinsamen Problematik von Vergegenständlichung und Verdinglichung, Entäußerung und Entfremdung ergibt und die grundstürzende Zeitproblematik einer 'Dialektik der Aufklärung' (Horkheimer/Adorno 1947) bzw. 'Eclipse of Reason' (Horkheimer 1947) anzeigt.

Von hier ausgehend zeigt Tertulian dann aber, wie Lukács gegen die Geschichtsteleologie einerseits, den Naturdeterminismus andererseits den zwar objektiven und von den natürlichen Verhältnissen wie auch von gesellschaftlichen Gesetzen bedingten freien, d.h. zwischen Möglichkeiten wählenden Akt der 'teleologischen Setzung' herausgearbeitet.

Die Synthese aus zahllosen Wahlhandlungen im Kontext arbeitender Auseinandersetzungen mit der spontanen Kausalität der Natur wie auch den historisch gewordenen Gesetzen der Gesellschaft führt zu einer anderen, neuen Wirklichkeit. Innerhalb der teleologischen Setzung werden unterschieden die Vergegenständlichung als Nutzung der objektiven Kausalreihen oder gesellschaftlicher Situationen; und Entäußerung, womit die Rückwirkung eben dieser

Tätigkeit auf Subjekt gemeint ist. Davon abgehoben erscheint die seit Marx geläufige, und von Lukács in 'Geschichte und Klassenbewußtsein' theoretisierte Entfremdung jetzt in neuem Licht: Sie liegt vor, wo Überleben und gesellschaftliche Reproduktion ausschließlich das individuelle Handeln bestimmen im Gegensatz zur Bildung von Persönlichkeit. Das der gesellschaftlichen Reproduktion unterworfene Subjekt verharrt in einer Gattungsmäßigkeit an-sich; die autonome Persönlichkeit entspricht einem Stadium der Gattungsmäßigkeit für-sich, womit Lukács das Reich der Freiheit, wie es bei Marx dem Reich der Notwendigkeit entgegengesetzt wird, trifft.

Wenn die postmoderne Besinnung auf 'Ontologie' dem Dictum Roland Barthes' zu folgen scheint, nach dem Mythus darin besteht, Geschichte in Natur zu verwandeln, so liegt bei Lukács der klassische Versuch einer Vermittlung zwischen Natur und Geschichte vor, bei der die Naturschranke zurückweicht, die unaufhebbare Kausalität aber in den Dienst teleologischer Setzungen gestellt ein immer gesellschaftlicher Werden der Menschheit und in diesem Prozeß Gattungsmäßigkeit für sich entstehen läßt: Persönlichkeit, wie sie alteuropäisch intendiert war.

Literatur

Adorno, Theodor W. (1958): Erpreßte Versöhnung, in: Der Monat, 11. Jg. Nov. 1958, jetzt: Gesammelte Schriften 11, Noten zur Literatur, Frankfurt 1974.

Almási, Miklos (1979): Zur Ontologie der ”Erscheinung”, in: Deutsche Zeitschrift für Philosophie 1979, H. 11, S. 1365-1372.

Ders., (1985): Georg Lukács, wie wir ihn heute sehen, in: Internationales Symposium 12.3.1985. Das Werk und Wirken von Georg Lukács in der deutschen Arbeiterbewegung, Marx-Engels-Stiftung, Wuppertal 1985, S. 26-31.

Aragon, Louis (1985): Die Abenteuer des Telemach, Frankfurt 1985.

Beyer, Wilhelm Raimund (1969): Marx-Ontologie, in: Deutsche Zeitschrift für Philosophie, 17. Jg. 1969, Nr. 11.

Ders., (1970): ”Marxistische Ontologie” − Eine Modeschöpfung des Idealismus, in: ders., Vier Kritiken, Köln 1970, S. 195-232.

Ders., (1976): Zauberformel ”Gesellschaftsontologie”, in: Araszus, W.: Materialismus, Wissenschaft und Weltanschauung im Fortschritt, Köln 1976.

Bohrer, Karl Heinz (1979): Die Furcht vor dem Unbekannten, in: Merkur, 1979, S. 373ff.

Burckhardt, Jacob (1935): Weltgeschichtliche Betrachtungen, hg. v. R. Marx, Stuttgart 1935.

Goldmann, Lucien (1973): Lukács et Heidegger, Paris 1973.

Habermas, Jürgen (1985): Die neue Unübersichtlichkeit − Kleine Politische Schriften V, Frankfurt 1985.

Heidegger, Martin (1927): Sein und Zeit, Halle 1927.

Heller, Agnes (Hg.) (1983): Lukács reapraised, New York 1983.

Horkheimer, Max (1947): Eclipse of Reason, New York 1947.

Horkheimer, Max / Adorno, Theodor W. (1947): Dialektik der Aufklärung, Amsterdam 1947.

Jacoby, Henry (1984): Die Bürokratisierung der Welt, überarbeitete und erweiterte Auflage, Frankfurt/New York 1984.

Kamper, Dietmar (1981): Zur Geschichte der Einbildungskraft, München/Wien 1981.

Ders., (1985): Aufklärung — was sonst?, in: Merkur, 1985, S. 535ff.

Lukács, Georg (1923): Geschichte und Klassenbewußtsein, in: Werke Bd. 2, Frühschriften II, Neuwied und Berlin 1968.

Ders., (1951): Existenzialismus oder Marxismus?, Berlin 1951.

Ders., (1963): Ästhetik Teil I: Die Eigenart des Ästhetischen, in: Werke Band 12/13, Neuwied und Berlin 1963.

Ders., (1966): Von Nietzsche zu Hitler oder Der Irrationalismus und die deutsche Politik, Frankfurt/Hamburg 1966.

Ders., (1967): Gespräche mit Georg Lukács, hg. v. Th. Pinkus, Reinbek 1967.

Ders., (1969): Die ontologischen Grundlagen des menschlichen Denkens und Handelns, in: ad lectores 8, Neuwied 1969.

Ders., (1974a): Heidelberger Ästhetik (1916–1918), in: Werke Bd. 17, Frühe Schriften zur Ästhetik II, Darmstadt und Neuwied 1974.

Ders., (1974b): Heidelberger Philosophie der Kunst (1912–1914), in: Werke Bd. 16, Frühe Schriften zur Ästhetik I, Darmstadt und Neuwied 1974.

Ders., (1976): A társadalmi lét ontológiájáról, Vol. 1–3, Budapest 1976.

Ders., (1980): Gelebtes Denken — Eine Autobiographie im Dialog, Frankfurt 1980.

Ders., (1986): Zur Ontologie des gesellschaftlichen Seins, Bd. 2, in: Werke Bd. 14, Darmstadt und Neuwied 1986.

Tertulian, Nikolas (1978): G. Lukács et la reconstruction de l'ontologie dans la philosophie contemporaine, in: Rev. de Metaphysique et de Morale No. 4, Paris 1978.

Ders., (1979): On the later Lukács, in: Telos, 40/1979, S. 136–144.

Ders., (1980): Teleologie e causalité in ontologia sociale, in: Critica Marxista, Roma, Nr. 5/1980.

Ders., (1984): La Rinascita dell'Ontologia: Hartmann, Heidegger, Lukács, in: Critica Marxista, Roma, Nr. 3/1984, S. 125–149.

Ders., (1985): Die Ontologie von Georg Lukács, in: Merkur, 1985, S. 309–321.

Tökei, Ferenc (1979): Bemerkungen zum posthumen Werk von Georg Lukács, in: Deutsche Zeitschrift für Philosophie 27, 1979, H. 11.

Weber, Max (1956): Wirtschaft und Gesellschaft, Studienausgabe hg. v. J. Winckelmann, 2. Halbband, S. 1060, Köln/Berlin 1956.

Ausgewählte Literatur

I. Leben und Werk

Bahr, Ehrhard: Georg Lukács, Berlin 1970.

Ders.: Die angelsächsische Lukács-Renaissance, in: Text und Kritik, H. 39/40, 1973, S. 70–75.

Benseler, Frank (Hrsg.): Revolutionäres Denken. Georg Lukács – Eine Einführung in Leben und Werk, Darmstadt/Neuwied 1984.

Beyer, Wilhelm Raimund: Vier Kritiken. Heidegger, Sartre, Adorno, Lukács, Köln 1970.

Bourdet, Yvon: Figures de Lukács, Paris 1972.

Fekete, Eva u. Karádi, Eva (Hrsg.): Georg Lukács. Sein Leben in Bildern, Selbstzeugnissen und Dokumenten, Stuttgart 1981.

Festschrift zum achtzigsten Geburtstag von Georg Lukács, hrsg. v. Frank Benseler, Neuwied und Berlin 1965.

Glowka, Detlef: Georg Lukács im Spiegel der Kritik. Die Interpretationen des Lukács'schen Denkens in Deutschland 1945–1965. Diss., Berlin 1968.

Hanak, Tibor: Kommunistische Diskussionen um Georg Lukács, in: Osteuropa, 11. Jg. 1961, H. 7/8, S. 527ff.

Ders.: Lukács war anders, Meisenheim a.Gl. 1973.

Hauser, Arnold: Im Gespräch mit Georg Lukács, Beck, München 1978.

Herman, István: Die Gedankenwelt von Georg Lukács, Budapest 1978.

Karádi, Eva u. Vezér, Erzsébet (Hrsg.): Georg Lukács, Karl Mannheim und der Sonntagskreis, Frankfurt/M. 1985.

Lichtheim, George: Georg Lukács, München 1971.

Georg Lukács zum siebzigsten Geburtstag, Berlin (Aufbau-Verlag) 1955.

Lukács, Heller, Fehér u.a.: Individuum und Praxis. Positionen der "Budapester Schule". Frankfurt/M. 1975.

Matzner, Jutta (Hrsg.): Lehrstück Lukács, (Beiträge von Cesare Cases, Lucien Goldmann u.a.) Frankfurt/M. 1974.

Parkinson, George Henry Radcliffe: George Lukács, London 1977.

Ders. (Ed.): Georg Lukács, The man, his work and his ideas, introduction by Parkinson, London 1970, p. 1ff.

Pinkus, Theo (Hrsg.): Gespräche mit Georg Lukács, Hans Heinz Holz, Leo Kofler, Wolfgang Abendroth, Reinbek 1967.

Raddatz, Fritz J.: Georg Lukács in Selbstzeugnissen und Bilddokumenten, Reinbek 1972.

Sziklai, László: Georg Lukács und seine Zeit (1930–1945), Wien 1986.

Watnick, Morris: Georg Lukács: An Intellectual Biography, in: Soviet Survey, No. 23, 1958, S. 60ff.; No. 24, 1958, S. 51ff.; No. 25, 1958, S. 61ff.; No. 17, 1959, S. 75ff.

II. Kultur und Politik

Adorno, Theodor W.: Erpreßte Versöhnung. Zu Georg Lukács' 'Wider den mißverstandenen Realismus', in: Gesammelte Schriften, Bd. 11, Frankfurt/M. 1974.

Ahrweiler, Georg (Hrsg.): Betr. Lukács. Dialektik zwischen Idealismus und Proletariat. Mit Beiträgen von Wolfgang Abendroth, Jörg Kammler u.a., Köln 1978.

Arato, Andrew: Lukács' Path to Marxism (1910–1923), in: Telos, Nr. 7, Spring 1971, S. 128–136.

Autorenkollektiv: Georg Lukács. Verdinglichung und Klassenbewußtsein, Verlag für das Studium der Arbeiterbewegung, Westberlin 1975.

Bak, János M.: Die Diskussion um die Räterepublik in Ungarn 1919, in: Jahrbücher für Geschichte Osteuropas, N.F. Bd. 14, 1966, S. 551ff.

Beiersdörfer, Kurt: Max Weber und Georg Lukács. Über die Beziehungen von Verstehender Soziologie und Westlichem Marxismus, Frankfurt/M. 1986.

Benseler, Frank: Ein Lokalpatriot der Kultur, in: Festschrift zum achtzigsten Geburtstag von Georg Lukács, hrsg. von Frank Benseler, Neuwied und Berlin 1965, S. 13ff.

Ders.: Intelligenz und Klassenkampf, in: Frank Benseler, Hannelore May, Hannes Schwenger: Literaturproduzenten!, Voltaire Handbuch 8, Berlin 1970, S. 32ff.

Biro, Karl: Die ungarische Arbeiterbewegung seit dem Sturz der Räterepublik, 1919–1925, Hamburg 1925.

Boella, Laura: Il giovane Lukács. La formazione intellettuale e la filosofia politica 1907–1929, Bari 1977.

Breines, Paul: Utopie und Partei. Anmerkungen zum jungen Lukács, in: R. Grimm, J. Hermand (Hrsg.), Deutsches utopisches Denken im 20. Jahrhundert, Stuttgart, Berlin, Köln, Mainz 1974, S. 96–103.

Baumgarten, Franz: Georg von Lukács – Die Seele und die Formen. (Rezensionen), in: Logos, Bd. III, H. 2. 1912, S. 249.

Cattell, David T.: The Hungarian Revolution of 1919 and the Reorganization of the Comintern in 1920, in: Journal of Central European Affairs, Vol. 11, Jan.–April 1951, S. 27ff.

Ders.: Soviet Russia and the Hungarian Revolution of 1919, New York 1949

Cerutti, Furio et al.: Geschichte und Klassenbewußtsein heute, Diskussion und Dokumentation, Amsterdam 1971.

Ders.: Hegel, Lukács, Korsch, Zum dialektischen Selbstverständnis des kritischen Marxismus, in: Aktualität und Folgen der Philosophie Hegels, hrsg. von Oskar Negt, Frankfurt/M. 1970, S. 195ff.

Cole, Margaret: The Story of Fabian Socialism, London 1963.

De Feo, Nicola M.: Weber e Lukács, Bari 1971.

Deak, István: Budapest and the Hungarian Revolutions of 1918–1919, in: The Slavonic and East European Review (London), Vol. XLVI (1968). No. 106, S. 126ff.

Devérité, Jules (d.i. Leo Kofler): Der Fall Lukács. Lukács und der Stalinismus, Köln 1952.

Grunenberg, Antonia: Bürger und Revolutionär. Georg Lukács 1918 bis 1928. Köln, Frankfurt/M. 1976.

Goldmann, Lucien: Introduction aux premiers écrits de Georges Lukács, in: Les temps modernes 18, 1962/63, S. 254–280.

Ders.: Reflektionen über Geschichte und Klassenbewußtsein, in: István Mészáros (Hrsg.) Aspekte von Geschichte und Klassenbewußtsein, München 1972.

Grauer, Michael: Die entzauberte Welt. Tragik und Dialektik der Moderne im frühen Werk von Georg Lukács, Königstein/Ts. 1985.

Hellenbart, Gyula: Georg Lukács und die ungarische Literatur, Diss., Hamburg 1975.

Heller, Agnes; Fehér, Ferenc; Markus, György u. Radnóti, Sándor: Die Seele und das Leben. Studien zum frühen Lukács. Frankfurt/M. 1977.

Hobsbawm, E.J.: Klassenbewußtsein in der Geschichte, in: István Mészáros (Hrsg.), Aspekte von Geschichte und Klassenbewußtsein, München 1972, S. 13ff.

Horvath, Zóltan: Die Jahrhundertwende in Ungarn, Neuwied und Berlin 1966.

Jászi, Oskar: Erwin Szabó und sein Werk. Ein Wort der Erinnerung, in: Archiv für die Geschichte des Sozialismus und der Arbeiterbewegung, 10. Jg. 1924, H. 1., S. 22ff.

Jung, Werner: Wandlungen einer ästhetischen Theorie – Georg Lukács' Werke 1907 bis 1923. Beiträge zur deutschen Ideologiegeschichte, Köln 1981.

Kammler, Jörg: Politische Theorie von Georg Lukács. Struktur und historischer Praxisbezug bis 1929, Darmstadt und Neuwied 1974.

Ders.: Entstehung, Struktur und historischer Praxisbezug der politischen Theorie von Georg Lukács in ihrer Entwicklung bis 1929. Diss. phil. Marburg 1971.

Keller, Ernst: Der junge Lukács. Antibürger und wesentliches Leben. Literatur- und Kulturkritik 1902-1915, Frankfurt/M. 1984.

Kettler, David: Marxismus und Kultur. Mannheim und Lukács in den ungarischen Revolutionen 1918/19, Neuwied und Berlin 1967.

Ders.: Culture and Revolution: Lukács in the Hungarian Revolution of 1918/19, in: Telos, Nr. 10, Winter 1971, S. 35-92.

Krahl, Hans-Jürgen: Thesen zum allgemeinen Verhältnis von wissenschaftlicher Intelligenz und proletarischem Klassenbewußtsein, in: Georg Lukács zum 13. April 1970, in: ad lectores 10. Neuwied und Berlin 1970, S. 25ff.

Löwy, Michael: L'évolution politique de Lukács 1909-1929. Contribution a une sociologie de l'intelligentsia revolutionnaire, These, Univ. Paris 1975.

Löwy, Michael; Münster, Arno; Tertulian, Nicolas (Hrsg.): Verdinglichung und Utopie. Ernst Bloch und Georg Lukács zum 100. Geburtstag, Frankfurt/M. 1987.

Ludz, Peter: Der Begriff der "demokratischen Diktatur" in der politischen Philosophie von Georg Lukács, in: Georg Lukács: Schriften zur Ideologie und Politik, Neuwied und Berlin 1967, S. XVII ff.

Ders.: Der Ideologiebegriff des jungen Marx und seine Fortentwicklung im Denken von Georg Lukács und Karl Mannheim. Diss. phil. Berlin 1956 (Masch.)

Maretzky, Klaus: Industrialisierung und Kapitalismus – Probleme der Marx-Rezeption in Georg Lukács' "Geschichte und Klassenbewußtsein", in: Das Argument, H. 65, August 1971, S. 289ff.

Ders.: Geschichte und Klassenbewußtsein, Probleme der Marx-Rezeption in Georg Lukács' geschichtsphilosophischem Werk. Diss. phil. Berlin 1970.

McInnes, Neil: Georg Lukács, in: Survey. A Journal of Soviet and East European Studies, No. 72, Summer 1969, S. 122ff.

Rosa, Alberto Asor: Der junge Lukács – Theoretiker der bürgerlichen Kunst, in: alternative (Berlin), H. 67/68, (Okt. 1969), S. 174ff.

Schmitt, Hans-Jürgen (Hrsg.): Der Streit mit Georg Lukács, Frankfurt/M. 1978.

Zitta, Victor: Georg Lukács' Marxism. Alienation, Dialectics, Revolution. A Study in Utopia and Ideology. The Hague, 1964.

III. Philosophie und Ästhetik

Althaus, Horst: Georg Lukács oder Bürgerlichkeit als Vorschule einer marxistischen Ästhetik, Francke, Bern und München 1962.

Apitzsch, Ursula: Gesellschaftstheorie und Ästhetik bei Georg Lukács bis 1933, Stuttgart – Bad Cannstadt 1977.

Ban, Sung-Wan: Das Verhältnis der Ästhetik Georg Lukács' zur deutschen Klassik und zu Thomas Mann, Lang, Frankfurt/M., Bern, Las Vegas 1977.

Cassa, Mario: La dialettica "incommensurabile" di György Lukács, Brescia 1957.

Cerutti, Furio: Hegel, Lukács, Korsch. Zum dialektischen Selbstverständnis des kritischen Marxismus, in: Aktualität und Folgen der Philosophie Hegels, hrsg. von Oskar Negt, Frankfurt/M. 1970, S. 195ff.

Demetz, Peter: Marx, Engels und die Dichter. Zur Grundlagenforschung des Marxismus, Stuttgart 1959.

Ebadian, Mahmoud: Die Problematik der Kunstauffassung Georg Lukács', Hamburg 1977.

Feenberg, Andrew: Lukács, Marx and the sources of Critical Theory, Totowa NJ 1981.

Fetscher, Iring: Das Verhältnis des Marxismus zu Hegel, in: Politik und Zeitgeschichte. Beilage zur Wochenzeitung "Das Parlament", 21. und 28. Mai 1958.

Ders.: Von der Philosophie des Proletariats zur proletarischen Weltanschauung, in: Marxismusstudien, 2. Folge (Schriftenreihe der Evangelischen Studiengemeinschaft), Tübingen 1959.

Fröschner, Günter: Die Herausbildung und Entwicklung der geschichtsphilosophischen Anschauungen von Georg Lukács. Diss. phil. Institut für Gesellschaftswissenschaften beim ZK der SED, Berlin 1965 (Masch.).

Gallas, Helga: Marxistische Literaturtheorie, Neuwied und Berlin 1971.

Goldmann, Lucien: Lukács und Heidegger, nachgelassene Fragmente, Texteinrichtung u. Einleitung von Y. Ishaghpour, Darmstadt und Neuwied 1975.

Ders.: Zu Georg Lukács: Die Theorie des Romans, in: Goldmann, Dialektische Untersuchungen, Neuwied und Berlin 1966, S. 283–313.

Ders.: Dialektische Untersuchungen, Neuwied 1966.

Hanak, Tibor: Die Entwicklung der marxistischen Philosophie, Darmstadt 1976.

Heller, Agnes: Lukács' Aesthetics, in: The New Hungarian Quarterly, 7. Jg. 1966, Nr. 32, S. 84ff.

Janz, Rolf-Peter: Zur Historizität und Aktualität der "Theorie des Romans" von Georg Lukács, in: Jahrbuch der Deutschen Schillergesellschaft, 22. Jg., S. 674–699, Stuttgart 1978.

Kammler, Jörg: Ästhetizistische Lebensphilosophie, in: Text und Kritik, Zeitschrift für Literatur, hrsg. von Heinz Ludwig Arnold, H. 39/40, München 1973, S. 8ff.

Kolakowski, Leszek: Die Hauptströmungen des Marxismus, Bd. 3, München 1979.

Löffler, Ilona: Der Begriff der Widerspiegelungstheorie gewonnen anhand der "Ästhetik" von Georg Lukács, Diss. Bremen 1975.

Ludz, Peter: Marxismus und Literatur − Eine kritische Einführung in das Werk von Georg Lukács, in: Georg Lukács: Schriften zur Literatursoziologie, Neuwied und Berlin 1963, S. 19ff.

Marck, Siegfried: Georg Lukács und der Irrationalismus, in: Die Neue Gesellschaft, 1955, H. 5, S. 44ff.

Mittenzwei, Werner (Hrsg.): Dialog und Kontroverse mit Georg Lukács. Der Methodenstreit deutscher sozialistischer Schriftsteller, Leipzig 1975.

Megill, Kenneth: Georg Lukács as an Ontologist, in: Studies in Soviet Thought, Vol. 9, No. 1, March 1969, S. 334ff.

Mészáros, István: Lukács' Concept of Dialectic, in: G.H.R. Parkinson (Hrsg.) Georg Lukács, London 1971, S. 34ff.

Michel, Willy: Marxistische Ästhetik − Ästhetischer Marxismus. Georg Lukács' Realismus. Das Frühwerk, 2. Bde. Frankfurt/M. 1971/72.

Pascal, Roy: Georg Lukács: the Concept of Totality, in: G.H.R. Parkinson (Hrsg.): Georg Lukács, London 1970, S. 147ff.

Renner, Rolf-Günter: Ästhetische Theorie bei Georg Lukács. Zu ihrer Genese und Struktur. Bern und München 1976.

Rücker, Silvie: Totalität als ethisches und ästhetisches Problem, in: Text und Kritik. H. 39/40, München 1973, S. 52ff.

Tertullian, Nicolas: Lukács, Adorno et la Philosophie classique allemande, in: Archives de Philosophie, 47, 1984.

Völker, Klaus: Brecht und Lukács. Analyse einer Meinungsverschiedenheit, in: Kursbuch 7 (1966), S. 80–101.

Wirkus, Bernd: Zur Dialektik der Aufklärung in der Ästhetik — Struktur und Methodenprobleme in der Ästhetik Georg Lukács', Köln 1975.

Witschel, Günter: Ethische Probleme der Philosophie von Georg Lukács. Elemente einer nicht geschriebenen Ethik, Bonn 1981

Autorenverzeichnis

Prof. Dr. Miklós Almasi, Leiter des Lehrstuhls für Ästhetik an der Eötvös-Loránd-Universität Budapest

Prof. Dr. Frank Benseler, Universität Gesamthochschule Paderborn

Dr. József Bayer, Institut für Gesellschaftswissenschaften, Budapest

Prof. Dr. Udo Bermbach, Institut für Politische Wissenschaft, Universität Hamburg

Dr. Peter Fischer-Appelt, Präsident der Universität Hamburg

Prof. Dr. Michael Th. Greven, Institut für Soziologie, Universität Marburg/L.

Prof. Dr. Dirk Käsler, Institut für Soziologie, Universität Hamburg

Dr. Eva Karádi, Eötvös-Loránd-Universität Budapest

Dr. Ferenc Lendvai, Eötvös-Loránd-Universität Budapest

Prof. Dr. József Lukács, Direktor des Philosophischen Instituts der Ungarischen Akademie der Wissenschaften, Budapest

Prof. Dr. Kristóf Nyiri, Eötvös-Loránd-Universität Budapest

Prof. Dr. Herbert Schnädelbach, Philosophisches Seminar der Universität Hamburg

Dr. László Sziklai, Leiter des Lukács-Archivs in Budapest

Dr. Tamás Tóth, Mitarbeiter des Philosophischen Instituts der Ungarischen Akademie der Wissenschaften, Budapest

Prof. Dr. Günter Trautmann, Institut für Politische Wissenschaft, Universität Hamburg

Dr. Jörg Zimmermann, Philosophisches Seminar der Universität Hamburg

Prof. Dr. Dénes Zoltai, Stellvertretender Direktor des Instituts für Philosophie der Ungarischen Akademie der Wissenschaften, Budapest

Udo Bermbach und Klaus Kodalle (Hrsg.)

Furcht und Freiheit

Leviathan — Diskussion 300 Jahre nach Thomas Hobbes

1982. 260 S. 15,5 X 22,6 cm. Kart.

Der Band geht zurück auf ein Symposium zum 300. Todestag von Thomas Hobbes an der Universität Hamburg, auf dem Philosophen, Soziologen, Politikwissenschaftler und Historiker die Aktualität von Hobbes untersuchten. Der Band bietet eine umfassende Bestandsaufnahme der internationalen Hobbes-Forschung und macht zugleich deutlich, daß die Hobbesschen Gedanken über den „Leviathan" Staat an analytischer Bedeutung und anregender Kraft nichts eingebüßt haben.

Dirk Käsler

Soziologische Abenteuer

Earle Edward Eubank besucht europäische Soziologen im Sommer 1934

1985. 195 S. mit zahlr. Fotos. 14,8 X 21 cm. Kart.

Im Sommer des Jahres 1934 reiste der amerikanische Soziologe Earle Edward Eubank durch Europa und besuchte die zu jener Zeit namhaftesten Soziologen in England, Deutschland, Österreich, der Tschechoslowakei und in Frankreich. Über diese Reise, ihre Ergebnisse und Folgen gibt das Buch anschaulich Auskunft. Im ersten Teil wird knapp über die Person Eubanks, den Hintergrund der Europa-Reise und den Ausgang des Projekts berichtet; der zweite Teil dokumentiert die Begegnung Eubanks mit den von ihm besuchten Soziologen; im Schlußteil wird von den selbstlosen Bemühungen des amerikanischen Soziologen berichtet, durch die einigen von den Nazis bedrohten europäischen Sozialwissenschaftlern und ihren Angehörigen bei der Emigration geholfen wurde. Zusammen mit den zahlreichen Fotografien bietet der Text einmaliges Quellenmaterial zur Lage der europäischen Soziologie unmittelbar nach dem Beginn der nationalsozialistischen Machtergreifung.

Frank Trommler (Hrsg.)

Amerika und die Deutschen

Bestandsaufnahme einer 300jährigen Geschichte

1986. X, 698 S. 15,5 X 22,6 cm. Geb. mit Schutzumschlag

Der reich illustrierte Band entfaltet ein kritisches Panorama der Geschichte der Deutschen in Amerika und der Beziehungen zwischen den USA und Deutschland im 20. Jahrhundert. Zum 300. Jahrestag der ersten deutschen Einwanderung nach Nordamerika vereinte eine Konferenz namhafte amerikanische und deutsche Forscher aus den verschiedensten Disziplinen. Mit den vieldiskutierten Studien u.a. von Fritz Stern, Theo Sommer, Steven Müller, Gerhard Weinberg, Kathleen Conzen, Herbert Strauss, Günter Moltmann, Kurt Sontheimer, Peter Gay ist das Buch ein Standardwerk für die Erforschung der politischen, kulturellen und ethnischen Aspekte des faszinierenden Themas ‚Amerika und die Deutschen'.

Westdeutscher Verlag

Rolf Bambach

Der französische Frühsozialismus

1984. VIII, 756 S. 15,5 X 22,6 cm. (Beiträge zur sozialwissenschaftlichen Forschung, Bd. 53.) Kart.

Der französische Frühsozialismus, entstanden während der Großen Revolution von 1789 ff. und im Verlaufe der Kämpfe des Jahres 1848 zu seinem Ende gekommen, gilt unbestritten als gedankenreichste, anspruchsvollste und am weitesten in die Zukunft weisende Formation kritischer Gesellschaftstheorie in der „vormarxistischen" Hälfte des 19. Jahrhunderts. Diese Studie rekonstruiert die Entstehung dieser Formation, indem sie die theoretische Entwicklung systematisch auf den geschichtlichen Ablauf bezieht und so gleichsam exemplarisch das Verfahren einer historisch-materialistischen Ideengeschichte demonstriert. Zugleich bietet der Band auf diese Weise eine begrifflich informierte Geschichte der französischen Gesellschaft zwischen 1789 und 1848.

Peter Hammans

Das politische Denken der neueren Staatslehre in der Bundesrepublik

Eine Studie zum politischen Konservatismus juristischer Gesellschaftstheorie

1987. VIII, 334 S. 15,5 X 22,6 cm. (Studien zur Sozialwissenschaft, Bd. 66.) Kart.

Die Arbeit untersucht die politischen Elemente juristischer Lehrmeinungen in der Bundesrepublik. Anhand einer Analyse der juristischen Konzeptionen von Staat, Gesellschaft, Verfassung, Verwaltung, Parteien, Verbänden und Ökonomie weist sie nach, daß sich im politischen Denken bundesdeutscher Juristen zwei dominante Ordnungsmodelle durchhalten: der autoritäre und der integrative Etatismus. Sie kommt zu dem Schluß, daß sich diese dualistische Grundstruktur aus der ideologischen Ebene als Doppelstruktur von Status quo — Konservatismus und Reformkonservatismus ausprägt. Mit diesem Ergebnis ist die Arbeit ein wichtiger Beitrag zum Verständnis des stark verrechtlichen politischen Diskurses in der Bundesrepublik.

M. Rainer Lepsius (Hrsg.)

Soziologie in Deutschland und Österreich 1918–1945

Materialien zur Entwicklung, Emigration und Wirkungsgeschichte

1982. 500 S. 15,5 X 23,5 cm. (Kölner Zeitschrift für Soziologie und Sozialpsychologie, Sonderheft 23.) Kart.

Die deutsche Soziologie befindet sich in einem Prozeß der Selbstfindung. Dazu gehört der Versuch, die eigene Geschichte zu erforschen und aufzuarbeiten. Die für die Konstituierung und Entwicklung der Soziologie in Deutschland und Österreich zu entscheidenden Jahre zwischen 1918 und 1945 bilden den Zeitrahmen dieses Bandes. Die Vielfalt der Ansätze, Tendenzen und Interessen soziologischer Forschung werden im ersten Teil des Bandes dargestellt. Die acht Beiträge des 2. Teils sind „Intellektuelle Biographien". Der abschließende Teil gilt dem Einfluß und Schicksal der „emigrierten" deutschsprachigen Soziologen.

Westdeutscher Verlag

MIX
Papier aus verantwortungsvollen Quellen
Paper from responsible sources
FSC® C105338

If you have any concerns about our products,
you can contact us on
ProductSafety@springernature.com

In case Publisher is established outside the EU,
the EU authorized representative is:
Springer Nature Customer Service Center GmbH
Europaplatz 3, 69115 Heidelberg, Germany

Printed by Libri Plureos GmbH
in Hamburg, Germany